《프루스트와 오징어》에 쏟아진 찬사

《프루스트와 오징어》는 인지신경과학자이자 발달심리언어학자로서 언어와 독서 그리고 난독증 연구에 천착해 온 매리언 울프의 대표작이다. 이 책이 원제 그대로 재출간된다는 소식은 독서교육과 난독증 치료에 관심이 있는 모든 이들에게 여간 반가운 소식이 아니다. 디지털 정보가 넘쳐나는 상황에서 읽는 뇌의 작동원리와 창의력이라는 문제를 되짚어보는 소중한 기회가 다시 온 것이다. 책에서 울프는 독서가 인간의 뇌를 어떻게 변화시키는지, 그것이 개인의 삶을 얼마나 풍요롭게 하고 나아가서 인류의 지적 성장을 이끌어내는지를 흥미롭게 전달해준다. 아울러 한국어판 서문에 드러난 그의 한국에 대한 깊은 이해와 통찰력은 새삼 감탄을 자아낸다.

— 서혜란(전 국립중앙도서관장)

문자, 독서, 난독증과 뇌가 어떻게 연관이 되는지 신경과학 연구를 근거로 촘촘하게 설명했다. 문자의 종류에 따라 뇌가 다르게 활성화되고, 독서로 뇌가 좋아진다는 사실이 흥미롭다. 이 책을 읽고 유치원에 들어가기 전부터 고등학교까지 아이들에게 평등한 독서 환경이 왜 필요한지를 더 강하게 인식하게 됐다. 어린 자녀를 둔 부모, 초등교사, 정책 담당자가 아이들을 위해 각자의 자리에서 무엇을 하면 좋은지를 알 수 있다.

— 송승훈(전국국어교사모임 독서교육분과 물꼬방 회원)

이 책은 읽기와 읽는 뇌에 대한 이야기를 펼치려 할 때 빼놓을 수 없는 책이다. 저자는 우리가 왜, 무엇을, 어떻게 읽는가에 따라 우리의 생각과 사유 방법에 변화가 일어났다고 말한다. 호모사피엔스인 인간은 놀랍게도 읽는 능력을 타고나지 않았다. 그렇지만 지난 수천 년 동안 인간은 문자를 읽고, 책을 읽었다. 읽었기 때문에, 우리 인간의 뇌는 바뀌었다. 과연 '읽는다'는 것, 그리고 '읽지 못한다'는 것은 무엇인가. 이 질문은 문명과 문화 형성의 가능성을 묻는 일이기도 하다. 이 책은 뇌과학, 심리학, 교육학, 역사학 등을 가로질러 그 가능성을 전망하고 있다. 놀라운 책이다.

— 안찬수(시인, 책읽는사회문화재단 상임이사)

혼자 처음으로 책을 읽었던 날을 기억한다. 노을에 곱게 물드는 도서관에서 늦도록 탐정소설을 읽다가 저녁때를 놓쳤다. 그날 내 안에서 어떤 근본적 변화가 일어났다. 손에서 책을 놓지 않는 '읽기 중독자'의 길을 택하게 되었다. 《프루스트와 오징어》를 접한 후에야 나는 그날의 비밀을 비로소 알게 되었다. 인문학적 성찰과 신경과학적 연구 결과를 종합해서, 이 책은 읽을 때 우리 안에서 실제 어떤 일이 벌어지는지, 읽기가 인간 마음을 어떻게 변화시키는지를 체계적으로 탐구한 우리 시대의 고전이다. 저자에 따르면, 인간은 책을 읽도록 태어나지 않았으나, 일단 책을 읽고 난 후에는 이전과 완전히 다른 삶을 살아간다. 생동감 넘치는 문장, 매력적 독서 경험, 풍부한 연구사례 등으로 읽기의 놀라운 여정을 펼쳐가는 이 책 속에서 우리는 누구나 자기의 읽는 자아를 발견하게 될 것이다.

— 장은수(편집문화실험실 대표)

아동발달학과 교수인 울프는 시종일관 호기심 많고 박학다식한 친구의 어조로 심리학, 고고학, 언어학, 교육학, 역사, 신경과학 등 학제 간 첨단 이론을 두루 섭렵해가며 독서하는 뇌를 선구자적 관점으로 조망한다.

— 〈퍼블리셔스 위클리〉

유쾌하고 재미있다……. 언어학, 신경과학, 인지심리학, 고고학 등 다양한 분야를 격의 없이 넘나들며(마니아와 초보자 모두를 겨냥해) 놀라운 기민성과 재치를 발휘하는, 작지만 알찬 내용의 책이다. 독서의 매력에 푹 빠져 그 에너지를 공유하고자 하는 작가의 목소리가 똑똑히 전달된다.

— 〈뉴잉글랜드 저널 오브 메디신〉

《프루스트와 오징어》는 독서의 마력과 메커니즘을 다루는 책이다. 울프는 문자 발달사와 그 연장선상에 놓인 독서 발달의 연대기를 통해 그 배후에 숨어 있는 신경과학적 원리를 자세히 설명한다. 인지 능력을 변화시키는 독서의 강력한 힘을 주장하고 난독증이 '더할 나위 없는 창의력'과 연계되어 있을지 모른다는 흥미로운 이론을 내세우고 있다.

— 〈뉴 사이언티스트〉

꼬불꼬불 요상하게 생겼지만 탁월한 적응력과 창의력 그리고 마음과 마음을 연결하는 능력까지 가진 인간의 뇌, 다시 한번 뇌에 대한 경외심을 느끼게 해주는 책이다.

— 〈샌프란시스코 크로니클〉

울프의 책에서 오징어는 신경생물학적 접근의 독서 연구를 의미하는 것이기도 하다. 독서의 쇠퇴에 대한 이야기가 나올 때마다 공황 상태에 빠지는 인문주의자들에 비해 울프의 냉철한 시각은 매우 시기 적절한 것이라 하겠다.

— 〈뉴요커〉

[《프루스트와 오징어》는] 지적이고 꼼꼼하다. 평범한 독자들은 지나치다고 생각할 수도 있을 정도다. 하지만 울프를 믿으라. 말하는 듯한 문체와 사려 깊은 코멘트 그리고 난독증 아이 및 그 부모들과의 실제 경험에서 비롯된 통찰이 물 흐르듯 유연한 내러티브와 밝고 건강한 톤을 만들어내고 있다.

— 〈미니애폴리스 스타 트리뷴〉

일상생활에 표준 영어를 사용하지 않는 문화 속에서 자라난 아이들에게 특별히 필요한 것을 말해주고 컴퓨터 문화가 '독서하는 뇌'에 미치는 영향에 대해 진정 근심 어린 마음으로 성찰하고 있다.

— 〈워싱턴 포스트 북 월드〉

작가는 불완전한 독서 능력semi-literacy을 가진 젊은이들이 늘어나는 현실에 경계 경보를 울리고 있으며 누구나 이 점에 충분히 공감할 것이다. 독서를 통해서만 얻을 수 있는 여러 가지 생각을 불러일으키는 책이다.

— 〈선데이 타임스〉

정상 궤도를 이탈한 학습의 원인과 현상에 대해 매우 가치 있는 통찰을 제공한다. 울프는 감성적인 동시에 현명한 어조로 독서 장애란 하나의 게놈으로 인해 생기는 것이 아니라 여러 가지 유전자 때문에 발생한다는 이야기를 들려준다. 독서하는 뇌와 그것이 이루어내는 기적, 그리고 기능 장애의 비극에 대해 대단한 열정과 통찰력을 보여준다. 작가가 정성스럽게 발췌한 인용문들은 놀랍도록 다양하고 광범위한 분야를 아우르는 것으로 그것만으로도 과학과 예술 그리고 인문과학의 힘이 더해졌을 때 상상력이 풍부하고 지적으로 설득력 있는 연구 방법이 탄생할 수 있음을 잘 보여주는 사례가 된다.

― 〈북포럼〉

인간적이고 매력적인 책이다. 초인적 독서가über-reader였던 프루스트가 '고독의 한가운데서 이루어진 대화가 만들어내는 유익한 기적'이라고 부른 것, 문해력(문자를 읽고 쓰는 능력)을 통해 개인과 인류에게 이미 일어난 일과 앞으로 일어날 수 있는 모든 것을 찬미하는 책이라고 할 수 있다. 하지만 독서의 역사를 훑어나가며 말이 생각으로 변화하는 데 필요한 신경과학적 작용을 설명할 때는 찬미와 변호를 겸하는 입장이 된다. 책은 문해력의 문화적 표현이다. 그런데 책을 통한 학습을 구시대적인 것으로 폄하하려는 환영이 나타나고 있다. 그것은 잭의 콩나무도, 다윗의 골리앗도, 해리의 볼드모트도 아닌 바로 인터넷의 급속한 정보처리 능력이다.

― 〈이브닝 스탠다드〉

눈부시게 매력적이고…… 상세하며 박식하다……. 어려운 이야기가 많이 들어 있지만 읽어볼 만한 가치가 있다……. 언어에 관심 있는 사람이라면 반드시 읽어야 할 책이다. 언어를 새로운 눈으로 바라보게 될 것이다. 천천히 읽어나가다 보면 서서히 몰입하게 된다.

― 〈선데이 텔레그래프〉

시기적절하고 열정적인 독서의 기적에 대한 고찰이다! 울프의 언어가 주는 즐거움, 그것이 바로 그녀가 설명하고자 하는 것이다. 상대방의 마음과 접촉해 그에 젖어들고 자극받고 안정되고 새로운 힘을 얻는다는 소중한 흥분감이 느껴진다.

— 기쉬 젠, 작가

읽기와 쓰기가 어떻게 이루어지는지 알고 싶은 모든 사람들을 위한 책. 뇌가 어떻게 해서 우리를 언어의 마술사로 만들어주는지 알려주는 재미 있고 종합적이고 매력적이고 명료한 이야기. 뛰어난 성공작!

— 알베르토 망겔, 작가

한마디로 말해서 눈부신 책이다. 시간과 문화와 뇌와 존재에 대한 오랜 철학적 문제들의 핵심을 파헤치는 매력적인 여정을 통해 문자와 독서 그 리고 독서하는 뇌의 진화에 대해 놀랍도록 철저하게 검토하고 있다. 독 서를 통한 시간 여행을 원한다면 이 책을 읽어야 한다. 놀라운 경험이 될 것이다.

— 코니 주얼, 스탠퍼드대 교수

멋진 책이다. 해박한 신경과학 지식을 바탕으로 한 우아한 설명, 인간의 언어와 독서의 역사에 대한 폭넓은 지식, 그것을 실제로 적용한 풍부한 임상 경험, 애정 어린 삶의 지혜와 호소력이 돋보인다.

— 데이비드 K. 유리언, 하버드 의대 신경과 부교수

독서에 대한 이해의 새벽을 밝혀주는 책이다. 현대의 학교에는 독서 자 체의 여명기에 대한 증거를 제공해준다. 독서라는 문화의 역사와 글을 깨우치는 아이의 독서 발달을 나란히 대비시켜 이야기함으로써 독서 안 에 내포된 지식적 가치를 보다 심도 있게 보여주는 동시에 난독증에 대 해 새로운 지식을 전달한다.

— 니컬러스 오슬러, 작가

프루스트와
오징어

독서의 탄생부터 난독증까지,
책 읽는 뇌에 관한 모든 것

프루스트와 오징어

PROUST *and the* SQUID

매리언 울프 지음
이희수 옮김

어크로스

이 책을 나의 가족에게 바친다.
과거와 현재와 미래의 내 가족들에게

차례

3부

뇌가 독서를 배우지 못할 때

한국어판 서문

내가 《프루스트와 오징어》를 쓴 지 15년도 더 지났다. 인간의 뇌를 바꾸고 그 과정에서 개인의 삶과 사회, 궁극적으로 인류의 지적 발달까지 변화시키는 독서와 문해력의 심오함을 옹호하는 의미로 쓴 책이었다. 내가 그 책의 서문을 쓴 이후 세상은 돌이킬 수 없이 변했다. 지금 보면 그 첫 문단은 예언이나 마찬가지였다.

"나는 언어를 위해 살아왔다. 꼬불꼬불 뇌의 미로 속에 파인 홈 어딘가에 언어가 숨어 있는지 찾아보고 겹겹이 쌓인 의미와 형태의 층을 연구해 젊은이들에게 그 비밀을 가르쳤다. 이 책은 언어를 읽는 행위의 핵심에 있는 무한히 창조적인 특성에 대해 곰곰이 생각해보자는 초대장이다. 역사적으로 지금 이 순간은 지적 발달의 모든 것을 그저 당연한 일로 무심히 보아 넘길 수 없는 때다. 하루가 다르게 디지털 문화로의 전환이 가속화되고 있기 때문이다."

디지털 문화로의 전환이 이렇게 급속하게 이루어질 줄은 몰랐다. 그것이 우리가 읽고 생각하고 상호작용하는 방식을 근본적으로 바꾸리라는 것도. 당시 나는 문자 문화에서 디지털 문화로의 전환에서 우리가 각각의 새로운 매체가 우리의 의식을 어떻게 변화시키는지 주의 깊게 탐구하기를 바랐다. 구술 문화에서 문자 문화로의 전환에 대한 철학자 월터 옹의 통찰과 다르지 않았다. 이 책의 마지막 장에서 확인할 수 있겠지만, 나는 우리가 정보를 처리하고 그것을 기억에 통합하고 현명하게 사용하는 우리의 능력에 영향을 미치는 각 매체들의 차이를 무시할까 봐 우려했다.

내가 이 책에서 했던 경고가 지금 우리의 현실이 되었다. 그때나 지금이나 나의 가장 큰 우려는 우리가 깊은 독서를 하는 뇌의 중요한 기여와 까다로운 필요조건을 이해하지 못하면 독서하는 뇌를 잃어버릴 것이고 민주사회의 모든 구성원이 그 대가를 치러야 할 것이라는 점이다. 가장 중요한 필요조건이자 이 책의 주제는 독서하는 뇌가 정보를 처리하고 그것을 지식으로 바꾸고 누적된 지식을 통찰과 성찰의 토대로 사용하는 데 있어서 시간이 수행하는 필수적인 역할이다. 이 과정의 모든 측면에 충분한 시간이 할당되지 않으면 인간은 덜 중요한 존재가 될 것이다. 그러나 바로 이 필요조건이 현재 우리의 삶에서 사라지고 있다. 공교롭게도 한국은 세계에서 가장 스마트폰 보급률이 높은 국가라는 자랑스럽지 않은 타이틀을 쥐고 있다. 이것은 깊은 사고에 시간을 할당하는 것과 정반대인 주의산만을 초래하는 조건이다.

한국인 철학자 한병철의 연구에서 비유를 찾아볼 수 있다. 한 교수는 디지털 환경에서의 시간 경험을 다루는 여러 권의 저서를 썼다. 구체적으로 말하자면 디지털 환경에서는 시간에 가속도가 붙어서 우리가 삶의 경험을 처리하고 통합하는 것이 아니라 한 사건에서 다른 사건으로 이동하는 데 급급하다는 것이다. 결과적으로 우리가 경험하는 사건 사이의 시간 간격이 점점 좁아져서 경험을 통합하거나 경험에 대해 사색할 시간이 없어진다. 한병철 교수의 표현에 따르면 우리는 머무르는 능력을 잃어버렸다. 오늘날 책 읽는 뇌에서도 유사한 일이 일어난다. 매일 디지털 화면이 제공하는 무수히 많은 정보 속에서 우리는 하나의 폭발적인 정보에서 또 다른 폭발적인 정보로 이동한다. 그래서 독서하는 뇌의 회로에 내가 '깊은 독서' 과정이라고 부르는 것을 할당할 충분한 시간을 주지 못한다. 타인에 대한 공감, 비판적 사고와 추론, 사색 기능이다. 아리스토텔레스는 '좋은 사회'는 지식의 축적과 예술이 주는 여가뿐만 아니라 성찰과 사색의 능력이 필요하다고 믿었다. '좋은 독자'도 다르지 않다.

문화적 변화에 관한 한병철 교수의 견해처럼, '사건 사이의 간격'과 텍스트 정보 폭발 사이의 공간이 사라지기 시작하면 독서하는 뇌가 큰 타격을 입는다. 대충 훑거나 일부 단어만 보거나 단어와 생각의 표면 아래에 자리한 깊이를 건너뛴다. 그 과정에서 우리는 논지의 복잡성을 이해하고 타인의 관점을 이해하고 글의 진실을 평가하고 최고의 생각을 표현하려는 저자의 시도가 지닌 묘미를 인식하는 데 걸리는 시간을 단축한다. 뇌가 생각의 복잡성,

진실 파악, 타인의 관점에 대한 공감, 개인적 성찰을 처리하는 데 사용하는 밀리세컨드(1000분의 1초)는 깊이 생각하고 사려 깊게 행동하는 사람과 이 정보에서 저 정보로 점점 더 빠르게 이동하면서 분별없이 정보를 처리하는 사람의 차이를 만든다. 그 과정에서 자신도 모르는 사이에 사색 능력을 잃는다.

이 책에서 당신은 독서 과정의 탁월한 묘미를 마주하게 될 것이다. 그 복잡성, 개인의 삶과 사회에 대한 기여까지 모두. 나는 이 새로운 서문을 쓰기 시작하면서야 내가 쓴 책이 인류의 지적, 사회적, 감정적, 윤리적 발달을 위해 절대로 잃어서는 안 되는 것들의 청사진을 제공한다는 사실을 깨달았다. 특히 나중에 펴낸 책《다시, 책으로》는 디지털 문화에서 다른 매체를 이용한 독서로 얻는 것과 잃는 것에 대하여 보다 직접적으로 경고한다.《프루스트와 오징어》는 독서 행위를 인간 뇌의 변화무쌍한 디자인의 한 예로서 이해하는 한편, 프루스트가 한 세기 전에 적었듯이 독서가 "작가의 지혜를 넘어 우리 자신의 지혜를 발견하게" 해준다는 사실을 이해하는 플랫폼을 제공한다.

굳이 독자들에게 조언하자면《다시, 책으로》를 읽기 전에 이 책을 먼저 읽으라고 말하고 싶다. 이 두 권의 책은 역사의 궤적을 제공한다. 독서가 어떻게 인류의 역사를 바꾸었는지, (난독증의 경우처럼) 조직이 다른 뇌를 가진 사람들이 어떻게 독서에 필요한 것에 대한 예상치 못한 관점을 제공하는지, 그리고 우리의 디지털 능력이 확장되는 동안에도 이 누적된 지식이 어떻게 가장 깊은 형태의 독서가 제공하는 심오한 기여를 지켜줄 수 있는지에 대해. 이 책들에는 이분법적인 사고가 없다. 인간의 뇌는 시간과 동기가 주어지면 여러 다양한 방법으로 생각할 수 있도록 우리를 준비시키므로(시간적인 지름길의 유혹을 만날 수도 있지만) 진리와 지혜에 대한 인류의 역사적인 탐구가 계속될 수 있다.

한국의 독자들을 위해 새로 쓰는 이 서문에서 꼭 하고 싶은 말이 있다. 코로나 시대에 한국은 그 어떤 나라나 문화보다도 나에게 큰 위로와 영감을 주었다. 우연한 기회에 친구인 아시아계 학자를 통해 한국의 문화가 예술에 기여한 바를 접하게 되었다. 아직 모르는 것이 많지만 지난 몇 년 동안 나는 한국 영화와 드라마 시리즈로 접한 글과 연기, 음악, 춤 같은 예술 덕분에 삶이 풍요로워지는 선물을 받았다. 한국 작가들, 감독들, 그리고 배우들에게 감사를 전한다. 완전한 고립의 시기에 한국의 예술가들은 나를 작품 속 세계로 데려가 주었다. 최고의 문학은 "불신의 유예"를 가능하게 한다는 새뮤얼 테일러 콜리지의 말처럼 한국의 많은 예술가들이 우리의 상상을 유예했다.

또한 대중음악에서 현대음악, 클래식에 이르는 음악 분야에서 한국의 기여는 전 세계 많은 이들에게 변화를 가져다주었다. 나는 코로나로 힘든 시기에 피아노 선생님을 통해 알게 된 작곡가 이루마의 음악을 연수하면서 큰 위로를 받았고 지금도 희망을 얻는다. 이민진, 프랜시스 차를 비롯해 영어를 사용하는 한국계 작가들의 소설을 통해서는 한국의 놀라운 회복력을 새롭게 알 수 있었다. 그렇게 많은 역사적 고난을 이겨내고 번영한 문화는 많지 않다. 이 번영에는 오늘날 한국 사회의 피할 수 없는 모순도 포함된다. 베를린에서 활동하는 한병철 같은 철학자의 글은 나를 도전하게 만들고 독서와 디지털 문화에 대한 연구에 영감을 주었다. 그리고 이 책이 한국에 소개된 것은 대니홍 에이전시의 혜안 덕이었다.

마지막으로, 나는 수 세기에 걸쳐 한국 사회의 모든 계층에서 교육의 중요성이 강조된 사실에 큰 감명을 받는다. 한글을 발명한 세종대왕은 내가 생각하기에 역사상 가장 학습자 친화적인 문자 시스템을 세상에 제공했다. 이 책에서도 언급되지만 그가 밝힌 한글 창제 이유에는 '여성'을 포함한 모든 사람이 배울 수 있는 글자를 만들려는 의도가 담겨 있다. 수 세기 전에 세종대왕은 사회 전체의 발전을 위해서는 완전한 문해력이 중요하다는 사실을 알고 있었다. 오늘날 한국이 교육을 강조하는 것은 정말로 훌륭한 일이다. 하지만 한국은 물론 내가 사는 미국을 포함한 세계 모든 국가에는 많은 아이들의 잠재력을 억압하는 사회적 분열에 관해 제기되어야 할 질문들이 있다. 한국과 전 세계에 존재하는 교육 불평등을 극복하려면 모든 아이들이 가족의 경제적 지위나 사는 곳과 관계없이 최고의 교육 기회를 제공받을 수 있도록 우리 모두가 노력해야 한다. 또한 한국이나 내가 사는 미국에서는 교육의 성공을 지나치게 강조해 아이들이 교육의 진정한 목적인 지식의 습득, 진리와 아름다움의 수호, 배움의 순수한 기쁨을 경험하기보다 최고의 성적과 점수를 얻어야만 하도록 부자연스러운 압력을 가하고 있다. 모든 사회는 아이들의 유년기를 보호하는 동시에 진정한 잠재력을 발휘할 수 있도록 준비시키는 섬세한 균형을 잘 잡아야 한다.

이 책의 재출간을 맞이해 나는 독서하는 뇌에 관한 지식이 시간이 지날수록 아이들을 완전한 문해력을 갖추고 깊이 사고할 줄 아는 인간으로 지도하도록 도와준다는 사실을 한국의 교육자와 부모, 정책 입안자들이 이해하기를 소망한다. 내 목표는 독서에 관한 시대를 초월하는 메시지가 담긴 이 책을 읽은 한국 독자들이 우리가 함께 살아가는 세상의 새로운 주인이 될 다음 세대 구성원들을 깊고 비판적이고 공감적인 독자로 만드는 것이 대단히 중대하고 긴급한 사안임을 다시금 느끼는 것이다. 감사합니다 *Kamsahamnida*.

2024년
매리언 울프

서문

나는 언어를 위해 살아왔다. 꼬불꼬불 뇌의 미로 속에 파인 홈 어딘가에 언어가 숨어 있는지 찾아보고 겹겹이 쌓인 의미와 형태의 층을 연구해 젊은이들에게 그 비밀을 가르쳤다. 이 책은 언어를 읽는 행위의 핵심에 있는 무한히 창조적인 특성에 대해 곰곰이 생각해보자는 초대장이다. 역사적으로 지금 이 순간은 지적 발달의 모든 것을 그저 당연한 일로 무심히 보아 넘길 수 없는 때다. 하루가 다르게 디지털 문화로의 전환이 가속화되고 있기 때문이다.

구체적으로 말해서 지금 이 순간, 독서 프로세스의 아름다운 복잡성은 베일을 활짝 벗었고 과학은 독서의 위대한 기여를 그 어느 때보다 분명히 이해하고 있다. 반면 독서의 기여가 새로운 형태의 커뮤니케이션에 자리를 내주어야 할 위험성은 그 어느 때보다 커졌다. 우리가 가지고 있는 것을 점검하고 앞으로 보전해 나가야 할 것을 성찰해보자는 것이 이 책을 쓰게 된 동기다.

독서라는 현상을 진정으로 이해한다는 것은 19세기 말 학자였던 에드먼드 휴이 경Sir Edmund Huey이 오래전에 쓴 인상적인 말처럼 어쩌면 "심리학자가 이룰 수 있는 최고의 업적이 될 것이다. 그것은 인간의 마음속에서 일어나는 가장 난해한 활동 가운데 대다수를 설명하는 것이며 인류 역사 전체를 통해 문명이 습득한 가장 놀랍고 독특한 수행 능력의 복잡하게 뒤엉킨 사연을 풀어내는 일이다."[1] 오늘날 우리는 진화론에서부터 인지신경과학에 이르기까지 다양한 분야의 연구를 통해 독서하는 뇌에 대해 많은 지식을 알고 있다. 그 지식을 휴이 경이 본다면 가히 눈부신 것이라 감탄을 금치 못할 것이다.

모든 유형의 문자 체계는 각각 수천 년의 인류 역사를 통해 발달한 것이며 뇌의 다양한 적응 능력을 필요로 한다는 사실을 우리는 알고 있다. 독서 발달의 다양한 측면은 요람에서 시작되어 숙련된 수준에 이른 후에도 그 깊이가 끝없이 더해간다. 독서를 배우기 위해 고투하는 난독증 뇌의 경우 약점과 재능이 기이하게 혼재된 가운데 독서에 대한 이해를 뒤흔들어놓을 만한 통찰이 그 안에 내포되어 있다는 것을 우리는 알고 있다. 이렇게 다양한 영역의 지식들을 종합해보면 스스로 재편성하며 독서를 학습하고 그 과정에서 새로운 사고를 형성하는 기적에 가까운 뇌의 역량이 선명하게 모습을 드러낸다.

이이가 글을 읽는 것이 지극히 자연스러운 일이라고 생각하는 독자가 있다면 나는 이 책을 통해 오랫동안 당연시했던 고정관념을 재고해볼 기회를 만들어주고 싶다. 뇌의 학습 역량이 진화하는 과정에서 독서 행위는 결코 자연발생적인 현상이 아니다. 바로 그렇기 때문에 많은 사람들, 특히 아이들에게 놀라운 일이 일어나기도 하고 비극적인 결과가 초래되기도 하는 것이다.

이 책에 담긴 이야기를 하기까지 나에게는 여러 가지 시각이 필요했으며 그걸 준비하는 데 적지 않은 세월을 보냈다. 나는 아동발달과 인지신경과학을 가르치고 언어와 독서 그리고 난독증을 연구하는 학자다. 앞으로 이야기하겠지만 자식을 둔 평범한 부모이고 문자 언어를 강력히 옹호하는 입장이다.

나는 보스턴에 소재한 터프츠 대학교 엘리엇-피어슨 아동발달학과 부설 연구소인 '독서와 언어 연구 센터'의 책임자이기도 하다. 이 연구소에서 나는 동료들과 함께 모든 연령대의 독서가들, 특히 난독증을 겪는 이들에 대해 연구하고 있다. 독일어, 스페인어, 그리스어, 네덜란드어와 같이 영어와 뿌리가 같은 언어들부터 히브리어, 일본어, 중국어 등 친족관계가 아주 먼 언어들에 이르기까지 세계의 다양한 언어를 사용하는 난독증 독서가들을 연구한다. 어렵게 살아가는 필리핀 커뮤니티에서부터 아메리카 원주민 보호구역 또는 부유한 보스턴 근교에 이르기까지, 어디에 살고 있든 모국어가 무엇이든 글을 깨우치지 못하는 아이들이 치러야 하는 대가를 우리는 잘 알고 있다. 우리가 기울이는 노력 중 큰 비중을 차지하는 것은 새로운 치료 교육을 설계하고 그것이 난독증 아이들의 행동과 뇌의 작용에 어떤 영향을 미치는지 탐구하는 것이다. 실제로 뇌 영상 기술 덕분에 치료 교육 전과 후에 뇌가 독서하는 양상을 '눈으로 보는 것'이 가능해졌다.

이러한 경험의 축적과 활용 가능한 많은 양의 연구 그리고 우리 사회가 새로운 방식의 커뮤니케이션으로 옮겨 가고 있다는 인식에 힘입어 나는 처음으로 일반 대중을 위한 책을 쓰게 되었다. 이 책의 내용 중 많은 부분에는 그것을 뒷받침해주는 수많은 학자들의 연구가 숨어 있다. 솔직히 말해서 그것들을 그때그때 밝히지 않고 글을 쓰는 것이 매우 낯설게 느껴진다. 각 장별로 방대한 양의 추가 설명과 참고문헌을 따로 정리해놓았다. 독자들이 적극적으로 활용해주기를 진심으로 바란다.

이 책은 문자의 기원이라는 아름답고 다양하고 변형적인 역량에 대한 찬양으로부터 시작된다. 뒤이어 독서하는 뇌와 다양한 학습 경로의 발달과 관련하여 펼쳐지는 획기적으로 새로운 조망을 다루며 마지막으로는 앞으로 전개될 상황의 장점과 위험성이라는 까다로운 문제를 언급하며 끝을 맺는다.

책을 모두 다 읽은 뒤에야 알 수 있는 작가의 결론적인 생각이 책의 서문에서 소개되는 경우가 많은데, 이 책도 예외가 아니다. 다만 나는 메릴린 로빈슨의 《길리아드》에서 다정한 목사가 어린 아들에게 쓴 편지에서 했던 말을 인용하는 것으로 대신하고자 한다.

"이것은 거의 모두 깊은 희망과 확신으로 쓴 글이다. 생각을 걸러내고 단어를 엄선하며 진실을 이야기하려고 노력했다. 솔직히 말하건대, 실로 멋진 일이었다."²

언어와 음악은 인간 진화의 궤적이다.

· 존 S. 던

기원을 아는 것이 사물의 이치를 이해하는
최상의 방법이다.

· 테렌스 디콘

1부

뇌는 어떻게 글을
읽게 되었을까

1장

프루스트와 오징어의 독서 강의

~

독서는 독특한 본질상 고독 속의 대화가 만들어내는 유익한 기적이다.[1]
— 마르셀 프루스트

학습이란 천성을 길들이는 것이다.[2]
— 조셉 르두

독서는 선천적인 능력이 아니다. 인류가 독서를 발명해낸 것은 불과 수천 년 전이다. 그 발명품을 통해 인간은 뇌 조직을 재편성했고 그렇게 재편성된 뇌는 인간의 사고 능력을 확장시켰으며 그것이 결국 인지 발달을 바꾸어놓았다. 독서는 인류 역사상 최고의 발명품이며 역사의 기록도 그 발명의 결과 중 하나라고 할 수 있다.

인류의 조상이 이렇듯 훌륭한 발명을 할 수 있었던 것은 인간의 뇌가 비상한 능력을 갖고 있었기 때문이다. 사람의 뇌는 기존 구조 안에서 새로운 연결을 만들어낼 수 있다. 이는 뇌가 경험에 따라 형태를 바꿀 수 있기 때문에 가능한 프로세스다. 가소성plasticity 은 뇌 구조의 핵심적 특성으로 인류의 현재와 미래를 이루는 많

은 것의 기반이 된다.[3]

이 책에서는 지적 진화의 전개라는 관점에서 독서하는 뇌를 이야기하려고 한다. 이 이야기의 줄거리는 우리의 눈앞과 손끝에서 계속 변하고 있다. 앞으로 수십 년 내에 우리의 커뮤니케이션 능력은 변화를 겪게 될 것이다. 뇌 안에서 끊임없이 새로운 연결이 만들어지면서 종전과는 다른 새로운 방법으로 지적 발달이 이뤄질 것이기 때문이다. 지금은 독서하는 뇌에서 디지털 뇌로 전환되는 과도기다. 따라서 독서를 하기 위해 뇌가 필요로 하는 것이 무엇인지, 그것이 인간의 사고와 감성과 추론 그리고 타인을 이해하는 능력에 어떻게 기여하는지 아는 것이 그 어느 때보다 중요하다. 독서가 역사적으로 어떻게 진화했는지, 아이가 독서를 어떻게 학습하는지, 독서로 인해 뇌 안의 생물학적 기반이 어떻게 바뀌었는지 이해함으로써 인간이라는 지적인 동물의 불가사의한 복잡성을 새롭게 조명해볼 수 있다. 그렇게 함으로써 우리의 지적 능력이 앞으로 어떻게 진화할지, 우리가 미래를 만들어가는 과정에서 어떤 선택을 해야 할지 보다 확실히 알 수 있다.

이 책은 수메르인에서부터 소크라테스에 이르기까지 고대 인류가 독서를 배우게 된 역사, 시간 흐름에 따라 보다 세련된 독서 능력을 습득하게 된 인간의 생애 주기상의 발달사, 뇌가 독서를 하지 못할 때 나타나는 현상과 그에 대한 과학적 설명 등 세 가지 영역의 지식으로 이루어져 있다. 독서에 대해 지금까지 누적된 지식을 한데 모아보면 인간이 읽고 기록하고 과거를 뛰어넘는 가운데 이룩한 방대한 업적을 반추할 수 있다. 동시에 앞으로 중요하게 보전해야 할 것이 무엇인지 분명히 알게 된다.

독서하는 뇌를 역사적, 진화론적으로 살펴보다 보면 명쾌하지만은 않은 문제에 부닥치게 된다. 그건 오히려 독서 프로세스의 가장 핵심적인 면을 가르칠 수 있는 방법론에 대해 대단히 진부한 동시에 새로운 접근법을 제시해준다. 이런 접근법은 독서를 학습할 준비가 된 뇌를 가진 사람과 난독증이라고 불리는 독서 장애처럼 남들과 약간 다른 뇌 시스템을 가진 사람 모두에게 적용될 수 있다.

뇌는 여러 세대를 거치는 동안 유전자의 명령에 따라 사전 프로그래밍된 독특한 하드웨어 시스템이다. 독서하는 뇌와 독서하지 못하는 뇌를 모두 이해하면 우리의 지식은 예상치 못하게 의미 있는 방향으로 발전할 수 있으며 그 의미에 대해서는 앞으로도 계속 탐구해야 한다.

총 3부로 구성된 이 책 전체에는 뇌가 새로운 것을 학습하는 방법에 대한 독특한 견해가 깔려 있다. 새로운 지적 능력을 학습하기 위해 스스로를 재편성하는 인간 두뇌의 놀라운 능력을 독서 행위보다 더 확실하게 보여주는 예는 그리 많지 않다. 뇌에는 인간의 진화 단계상 더 과거에 형성되었으며 시각, 언어 등 보다 기초적인 뇌의 프로세스에 사용되는 구조structure와 회로circuit가 들어 있다. 뇌가 독서를 배울 수 있다는 것은 이런 기존 구조와 회로를 사용해 새로운 연결을 만드는 다재다능한 능력을 갖고 있음을 암시한다. 새로운 것을 배울 때마다 사람의 뇌에 있는 뉴런(신경세포)이 새로운 연결과 경로를 만들어낸다는 것은 이미 잘 알려진 사실이다.

이처럼 스스로 형태를 바꾸거나 재편성함으로써 다양한 명령을 수용하는 시스템을 컴퓨터 과학자들은 '오픈 아키텍처open architecture'라고 부른다. 사람의 뇌는 유전적 자원이 제한되어 있음에도 훌륭한 오픈 아키텍처의 예가 된다. 그러한 설계 덕분에 우리는 세상에 태어날 때부터 자연으로부터 받은 것을 변화시키고 뛰어넘도록 프로그래밍되어 있는 셈이다. 그런 의미에서 인간은 유전적으로 혁신에 적합한 존재라고 할 수 있다.

그러므로 독서하는 뇌는 매우 성공적인 양방향 역학two-way dynamics으로 구성된다. 독서는 뇌가 가소성 있는 구조로 되어 있기 때문에 비로소 학습 가능한 것이다. 그리고 독서가 이루어진다는 것은 그 사람의 뇌에 이미 생리적, 인지적으로 돌이킬 수 없는 변화가 일어났다는 뜻이다. 예를 들어, 뉴런의 차원에서 보았을 때 중국어를 읽는 사람은 영어를 읽는 사람과는 완전히 다른 뉴런 연결을 사용한다. 중국어를 읽는 사람이 처음으로 영어를 읽을 때 그 사람의 뇌는 중국어에 기초한 뉴런 경로를 사용한다.[4] 이미 중국어 독서를 학습함으로써 문자 그대로 중국어를 읽는 뇌가 형성되었기 때문이다.

마찬가지로 우리가 사고하는 방식과 내용은 우리가 읽은 것으로부터 형성된 식견과 연상에 기초하는 것이다. 작가인 조지프

앱스타인의 말마따나 "작가의 전기를 쓰려면 그가 언제 무엇을 읽었는지 상세하게 다루어야 한다. 어떤 의미에서 '사람은 그가 읽은 것을 반영'하기 때문이다."[5]

독서하는 뇌의 발달과 진화의 이러한 두 가지 측면, 즉 개인적이고 지적인 측면과 생물학적인 측면을 연관시켜 함께 기술한 사례는 거의 찾아보기 힘들다. 하지만 막상 그렇게 해보면 중요하고도 놀라운 사실을 알 수 있다.

이 책에서 나는 독서의 상이한 두 가지 측면을 묘사하기 위해 프랑스의 유명한 소설가 마르셀 프루스트를 메타포로, 하등동물로 과소평가되어 있는 오징어를 유추적으로 사용한다. 프루스트는 독서를 일종의 지성의 '성역'으로 보았다.[6] 다른 데서는 결코 만날 수 없고 이해하지 못했을 수천 가지 실체와 진실에 접근할 수 있는 곳, 각각의 새로운 실체와 진실을 통해 편안한 안락의자를 벗어나지 않고도 독서하는 사람 스스로 지적인 삶을 변화시킬 수 있는 곳이기 때문이다.

1950년대 과학자들은 뉴런이 서로 어떻게 발화하고 전송하는지, 그리고 문제가 발생하는 경우 어떤 식으로 회복 및 재생되는지 이해하기 위해 소심하지만 정교한 오징어의 기다란 중앙 축삭돌기central axon를 사용했다.[7] 연구의 차원이 다르기는 해도 오늘날 인지신경과학자들은 다양한 인지(또는 정신적) 프로세스가 뇌에서 어떻게 일어나는지 연구하고 있다. 이 연구를 통해 밝혀진 독서 프로세스는 시간적으로 나중에 습득되기 때문에 기존의 뇌 구조를 가지고 뭔가 새로운 것을 만들어내야 하는 문화적 발명의 전형적인 예다. 사람의 뇌가 독서를 할 때 일어나는 작용과 문제가 생겼을 때 대처하는 방식을 연구하는 것은 과거의 초창기 신경과학이 오징어를 연구하던 것과 비슷하다.

프루스트의 성역과 과학자의 오징어는 독서 프로세스의 다양한 측면을 이해할 수 있게 해주는 상호보완적 방법론이다. 이 책의 접근 방법을 보다 구체적으로 설명하기 위해 프루스트의 《독서에 관하여》에서 발췌한 문장을 소개한다. 아래 두 문장을 최대한 빠른 속도로 읽어보기 바란다.

어린 시절, 좋아하는 책과 함께 보낸 나날만큼…… 충만한 시간은 아마도 없는 것 같다. 다른 이들에게는 소일거리였지만, 아니 그렇게 보였지만 우리는 지고한 쾌락에 방해가 된다고 생각해 물리쳐버렸던 모든 것들 : 흥미진진한 대목에서 친구가 찾아와 함께하자고 조르던 놀이, 책장에서 눈을 떼거나 자세를 바꿀 수밖에 없도록 귀찮게 훼방을 놓던 꿀벌이나 햇살, 어쩔 수 없이 가져오기는 했지만 머리 위에 펼쳐진 푸른 하늘에서 해가 뉘엿뉘엿 빛을 잃어갈 때까지 손도 대지 않은 채 벤치 옆자리에 내버려두었던 오후의 간식, 집에 돌아가 식탁 앞에 앉았지만 어서 빨리 식사를 마치고 되돌아가 읽다 만 책의 장을 마저 끝내고 싶다는 생각에만 골똘해 있던 저녁식사 시간, 독서로 인해 이 모든 것이 성가시다는 느낌 외에 다른 아무것도 느끼지 못했을 법한데, 오히려 반대로 그들에 대해 너무나도 달콤한(지금 생각해보면 그토록 애착을 가지고 읽었던 것보다 훨씬 더 중요한) 기억이 우리 안에 아로새겨져 오늘날 예전에 읽었던 책을 들춰보게 되는 건 그것들이 다름 아니라 사라져버린 날에 대해 우리가 간직하고 있는 유일한 기록이기 때문이며 이제는 존재하지 않는 거처와 연못의 그림자가 그 책장 위에 비치는 것이 보고 싶기 때문이다.[8]

첫째, 이 문장들을 읽는 동안 무슨 생각이 들었는지 생각해보라. 둘째, 문장을 읽는 동안 무엇을 했는지, 다른 잡생각들과 프루스트를 어떻게 연관시켰는지 정확하게 분석해보라. 여러분도 나와 비슷하다면 프루스트로 인해 머릿속에 오랫동안 남아 있던 책을 기억해냈을지 모르겠다.

형제나 친구들에게 간섭받지 않으면서 책을 읽으려고 찾아갔던 장소, 제인 오스틴, 샬럿 브론테, 마크 트웨인 등이 우리 안에 불러일으켰던 짜릿한 느낌, 부모님께 제발 들키지 않았으면 하는 마음으로 이불 속에서 비췄던 플래시 불빛 등. 이런 것이 바로 프루스트가 말하는 독서의 성역이고 우리 각자의 성역이다.

그곳에서 우리는 난생처음 씩씩하게 중동, 릴리푸트 소인국, 나니아 등을 배회했다. 왕자와 거지, 용과 처녀, 부시맨 전사, 그리고 나치군을 피해 가족과 함께 다락방에 숨어 살던 네덜란드의 유대인 소녀 등 현실에서 만날 수 없는 사람들의 경험을 간접적으로 엿볼 수 있었던 곳도 바로 거기였다.

마키아벨리는 책을 읽기 전에 그 작가가 살던 시대의 복장을 차려입거나 식사 때 한 사람분의 음식을 더 준비하게 했다고 전해진다. 마키아벨리 나름대로 작가의 재능에 경의를 표하는 방법이었다.[9] 어쩌면 프루스트가 묘사한 만남의 의미를 마키아벨리가 은연중에 이해하고 있었던 것인지도 모른다.[10] 독서를 하는 동안 우리는 자아 의식을 버리고 다른 사람, 다른 시대, 다른 문화의 의식으로 넘어간다. '넘어가다passing over'는 신학자인 존 던이 사용한 말로 아주 짧은 시간 동안 다른 사람의 의식에서 비롯된 전혀 다른 관점을 시도해보고 거기에 동화되고 결국 이입移入하는 프로세스를 묘사한다.[11] 기사가 어떤 생각을 하는지, 노예가 무엇을 느끼는지, 여주인공이 어떻게 행동하는지, 악당이 자신의 악행에 대해 어떻게 참회 또는 부인하는지 그 속에 넘어갔다 오면 우리는 약간 다른 사람으로 변한다. 때에 따라 영감을 받기도 하고 슬픔을 느끼기도 한다. 어떤 경우든 전보다 풍요로워진다. 이러한 노출을 통해 우리의 생각이 평범한 동시에 고유하다는 것을 배우게 되고 각자 개별적인 존재이지만 결코 혼자가 아니라는 사실을 깨닫게 된다.

이런 일이 일어나는 순간 우리는 각자 사고 범위의 한계에서 벗어난다. 한계선이 어디에 있든 상관없이 본래의 경계선이 도전과 침범을 받아 서서히 새로운 어딘가로 움직여간다. 확장된 의미의 '타자他者'가 우리의 존재를, 특히 아이들에게는 가능성으로 여겨지는 것을 변화시킨다.

이제 다시 앞으로 돌아가 프루스트의 문장에 주의를 집중하고 의미를 놓치지 않는 한도 내에서 최대한 빨리 읽어보라고 했을 때 여러분이 어떤 일을 했는지에 대해서 이야기해보자. 우선 여러분은 일련의 정신 혹은 인식 프로세스를 가동하기 시작했다. 그것은 주의와 기억 그리고 시각, 청각, 언어 프로세스였다. 뇌의 주의 및 집행 체계가 프루스트의 글을 빠른 속도로 읽으면서 의미를 이해하기 위해 재빨리 계획 수립에 돌입했다. 그다음으로 시각 체계가 작동하기 시작해 페이지를 쓱 훑어내려 가면서 문자의 모양, 단어의 형태, 공통적인 문장 등을 입수해 언어 체계로 보냄으로써 정보가 만들어지도록 했다.

이 두 체계에 의해 서로 미세한 차이가 있는 시각적 상징들과 단어에 포함된 주요 음성 정보들이 재빨리 결합되었다. 단 한순간도 의식하지 못했지만 여러분은 글자의 음성에 대해 고도로 자동화된 규칙을 적용했으며 그 일을 하기 위해 대단히 많은 언어적 프로세스를 사용했다. 이것이 이른바 알파벳 원리alphabetic principle의 본질이다. 이것은 보고 들은 것을 매우 빠른 점화 속도로 기존에 알고 있던 지식에 연결·통합하는 뇌의 엄청난 학습 능력에 달린 일이다.

여러분은 눈앞에 놓인 문장에 그 규칙들을 적용하는 동안 그와 관련된 언어 및 이해 프로세스를 가동시켰으며 그 속도는 학자들이 경탄을 금치 못할 만큼 빠른 것이었다. 언어 영역에서 어떤 일이 일어나는지 예를 하나만 들어보자. 프루스트의 문장은 164개의 어절*로 이뤄져 있고, 여러분의 머릿속에 있는 어휘의 의미론적 체계는 각 낱말이 가진 모든 의미를 문맥에 대입해보고 그 문맥에 딱 맞는 정확한 의미를 골라 짜맞추었다. 이는 상상을 초월할 정도로 복잡하고 흥미로운 과정이다.

몇 년 전 인지과학자 데이비드 스위니David Swinney는 'bug(벌레)'처럼 간단한 단어를 읽을 때 흔히 사용되는 의미(발이 여섯 개 달린 기어 다니는 동물)는 물론이고 스파이, 폭스바겐, 소프트웨어상의 결함 등 이 단어가 연상시키는, 자주 사용되지 않는 의미까지 전부 가동된다는 사실을 밝혀냈다.[12] 스위니는 뇌가 한 단어에 대해 단 하나의 의미만 찾아내는 것이 아님을 발견한 것이다.

실제로 뇌는 주어진 단어에 대해 그야말로 보물창고와도 같은 지식 저장소를 자극해 관련된 단어를 여러 개 끄집어낸다. 독서가 이렇게 의미론적 측면에서 풍부해지는 것은 사전에 저장해놓은 자원에 따른 것이다. 이 사실은 아이들의 성장과 발달에 매우 중요한 의미가 있으며 때에 따라서는 매우 파괴적인 영향력을 갖기도 한다. 풍부한 어휘 레퍼토리와 그에 관련된 연상적 의미를 가지고 있는 아이들은 단어와 개념을 저장하지 못한 아이들과 완전히 다른 방식으로 텍스트와 대화를 경험하기 때문이다.

닥터 수스의 《네가 갈 곳》처럼 단순한 텍스트나 제임스 조이스의 《율리시스》처럼 복잡한 텍스트에서 스위니가 밝혀낸 사실이

---

* 영어 원문은 233개의 단어로 이뤄져 있다.

갖는 의미를 생각해보라. 문자 그대로 혹은 비유적 의미에서 자기 집과 주변의 좁은 동네를 벗어나보지 못한 아이는 다른 아이들과 완전히 다른 방식으로 그 책을 이해할 것이다. 우리는 무엇을 읽든 간에 그것을 이해하기 위해서 우리 안에 저장되어 있는 의미를 총동원한다.

이 사실을 방금 읽은 프루스트의 문장에 적용해본다면 여러분이 가진 집행 기획 시스템의 명령에 의해 엄청나게 많은 활동이 이루어진 결과 그 문장에 들어 있는 것을 이해하고 개인적 연상 의미를 전부 추출해낼 수 있었다는 뜻이 된다. 술어 앞에 콤마와 세미콜론이 여러 개 있고 길이가 긴 문장을 사용하는 등 생경한 프루스트의 구문을 풀어내기 위해 여러분이 가지고 있는 문법 체계는 평소보다 많은 양의 작업을 처리했다.

또한 열다섯 단어 앞에서 읽은 내용을 잊어버리지 않고 정보 처리를 계속해나갈 수 있도록 의미 체계와 문법 체계가 작업 기억working memory과 밀접하게 공조해야 했다(이런 유형의 기억을 일종의 '인식적 칠판'이라고 생각하면 된다. 그 칠판은 잠시 후 꺼내서 다시 사용할 수 있도록 일시적으로 정보를 저장하는 역할을 한다).[13] 그 결과 이상한 구조로 나열된 프루스트의 문장에서 전체적으로 연속되는 명제문과 구절의 문맥을 잃지 않고 문법적 정보와 단어 각각의 의미가 연결되는 것이다.

이처럼 여러분은 언어적 정보와 개념 정보를 모두 연결한 뒤 각자의 배경 지식과 관여에 기반을 두고 나름대로 고유한 추론과 가설을 생성했다. 만약 이렇게 정보를 누적시켰는데도 의미가 통하지 않으면 문장의 일부를 다시 읽어보면서 그것이 주어진 문맥에 적합한지 확인했다. 그런 식으로 시각적, 개념적, 언어적 정보 모두를 여러분의 배경 지식과 추론에 통합시킨 후에야 비로소 프루스트가 묘사하는 바를 이해했다. 어린 시절의 찬란한 하루가 독서라는 '지고한 쾌락'을 통해 영원히 기억될 만한 순간으로 변했다는 말이 아닌가!

프루스트의 문장이 끝나는 곳에서 잠시 독서를 멈추고 텍스트에 들어 있는 내용을 뛰어넘어 어딘가로 달려가 버린 독자도 있을 것이다. 하지만 그런 철학적인 이슈를 다루기에 앞서 생물학적 측면으로 되돌아가 독서라는 행위의 이면에 감춰져 있는 것에 대해 살펴보도록 하자. 인간이 하는 모든 행동은 층층이 쌓인 활기찬 기저 활동에 의존한다.

나는 신경과학자이자 예술가인 옥스퍼드 대학교의 캐서린 스투들리에게 부탁해 단어를 읽을 때 그런 다양한 기저 층들이 상호작용하는 방법을 하나의 피라미드 그림으로 표현해달라고 했다(그림 1-1). 이 피라미드의 맨 꼭대기에 있는 'bear(곰)'라는 단어는 표면적 행동이다. 그 아래는 인지 수준으로 글을 읽기 위해 여러분이 방금 사용한 기초적인 주의, 지각, 개념, 언어 및 운동의 프로세스로 이루어진 층이다. 많은 심리학자들이 평생을 바쳐 연구하는 이 인지 수준은 실체를 가진 신경 구조에 의존한다. 신경 구조는 뉴런들로 구성되어 있으며 뉴런은 다시 유전자와 환경의

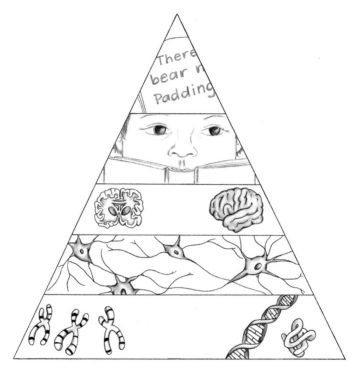

그림 1-1 독서 피라미드

상호작용에 의해 확립되고 지배를 받는다.

다시 말해 인간의 모든 '행동'은 수많은 '인지적' 프로세스에 기반을 두고 나타나는 것으로 인지적 프로세스는 특정 '신경 구조'에서 만들어져 순식간에 결합되는 정보에 근거를 둔다. '신경 구조'는 다시 수조數兆 가지의 연결 가능성을 지닌 수십억 개의 '뉴런'에 의존하며 이 '뉴런'들은 대부분 '유전자'에 의해 프로그래밍된다. 뉴런들이 공조해서 기본적인 사람의 기능을 수행할 수 있으려면 유전자가 신경 구조 가운데서 효과적으로 회로 또는 경로를 형성하는 방법을 지시해야 한다.

이 피라미드는 예를 들어 시각 능력같이 유전적으로 프로그램되어 있는 행동이 일어나는 방법을 이해하는 데 필요한 삼차원 지도 같은 기능을 한다. 하지만 독서 회로에 어떤 식으로 적용될 수 있을지에 대해서는 설명해주지 못한다. 피라미드의 최하단에 독서 행위만을 고유하게 관장하는 유전자가 없기 때문이다. 유전적으로 조직화되어 있는 시각이나 언어 같은 구성 부품과 달리 독서는 그 능력을 자손에게 전달해주는 직접적 유전 프로그램이 없다.

따라서 개인의 뇌가 독서 능력을 습득할 때마다 그 위에 있는 관련된 네 개의 층이 필요한 경로 형성 방법을 처음부터 다시 학습해야 한다. 독서와 그 밖의 모든 문화적 발명이 다른 프로세스들과 차별화되는 점이 바로 이것이다. 그렇기 때문에 독서라는 이 능력은 사전에 프로그램되어 있는 시각이나 언어 능력처럼 아이들에게서 자연스럽게 나타나지 않는 것이다.

그렇다면 최초의 독서는 어떻게 일어난 것일까? 프랑스의 신경과학자인 스타니슬라스 드앤은 '뉴런 재활용'이라고 이름 붙인 과정을 통해 인류가 처음으로 문자와 숫자를 고안해낸 것이라고 설명한다.[14] 예를 들어, 영장류를 다룬 드앤의 저서에는 바나나가 담긴 두 개의 접시, 즉 바나나가 두 개 담긴 접시와 네 개 담긴 접시를 원숭이 앞에 갖다 놓는 실험이 나온다. 원숭이는 뇌의 후두

피질 일부가 활발한 반응을 보인 뒤 바나나가 많이 담긴 접시를 잡는다. 이때 사용된 것과 동일한 일반 영역이 바로 인간의 수학적 연산에 사용되는 뇌 부위 중 하나다.[15]

마찬가지로 글을 읽을 때 단어를 인식하는 능력에는 영장류의 진화 과정에서 오래전부터 개발되어 있던, 물체 인지에 특화된 회로가 사용된다고 드앤과 그의 동료들은 주장한다.[16] 나아가 인류의 조상이 선천적 역량에 의존해 시각적 분화를 했기 때문에 약탈자와 먹이를 한눈에 구분할 수 있었던 것처럼 문자와 단어의 인지 능력에는 초분화superspecialization를 가능케 하는 훨씬 더 내재적인 역량이 개입하는 것인지도 모른다고 주장한다.[17]

드앤의 관점을 약간 확장시키면 독서하는 뇌는 시각을 사용할 뿐만 아니라 시각을 개념 및 언어 기능에 연결하기 위해 기존에 설계되어 있던 뉴런의 경로를 활용하는 것이 거의 확실하다. 시각을 개념 및 언어 기능에 연결한다는 것은 예를 들어, 발자국은 위험의 표시라는 식으로 어떤 형태를 인지하자마자 추론한다든가, 도구나 약탈자 또는 적을 인지하면 머릿속에서 어떤 단어를 찾아내는 것과 같은 연결 기능을 말한다.

독서나 수리 능력과 같이 새로운 기능을 창조해야 하는 과제에 직면하자 사람의 뇌가 세 개의 정교한 설계 원리를 임의로 활용한 것이다. 그 원리는 첫째, 기존 구조들을 새로운 방법으로 연결하는 능력, 둘째, 정보의 패턴을 인지하기 위해 세밀하고 정확하게 분화 영역들을 형성하는 능력, 셋째, 이 영역들로부터 자동적으로 정보를 이끌어내 연결하는 능력 이렇게 세 가지다. 방법의 차이는 있을지언정 방금 말한 뇌의 세 가지 설계 원리가 독서의 진화, 발달 또는 실패의 토대라고 할 수 있다.

시각 체계의 정교한 속성을 살펴보면 독서가 어떻게 기존의 시각 회로를 재활용함으로써 발달할 수 있었는지 확실히 알 수 있다. 시각세포에는 고도로 전문화되고 고도로 분화될 수 있는 역량과 기존 구조들 사이에서 새로운 회로를 만들어낼 수 있는 역량이 포함되어 있다. 그렇기 때문에 갓 태어난 아기의 눈은 언제라도 발화할 준비가 되어 있다는 점에서 그 자체로 아주 정교하게 설계된 모범 사례다. 탄생 직후 눈의 망막에 있는 뉴런들은 각각 후두엽에 있는 특정 세포군에 맞춰 조정되기 시작한다.[18] 망막 위상 조직이라고 불리는 시각 체계 내의 설계상 특징으로 인해 안구의 망막에 비춰진 직선, 사선, 원 또는 원호가 후두엽상에 특정하게 분화된 위치를 눈 깜짝할 새에 활성화시킨다(그림 1-2 참고).

그런데 이러한 시각 체계의 특성은 인류의 조상인 크로마뇽인들이 멀리 지평선상에 나타난 동물이 무엇인지 식별할 수 있었던 이유나 많은 사람들이 500미터 전방에 있는 차가 어떤 모델인지 구분할 수 있는 이유 그리고 다른 사람들은 미처 보지도 못하는 제비갈매기 한 마리를 새 관찰자들이 알아볼 수 있는 이유 등과는 약간 다른 것이다. 드앤이 암시하는 바에 따르면 인류의 조상은 문자 언어의 상징과 글자를 최초로 해독하기 위해 본래 뇌에서 물체 인지를 담당하던 시각 영역을 사용했으며 그 안에 내장

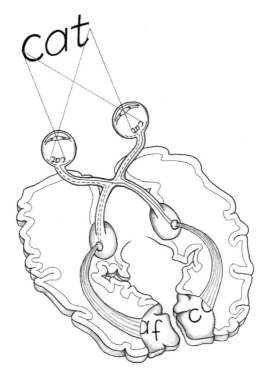

그림 1-2 시각 체계

되어 있던 인지 체계를 문자 해독에 맞게 적용시킨 것이다. 결정적으로 적응과 분화 및 새로운 연결을 만들어내는 선천적 역량이 결합됨으로써 우리의 뇌가 시각 영역과 인지 및 언어 프로세스 영역 사이에서 문자 언어 인지에 필수적인 새로운 경로를 만들어졌다는 것이다.

독서에 활용되는 셋째 원리, 즉 뉴런 회로가 사실상 자동화되어 버리는 역량을 통해 다른 두 가지 원리가 구체화된다.[19] 바로 이것 때문에 여러분은 프루스트의 문장을 훑어내려 가면서 읽은 내용을 이해할 수 있었던 것이다. 사실상 자동화된다는 것은 하루아침에 가능한 일이 아니며 이는 초보 새 관찰자나 어린 초보 독서가에게서는 찾아보기 힘든 특징이다. 이러한 회로와 경로들은 문자와 단어에 수백 번 노출된 다음에야 만들어진다. 난독증 같은 장애가 있는 아이의 경우 수천 번 노출되어야 형성되기도 한다.

문자, 문자 패턴, 단어를 인지하는 데 필요한 뉴런의 경로가 자동화되는 것은 망막위상 조직, 물체 인지 역량 그리고 뇌 조직에서 지극히 중요한 또 한 가지 측면 덕분에 가능한 것이다. 그 측면은 바로 분화된 부위에서 고도로 학습된 정보의 패턴을 표상화하는 능력이다. 예를 들어, 문자와 문자 패턴을 인지하는 역할을 담당하는 세포망은 동시 발화하면서 시각 정보에 대한 표상을 만들어낸다.[20] 이 일들은 훨씬 더 빠른 속도로 이루어진다.

세포망들이 오랜 시간에 걸쳐 함께 협력하는 방법을 배우게 되면 놀랍게도 시각 정보가 없어도 표상을 만들어낼 수 있다. 하버드 대학교의 인지과학자 스티븐 코슬린이 다음과 같은 실험을 통해 그 사실을 명확하게 보여준다.[21]

그는 뇌 스캐너 안에서 글을 읽고 있는 어른들에게 눈을 감고 어떤 글자를 상상해보라고 했다. 대문자를 생각해보라고 하자 시각피질에서 시야의 일부를 담당하는 개별 부위가 반응을 보였다. 소문자를 상상해보라고 하자 다른 개별 영역들이 반응했다. 결국 단순히 문자를 상상하는 것만으로도 시각피질의 특정 뉴런이 활성화된다는 것이다.

능숙하게 독서하는 뇌는 망막을 통해 정보가 들어오면 문자들의 물리적 속성을 특화된 일련의 뉴런들로 처리한다. 그리고 뉴런들은 문자에 대한 정보를 자동적으로 더 깊숙한 곳에 있는 다른 시각 프로세싱 영역으로 보낸다. 바로 그곳이 독서하는 뇌의 실질적 자동처리 능력의 핵심 영역이다. 그 안에서 시각 프로세스만 처리하고 마는 것이 아니라 독서하는 뇌의 모든 표상과 프로세스들이 빠르고 수월하게 이루어지는 것이다.

과학자들에게는 문자에 처음 노출되었을 때부터 능숙한 독서를 하게 되기까지의 과정이 매우 중요하다. 시간을 두고 인지 프로세스가 발달하는 과정을 관찰할 수 있는 유일한 기회이기 때문이다. 시각 체계가 가지고 있는 다양한 특징은 독서에 관여하는 다른 주요 인지 체계, 언어 체계의 그것과 크게 다르지 않다.

그들은 과거에 이미 유전적으로 프로그램되어 있던 구조의 도움을 받아 패턴을 인지하고, 특정한 표상에 맞춰 특화된 뉴런들 각각의 작업 그룹을 형성하고, 능란하게 회로를 연결하고, 반복 실행되면서 유창한 독서 능력을 완성한다. 이 부분에 대해서는 나중에 자세히 다룰 것이다. 다만 뇌에서 일어나는 일과 독자의 마음속에서 일어나는 일이 놀랍도록 유사하다는 점을 미리 강조해두고 싶디.

독서에는 본래의 설계 구조 이상의 역할을 수행하는 뇌의 역량이 활용된다. 또한 텍스트와 작가가 제시한 내용의 한계를 뛰어넘는 독자의 역량도 반영된다. 좋아하는 책과 함께 보낸 어린 시절의 하루를 묘사한 프루스트의 문장을 읽으면서 여러분의 뇌 시스템이 모든 종류의 정보, 즉 시각적, 청각적 정보 및 의미론적, 통사적, 추론적 정보를 흡수하는 동안 독자인 여러분은 무의식적으로 프루스트가 기술한 내용과 여러분 자신의 생각, 개인적 식견을 연결하기 시작했다.

물론 나는 여러분이 무슨 생각을 했는지 자세히 설명할 수 없다. 하지만 내 생각이 어디로 향하고 있었는지는 기술할 수 있다. 얼마 전 나는 보스턴 미술관에서 열린 모네와 인상주의 전시를 보고 왔다. 따라서 나도 모르게 프루스트가 어린 시절의 하루에 대해 쓴 글과 모네의 〈인상, 일출〉이라는 그림을 연결 짓고 있었다.[22] 프루스트와 모네 모두 몇몇 정보의 편린을 모아 하나의 합성물로 표현해냈고 그것은 장면을 있는 그대로 복사해놓은 것보다 훨씬 더 생생한 인상을 남긴다. 이 과정에서 프루스트와 모네는 에밀리 디킨슨의 "모두에게 진실을 말하라. 그러나 비스듬히 말하라. 성공은 회로에 있으니"라는 수수께끼 같은 명령을 실천에 옮긴 셈이다.[23]

에밀리 디킨슨이 이 시구를 쓰면서 마음속에 신경 회로를 그리고 있었던 것은 결코 아닐 것이다. 하지만 결과적으로 그녀는 시인으로서 명민했던 것만큼 생리학자의 재능도 보여주었다. 프루스트와 모네는 간접적인 접근을 통해 책을 읽는 사람과 그림을 감상하는 사람이 작품의 완성에, 작품을 보다 직접적으로 경험하는 프로세스에 적극 참여하고 기여하도록 만든다.

독서란 뉴런과 지성이 우회하는 행위다. 독서는 눈에 들어온 텍스트가 전달해주는 직접적인 메시지뿐만 아니라 독자의 추론과 생각에서 비롯된 예측 불허의 에두름으로 인해 보다 풍성해진다.

나는 내 아이들이 살고 있는 구글 세상을 바라보면서 독서의 이런 독특한 측면에 대해 적잖은 근심을 느끼기 시작했다. 어마어마한 양의 정보가 순식간에 나타나는 컴퓨터 텍스트로 옮겨가면서 독서의 핵심이라 할 수 있는 건설적 요소가 변화하고 위축되기 시작하는 것 아닐까? 다시 말해 디지털 텍스트가 대부분 그러하듯 겉모습만 완벽한 시각적 정보가 거의 동시다발로 제시될 때 과연 그 정보를 보다 추론적, 분석적, 비판적으로 처리할 수 있는 충분한 시간과 동기가 생겨날까? 그러한 맥락에서 이루어지는 독서 행위는 획기적으로 다른 것일까? 기본적인 시각적, 언어적 프로세스는 동일해 보이지만 더 많은 시간을 들여 증거를 제시하고 분석을 행하는 창조적 이해의 측면은 축소되어버리는 것 아닐까? 아니면 하이퍼링크된 텍스트를 통해 잠재적 추가 정보를 풍부하게 얻을 수 있기 때문에 아이들의 사고 발달에 오히려 도움이 될까? 아이들이 멀티태스킹을 수행하고 무한대로 확장할 수 있는 정보 흡수 능력을 키워나가더라도 그들 안에 독서의 건설적인 차원은 유지될 수 있는 것일까? 다양한 정보 처리 방법을 배울 수 있도록 지금부터라도 텍스트가 제시되는 다양한 방식에 따라 그것을 읽는 방법을 명시적으로 가르쳐야 하지 않을까?[24]

이러한 의문 속에서 나는 길을 잃어버리고 만다. 그런데 실제로 독서를 하면서도 길을 잃고 방황하는 경우가 흔히 생긴다. 이러한 연상적 측면은 부정적인 것이 아니라 독서의 핵심인 생성적 장점의 한 축이다. 150년 전 찰스 다윈은 창조에서 비슷한 원리를 발견했다. 즉 유한의 원리로부터 '무한한' 형태가 진화한다는 것이다. "그토록 단순한 시작으로부터 너무나도 아름답고 너무나도 훌륭한 무한히 많은 형태들이 진화했으며 그 진화는 아직도 계속되고 있다."[25] 문자 언어도 마찬가지다. 생물학적으로, 지적으로 독서는 인류가 '주어진 정보를 뛰어넘어' 너무나도 아름답고 훌륭한 무한히 많은 사고를 창조하게 해준다.[26] 우리는 이제 지금까지와 다른 새로운 방법으로 정보를 습득하고 처리하고 이해하는 시대로 나아가고 있다. 그렇지만 독서의 이 본질적인 장점만은 잃어버리지 말아야 한다.

확실한 사실은 독자와 텍스트의 관계가 문화마다, 역사마다 다르다는 것이다. 성서와 같은 종교적 텍스트가 구체적으로, 말 그대로 직역되느냐 아니면 생성적, 해석적인 방법으로 읽히느냐에 따라 수많은 이들의 운명이 바뀌거나 생명이 좌지우지되었다. 마틴 루터가 라틴어 성서를 독일어로 번역해 평신도들이 직접 성서를 읽고 나름대로 해석을 하게 되면서 종교의 역사가 달라졌다. 사상의 역사에서 세월에 따라 변화하는 텍스트와 독자 간의 관계를 하나의 척도로 간주할 수 있다는 일부 사학자들의 의견에 충분히 공감이 간다.[27]

그렇지만 이 책의 취지는 문화적, 역사적이라기보다 생물학적, 인지적이라고 할 수 있다.[28] 그런 맥락에서 독서의 생성적 역량과 우리 뇌에 있는 회로 배선의 근본적 성격인 가소성을 나란히 비교할 수 있다. 둘 다 주어진 것의 고유성을 뛰어넘을 수 있게 해주기 때문이다. 이 능력에서 비롯되는 풍부한 연상과 추론, 통찰을 통해 우리는 우리가 읽은 특정한 내용을 초월해 새로운 사고를 형성할 수 있고 또 그렇게 유도된다. 그런 의미에서 독서는 인지적 도약이 가능한 뇌의 역량을 반영하는 동시에 재현해낸다고 하겠다.

프루스트는 독서를 통해 우리 자신의 사고를 도출하게 되는 과정을 실감나게 묘사한 대목에서 완곡하게나마 그런 요지의 이야기를 하고 있다.

작가의 지혜가 끝나는 곳에서 우리의 지혜가 시작된다는 것이 사뭇 사실이라고 느껴진다. 작가가 할 수 있는 일이라고는 욕망을 주는 것뿐인데 우리는 작가가 답을 가르쳐주기를 기대한다. 그 욕망이란 작가의 지극한 예술적 노력으로 완성된 지고의 미를 관조할 수 있을 때에야 비로소 우리 안에 떠오를 수 있다. 그런데 진실은 그 누구에게서도 전수받을 수 없으며 오직 우리 스스로 창조해내야 한다는 의미이…… 법칙에 의해 그늘의 지혜의 끝은 곧 우리의 지혜가 시작되는 지점이 될 수 있다.[29]

프루스트가 이해한 독서의 생성적 본질 안에는 패러독스가 하나 있다. 독서의 목적이 작가의 생각을 초월해 훨씬 더 자율적, 변형적이고 결국 문서화된 텍스트와 별개인 독자적 사고로 옮겨간다는 점이다. 아이가 처음으로 더듬거리며 문자를 해독하려고 노력할 때부터 독서란 그 경험 자체가 최종 목적이 아니다. 오히려 변형된 사고방식 그리고 문자 그대로든 비유적인 의미에서든 변화된 뇌로 옮겨갈 수 있는 최고의 매개체가 바로 독서다.

결국 독서가 유발한 생물학적, 지적 변화는 우리가 어떻게 생각하는지를 고찰할 수 있는 훌륭한 페트리접시 역할을 한다. 그 고찰을 하려면 과거와 현재의 언어학, 고고학, 역사학, 문학, 교육학, 심리학 그리고 신경과학 등 다중적인 시각이 필요하다.

이 책의 목적은 그 학문 분야들을 모두 종합해 문자 언어의 세 가지 측면에 대해 새로운 관점을 제시하는 것이다. 세 가지 측면이란 바로 독서하는 뇌의 진화(뇌는 어떻게 독서를 배우나), 독서하는 뇌의 발달(아이의 뇌는 어떻게 독서를 학습하는가, 그리고 독서가 우리를 어떻게 변화시키는가) 그리고 그 변종(뇌가 독서를 학습하지 못하는 경우)이다.

뇌는 어떻게 읽기를 배웠을까

수메르·이집트·크레타 문명에서부터 시작하려고 한다. 그곳들은 수메르 문명의 쐐기문자, 이집트 문명의 신성문자, 그리고 비교적 최근에 발견된 원시 알파벳 문자 등 신비한 문자 언어의 기원이 발견되는 곳이기 때문이다. 인류의 조상이 고안해낸 이 주요한 문자들이 인간의 뇌에 요구한 것은 유형별로 각각 조금씩 다른 것이었다. 그렇기 때문에 최초라고 알려진 이들 문자 시스템으로부터 2000년 이상의 세월이 흐른 후에야 비로소 고대 그리스인들의 놀라운, 거의 완벽에 가까운 알파벳이 탄생할 수 있었던 것인지도 모른다.

알파벳의 원리에는 본질적으로 심오한 통찰이 반영되어 있다. 구술 언어에 사용되는 단어는 한정된 수의 개별 음성으로 이루어져 있으며 그 개별 음성들은 한정된 수의 개별 문자로 표상될 수 있다는 사실이다. 이러한 음성 원리는 언뜻 매우 단순해 보이지만 처음 나왔을 때는 가히 혁명적이었다. 바로 이 음성 원리 덕분에 인간의 언어에 사용되는 모든 구술 어휘를 문자로 옮겨 적을 수 있었다.

소크라테스가 전설적인 수사학적 언변을 총동원해 그리스 문자를 배우거나 글을 깨우치는 데 반대했다는 사실과 그 이유는 독서의 역사에서 대단히 흥미로운 이야기지만 거의 언급이 되지 않는다. 구전 문화에서 문자 문화로 옮겨갈 경우 잃어버릴 수밖에 없는 것을 설명한 소그라테스의 말에는 오늘날의 시각으로 봐도 뛰어난 통찰력이 담겨 있다. 문자 문화에서 차츰 시각적 이미지와 봇물처럼 쏟아지는 디지털 정보가 주도하는 문화로 넘어가는 과도기를 맞아 기성세대와 우리 아이들 세대 간에 타협이 거듭되고 있는 지금, 문자 언어에 반대한 소크라테스의 주장은 그리고 그의 말을 모두 받아 적은 플라톤의 침묵의 항거는 시사하는 바가 매우 크다.

아이의 뇌는 어떻게 독서를 배우는가, 독서는 우리를 어떻게 변화시키는가

생각해볼 가치가 있는 몇 가지 연결 고리를 통해 인류가 문자를 사용한 역사와 아이의 독서 발달 과정을 연관 지을 수 있다. 첫째, 인류가 알파벳을 통해 독서 학습에 필요한 인지적 혁신을 이루는 데 약 2000년의 세월이 소요되었다면 오늘날 아이들이 문자 문화와 관련해 그런 동일한 식견에 도달하기까지는 약 2000일이 필요하다는 사실이다. 둘째, 독서 학습에 필요한 '재편성된' 뇌를 갖는다는 것의 진화적, 교육적 의미에 관한 것이다. 독서만을 전담하는 고유한 유전자가 없다면, 그리고 이 새로운 능력을 배우기 위해 시각 및 언어 능력을 위해 만들어져 있던 기존의 구조를 뇌가 새로 연결해야 한다면 모든 세대의 모든 아이들은 엄청나게 할 일이 많은 셈이다.

그런 의미에서 인지과학자인 스티븐 핑커의 말에 매우 공감 간다. "소리에 관한 한 아이들은 이미 선이 연결된 상태다. 반면에 문자는 고생스럽게 추가 조립해야 하는 옵션 액세서리다."[30] 선천적으로 타고나지 않은 프로세스를 학습하기 위해 아이들에게 필요한 것은 독서에 필요한 뇌의 추가 회로부를 나사로 죄어줄 수 있는 제도적 환경이다. 현행 교수법은 이런 시각에서 출발하며 대부분 독서의 구성요소 가운데 주요한 한두 가지 측면에 초점을 맞추고 있다.

유년기부터 성년의 나이를 갓 넘긴 시기까지의 발달 단계를 이해하기 위해서는 독서하는 뇌에 들어 있는 회로의 구조와 그것이 발달하는 양상을 알아야 한다. 여기서 두 아이의 이야기가 시작된다. 두 아이 모두 수백의 단어, 수천의 개념, 수만의 청각적·시각적 지각에 대해 수백 가지 학습을 해야 한다. 그것이 독서의 주요 구성요소를 개발하는 데 반드시 필요한 미가공 원재료다. 그런데 단지 환경적인 이유 때문에 한 아이는 이 중요한 것들을 전부 습득하지만 다른 아이는 그러지 못한다. 아무 잘못도 없는 수많은 아이들의 일상적인 필요가 충족되지 못하는 것이다.

한 아이가 누군가의 품에 안겨 그 사람이 읽어주는 동화를 처음 들을 때 바로 그 순간부터 독서 학습이 시작된다. 생후 첫 5년 동안 이런 일을 얼마나 자주 경험하는지, 또는 경험하지 못하는지가 훗날 그 아이의 독서 능력을 예견할 수 있는 가장 좋은 척도가 된다.[31] 여기서 서의 거론되지 않는 새로운 계층 시스템이 사회를 보이지 않게 갈라놓는다. 아이들에게 구술 언어와 문자 언어적 기회를 풍부하게 제공하는 가정이 있는가 하면 그러지 않거나 그러지 못하는 가정도 있다는 뜻이다. 한 유명한 연구에 따르면 유치원에 들어가는 연령이 될 때까지 언어적으로 빈곤한 가정에서 자란 아이와 풍부한 자극을 받고 자란 아이 사이에 이미 3200만 개의 어휘 격차가 벌어진다고 한다.[32] 다시 말해 다섯 살이 될 때까지 평범한 중산층 가정에서 자란 아이는 혜택받지 못한 가정에서 자란 아이보다 3200만 개의 단어를 더 듣는다는 뜻이다.

수천 개의 단어를 듣고 사용하고 그 의미를 이해하고 분류해 뇌 어딘가에 이미 저장해놓은 상태로 유치원에 들어간 아이들이 그러지 못한 아이들에 비해서 교육 현장에서 유리할 수밖에 없다. 누군가가 읽어주는 옛날이야기나 각운이 맞는 어휘를 들어본 적이 없고 괴물 용과 맞서 싸우거나 왕자님과 결혼하는 상상을 한 번도 해보지 못한 아이들은 압도적으로 불리한 위치에 놓이게 된다.[33]

독서의 예비 단계를 알면 이런 상황을 바로잡는 데 도움이 된다. 우리는 아무 문제없는 상황에서 한 아이가 'cat(고양이)'이라는 단어를 해독하고 나서 '메피스토펠레스라는 이름을 가진 야옹야옹하는 동물'이라는 의미를 능숙하게, 힘들이지 않고 이해하는 경우와 같이 독서를 학습할 때 일어나는 일을 놀라운 최신 기술을 이용해 눈으로 직접 볼 수 있다.

사람은 평생을 사는 동안 예측 가능한 일련의 단계들을 거친다. 최초로 독서를 하는 사람의 뇌 회로와 필요 요건은 이미《모비 딕》,《전쟁과 평화》, 경제학에 관한 텍스트들이 어지럽게 널려 있는 세상을 항해하는 숙련된 독서가의 그것과 엄청나게 다르다. 최근 들어 우리는 뇌가 독서를 배우는 방법을 보다 잘 알게 되었고 그것은 불필요한 독서 장애의 형태 중 일부를 예측하고 개선하고 예방하는 데 일조하고 있다.

오늘날 우리는 독서를 구성하는 요소가 무엇인지 충분히 알고 있다. 유치원에 다니는 아이들 가운데 독서 능력에 문제가 있을 만한 아이를 거의 100퍼센트 조기 진단해내고 그런 아이들 대부분에게 독서를 가르칠 수 있는 수준에 도달했다. 비록 디지털 시대가 뇌에게 새로운 요구를 하고 있지만 바로 그런 지식을 통해 우리는 독서하는 뇌의 위업 가운데 놓치고 싶지 않은 것이 무엇인지 다시 한번 절실히 느끼게 된다.

뇌가 독서를 배우지 못하는 경우

독서 장애에 대해 알면 이 지식 창고 안을 들여다보면서 몇 가지 놀라운 사실을 발견하고 이전과는 약간 다른 시각을 가지게 된다. 과학의 관점에서 난독증 연구는 빠른 속도로 헤엄치지 못하는 새끼 오징어를 연구하는 것과 비슷하다. 그 오징어가 가진 약간 별난 회로를 들여다보면 헤엄을 잘 치기 위해 필요한 것과 그 오징어가 다른 오징어들처럼 헤엄치지 않아도 죽지 않고 행복하게 살아갈 수 있는 독특한 재능에 대해 알 수 있다.

나의 맏아들을 포함해 난독증을 겪는 많은 아이들은 글을 읽지 못하는 것 외에 단어 안에 포함된 개별 음성이나 음소를 구별해 내거나 색깔명을 빨리 말하는 것 등 아주 간단해 보이는 언어 행위를 제대로 수행하지 못한다. 나는 그 이유를 밝혀내기 위해 동료들과 함께 문자 이름 말하기에서부터 뇌 영상brain imaging에 이르기까지 다양한 도구를 사용해보았다.

이 분야에서는 하루가 다르게 놀라운 일이 많이 일어난다. 최신 뇌 영상 연구의 발전으로 난독증 뇌에 대해 조금씩 다른 그림이 그려지고 있다. 이것은 앞으로의 연구, 특히 치료에 대단히 큰 의미를 갖게 될 것이다. 이러한 발전을 이해하면 미래의 시민이 될 수많은 아이들이 사회에 공헌할 수 있도록 준비시키는 일과 자신이 가진 것으로 사회에 기여하지 못할 가능성이 있는 수많은 아이들이 그런 일을 겪지 않도록 미연에 방지해주는 일을 구분할 수 있다. 전형적인 평범한 아이의 발달에 대해서 이미 알고 있는 지식과 독서 장애에 대한 지식을 연계함으로써 수백만 명의 아이들이 상실한 잠재력을 개선할 수 있게 되는 것이다. 그 가운데 많은 아이들은 우리의 삶을 밝혀줄 만한 힘을 소유하고 있다.

그동안은 연구조차 되지 않았지만 이제는 난독증 뇌의 발달을 연구함으로써 얻을 수 있는 흥미진진한 혜택에 대해 서서히 이해가 형성되고 있다. 그토록 많은 발명가, 예술가, 건축가, 컴퓨터 전문가, 방사선 전문가, 금융 전문가 등이 어린 시절에 난독증을 겪었다는 사실이 이제는 더 이상 우연으로 일축되어버리지 않는다. 토머스 에디슨과 알렉산더 그레이엄 벨 같은 발명가, 찰스 슈왑과 데이비드 닐먼 같은 사업가, 레오나르도 다빈치와 오귀스트 로댕 같은 예술가, 그리고 노벨상을 수상한 과학자인 바루지 베나세라프 등은 모두 어렸을 때 난독증 혹은 그런 유형의 독서 장애를 경험했지만 비상한 성공을 거뒀다.

디자인, 공간 기술, 패턴 인지 등에 관련된 직업에서 타의 추종을 불허하는 창의력을 발휘하는 이런 사람들과 난독증 뇌는 어떤 연관 관계가 있을까? 구조가 약간 다른 난독증 뇌는 무언가를 만들고 탐색하는 데 주안점을 둔 문자 사용 이전 시절의 요구에 더 적합한 것일까? 난독증을 겪는 사람들은 비주얼과 테크놀로지가 지배할 미래의 시대에 더 적합할까? 최신 뇌 영상 및 유전자 연구는 난독증을 겪는 일부 사람들의 매우 특이한 뇌 조직을 명쾌하게 설명해준다. 그런 연구로 인해 그런 사람들의 강점을 이해하는 폭이 넓어지는 것은 물론 이미 알려진 약점에 대해서까지 궁극적으로 완벽하게 설명하는 것이 가능해질까?

난독증 뇌에 대한 의문을 통해 과거 진화의 역사를 되돌아보고 상징을 둘러싼 인간 발달의 미래를 미리 예상해볼 수 있다. 책보다는 대부분 인터넷이라는 다차원적인 '지속적 부분 주의'의 문화에 빠져 있는 많은 젊은이들이 잃는 것은 무엇이고 얻는 것은 무엇일까?[34] 독서하는 뇌의 진화와 무한해 보이는 정보가 인류에게 의미하는 것은 무엇일까? 확장적 정보가 급속도로 거의 순간적,

동시다발적으로 제시되면 시간을 들여 심층적 지식을 형성하는 데 위협이 될까? 최근 기술 발전에 대한 책을 쓴 에드워드 테너는 구글이 일종의 정보 문맹을 부추기는 것이 아닌지, 그러한 학습 방식이 고의는 아니지만 부정적 결과를 낳는 것이 아닌지 의문을 제기하며 이렇게 말한 바 있다. "훌륭한 기술이 그것을 만들어낸 지성을 위협한다면 매우 유감스러운 일이다."[35]

그런 문제를 생각하면 문해력을 통해 촉진되는 지적 능력의 가치가 매우 소중해진다. 지적 능력을 다른 기술로 대치할 수 있으리라는 이유 하나만으로 그것을 잃어버리고 싶지 않다. 이 책은 과학에 대한 두 부분, 즉 개인적 관찰에 대한 한 부분 그리고 최대한 많은 사실을 들어 '현 세대와 미래 세대 모두를 위해 독서의 독특한 발달의 측면을 보전하도록 사회 전체가 열심히 노력해야 한다'고 주장하는 한 부분으로 구성되어 있다.

구술 언어와 문자 언어 사이에서 모호하게 양다리를 걸치고 있던 플라톤과 달리 나는 이 두 가지 커뮤니케이션 방식 중 반드시 하나만 선택해야 하는 것이 아니라고 주장할 것이다. 우리 지성의 레퍼토리에 새로운 측면이 추가되더라도 독서하는 뇌의 뿌리 깊은 생산성을 잃어버리지 않도록 항상 경계하고 조심해야 할 것이다.

그렇지만 프루스트처럼 나도 기성 혹은 기지의 지식 범위 너머는 보여주지 못한다. 마지막 장에서는 지식을 뛰어넘어 오직 직관과 추정이 이끄는 대로 따라갈 수밖에 없는 영역으로 들어가

보려고 한다. 독서하는 뇌에 대한 이러한 추정이 끝날 때쯤이면 인간이 독서를 배울 때마다 일어나는 심오한 인지적 기적에 대해 지금까지 알려진 지식이 전부 독자의 것이 될 것이다. 그러면 독자는 그것을 보전하고 뛰어넘을 수 있을 것이다.

2장

문자를 읽기 시작한 뇌

~

따라서 나는 독서가로서의 개인사로부터 독서 행위의 역사로,
아니 독서의 역사 중 하나로 야심차게 전진한다.
특정한 제도와 개인적인 상황들로 이루어진 그런 역사라면
많은 역사들 가운데 하나에 불과할 것이므로.[1]

— 알베르토 망겔

문자의 발명은 서로 멀리 떨어진 세상의 곳곳에서,
여러 시대에 걸쳐 각각 별개로 이루어졌다.
심지어 경우에 따라서는 현대에 들어 창안된 것도 있다.
어쨌든 문자의 발명은 인류가 성취한 지적인 업적 가운데
최고의 자리에 올려놓을 만한 것이다.
문자가 없었다면 오늘날과 같은 인류의 문화란 상상조차 할 수 없었을 것이다.[2]

— O. 쳉과 W. 왕

단단하게 굳힌 진흙 용기 안에 들어 있는 작은 토큰token(물표物票),
색색으로 염색된 매듭 모양의 복잡한 잉카 문명의 키푸quipus(결
승문자, 그림 2-1), 거북의 등껍질에 새겨진 우아한 문양. 과거 1만
년 동안 세계 여기저기서 발견된 기원적 문자들은 불가사의하도
록 다양한 모양과 형태를 띠고 있다. 최근에는 7만 7000년 전의
것으로 추정되는 돌에 새겨진 빗살무늬가 남아프리카공화국 블
로모스 동굴의 지층에서 발견되었으며 이 또한 인류가 최초로 '독

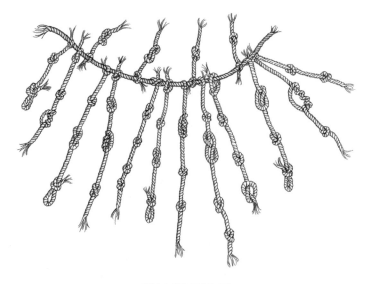

그림 2-1 잉카 문명의 키푸

서'를 시도한 선사시대의 기호로 추측된다.[3]

독서는 시간과 장소를 막론하고 '우연히 발생한' 사건이 결코 아니다. 독서의 이야기는 강력한 문화적 변화와 함께 발생한 일련의 인지적, 언어적 대발견의 총합이다. 그 다채롭고 산발적인 역사를 살펴보면 우리의 뇌가 무엇을 배워야 했는지가 드러난다. 뇌가 한 번에 하나씩 학습해야 했던 새로운 프로세스와 통찰을 알 수 있다. 이는 독서 학습 방법의 역사인 동시에 다양한 형태의 문자들에 본래의 뇌 구조가 다양한 방법으로 적응한 방법과 그 과정에서 우리의 사고방식이 변화한 양상의 역사다. 커뮤니케이션의 변화가 펼쳐지고 있는 지금 시대의 관점에서 볼 때 독서의 역사와 사연이 엮어내는 이야기는 문자 체계가 새로 등장할 때마다 인류의 지적 발달에 어떤 특별한 기여를 했는지 보여주는 귀중한 자료가 된다.

지금까지 알려진 모든 체계에서 문자는 두 가지 이상의 깨달음으로 시작되었다. 처음 나타난 것은 새로운 형태의 상징적 표상symbolic representation으로 과거의 그림에서 추상화가 한 단계 더 진행된 형태였다. 이것은 진흙 토큰, 바위, 거북의 등껍질 위에 새겨진 하나의 단순한 선으로 양 한 마리 같은 자연 세계의 구체적인 무언가와 숫자나 신탁 같은 추상적인 무언가를 모두 표상할 수 있는 것이었다. 그건 놀라운 대발견이었다. 두 번째 깨달음은 상징 체계가 시공간을 초월한 커뮤니케이션에 사용되면서 개인 또는 문화 전체의 말과 생각을 보전할 수 있다는 통찰이었다. 세 번째는 언어학적 관점에서 가장 추상적인 것으로서 모든 곳에 다 나타난 것은 아니었다. 바로 음성과 상징의 대응관계라는 경이로운 인식이다. 다시 말해 모든 단어는 아주 작은 단위의 개별적 음성으로 구성되어 있으며 모든 단어에 들어 있는 모든 음성을 상징을 통해 물리적인 실체로 기표signify할 수 있다는 것이다.

기원적 문자를 통해 인류의 조상이 어떻게 이러한 도약을 이루었는지 살펴보면 우리 자신을 들여다볼 수 있는 특별한 렌즈를 얻을 수 있다. 새로운 프로세스의 기원을 이해하면 신경과학자인 테렌스 디콘Terence Deacon의 표현대로 '그것이 어떻게 작용하는지' 알 수 있다.[4] 그리고 어떻게 작용하는지를 이해하면 우리가 무엇을 소유하고 있으며 무엇을 보전해야 하는지도 알 수 있다.

'최초'의 한마디

왕이나 군주가 세상에서 최초로 사용된 언어가 무엇이었는지 알아보려고 시도했다는 기록은 세 가지나 된다. 헤로도토스에 따르면 이집트의 파라오 프삼티크 1세(기원전 664~610년)는 갓난아기 둘을 양치기의 오두막에 격리시키고 젖과 음식을 가져다주는 양치기 외에 다른 사람이나 사람의 언어에 노출되지 않게 하라고 명했다.[5] 이 아기들이 처음 말하는 단어가 곧 인류 최초의 언어일 것이라고 생각했던 것이다. 그릇된 가설이기는 했지만 독창적인 발상이었다. 결국 한 아기가 'bekos'라는 말을 했다. 이는 프리지아어Phrysian에서 '빵'을 뜻하는 단어였다. 아기의 이 한마디로 인해 아나톨리아 북서부 지역에서 사용되던 프리지아어가 근원적 조어Ursprache, 즉 인류 최초의 언어라는 믿음이 시작되었다.

수십 세기 후 비슷한 실험을 한 스코틀랜드의 제임스 4세는 완전히 다른 재미난 결과를 얻었다. 스코틀랜드의 아기들은 '아주 훌륭한 히브리어를 말했다.'* 유럽 대륙에서 호엔슈타우펜 왕조의 프리드리히 2세도 두 아기를 데리고 똑같은 실험을 했다. 불행

---

* 여기서 히브리어는 성서의 언어를 말하는 것으로 보인다.

히도 이 실험은 훨씬 엄격한 조건하에서 이루어졌고 두 아기 모두 말을 하기 전에 사망했다.

무엇이 최초의 구술 언어였는지 확실하게 말하기는 앞으로도 어려울 것이다. 무엇이 최초의 문자 언어인지는 더더욱 의문이다. 그렇지만 문자가 단 한 번만에 창안된 것인지 아니면 여러 번에 걸쳐 만들어진 것인지는 쉽게 답할 수 있다.[6] 이번 장에서는 몇 가지 문자 언어를 골라 그 유래를 추적해보고, 기원전 8000년부터 기원전 1000년까지, 작은 토큰에서부터 '용골龍骨'에 이르기까지 인류가 어떻게 문자를 읽을 수 있게 되었는지 살펴보도록 하겠다.

이 흥미로운 역사의 기저에는 보이지 않는 뇌의 적응과 변화의 사연이 숨어 있다. 새로운 문자 체계와 각각의 체계가 요구하는 점점 복잡해지는 다양한 조건에 맞춰 뇌의 회로가 재편성되었다. 그럼으로써 인간의 지적 역량이 풍부해지고 서서히 변화해 놀랍고 훌륭한 사고의 도약을 이룩한 것이다.

인간의 뇌,
독서할 채비에 돌입하다

그저 이 서판들을 바라보는 것만으로 우리 시대의 시초에서 전해 내려오는 기억이 연장되었고 생각의 주체가 생각을 멈춘 뒤에도 오랫동안 그 생각이

보전되었고 거기 새겨진 이미지를 보고 해독하고 읽는 동안 우리는 열려 있
는 창조의 행위에 참여할 수 있었다.[7]

— 알베르토 망겔

현대적 의미의 문자 역사 연구는 25센트짜리 동전 크기(약 25mm)
의 작은 진흙 조각을 우연히 발견하면서 시작되었다. 토큰으로
불리는 이 진흙 조각들 가운데 일부는 진흙 용기에 싸여 있었으
며(그림 2-2 참조) 안에 든 내용물을 표상하는 무늬가 용기에 새겨
져 있었다. 이들은 기원전 8000년에서 4000년 사이에 만들어진
것이며 고대 시대 여러 곳에서 사용된 일종의 회계 시스템이었
다. 원래 토큰은 양, 염소, 포도주 등 사고판 물건의 숫자를 기록
하던 것이다. 문자의 세계가 숫자의 세계를 감싸는 포장 용도로
시작되었다니, 생각해보면 인지 발달사의 흥미로운 아이러니가
아닐 수 없다.[8]

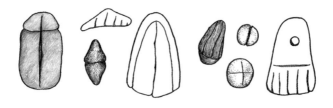

그림 2-2 토큰

숫자와 문자의 발달이 동시에 고대 경제와 조상들의 지적 능력

의 발달을 촉진했다. 처음으로 양이나 염소, 포도주가 눈앞에 없어도 재고를 헤아리는 일이 가능해졌다. 이렇게 새로운 인지적 역량과 함께 저장된 데이터의 시조 격인 영구 기록이 시작되었다. 예컨대 프랑스나 스페인에서 발견된 동굴벽화와 더불어 토큰은 일종의 상징적 표상을 사용하는 새로운 능력이 인간에게 발생했다는 걸 의미한다. 눈에 보이는 부호를 가지고 대상을 상징화하게 되었다는 것이다.

상징을 '읽기' 위해서는 두 가지의 새로운 연결이 필요하다. 하나는 인지-언어적 연결이고 또 하나는 대뇌의 연결이다. 기존에 시각, 언어, 개념화 용도로 형성되어 있던 뇌의 회로들 사이에서 새로운 연결이 발달했고 눈과 특화된 시각 영역 간의 새로운 망막위상 경로가 이 작은 토큰 부호에 할당되었다.

토큰을 읽는 조상들의 뇌 스캔 사진을 보는 일은 불가능하다. 하지만 뇌의 기능에 대해 현재까지 알려진 지식을 이용해 그들의 머릿속에서 무슨 일이 일어났는지는 어느 정도 추정해볼 수는 있다.

신경과학자인 마이클 포스너Michael Posner와 마커스 레이셜Marcus Raichle 및 레이셜의 워싱턴대 연구팀은 첨단 뇌 영상 연구를 통해 상징과 유사한 글자들로 이루어진, 의미 있는 연속체와 의미 없는 연속체를 보여주있을 때 뇌에서 무슨 일이 일어나는지 관찰했다.[9] 그들의 연구 과제 중에는 의미 없는 상징, 실제 글자를 이루는 의미 있는 상징, 의미 없는 단어, 의미 있는 단어들이 포함되었다. 이 연구의 목적은 명백히 다른 데 있었지만 이를 통해 기존에 보았던 것보다 훨씬 더 추상적이고 훨씬 더 많은 노력이 드는 문자 체계를 만났을 때 뇌에서 어떤 일이 일어나는지 짐작할 수 있다. 그리고 그 결과는 수천 년 전이나 오늘날이나 다를 바가 없을 것이다.

레이철의 연구팀은 아무 의미 없이 그어진 선을 보았을 때 뇌의 뒤쪽에 있는 후두엽의 시각 영역 중 일부만 활성화된다는 사실을 알아냈다. 이 결과는 1장에서 언급한 망막위상 조직의 몇 가지 측면을 그대로 보여준다. 망막에 있는 세포들이 선이나 원과 같이 개별적인 시각적 형태를 담당하는 후두부의 특정 세포군을 활성화하는 것이다.

그런데 같은 원이나 선이라도 의미 있는 상징으로 해석되려면 새로운 경로가 필요하다. 레이철의 연구가 보여주는 것처럼 실제의 단어라는 위상과 유의미성이 존재하면 뉴런의 활동이 두 배혹은 세 배까지 증가한다. 토큰을 읽는 뇌가 사용하는 기본적인 경로를 알면 그것을 바탕으로 좀 더 복잡한 수준의 읽는 뇌에서 일어나는 일을 이해할 수 있다. 우리의 조상들이 토큰을 읽을 수 있었던 것은 기존에 가지고 있던 기본적인 시각 부위를 더 복잡한 시각이나 개념화 목적에 사용되는 인접 부위에 연결할 수 있었기 때문이다.

여기서 인접 부위란 뇌의 다른 후두부와 그 근처 측두부, 두정부를 가리킨다. 대뇌의 측두엽은 엄청난 양의 청각 및 언어 프로세스에 개입하며 우리는 이 프로세스를 통해 단어의 의미를 이해한다. 마찬가지로 두정엽은 언어에 관련된 다양한 프로세스와 더불어 공간 및 연산 기능에 참여한다. 토큰 같은 시각적 상징에 의미가 포함되어 있으면 우리의 뇌는 기본적인 시각 영역을 측두엽과 두정엽에 있는 언어 체계와 개념 체계 그리고 '연합 영역'이라 불리는 시각 및 청각 특화 부위에 연결한다.

그러므로 아주 작은 토큰일지라도 상징화는 인간의 뇌에서 가장 중요한 특성 두 가지, 즉 분화의 역량과 연합 영역들 사이에서 새로운 연결을 만들어내는 역량을 이용하고 확장한다. 인간 뇌와 다른 영장류 뇌의 가장 큰 차이는 인간의 경우 연합 영역에 할당되는 뇌 부위가 매우 넓다는 것이다. 상징을 읽기 위해 반드시 필요한 이 영역들은 보다 많은 노력을 요하는 감각 프로세스와 나중에 사용하기 위해 마음속에 정보를 표상화representation해두는 일('대표·대신'해둔다고 생각하라)*을 모두 담당한다.[10] 이 표상화 역량은 상징의 사용과 지적인 삶의 상당 부분에서 매우 중요한 역할을 한다. 이것은 포식자의 발자국이나 토큰과 같은 시각적 이미지에서부터 단어와 호랑이의 포효 같은 청각적 소리에 이르기까지 모든 유형의 저장된 표상을 기억하고 인출할 수 있게 해준다.

또한 이 표상화 능력을 기초로 인간에 관련된 모든 정보의 패턴을 거의 자동적으로 인시하는 진화론적 역량이 형성된다. 이

* representation의 다른 의미를 이용해 '표상화'의 개념을 쉽게 설명하기 위해 덧붙인 말로 보인다.

모든 것을 통해 우리는 다양한 감각 정보 일체를 식별해내는 전문가로 변신하게 되는 것이다. 털북숭이 매머드의 발자국이 됐든 염소 몇 마리를 표시한 토큰이 됐든 그것을 알아보기까지 뇌에서 일어나는 일은 모두 똑같다.

인류의 조상들이 상징을 읽기 위해서는 시각적 분화 이상의 것이 필요했다. 시각적 표상을 어떻게 해서든 언어 정보와 개념 정보에 연계시켜야 했기 때문이다. 뇌의 뒷부분에는 세 개의 후엽이 만나는 각회 영역이 있다.[11] 다양한 감각 정보들을 연결하는 데 아주 이상적인 위치다.

위대한 행동신경과학자인 노먼 게슈윈드Norman Geschwind는 그것을 '연합 영역들의 연합 영역'이라고 묘사한 바 있다. 19세기 프랑스의 신경과 전문의였던 조제프-쥘 데제린Joseph-Jules Déjerine은 임상을 통해 각회 영역에 상해를 입으면 읽기와 쓰기 능력을 상실하게 된다는 사실을 발견했다.[12] 현대의 신경과학자 존 가브리엘리John Gabrieli와 러스 폴드랙Russ Poldrack과 MIT, UCLA 연구팀은 뇌 영상 연구를 통해 독서가 진행되는 동안 각회로 들어가거나 나오는 출입 경로가 집중적으로 활성화된다는 사실을 밝혀냈다.[13]

우리는 레이셜, 폴드랙, 가브리엘리의 연구를 통해 조상들이 최초로 토큰을 읽었을 때 생리적 기반이 된 것이 각회 부위와 그 주위의 몇몇 시각 영역, 수리 능력에 개입하는 두정엽 일부 및 물체 인지에 관여하는 후두-측두 영역(영역 37)을 연결하는 새로운 회로였을 것(스타니슬라스 드앤의 말이 옳다면)이라고 추론할 수 있다

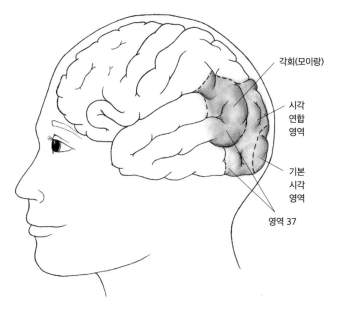

각회(모이랑)

시각
연합
영역

기본
시각
영역

영역 37

그림 2-3 최초의 '토큰을 읽는 뇌'

(그림 2-3).

　토큰의 사용과 함께 원시적이기는 하지만 새로운 형태의 연결
이 만들어지기 시작했다. 그와 더불어 독서에 관한 인류 최초의
인지적 대발견이 일어났다. 조상들은 점점 불어나는 상징 레퍼토
리의 사용법을 새로운 세대에게 가르침으로써 적응하고 변화할
수 있는 뇌의 역량에 대한 지식을 후대에 전수했다. 인간의 뇌가
독서할 채비에 돌입한 것이다.

상징들의 발전:
쐐기문자, 신성문자 체계의 탄생

Y라는 글자가 얼마나 아름다운지, 그 의미가 얼마나 무수한지 생각해본 적
있는가? 나무는 Y다. 도로의 교차점은 Y 모양이다. 합류하는 두 줄기 강물
과 당나귀의 머리, 황소의 머리, 다리 달린 유리잔, 꽃대 위에 핀 백합 그리
고 두 팔을 쳐든 걸인이 Y다. 이러한 관찰은 인간에 의해 고안된 다양한 문
자들을 구성하는 모든 것으로 확대될 수 있다.[14]

— 빅토르 위고

　기원전 제4000년기 후반에(기원전 3300~3200년) 두 번째 대발
견이 이루어졌다. 수메르인들의 개별 비문이 쐐기문자 체계로 발
전하고 이집트의 상징들이 신성문자 체계가 된 것이다.[15] 수메르
인이나 이집트인이 문자를 발명했는지에 대해서는 논란이 점점
더 커지고 있다. 하지만 수메르인이 최초이자 가장 존경할 만한
문자 체계 중 하나를 고안해냈고 메소포타미아 전역에서 사용된
위대한 아카드어에 영향을 미쳤다는 사실에 대해 왈가왈부하는
사람은 없다.[16] 쐐기문자cunneiform라는 말은 라틴어에서 '손톱'을
의미하는 'cuneus'에서 파생된 단어로 쐐기 같은 형상의 활자체를
가리킨다. 우리의 조상들은 말랑말랑한 진흙 위에 뾰족한 갈대
첨필을 사용해 글자를 썼으며 문외한의 눈에는 새 발자국처럼 보
이는 활자를 만들어냈다(그림 2-4).

　이런 기이한 모양의 상징을 발견한 것은 비교적 최근 일로 두

그림 2-4 쐐기문자의 예

려울 것이 하나도 없는 몇몇 언어학자들이 언어의 기원을 이해하고자 노력한 결과였다. 현대의 언어학자들은 19세기 학자이자 군인이었던 헨리 롤린슨Henry Raulinson이 현재의 이란에 해당하는 지역에서 팔다리와 목숨을 걸고 고대 문자 연구에 매달렸다는 일화를 즐겨 이야기한다. 롤린슨은 밧줄에 몸을 묶고 90미터가 넘는 공중에 매달려 절벽에 조각된 최초의 수메르어 문자 일부를 필사했다.[17]

다행히도 현존하는 5000개의 수메르 서판들은 접근이 훨씬 용이했다. 수메르 문명의 왕궁, 사원, 창고 등에서 발견된 이 문자는 독창적으로 고안된 것으로 행정과 회계에 널리 사용되었다.

티그리스강과 유프라테스강 유역 삼각주에 살던 원주민은 그들이 사용하는 문자의 기원에 대해 훨씬 더 낭만적인 생각을 갖고 있었다.

지금껏 전해지는 설화에 따르면 쿨랍Kulab의 영주가 먼 길을 달려 왕국에 도착했을 때 너무 지친 나머지 입을 열어 중요한 전갈을 전할 수 없을 지경이었다. 그래도 그는 인간적 나약함에 굴하지 않고 '진흙을 토닥거려 판처럼 만들더니 그 위에 단어를 적었다.[18] 실로 그렇게 된 일이었다.' 쿨랍 영주가 쓴 단어를 과연 누가 읽을 수 있었는지, 수메르인들은 이 곤란한 문제에 대한 답변을 회피했지만 어쨌든 그렇게 해서 최초로 문자화된 말이 탄생했다고 한다.

확실한 것 하나는 수메르인의 문자 체계가 문자의 진화사에서 차지하는 이정표적인 위상이다. 그것은 명실공히 하나의 체계였으며 글을 쓰고 읽고 가르칠 때 필요한 새로운 인지 능력을 감안하면 의미는 엄청나다고 할 수 있다. 초창기 수메르 쐐기문자의 기호들은 토큰보다 훨씬 더 포괄적이었지만 전반적으로는 그림문자(시각적으로 그것이 표상하는 대상과 비슷하게 생긴 이미지)였으므로 추상화가 약간 더 진척된 형태에 불과했다.

그림문자는 시각 체계에 의해 쉽게 인지된다. 구술 언어에서 사용되는 대상의 이름과 짝짓기만 하면 되기 때문이다. 스타니슬라스 드앤은 전 세계의 문자와 숫자 체계에 사용되는 상징과 글자들이 공통적인 시각적 형태와 특징을 가지고 있으며 자연이나 일상에 존재하는 물체에 상응하는 형상을 가지고 있다는 점에 주목한다.[19] 앞에서 인용한 프랑스의 소설가 빅토르 위고도 20세기 초에 똑같은 사실을 언급했다. 위고는 모든 문자들이 이집트의 신성문자에서 비롯되었으며 이집트의 신성문자는 강이나 뱀 또는 백합 꽃대와 같이 세상에 실재하는 이미지에 뿌리를 두고 있다는 의견을 제시했다.

소설가와 신경과학자가 의견의 일치를 보이는 이 생각은 물론 추측에 불과하다. 그렇지만 무엇보다 뇌가 어떻게 그토록 기꺼이, 민첩하게 문자와 단어를 인지할 수 있었을까 하는 문제를 부각시킨다. 드앤의 진화론적 용어로 설명한다면 외부 세계의 이미 알려진 형태를 이용한 그림문자적 상징들이 물체 인지와 명명에 사용되던 회로를 '재활용'한 것이다.

그런데 이렇게 간단한 상황은 그리 오래가지 못했다. 수메르어의 쐐기문자는 고안되자마자 신기하게도 그리고 상당히 놀랍게도 세련된 형태로 변해갔기 때문이다. 그림문자적인 성격이 사라진 상징은 보다 표의적, 추상적으로 바뀌었다. 표의적 문자 체계에서는 단어가 음성을 전달하는 것이 아니라 구술 언어의 개념을 직접 전달한다. 시간이 흐르자 수메르어의 글자들 가운데 다수가 구술 언어에 사용되던 음절의 일부를 표상하기 시작했다. 문자 체계가 이렇게 두 가시 기능을 동시에 수행하는 것을 가리켜 언어학자들은 표의음절문자법logosyllabary이라고 분류한다. 이 체계는 뇌가 훨씬 많은 작용을 하도록 요구한다.

수메르인의 독서하는 뇌의 회로는 실제로 이러한 이중 기능을 제대로 수행하기 위해서 사통팔달로 교차했을 것이 분명하다. 첫째, 수가 점점 늘어나 수백 개에 이른 쐐기문자들을 해독하기 위해 시각 부위와 시각 연합 부위에 훨씬 더 많은 경로가 필요했을 것이다. 그런 요구에 맞춰 시각 영역에서 조정이 일어나는 것은 컴퓨터 하드 드라이브의 메모리를 늘리는 일에 해당한다. 둘째, 표의음절문자의 개념적 요구 때문에 어쩔 수 없이 더 많은 인지 체계가 개입하게 되고 결국 후두엽의 시각 영역과 측두엽의 언어 영역과 전두엽에 대한 연결이 훨씬 더 많이 필요해졌을 것이다. 전두엽은 분석, 기획, 주의 집중 등 '집행 능력'의 역할 때문에 개입하며 이러한 집행 능력은 단어 안에 들어 있는 작은 음절과 음성 및 인간, 식물, 사원과 같은 여러 가지 의미론적 카테고리를 처리하는 데 필요하다.

단어 안에 들어 있는 각각의 음성 패턴에 주의를 기울인다는 것은 우리 조상들에게는 매우 생소한 일이었을 것이다. 이런 일이 일어난 것은 지극히 창의적인 원리 때문이었다. 수메르인들은 새로운 단어가 늘어나기 시작하자 이른바 레부스 원리rebus principle,• 수수께끼 혹은 글자 맞추기 원칙이라는 것을 문자 체계에 도입했다. 이 원칙은 어떤 상징(예를 들어 '새')이 의미가 아닌 음성을 나타내는 것으로서 수메르어에서는 단어의 첫 음절에 올 때가 이

• 그림문자에서 의미를 제외하고 음만 가져오는 원칙을 말한다. 예컨대, 벌 그림과 금 그림을 그려 '벌금'을 표현하는 식이다.(편집자주)

경우에 해당했다.

이런 식으로 '새'를 나타내는 상징이 의미를 나타낼 수도 있고 말소리를 나타낼 수도 있는 이중적 역할을 하게 된다. 두 가지 역할 중 하나라는 것을 명확하게 하기 위해서는 물론 추가적인 새로운 기능이 필요했다. 예컨대 음성에 대한 특정한 표지와 의미의 공통적 카테고리에 대한 특정한 표지 같은 것이다. 그리고 이러한 음성학적, 의미론적 표지들이 도입되면서 전보다 더 정교한 뇌의 회로가 필요해졌다.

수메르인의 뇌가 결과적으로 어떤 모습이었을지 상상해보기 위해 두 가지의 묘책을 사용해볼 수 있다. 우선 단어에 의미가 더해졌을 때 무슨 일이 일어나는지 살펴본 레이셜 연구팀의 실험 결과로 돌아가 보자.[20] 예를 들어 그들은 뇌가 'mbli' 같은 가짜 단어와 'limb' 같은 진짜 단어를 읽는 방법을 관찰했다. 이 두 단어를 구성하는 철자는 동일하지만 두 개의 조합 중 하나만 의미가 통한다.

두 경우 모두 처음에는 똑같은 시각 영역이 활성화되었다. 하지만 가짜 단어의 경우 식별 단계가 끝난 뒤 시각 연합 부위에서 별다른 활동이 나타나지 않았다. 반대로 진짜 단어의 경우에는 벌집을 쑤셔놓은 듯 뇌에서 분주하게 활동이 일어났고 다양한 프로세스의 네트워크가 작동하기 시작했다. 시각 영역과 시각 연합 영역이 시각적 패턴(또는 표상)에 응답했다. 전두, 측두, 두정 영역이 음소라고 불리는 단어 안의 최소 음성 단위에 대한 정보를 제공했다.

그리고 마지막으로 측두엽과 두정엽의 영역에서 의미, 기능 및 다른 진짜 단어들과의 연결 프로세스를 처리했다. 철자는 동일하고 배열만 다른 두 단어, 하나만 진짜 단어이고 나머지 하나는 철자의 나열에 불과한 두 단어가 일으킨 차이는 대뇌 피질의 절반 분량에 해당했다. 수메르인과 이집트인이 세계 최초의 문자 체계를 만들기 시작했을 때 쐐기문자와 신성문자로 쓰인 단어를 보고 읽은 최초의 독서가들은 수메르인이건 이집트인이건 간에 뇌의 이 부분을 사용했던 것이 틀림없다.

이 시나리오를 보다 확실하게 입증해주는 두 번째 묘책이 있다. 고대 수메르인의 독서하는 뇌를 들여다보기 위해 현재 살아 있고 왕성하게 사용되고 있으며 수메르어 문자와 비슷한 구조를 가진 문자 체계(즉 표의음절문자)를 이용해 역추론을 하는 것이다. 그림문자적 상징에서 표의적 상징으로 옮겨간 역사도 비슷하고 상징의 모호성을 없애기 위해 음성학적 표지와 의미론적 표지를 사용하며 게다가 풍부한 뇌 이미지까지 얻을 수 있는 언어가 오늘날 존재한다. 바로 중국어다.

고대어와 중국어를 연구한 학자인 존 드프랜시스John DeFrancis는 중국어와 수메르어 모두 표의음절문자 체계로 분류한다.[21] 두 언어는 물론 다른 점도 있지만 비슷한 요소가 매우 많다. 따라서 중국어를 읽는 뇌(그림 2-5)는 수메르어를 읽은 최초의 독서가들의 뇌와 비슷한 점이 상당히 많은 현대적 근사치라고 할 수 있다. 다

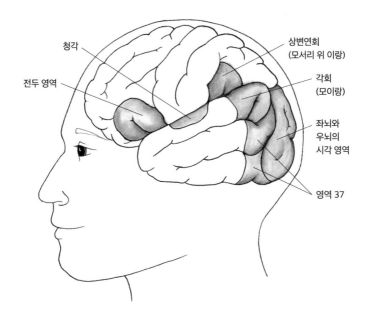

그림 2-5 표의음절문자를 읽는 뇌

청각

상변연회
(모서리 위 이랑)

전두 영역

각회
(모이랑)

좌뇌와
우뇌의
시각 영역

영역 37

만 토큰을 읽는 사람의 회로 체계는 협소한 반면 중국어 독서가
의 회로는 넓게 확장되어 있다. 뇌가 이렇게 새로운 적응을 하는
데는 시각 영역과 시각 연합 영역 및 좌뇌와 우뇌상의 훨씬 넓은
면적이 필요하다.

알파벳과 같은 문자 체계들과 달리 수메르어와 중국어는 뇌의
우반구가 상당히 많이 개입해야 한다. 우뇌는 표의적 상징에 필
요한 여러 가지 공간적 분석과 보다 광범위한 유형의 프로세스에
기여하는 것으로 알려져 있다. 개수가 많고 시각적으로도 많은
노력을 요구하는 표의문자를 처리하기 위해서는 양쪽 뇌의 시각

영역의 대부분과 영역 37이라고 불리는 중요한 후두-측두 부위가 필요하다. 영역 37은 물체 인지에 개입하는 영역이다. 드앤은 이곳을 문해력을 위해 '뉴런 재활용'이 일어나는 주요 거점이라고 가정했다.[22]

독서를 할 때면 단어의 음성과 의미를 예상하고 분석하기 위해 전두엽과 측두엽의 일부가 항상 사용되기 마련이다. 하지만 표의문자 체계의 경우에는 전두와 측두 영역의 아주 특별한 부분, 특히 운동근육기억 능력에 연계된 부위가 매우 활성화되는 것으로 나타난다.

인지신경과학자인 리 하이 탄Li-Hai Tan과 찰스 퍼페티Charles Perfetti 및 피츠버그 대학교 연구팀은 다른 언어보다 중국어를 읽을 때 이 운동근육기억 영역이 훨씬 더 많이 활성화되며 이것은 아이들이 중국어를 학습할 때 반복해서 글씨를 써가면서 배우기 때문이라고 주장했다.[23] 이는 수메르인들이 글을 배울 때 사용한 방법이기도 하다. 진흙으로 된 작은 연습 서판 위에 글자를 되풀이해 써가면서 글을 깨우쳤던 것이다. '실로 그렇게 된 일이었다.'

'서판의 집'에서 있었던 일, 수메르인들의 독서 교수법

수메르인들은 작은 진흙판 위에 새겨진 단어 목록을 가지고 어린 학생들에게 글을 가르쳤다. 호모 사피엔스의 지성 발달사에서 이 작은 사실은 사소해 보일 수도 있다. 하지만 이는 실로 어마어마한 사건이다. 누군가를 가르치려면 해당 과목에 대해 확고한 지식이 필요하다. 뿐만 아니라 교사는 특정 내용을 배울 때 일어나는 일을 분석해야만 한다.

더 나아가 좋은 교수법이란 가르치는 주제의 다양한 측면을 명시적으로 드러내는 것이다. 이 경우에는 문자화된 언어의 복잡한 특성을 명시적으로 보여주고 말해주는 것이 좋은 교수법이다. 인류 역사상 최초의 독서 지도 교사였던 수메르인들은 최초의 문자 체계를 가르치다가 그 방법을 서서히 터득함으로써 자기도 모르는 사이에 역사상 최초의 언어학자가 된 것이다.

텔아비브 대학교의 아시리아 학자인 요리 코헨Yori Cohen이 최근 분석한 고대 기록에는 수메르인 학생들이 읽고 쓰는 능력을 배우기까지 시간이 얼마나 걸렸는지 나타나 있다. 실제로 그들은 몇 년 동안 에둡바e-dubba, 즉 '서판의 집tablet house'에서 교육을 받아야 했다.[24] 에둡바라는 학교의 명칭에 교수법의 핵심이 드러난다. 교사가 진흙 서판의 한쪽 면에 쐐기문자 상징을 써주면 학생들은 그 뒷면에 글자들을 베껴 썼다. 글을 배운 지 얼마 안 되는 독서가들은 표의 정보와 음성 정보가 포함된 텍스트를 읽는 방법을 배웠다. 어떤 경우에는 한 단어 안에 두 가지 정보가 모두 들어 있기도 했다.

어린 독서가들이 텍스트를 유창하게 이해하기 위해서는 표의적 기호, 표음-음절적 기호 또는 의미론적 기호 등 특정 문자 기호에 어떤 가치를 부여해야 할 것인지 판단해야 했다. 그러기 위해서는 풍부한 문맥적 배경 지식, 잘 연마된 자동적 능력, 적지 않은 양의 인지적 유연성을 가지고 있어야 했다. 그렇기 때문에 여러 해 동안 배우고 익히는 기간이 필요했던 것이다. 최근에 발견된 연습 서판에는 성적이 나쁜 각 학년의 학생들과 교사의 이름이 적혀 있고 "그리고 그는 나에게 매질을 가했다"라는 말이 반복되어 있었다. 그랬을 법하다.

그런데 정말로 놀라운 사실은 잦은 체벌이 아니다. 이들 최초의 독서 교사들은 시대를 막론하고 유용했을 것으로 보이는 고도로 분석적이고 언어학적인 교수법 원리를 사용했다. 코헨은 그 옛날에도 초보 독서가들이 특정 언어학적 원리에 근거해 만들어진 단어 목록을 배웠다는 사실을 발견했다. 어떤 목록은 단어의 의미에 근거한 의미론적 카테고리를 가르쳤고 각각의 카테고리는 특정 표지를 통해 구분되었다.

수메르인의 문자 체계에 음절을 나타내는 상징이 포함되자 공통적인 발음에 근거해 두 번째 어휘 목록이 만들어졌다. 이는 수메르인들이 음성 기반 체계 또는 음운론적 체계를 분석하고 있었다는 뜻이다. 이 음운론적 체계가 바로 요즘의 파닉스phonics, 즉 발음에 근거한 독서 지도법에서 강조하는 것이다. 다시 말해 20세기의 교사들이 독서 지도할 때 발음에 기초하는 것이 좋은지 의미에 기초하는 것이 좋은지 논란을 벌이기 한참 전에 수메르인들은 두 가지 요소 모두를 독서 지도법에 통합해 사용했다는 말이다.

고대 수메르 문자의 중요한 공헌은 교수법을 통해 개념적 발달을 촉진했다는 데 있다. 수메르인 학생을 비롯해 모든 아이들에게 의미적, 음성적으로 연관된 어휘를 가르치면 단어를 보다 효율적으로 상기할 수 있고 어휘력이 늘고 개념적 지식이 증진된다. 요즘으로 치면 수메르인들이 역사상 최초로 메타인지 전략을 독서 교수법에 사용한 것이다.[25] 수메르인 교사들은 뭔가를 배우는 방법과 그것을 기억하는 방법을 명시적으로 알려주는 도구를 학생들에게 제공한 것이다.

얼마 후 수메르인 초보 독서가들은 언어에 공통적으로 나타나는 형태론적 자질을 드러내는 단어들도 배웠다(예를 들어, 두 개의 상징 단위를 합쳐서 그와 관련된 새로운 단어를 만드는 방법). 형태론은 형태소라는 언어의 최소 의미 단위를 가지고 단어를 만들어내는 규칙의 체계다. 예를 들어, 영어에서 'bears'라는 단어는 'bear'와 '-s'라는 두 개의 형태소로 이루어진 것이며 여기서 '-s'는 복수명사 또는 'to bear'라는 동사의 현재 시제를 의미한다.

언어에서 이러한 조합 능력은 대단히 중요하다. 이것이 없었다면 우리의 어휘력과 개념적 가능성이 극도로 제한되었을 것이다.[26] 그랬더라면 인간의 지적 진화뿐만 아니라 인간과 영장류 사촌들을 구분 지어주는 인지적 차이점들이 어마어마하게 달라졌을 것이다.

인류와 친척 관계에 있는 영장류의 하나인 나이지리아 흰코원숭이들의 호출 체계를 살펴보면 언어에서 이런 식의 조합이 얼마나 중요한지 알 수 있다. 흰코원숭이는 다른 긴꼬리원숭이들처럼 침략자가 나타났을 때 서로 다른 두 개의 경고 호출음을 사용한다. '피오우'는 근처에 표범이 있다는 뜻이고 '마른기침 소리'는 독수리가 다가오고 있다는 뜻이다.

최근 스코틀랜드의 동물학자 두 사람이 관찰한 바에 따르면 원숭이들은 두 개의 호출음을 결합해 새로운 호출음으로 사용하는데 이는 어린 원숭이들에게 '이곳을 떠나야 할 때'가 되었음을 알리는 소리라고 한다.[27] 흰코원숭이들이 사용하는 이러한 혁신은 우리가 형태소를 사용해 새로운 단어를 만드는 방법과 유사하며 수메르인들이 문자 체계에서 했던 일과도 같은 것이다.

수메르인들의 문자와 교육 방법에 대해 저절로 고개가 숙여지는 것은 그들이 형태론적 원리를 알고 있었기 때문이 아니다. 독서 교육을 시작할 때 구술 언어의 주요 특징에 대해 분명하게 주의를 환기해야 한다는 사실을 주지하고 있었기 때문이다. 이것은 언어의 주요 측면들을 모두 감안해 독서 지도에 적용하는 우리 연구소의 이른바 '첨단' 커리큘럼에서 하는 일이다.[28] 충분히 이해가 가는 일이다. 여러분이 지구상에서 최초로 글을 읽고 독서를 가르치고자 하는 사람인데 참고할 만한 과거의 교수법이 전무하다고 가정해보자. 여러분은 구술 언어의 특징들을 전부 따져본 다음 그것들을 문자화된 버전으로 정리해 교수법을 만들어낼 것이다.

바로 이런 과정을 통해 최초의 수메르인 교사들은 영속적인 언어학적 원리를 만들어냈으며 그것은 독서 지도와 학습을 용이하게 하는 동시에 문해 능력을 갖춘 수메르인들의 인지 능력과 언어 능력의 발달을 한층 더 가속화했다. 결국 이런 식으로 수메르인들은 인류에게 읽고 쓰기를 가르치는 데 공헌했고 읽는 뇌가 어떻게 우리의 사고방식을 바꾸었는지에 대한 이야기도 시작될 수 있었다.

이것은 우리 모두의 이야기다. 수메르인들이 남긴 유산 가운데 잘 알려져 있지는 않지만 알아둘 만한 사실이 하나 있다. 바로 여성 왕족들이 독서를 배웠다는 점이다. 여성들에게는 에메살Emesal 이라고 불린 그들만의 언어가 따로 있었다. 에메살은 '고상한 언어'라는 뜻으로 일반적인 왕족의 언어로 쓰였고 '왕자의 언어'라는 의미를 가진 에메지르Emegir와 구분되었다.[29]

여성의 언어에는 발음이 다른 단어가 상당수 있었다. 남성은 '왕자의 언어'를 말하고 여성은 '고상한 언어'를 말하는 곳에서 학생들은 들어서는 회랑마다 다른 방언을 사용해야 했다. 그러니 그들에게 필요한 인지적 복잡성이 얼마나 대단했을지 상상할 수 있을 것이다. 기록으로 전해 내려오는 역사상 최초의 사랑 노래와 자장가 가운데 몇 가지가 수메르 여인들의 작품이라는 사실은 이 고대 문화를 뒷받침하는 아름다운 증거다.

잠아 잠아 오너라

내 아기에게 오너라

어서 어서 내 아기를 재워주렴

깜빡깜빡 아기 눈에 잠을 놓아주렴

초롱초롱 아기 눈에 네 손을 얹어주렴

옹알옹알 아기의 혀

그 옹알거림이 잠에 달아나지 않게 해주렴[30]

수메르에서 아카드로

수메르어의 사용이 중단된 후에도 오랫동안 고대 페르시아인, 히타이트인을 포함해 최소 15개 민족이 수메르어의 쐐기문자와 그와 관련된 교수법을 채택했다는 사실 또한 수메르어 문자 체계의 위력을 증명해준다.[31] 문화가 소멸하면 언어도 함께 소멸하는 법이다. 기원전 2000년이 시작될 무렵 구술 언어로서의 수메르어는 소멸해가고 있었고 새로 글을 배우는 이들은 점차 세력을 확장해가던 아카드어의 단어들에 대해 '이중언어 목록'을 배우기 시작했다.

기원전 1600년이 되자 수메르어 사용자가 모두 사라졌다. 그런데도 수메르어 문자 체계나 교수법 중 많은 부분이 아카드어의 문자 체계와 교수법에 그대로 전승되어 사용되었다는 사실은 매우 놀라운 일이다. 수메르인들의 교수법은 메소포타미아 문명의 역사 전반에 걸쳐 교육 과정에 커다란 공헌을 했다. 실제로 기원전 700년경에는 진흙 서판에 글을 쓰는 서기와 파피루스에 글을 쓰는 서기가 나란히 앉아 일을 하는 진풍경이 연출되기도 했다.[32] 한 사람은 과거 시대의 문자로, 또 한 사람은 새 시대의 문자로 기록을 하고 있었던 것이다.

기원전 600년경이 되어서야 비로소 수메르 문자가 완전히 사라졌다. 하지만 기원전 3000년부터 기원전 1000년까지 세계 공용어였던 아카드어의 문자와 학습법 일부에는 수메르어의 영향이 여전히 남아 있었다. 아카드어는 대부분의 메소포타미아 민족들이 익숙하게 사용하는 언어가 되었으며 역사적으로 중요도가 높은 고대 문헌들도 아카드어로 쓰였다. 시대를 초월한 인간의 조건을 묘사한 《길가메시 서사시》가 대표적인 작품이다.

내가 누구를 위해 일했는가? 누구를 위해 먼 길을 여행했는가?
내가 누구를 위해 고생했는가? 나 자신을 위해서는 얻은 것이
아무것도 없구나.[33]

기원전 668년부터 627년까지 아시리아를 지배했던 아슈르바니팔 왕의 니네베 도서관에서 발견된 12개 석판에는 《길가메시 서사시》가 쓰여 있다. 그것에는 인류 역사상 최초의 작가 중 한 사람인 신-레키-운니니Shin-Leqi-unninni의 이름이 새겨져 있다. 옛

날부터 전해 내려오던 구전 설화에서 모티브를 따온 것이 분명한 이 서사시에서 주인공인 길가메시는 가공할 만한 적과 전투를 벌이고 무시무시한 장벽을 극복하고 사랑하는 친구를 잃어버린 뒤 자신을 포함한 모든 인간이 최후의 적인 죽음만은 피할 수 없다는 사실을 깨닫는다.

《길가메시 서사시》와 그 이후에 나온 수많은 아카드어 저작물을 살펴보면 글쓰기의 역사에서 몇 가지 중요한 변화가 일어났음을 알 수 있다. 저작의 분량이 엄청났고 다양한 문학 장르가 꽃을 피우면서 기원전 2000년의 지식 기반에 커다란 기여를 했다. 감동적인 교훈을 주는 텍스트 《아버지가 아들에게 주는 조언》에서부터 종교적인 텍스트 《인간과 신의 대화》 그리고 전설적 신화인 《엔릴과 닐릴》에 이르기까지 문학 작품들의 제목만 봐도 알 수 있다. 제목은 소박하지만 실제로는 역사상 최초의 백과사전이라고 할 수 있는 《우주에 대해 알려진 모든 것》은 세상의 모든 지식을 성문화해서 분류하려는 욕구에서 나온 것이다.

그와 마찬가지로 기원전 1800년에 나온 《함무라비 법전》은 함무라비라는 위대한 통치자가 군림하던 시대의 사법 체계를 훌륭하게 성문화한 사례이며 《의학적 진단과 예후론》은 그동안 알려진 모든 의학적 저술을 총망라해 분류해놓은 것이다. 아카드어 저술들은 개념적 발전과 조직, 추상화, 창조성 측면에서 상당히 높은 수준에 도달해 있다. 따라서 이제까지 각각의 문자 체계에 인지적으로 필요한 것이 무엇인지 주로 다루었다면 앞으로는 인지 발달 가운데 어떤 측면이 발전하고 있는지에 논의의 초점을 두어야 할 것이다.

아카드어는 몇 가지 특징으로 인해 사용이 다소 쉬웠다. 하지만 여기에는 숨은 함정이 하나 있다. 아카드어 같은 고대 언어 및 일본어, 체로키어 같은 언어들은 비교적 단순하고 깔끔한 음절 구조를 가지고 있다. 이들 구술 언어는 음절문자법이라고 불리는 문자 체계에 매우 적합한 특성을 보인다. 음절문자법이란 각각의 음성이 아니라 각각의 음절을 하나의 상징으로 표시하는 것이다 (예컨대 아메리카 원주민의 리더였던 세쿼야Sequoya가 문자를 창제하기로 했을 때 그는 체로키어의 86개 음절에 적합한 음절문자법을 사용했다[34]).

아카드어의 '순수' 음절문자법은 구어를 완벽하게 표현한 것이었다. 하지만 이는 옛날 수메르어에서 사용하던 표의문자와 과거에 대한 유대 관계를 포기하는 것이었으므로 아카드인들은 용납할 수 없었다. 그러다 시간이 흐르면서 언어학적 타협이 일어났다. 다른 언어에서도 흔히 사용되는 방법이었다. 아카드어의 문자 체계는 '왕'처럼 흔히 사용되는 중요한 단어에 대해서는 고대 수메르어의 표의문자를 그대로 유지하는 대신 그 밖의 단어들은 음절문자법으로 표기했다. 그렇게 함으로써 비록 문자 체계는 전보다 복잡해졌지만 고대 수메르 문명의 언어와 문화를 보전해나갈 수 있었다. 이것은 아카드 문화의 긍지와 자존심이 걸린 문제였다. 세계에서 가장 복잡한 문자 체계의 기저에는 그것의 근간이 된 과거의 문화와 언어를 보전하고자 하는 열망이 깔려 있었던 것이다.

영어 역시 역사적인 오마주와 실용주의가 혼합되어 형성된 언어다. 영어에는 그리스어, 라틴어, 프랑스어, 고대 영어 및 그밖에 다양한 어근들이 들어 있다. 영어를 배우는 초등학교 1, 2학년생들이 그 대가를 톡톡히 치르고 있는 셈이다. 언어학자들은 영어를 형태음소적 문자 체계라고 분류한다. 철자 안에 형태소(의미의 단위)와 음소(음성의 단위)가 모두 표상되어 있기 때문이다. 이런 역사적인 이유를 모른 채 영어를 처음 배우는 사람들은 이러한 철자에 당혹감을 느낀다.

영어의 형태음소적 원리를 설명하기 위해 언어학자인 노엄 촘스키와 캐럴 촘스키는 'muscle(근육)'과 같은 단어를 이용해서 말속에 역사가 고스란히 보전되어 있다는 사실을 보여주었다.[35] 아카드어의 단어 속에 수메르어의 뿌리가 들어 있었던 것과 다르지 않다.

예를 들어, 'muscle'에서 묵음인 'c'는 불필요한 철자처럼 보인다. 사실 이 철자는 'muscle'이라는 단어가 그 뿌리, 즉 라틴어 어근인 musculus에 연결되어 있음을 나타낸다. 라틴어 어근 musculus에서 유래한 친족관계에 있는 단어로는 'muscular(근육의, 근육이 발달한)', 'musculature(근육조직)' 등이 있다. 뒤의 두 단어에서는 'c'가 발음되며 이는 영어 알파벳의 음소적 일면을 나타낸다. 따라서 'muscle'의 묵음 'c'는 영어의 형태소적 측면을 시각적으로 전달한다. 영어는 본질적으로 구술 언어에서 소리나는 각 음성을 표현하려는 의지와 단어의 뿌리를 보여주고자 하는 의지 사이에서 일종의 '타협'을 한 결과라고 할 수 있다.[36]

이와 유사한 '타협'으로 인해 고대 아카드의 어린 독서가들은 지적, 생리학적으로 많은 노력을 요하는 문자 체계를 배우게 되었다. 본래의 수메르어 체계와 마찬가지로 아카드어 문자 체계에 숙달하는 데도 6, 7년 정도가 걸렸다고 하는데 이는 그리 놀라운 일이 아니다. 이렇게 글을 깨우치는 데 많은 시간이 소요되고 정치적인 요소가 강력하게 작용했기 때문에 글을 배우는 일은 사원과 왕궁에 사는 소수의 사람들로 국한되었다. 몇 년에 걸쳐 무언가 배울 수 있는 호사를 누릴 수 있었던 사람들이 이들밖에 없었다는 뜻이다. 그런 정치적 권력의 영향은 또 하나의 '최초의' 문자 체계인 이집트 신성문자에서 가장 생생하게, 어쩌면 가장 끔찍하게 발휘되었다. 최근 일부 학자들 중에는 이집트의 신성문자가 수메르 문자 체계보다 100년 이상 앞선 것이라고 주장하는 사람도 있다.

또 하나의 '최초'?
고대 이집트 문자의 탄생

대부분의 학자들은 언어를 기록한 최초의 문자 체계는 수메르어이며 이집트 문자는 일부 수메르어에서 파생된 것이라고 오랫동안 생각해왔다. 하지만 새로운 언어학적 증거에 따르면 신성문자는 기원전 3100년경 이집트에서 독자적으로 창안된 것으로 추측된다. 독일의 이집트학 연구자들이 아비도스에서 발견한 증거에 의하면 기원전 3400년경까지 거슬러 올라갈 수도 있다고 한다.[37] 다시 말해 수메르 문자보다 먼저 발명되었다는 뜻인데 그 증거에 대해서는 아직 논란이 많다. 만약 이것이 사실로 밝혀진다면 독서하는 뇌의 진화 과정에서 뇌가 중요한 적응을 한 최초의 사례는 신성문자가 되는 것이다.

하지만 아직 증거가 불확실하므로 나는 이집트의 신성문자(그림 2-6)를 별개의 적응 사례로 소개할까 한다. 대부분 표의문자이고 미학적으로 대단히 아름다운 고대 신성문자는 수메르 문자의 새발자국 같은 스타일과는 시각적으로 확연히 다르다. 이 고대 문자의 일부라도 해독하려 시도했던 사람들은 누구나 그 완벽한 예술적 아름다움에 매혹되었다. 두 문자 체계 모두 흔치 않은 레부스 원리를 사용했으며 모두 신의 선물로 여겨졌다.[38]

시간이 지나자 신성문자는 혼합 체계로 진화했으며 단어의 핵심적인 의미를 표현하는 표의적 기호와 자음의 음성을 표시하는 특수 기호(표음문자라고 불림)를 모두 포함하게 되었다. 예를 들어, '집'을 의미하는 이집트 신성문자의 기호는 하늘에서 바라본 집의 모양을 하고 있다. 마치 신의 눈으로 바라본 것 같은 모습이다. 이 기호는 '집'을 의미하는 단순한 이미지적 표의문자로 사용할 수도 있고 '프르$_{pr}$'라는 이중 자음으로 읽을 수도 있다. 다른 표의

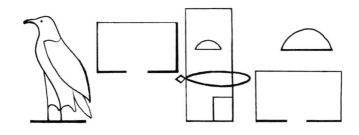

그림 2-6 새, 집, 사원을 의미하는 이집트 신성문자

문자의 뒤에 놓이게 되면 그 기호들을 '프르'라는 음성으로 읽히게 만드는 역할을 한다. 이것은 음성적 표지phonetic marker 또는 음성적 첨자phonetic complement로 수메르어에도 있던 것이다.

또 어떤 경우에 이 기호가 '사원'이나 '왕궁'과 같이 의미론적으로 유사하고 관련이 있는 단어들과 함께 배치되면 단어의 부류를 알려주는 역할을 하기도 한다(그림 2-6).

필요한 인지적 요건들을 보았을 때 이집트어 체계 역시 수메르어와 마찬가지로 초보 독서가들이 읽기에 대단히 어려웠을 것이 분명하다. 주어진 기호가 어떤 식으로 사용된 것인지 확실하게 알아야 하기 때문이다. 따라서 다양한 용법에 따른 다양한 전략이 필요했다. 그 다양한 전략은 언제 무엇을 사용하는지 결정하는 데 관여하는 인지적 판단과 유연성과 결합되어 매우 활발한 뇌의 작용을 생성한다.

표의문자를 인지하기 위해서는 시각과 개념의 연결이 필요했다. 자음 기호를 인지하기 위해서는 시각, 청각 및 음운론적 체계

간의 연결이 필요했다. 그리고 음성적, 의미적 표지를 인지하기 위해서는 음운론적, 의미론적 분석과 더불어 추상화와 분류 역량도 필요했다.

더군다나 고대 이집트 문자에는 구두점도 없었고 좌측에서 우측 혹은 우측에서 좌측으로 글자들이 일관성 있게 배열되는 것도 아니었다. 이집트어와 일부 고대 문자 체계들은 우경법boustro-phedon('소의 방향을 바꾼다'는 의미의 그리스어)으로 쓰였다. 이 서법은 마치 소들이 쟁기로 밭을 갈 때처럼 글자들을 한 줄은 왼쪽에서 오른쪽으로, 그다음 줄은 오른쪽에서 왼쪽으로 써내려가는 서법이다. 오늘날 우리가 글을 읽을 때처럼 일정한 하나의 직선 방향으로 스캔하는 것이 아니라 한 줄이 끝나 그다음 단으로 내려가면 반대 방향으로 글자를 읽어나가게 된다. 이집트인들은 글을 새겨 넣는 구조물의 설계에 따라 위에서 아래로 혹은 그 반대인 아래에서 위로 글을 쓰기도 했다. 결국 신성문자를 읽는 독서가는 고도로 발달된 시각적 기억, 청각, 음소 분석, 상당 수준의 인지적·공간적 유연성을 포함해 각양각색의 기술을 보유하고 있어야 했다.

수메르어의 문자나 대부분의 다른 주요 고대 철자법이 그러했던 것처럼 수백 년의 세월이 흐르자 이집트 문자 체계에도 많은 수의 새로운 기호와 기능이 추가되었다. 하지만 이집트어는 다른 체계들과 다른 두 가지 커다란 변화를 겪었다. 첫째, 신성문자 체계의 진화 과정에서 기록과 필사를 담당하는 사람들을 위해 두 가지 필기체 문자가 생겨났다. 이러한 변화로 인해 텍스트를 기록하거나 필사하는 일에 효율성이 더해졌으니 서기들 입장에서는 매우 반가운 일이었을 것이다. 둘째, 이집트인들은 음소를 발견했다. 그건 고대 서기들에게 큰 경사였다. 거리로 뛰쳐나가 춤까지 추지야 않았겠지만 그들에게는 실로 대단히 중요한 발명이었다. 새로운 도시나 왕족들의 이름, 외국어 단어와 이름의 철자를 훨씬 쉽게 표시할 수 있었기 때문이다. 현명한 레부스 원리가 있었기에 그나마 이 정도의 발전이 가능했던 것이다.

한참 뒤의 일이기는 하지만 일본어의 두 가지 문자 체계에서 이와 유사한 현상을 찾아볼 수 있다. 일본어에는 고대 중국어에 기반을 둔 표의문자 체계인 일본어 한자 '칸지'와 나중에 생긴 음절문자법 '카나'가 있다(이집트어의 부분적 알파벳과 마찬가지로 카나 음절문자는 칸지를 보완해 새로운 단어, 외국어 단어, 이름 등을 문자로 기록하기 위해 고안되었다).

고대 이집트어 문자에서 이러한 언어학적 발견이 이루어질 수 있었던 까닭은 몇 개 안 되기는 해도 이집트 구술 언어의 자음을 표시하는 글자들이 문자 체계 안에 나타나기 시작했기 때문이라고 알려져 있다. 언어학자인 피터 대니얼스Peter Daniels가 기술한 것처럼 이것은 문자의 역사상 경이롭기 그지없는 일이다.[39] '자음만을 위한 부분적 알파벳'이 탄생한 것이기 때문이다.

이집트인들이 만들어낸 이 새로운 그룹의 글자들은 후일 문자의 역사상 세 번째 인지적 대발견에 희미한 한 줄기 빛을 드리운

서막에 해당한다. 세 번째 인지적 발견이란 바로 단어의 내부적 음성 기반 구조에 기초한 문자 체계를 가리킨다. 그렇지만 모세가 약속의 땅에 발을 들여놓지 못했던 것처럼 이집트인들은 알파벳의 태동이라 할 만한 이 체계를 충분히 개발해 사용하지 못했다. 부분적 알파벳이 그 가능성을 제공했음에도 신성문자 체계는 문화적, 정치적, 종교적 이유 때문에 효율적으로 진화하지 못한 것이다.

중기 이집트어 시대에 사용되던 표준적 기호는 약 700여 개였다.[40] 그 후 1000년의 세월 동안 이집트어 신성문자의 수는 계속 불어나 수천 개에 이르렀고 그중 일부는 비밀스러운 종교적 의미를 겹겹이 숨기고 있었으며 그것을 배울 수 있는 사람의 수는 점점 더 줄어들었다. 신성문자를 읽는 것이 개념적으로 점점 더 어려워졌고 따라서 갈수록 적은 수의 사람들에게만 공유되었다는 뜻이다.

수많은 중국인들이 매일 수천 개의 문자를 유창하게 읽고 사용하는 것을 보면 이집트어의 문자 체계가 쇠락해 사멸한 것이 단순히 시각적 기억에 요구되는 작업의 양이 너무 많아졌기 때문이라고는 설명할 수 없다. 기원전 제1000년기(기원전 1000년~1년) 이집트인 서기의 뇌가 글자 속에 숨겨진 의미를 처리하기 위해서는 대부분의 다른 문자 체계들에 비해 훨씬 많은 양의 대뇌 피질 활성화와 인지적 자원이 소요되었을 것이다. 역설적이긴 하지만 고대 문자의 역사에서 이집트어가 알파벳의 진화에 주요하게 공헌한 점은(본래의 신성문자의 복잡성 때문에 존재하게 된) 부분적 자음 체계가 유일하다고 할 수 있다.

용골, 갑골, 매듭까지……
고대 문자 체계의 신기한 기호들

이집트어의 역사와 수메르어의 역사가 완전히 딴판이라고 해서 두 문자 체계가 각각 독자적으로 창안되었는지, 아니면 하나의 체계가 다른 체계로 흘러 들어갔는지의 문제가 해결되는 것은 아니다. 전 세계에서 수집된 증거들을 감안하면 인간의 문자 체계는 기원전 제4000년기(기원전 4000년~3001년) 말까지 적어도 세 차례에 걸쳐 창안되었으며 그 후 세계의 다양한 지역에서 또다시 적어도 세 차례에 걸쳐 만들어진 것으로 추정된다.[41]

이집트와 수메르의 문자 체계 외에 인더스 문명의 문자 체계가 기원전 3300년경 도공들이 토기에 남긴 표지의 형태로 시작되었으며 기원전 2500년경이 되자 완전한 문자의 형태로 진화했다. 이 문자는 아직도 해독되지 못했고 암호를 풀기 위한 용감한 시도는 계속 이어지고 있다.[42]

후기에 창안된 문자 체계 중 최초의 것은 기원전 2000년 크레타섬에서 발현했다. 고대 이집트어의 영향을 받은 것으로 추정되는 이 문자 체계에는 그림문자이자 선형문자 A라고 불리는 크레

타 상형문자와 그 유명한 선형문자 B가 속한다(고대 그리스어 문자 체계에 대해서는 3장 참고).[43]

메소아메리카 전역에서는 원래 사포텍족에 의해 고안된 매우 이질적이고 풍부한 표의음절문자 체계가 사포텍, 마야, 올메크 문명에서 사용되었다. 경이롭기 그지없는 마야 문자 체계는 그리스의 선형문자 B와 마찬가지로 수많은 시도에도 해독에만 수십 년의 세월이 소요되었다. 그 비밀을 풀어낸 사람은 기이하게도 스탈린 시대 러시아의 학자였다.[44] 관련 자료 대부분을 거의 접하지 못한 채 고립되어 연구를 진행하던 학자가 도저히 풀 수 없을 것 같았던 암호를 해독해낸 것이다. 그 사연은 마이클 코우Michael Coe의 저서 《마야 코드 해독Breaking the Maya Code》에 자세히 설명되어 있다.

유리 발렌티노비치 크노로소프Yuri Valentinovich Knorosov의 놀라운 발견은 널리 알려진 이야기는 아니지만 20세기 지식인들의 이목을 한 몸에 받았다. 크노로소프는 총명한 고대 마야인들이 수메르인들이나 이집트인들과 유사하게 음성적 표지, 의미적 표지 등 언어학적 원리를 적용했지만 그것을 결합하는 방법은 일본어에서 표의적 체계와 음절문자 체계를 결합하는 방식과 비슷하다는 사실을 발견했다.

현재 메소아메리카의 또 다른 커다란 미스터리가 풀릴 조짐이 보이고 있다. 최근 하버드 대학교의 인류학자 개리 어튼Gary Urton 과 동료인 제프리 퀼터Jeffrey Quilter가 신비하고도 아름다운 키푸

quipu, khipu를 이해하는 새로운 방법을 제시했다. 키푸는 극도로 난해한 매듭과 부착물의 체계와 패턴을 형성하는 고대의 염색된 천과 실이다(앞에 나온 그림 2-1 참조).[45] 어튼은 현존하는 600여 개의 키푸가 미해독된 잉카어의 문자 언어 체계라는 가설을 주장해 언어학자들과 잉카 문명을 연구하는 학자들을 놀라게 했다. 유대인들의 탈리스나 숄에 달린 매듭처럼 매듭의 유형, 방향, 색깔이 언어적인 정보를 표시할지 모른다는 것이다.

16세기 스페인 역사학자들의 기록을 보면 잉카인들이 그들의 문화 전체가 매듭에 기록되어 있다고 선교사들에게 말했다는 내용이 있다(이 말을 들은 선교사들은 잉카인들이 과거의 신들과 절연하도록 키푸를 몽땅 거둬다가 불태워버렸다고 한다!). 그럼에도 지금껏 키푸는 잉카의 주판으로 여겨져왔다. 어튼과 동료 학자들은 키푸가 또 하나의 복잡한 고대 문자 언어 체계라는 가설하에 현재까지 남아 있는 키푸를 해독하고자 노력하고 있다.

또 다른 미스터리는 고대 중국의 문자 체계에서 발견된다. 일반적으로 고대 중국 문자 체계의 기원은 상商나라(기원전 1500~기원전 1200년)로 알려져 있다. 하지만 그보다 훨씬 전에 문자가 이미 존재했다고 생각하는 학자들도 있다. 고대 중국어 문자는 19세기 한약방에서 아주 우연한 기회에 발견되었다. 당시 사람들은 신비한 약효가 있다고 믿었던 '용골(용의 뼈)'을 사려고 아우성이었다. 그 와중에 오래된 동물의 뼈와 거북 등껍질에 체계 정연한 표지가 새겨진 것이 발견되었다. 현재까지 밝혀진 바에 따르면 이것은 고대 중국어로 신적 존재에게 묻는 질문을 거북의 등껍질과 소의 어깨뼈에 새긴 것이라고 한다. 글자가 새겨진 거북 등껍질을 뜨거운 부지깽이로 깨뜨려 껍질 안쪽에 나타난 균열의 패턴을 보고 신의 대답을 판단했다. 신의 계시를 받는 글자가 새겨진 뼈는 질문을 하거나 날짜를 받거나 신의 대답을 묘사하고 나중에 무슨 일이 일어날지 알려주었다.

예를 들어, 3000년 묵은 상나라 갑골문에는 무정武丁왕이 부인의 임신이 '경사'인지 아닌지 알고 싶어 했다는 이야기가 적혀 있다. 신들은 왕비인 부호婦好가 특정한 기간 중에 아기를 낳아야 경사라고 대답했다. 그런데 왕비는 그 기간이 아닌 날에 출산을 했다. 갑골문의 끝에는 신들의 예언을 확인해주는 다음과 같은 문장이 새겨져 있었다. "출산은 경사가 아니었다. 여자아이였다."[46]

수백 년간 거북의 등껍질에 숨겨져 있던 절묘한 형태의 글자들은 수많은 중국어 문자에 딱 어울리는 메타포라고 할 수 있다. 중국어 문자 안에는 그 역사가 전부 내포되어 있기 때문이다. 앞에서 본 것처럼 중국어 체계는 수메르어처럼 혼합된 표의문자 체계로 문자의 역사 중 상당 부분이 그 안에 구체화되어 있다.

결과적으로 중국어 문자를 처음 배우는 사람은 막대한 양의 시공간적 기억을 개발해야 한다. 이 기억은 중국어 문자를 반복해서 쓰는 행위를 통해 강화될 수 있다. 가장 흔히 사용되는 중국어 문자 중에는 수메르 문자와 이집트 문자의 음성적 첨자처럼 음절의 발음 정보를 제공하는 작은 표지가 동반되는 글자가 많이 있다.

이러한 음성 기반 특징은 시각적 특징만으로 학습이나 구분이 어려운 중국어 문자들을 구별하는 데 도움을 준다.

하지만 중국어에는 다른 고대 문자 체계들과 다른 점이 많다. 무엇보다 중국어는 지금도 존재한다. 중국어 문자 체계는 과거가 현재에 내려준 선물이며 그것을 읽는 이들에 의해 신성하게 여겨진다.

저명한 중국계 미국인 작가인 기쉬 젠Gish Jen, 任碧蓮이 오랜 기간 동안 중국을 여행하던 시절이었다.[47] 그녀는 매일같이 기다란 지팡이를 짚고 공원에 나타나는 노인을 발견했다. 노인은 오후 내내 마른 흙 위에 거대한 중국어 글자들을 천천히, 그러나 아주 또렷하게 그려나갔다. 공원에 모인 사람들은 언젠가 바람에 지워져 버릴 그 글자들을 감상했다. 이 장면은 중국어 문자가 커뮤니케이션의 체계일 뿐만 아니라 예술적 매개체이며 어쩌면 그 노인에게는 정신세계를 표현하는 강력한 방법임을 정확하게 포착하고 있다.

나는 대학원 시절에 다른 고대 문자들과 중국어의 또 다른 차이점을 알게 되었다. 나는 터프츠 대학교에 다니는 중국인 학생들에게 어린 나이에 어떻게 그렇게 많은 글자들을 배울 수 있었느냐고 물어보았다. 그들은 웃으면서 '비결'이 있다고 대답했다. 바로 병음拼音이었다. 처음 글을 배우는 학생들은 우선 병음을 배우면서 읽고 쓰기의 개념을 터득하고 5학년이 될 때까지 2000자의 중국어 문자를 배우기 위한 개념적인 준비를 한다. 병음의 비밀은 무엇일까? 그것은 일종의 미니 알파벳이다. 이 중국어 알파벳을 통해 어린 독서가들은 소수의 중국어 문자를 마스터하며 문자에 대한 감각을 익힌다. 글을 읽는 것이 어떤 것인지 이해하고 앞으로의 공부를 준비하는 셈이다.

중국어의 놀라운 면모는 여기서 그치지 않는다. 세계 최고의 혼합 문자 체계에 존재하는 아름다운 아이러니 중 하나는 바로 여성들만 사용하던 중국어 문자 체계다. 이 체계는 표의문자인 중국어 문자와 달리 중국어 단어의 발음을 음성학적으로 바꿔놓은 것에 전적으로 기반한다. 낯설고도 놀라운 누슈女書, 여성 문자의 이야기가 리사 시의 소설 《소녀와 비밀의 부채》에 가슴 아리게 묘사되어 있다.[48] 누슈는 섬세한 그림이 그려진 부채에 써내려 가기도 하고 의례적인 편지 안에 넣는 아름다운 천에 자수로 새겨지기도 했다.

이 놀라운 문자 체계는 수백 년 동안 소규모 집단의 여성들이 전족에 묶인 작은 발로 상징되는 삶의 속박을 참아내고 어쩌면 그것을 초월할 수 있는 힘을 발휘했는지도 모른다.[49] 2004년 누슈를 말하고 읽었던 최후의 사용자 양화니陽煥宜가 96세의 나이로 세상을 떠났다. 누슈는 그것이 없었더라면 무원고립의 지경에 빠졌을 삶에서 문자가 담당한 역할을 통감하게 해준다.

누슈는 또한 전 세계 문자 체계의 놀라운 다양성과 함께 음성학에 기반을 둔 문자 체계, 음절문자, 알파벳으로 이전해가는 중간 단계를 보여주는 사례다. 중국어와 마찬가지로 알파벳 문자 체계도 많은 미스터리와 의문, 놀라운 이야기들을 감추고 있다. 우리들 대부분이 알파벳을 읽을 수 있게 된 사연을 알아내려고 하는 것은 마치 잃어버린 무언가, 어렴풋이 알고 있지만 여전히 손에 잡히지 않는 무언가를 알기 위해 애쓰는 것과 비슷하다. 소크라테스는 알파벳을 배우지 않는 것이 더 이롭다고 생각했다. 소크라테스가 그런 생각을 한 지 2500년이 흐른 지금 그가 왜 그런 생각을 했는지, 그 이유를 잠시 살펴보도록 하자.

3장

알파벳의 탄생과 소크라테스의 반대

~

크레타라는 땅이 있었으니⋯⋯ 진한 포도주빛 바다에 둘러싸인
하얀 파도가 밀려오는 비옥하고 잘생긴 나라, 그곳에 모여 사는 사람들은
셈은 물론이거니와 아흔 개의 도시를 뽐내었고
언어와 언어가 나란히 혼재되어 있었다.[1]

— 호메로스, 《오디세이》

글을 읽을 수 있는 자는 사물을 보는 능력이 두 배 뛰어나다.

— 메난데르(기원전 4세기)

최근 이집트의 와디엘-홀Wadi el-Hol에서 문자 언어의 역사상 가장 흥미로운 사실 중 하나가 발견되었다. 와디엘-홀은 '공포의 협곡'이라는 불길한 의미를 가진 곳이다. 인정사정없이 끓어오르는 열기가 만물을 태워버리는 이 삭막한 땅에서 이집트학 학자인 존 다넬John Darnell과 데보라 다넬Deborah Darnell이 최초라고 알려진 알파벳보다 몇백 년이나 앞선 문자로 쓰인 이상한 비문을 발굴했다.[2] 이 문자에는 알파벳의 시조 격인 고대 이집트어의 음성적 첨자 체계와 많은 학자들이 알파벳으로 분류하는 후대 우가리트어 문자 사이의 '잃어버린 연결 고리' 역할을 하는 표지가 잔뜩 포함

되어 있었다. 다넬 부부는 셈족 서기들과 힉소스 왕조 시대 이집트에 살았던 노동자들이 기원전 1900년~기원전 1800년경에 이 문자를 창안한 것으로 생각하고 있다. 이 문자는 (예상대로) 고대 이집트어 자음 체계의 기능을 사용하고 있었지만 (뜻밖에도) 후대의 우가리트어 문자의 요소도 일부 가지고 있는 것으로 보인다.

와디엘-홀에서 발굴된 문자를 살펴본 하버드 대학교의 저명한 학자 프랭크 무어-크로스Frank Moore-Cross는 이 체계가 '역사상 가장 오래된 알파벳 문자가 틀림없다'고 결론지었다.[3] 후대에 알려진 글자들과 비슷하거나 동일한 상징이 여러 개 발견된 데 대해서 그는 '알파벳의 단독 진화에 속하는 것'이기 때문일 것으로 추측했다.

독서에 적응하는 뇌에 대해 이야기할 때 제기되는 다차원적인 문제가 두 가지 있다. 첫 번째 문제는 '알파벳이 될 수 있는 요건은 무엇인가?' 그리고 '이전에 등장했던 음절문자나 표의음절문자의 유산과 알파벳을 비교했을 때의 차이점이 무엇인가?'다. 이 질문에 대한 답을 얻어야만 범위를 더 넓혀 다음의 두 번째 질문을 제기할 수 있다. '뇌가 알파벳을 읽을 수 있으려면 고유한 지적 자원이 필요한가?' 와디엘-홀에서 발견된 신비한 문자가 중요한 이유는 첫 번째 질문에 관련된 실마리를 제공해주기 때문이다.

와디엘-홀의 고대 문자는 음절문자와 알파벳이라는 두 가지 유형의 문자 체계를 이어주는 연결 고리일 수 있다. 하지만 이 문자로 쓰인 문서나 저술이 없는 이상 완벽한 분석은 어렵다. 오히려 최초의 알파벳 후보로는 그보다 약간 후대에 만들어졌다고 알려진 우가리트어 문자 체계가 더 적합하다. 우가리트어는 음절문자인 동시에 알파벳으로 분류된다. 우가리트어 문자 체계는 부유한 해상 도시국가였던 우가리트(현재의 시리아 북부 해안 지방)에서 나온 것이다. 이곳은 배를 이용한 해상무역과 대상隊商들의 육로를 통한 무역이 동시에 이루어지던 부산스러운 곳으로 기록의 보관이 매우 중요했다.[4]

우가리트에서는 다양한 민족들이 최소 10개의 언어를 사용했으며 우가리트어 문자 외에도 다섯 개의 문자가 더 존재했다.[5] 더욱 중요한 것은 우가리트인들이 상당량의 중요한 문서 자료를 남겼다는 사실이다. 이 자료들이 알파벳 체계에 대한 몇 가지 핵심적 공헌을 보여준다. 그중 하나가 바로 소수의 상징을 사용하는 문자 체계의 경제성이다.

우가리트어 문자가 만들어지는 데 원동력이 된 것은 아카드어의 쐐기문자였다. 하지만 아카드인 서기들 가운데 새로운 우가리트어 문자 체계를 해독할 수 있는 사람은 아무도 없었다. 우가리트어 문자는 30개의 기호로 이루어져 있으며 그중 27개가 종교적 텍스트에 사용되었다. 독특한 쐐기처럼 생긴 우가리트어 문자 체계는 독자적인 자음 기호들, 그리고 모음을 동반하는 특징을 가진 자음 기호들을 혼합해 사용했다.[6] 언어학자인 피터 대니얼스의 문자 체계 분류를 적용할 경우 우가리트어 문자는 압자드abjad라는 특정한 유형의 알파벳에 속한다.[7] 하지만 여기에는 논쟁의 여지가 있다.

어디에 어떻게 분류되든 우가리트어 문자 체계는 놀라운 완성도를 자랑하며 행정 서류에서부터 찬송가, 전설, 시, 심지어 종교적 텍스트에 이르기까지 다양한 장르의 문서에 사용되었다. 구어와 문어를 통틀어 우가리트어에 대해 논의가 가장 많이 되는 주제 중 하나는 우가리트어가 고대 히브리어 성서 집필에 어느 정도의 영향을 미쳤는가 하는 문제다.[8] 성서학자인 하버드 대학교의 제임스 쿠걸James Kugel을 포함해 일부 학자들은 주제와 이미지, 서정적인 표현에 이르기까지 우가리트어가 구약성서와 유사한 점이 많다는 사실을 강조한다.[9]

우가리트어 문자에서 또 하나의 놀라운 사실은 에이비시더리abecedary를 사용한다는 점이다. '에이비시더리'란 문자 체계에 사용되는 철자들을 일정한 순서로 나열하는 시스템을 일컫는 언어학자들의 용어다. 신기한 일은 문자의 역사에서 원시 가나안어 문자도 우가리트어의 에이비시더리와 배열순서가 똑같다는 사실이다. 일반적으로 원시 가나안어가 발전해서 페니키아어 자음문자 체계가 되었고 이것이 나중에 고대 그리스어 알파벳으로 발전했다고 알려져 있다. 따라서 우리는 에이비시더리가 고대 알파벳의 후보가 되는 두 언어와 연관 관계를 가진다는 것과 그것을 통해 당시의 학교 교육에서 표준화된 순서에 따라 글자를 가르쳤을 것이라는 추측을 동시에 할 수 있다. 수메르인들이 글자 목록을 사용했던 것처럼 그런 식으로 순서를 정해줌으로써 문자 체계의 철자를 보다 쉽게 기억할 수 있는 인지적 전략을 초보 독서가들에게 제공한 셈이다.

기원전 1200년경 외세의 침략으로 우가리트가 멸망하면서 이 매력적인 문자의 수명도 다했다. 우가리트어는 성서에서 좋은 것을 연상시키는 단어들을 형성하는 데에 일조한 것으로 보이며 완전한 기능을 갖춘 최초의 알파벳 체계가 될 수 있었던 문자 체계다. 하지만 우가리트어가 소멸됨으로써 이 아름다운 고대 문자 언어에 대해 제기되는 많은 의문에 답을 얻을 길 역시 끊어지고 말았다.

그와 관련해서 성서에서 영감을 받아 알파벳의 기원을 설명한 토마스 만의 단편소설이 있다.[10] 이 이야기에서 '율법'인 신은 모세에게 모든 백성들이 이해할 수 있도록 십계명을 두 개의 석판에 나누어 새겨 넣으라고 명령했다. 명령을 받은 모세는 고민에 빠졌다. 그는 이국적인 이집트 문자도 알고 있었고 사람의 눈이나 딱정벌레, 뿔, 십자가를 닮은 기호를 사용하는 지중해 연안 사람들의 언어를 본 일도 있었다. 사막에 사는 부족들이 쓰는 음절 문자에 대한 지식도 있었다.

하지만 그 어느 것도 신의 계명을 백성들에게 전달하는 데는 적합하지 않았다. 그 순간 갑자기 영감이 떠올랐다. 언어를 사용하는 사람이라면 누구나 가지의 말을 읽고 쓰는 데 사용할 수 있는 보편적인 체계를 발명해야 한다는 사실을 깨달은 것이다. 그래서 모세는 각각의 음성이 고유한 상징으로 표현되고 모든 백성들이 각자의 언어를 읽는 데 사용할 수 있는 문자의 형태를 최초로 만들어냈다. 이것이 바로 알파벳이다. 모세는 새로 창안한 방법을 사용해 신의 말씀을 받아 적었고 와디엘-홀에서 그리 멀지 않은 시나이산에서 그 모든 내용을 석판에 새겼다.

토마스 만은 언어학자도 고고학자도 아니었다. 하지만 그는 알파벳의 혁명적인 공헌과 문자의 역사상 세 번째 인지적 대발견이라 할 수 있는 원칙의 핵심을 완벽하게 묘사하고 있다. 세 번째 대발견이란 바로 한 언어에 사용되는 음성의 레퍼토리 전체를 한정된 수의 기호를 통해 모두 전달하도록 하는 문자 체계의 발전을 의미한다. 와디엘-홀 문자와 우가리트어 문자 모두 문자 체계 전체에서 학습해야 하는 글자의 수가 대폭 줄어들었다. 따라서 인지적 효율이 높아졌고 읽고 쓰기에 투입되는 기억과 노력을 훨씬 경제적으로 사용할 수 있게 되었다.

인지적 효율은 뇌의 세 번째 중요한 특징, 즉 분화된 부위가 거의 자동화된 속도에 도달할 수 있는 능력에 의존한다. 인간의 지적 발달에서 인지적 자동성에 함축된 잠재적 의미는 놀라운 것이다. 상징들을 자동에 가까운 속도로 인지하게 되면 읽고 쓸 때 끊임없이 확대되는 정신적 프로세스에 훨씬 더 많은 시간을 할애할 수 있다. 뇌가 효율적으로 독서를 하게 되면 문자 그대로 생각할 시간이 많아지는 것이다. 고대 수메르인, 아카드인, 이집트인 학생들은 효율적으로 독서할 수 있을 정도의 뇌 발달을 위해 몇 년의 시간을 들여 노력해야 했다.

이들 유사 알파벳 문자 체계들이 제기하는 문제는 매우 복합적이다. 기호의 수가 줄어들어야만 대뇌 피질의 효율이 높아지는 것일까? 알파벳을 읽는 뇌 안에는 특별한 인지 역량이 형성되는 것일까? 그러한 잠재적 자원들이 초보 독서가의 발달 초기에 생겨난다면 그것은 무엇을 의미하는 것일까? 기본적인 문제 하나만 재검토해보면 이 질문들에 대한 답이 꼬리에 꼬리를 물고 나타난다.

알파벳의 조건

여러 분야의 학자들은 여러 곳에서 내린 알파벳의 정의에 근거해 '진정한 알파벳'의 주요 요건에 대해 여전히 설전을 벌이고 있다. 고전학자인 에릭 해블록은 와디엘-홀 문자가 발견되기 오래전에 이미 알파벳의 3대 요건을 규정한 바 있다. 해블록이 정의한 3대 요건은 한정된 수의 글자 또는 문자(최적 범위는 20개에서 30개 사이), 해당 언어의 최소 음성 단위를 전달할 수 있는 포괄적 문자의 집합, 해당 언어의 음소와 시각적 기호 또는 글자 사이의 완벽한 대응 관계다.[11]

고전학자들은 이를 근거로 고대 그리스어 알파벳 이전의 유사 알파벳 체계들은 그 요건에 합당하지 않다고 주장한다. 셈어 문자는 모음을 표시하지 않았다. 실제로 히브리어에 모음을 나타내는 표지가 등장한 것은 수천 년이 흐른 뒤 (아람어와 그리스어처럼) 일상생활에서 사용되는 구어에서 모음을 확실하게 표시해야 할 필요성이 대두되면서부터였다. 해블록 같은 고전학자들에게 알파벳은 모든 문자들의 최고봉이었다. 고대 그리스어 문자 체계 (기원전 750년)는 진정한 알파벳의 요건을 모두 만족시키며 인간의 사고력에 커다란 도약을 가져다준 최초의 문자였다.[12]

하지만 대다수의 언어학자와 고대어 학자들의 관점은 완전히 다르다. 아시리아 학자인 요리 코헨은 해블록이 언급하지 않은 내용에 방점을 둔다.[13] 그는 알파벳을 원어민이 들었을 때 모호하지 않은 구어로 표현하는 데 필요한 최소의 문자적 표시 방법을 사용하는 체계라고 정의했다. 구술 언어에서 사람의 귀가 분석해낼 수 있는 (보다 큰 분절 형태인 음절이나 단어에 반대되는 개념으로서) 최소의 분절된 음성을 표시할 수 있는 체계라면 무엇이든지 알파벳으로 보는 것이다. 이런 관점으로 보면 우가리트어 문자와 어쩌면 와디엘-홀 문자까지도 알파벳의 초기 형태로 분류할 수 있다.

여기서 이 문제를 해결할 묘안을 제시할 수는 없다. 인류의 역사에서 이러한 '최초'에 관련된 문제에는 보편적 합의가 존재하지 않는 법이다. 하지만 21세기의 독자들은 고대 문자 체계에 관해 밝혀진 최신 정보를 통해 약간 다른 관점, 이를테면 메타적인 관점을 가질 수 있을 것이다. 그리스 알파벳에 이르기까지 다양한 고대 문자 체계의 역사를 통해 인지 언어적 능력에 일어난 체계상의 변화들을 추적해보면 호메로스, 헤시오도스, 케팔로니아

해변의 오디세우스, 이타카와 크레타 등의 구술 언어적 전통에서 출발해 소크라테스, 플라톤, 아리스토텔레스로 이어지는 아테네적 전통으로 서서히 옮겨가는 변화를 새로운 시각으로 통찰할 수 있다. 이런 변화는 시간과 장소뿐만 아니라 기억과 사람의 뇌 자체에도 일어난다. 책 읽는 뇌가 또 하나의 중요한 적응을 해야 하는 시기가 임박한 것이다.

신비한 크레타 문자와 고대 그리스인들의 기억력

크레타섬의 모든 돌덩이 아래에는 신화가 숨 쉬고 있다고 한다. 그 사실 하나만으로도 이미 충분히 흥미진진해진다. 예컨대 평범해 보이는 돌 하나가 고대 크레타 문명의 왕궁 터 유물일지도 모르기 때문이다. 더할 나위 없이 아름다운 프레스코 벽화로 가득하고 당시 유행하던 고대식 배관과 냉방 시설이 갖춰져 있던 문명 말이다. 지금으로부터 4000년 전 크레타 사람들은 기념비를 세우고 유례없이 아름다운 공예품과 보석을 제작하고 아무리 노력해도 도저히 해독되지 않는 문자 체계를 고안해냈다.

1900년 영국의 고고학자 아서 에반스Arthur Evans는 고대 크레타 문화의 중심지이자 호메로스가 위대한 도시라 일컬었던 크노소스를 발굴했다. 미노스왕이 건설했다고 전해지는 크노소스 속 전설의 궁전은 용감무쌍하게 황소를 뛰어넘는 자들bull-leapers과 미노타우로스가 사는 공포의 미로로 유명하다. 이 발굴을 통해 에반스는 놀라운 발견을 하고 평생 그것에 매달리게 된다. 그것은 해독 불가능한 문자가 가득 새겨진 7000개의 점토판이었다. 이집트의 신성문자도 아카드어의 쐐기문자도 닮지 않은 이 문자에는 선형문자 A라고 불리는 초기 크레타어 문자의 특징이 포함되어 있었다. 하지만 후대에 나온 그리스 알파벳과는 전혀 무관해 보였다. 에반스는 그것에 선형문자 B라는 이름을 붙인 뒤 장장 40년간 그것을 해독하기 위한 좌절의 나날을 보냈다.

1936년 마이클 벤트리스Michael Ventris라는 학구열에 불타는 10대 소년도 에반스를 만난 뒤 그 이상한 문자에 사로잡혀 고민하기 시작한다. 그리고 1952년 벤트리스는 드디어 그 이상한 문자를 해독해냈다. 반세기 동안 수많은 학자들의 골치를 썩였던 선형문자 B이지만 드러난 실상은 신비와는 거리가 멀었다. 간단히 말해 그것은 당시에 사용되던 구어 그리스어를 조악하게 옮겨 적은 것에 불과했다.

고전 문학에 익숙했던 벤트리스는 이 허탈한 발견 이후 고대 그리스판 인스턴트 메신저의 암호를 몰래 해독한 기분이었을 것이다. 그는 일상 구어체 그리스어를 해독하게 되리라고는 상상도 하지 못했지만 터프츠 대학교의 존경받는 고전 연구학자 스티브 허쉬Steve Hirsh의 말을 빌리자면, 벤트리스의 선형문자 B 해독은 '고대 그리스에 대한 지식에 가히 혁명적인 사건'이었다.[14]

선형문자 B는 기원전 15세기에 크레타섬과 그리스 본토, 키프로스섬 등지에서 시작되었으며 기원전 12세기에서 기원전 8세기 사이에 사라졌다는 것 외에 알려진 바가 별로 없다. 고대 그리스의 암흑기라 불리는 이 시기에는 외세의 침입으로 지식의 보고였던 대부분의 왕궁이 파괴되었고 현재 남아 있는 기록이 거의 없다. 암울했던 것으로 추정되는 이 기간 동안 고도로 발달된 구전 문화가 꽃을 피웠고 그것이 기원전 8세기 호메로스의 작품 속에 기록되어 영원히 남게 된 것이다.

호메로스가 정말로 앞을 보지 못하는 전설적인 음유시인이었는지(그렇다고 믿을 만한 이유가 새로이 발견되었다), 여러 명의 시인이었는지, 아니면 구전 문화가 축적·기록된 것인지는 아직 완전히 밝혀지지 않았다. 하지만 한 가지 확실한 것은 호메로스의 《일리아드》와 《오디세이》에 담긴 백과사전적 지식과 신화가 모든 고대 그리스 시민들의 교육적 발달에 강력하게 기여했다는 사실이다. 고대 그리스의 사학자 투키디데스에 따르면 교육을 받은 교양 있는 그리스 시민은 그리스의 남녀 신들과 영웅들이 등장하는 생생한 신화와 영웅담을 비롯해 엄청난 양의 서사시를 암기했다고 한다.[15]

이 시대에 정통한 위대한 학자 월터 옹이 주장한 바와 같이 서사시의 여러 가지 측면, 이를테면 리듬감이 고도로 살아 있는 호메로스 시구의 질주하는 듯 힘찬 운율과 풍부한 멜로디적 특성, 반복적으로 등장하는 생생한 이미지(예컨대, '장밋빛 손가락의 여명'), 사랑, 선쟁, 미덕, 인간의 나약성 등 《일리아드》와 《오디세이》가 지니고 있던 시대를 초월한 보편적인 주제 등이 암기에 큰 도움을 주었을 것이 분명하다. 예를 들어, 학자인 밀먼 페리Millman Perry

는 다양한 행위와 사건들을 회계 장부처럼 기술하는 그 유명하고 다양한 공식구formula를 후대의 많은 음유시인들이 그대로 이어받았다는 사실을 지적했다.[16] 이 공식구들과 그리스 웅변가들의 유명한 암기술에 힘입어 고대 그리스인들은 우리가 보기에 가공할 만한 양에 해당하는 자료를 외우고 암송할 수 있었다.[17] 전설적인 암기 기술 중에는 기억해야 하는 일을 상상 속의 도서관이나 신전의 내부와 같은 물리적 공간에 연계시키는 방법도 있었다.

시인이었던 시모니데스Simonides도 그리스인들의 전설적인 기억력에 대해 놀랍고도 구체적인 사례를 보여준다. 한번은 시모니데스가 많은 사람들과 함께 연회를 즐기고 있었는데 지진이 일어나 연회 장소가 파괴되었다. 그러자 그는 참석했던 모든 사람들의 이름과 함께 그들이 잔해 속 어느 위치에 있었는지를 정확하게 기억해냈다.

시모니데스를 비롯한 그리스인들은 도대체 어떻게 그토록 무시무시한 기억력을 가질 수 있었을까? 지난 4만여 년 동안 인류는 기본적으로 동일한 뇌 구조를 공유해왔다. 따라서 고대 그리스인들이 우리와 다른 구조의 해마나 편도체, 전두엽 또는 기억에 사용되는 부위를 가지고 있었을 것으로 추측해야 할 근거는 거의 없다. 고대 그리스 시대에 살았던 조상들이 우리와 달랐던 점은 구전 문화와 기억에 커다란 가치를 부여하고 있었다는 사실이다.

소크라테스가 대화를 거듭하며 학생들이 이해한 내용에 대해 묻고 또 묻기를 반복했던 것처럼 교육을 받은 그리스인들은 수사학적 기술과 웅변술을 연마했고 지식이나 권력과 더불어 말의 위력을 휘두를 줄 아는 능력을 무엇보다 높이 평가했다. 그 결과 중 하나가 바로 그리스인들의 놀라운 기억력이다. 그들은 기억처럼 선천적인 것이라고 가정되는 인지적 프로세스의 발달에 문화가 커다란 영향을 준다는 점을 우리에게 상기시켜준다.[18]

이렇듯 구전 문화가 고도로 발달한 사회였기에 그리스 문자의 알파벳은 푸대접받을 수밖에 없었다. 몇몇 학자들의 주장에 따르면 그리스 알파벳이 나타나게 된 것은 호메로스의 구전적 전통을 보전하고 싶어 하는 그리스인들의 열망 때문이었다.[19] 바꿔 말하면, 알파벳은 구술 언어의 보조역이었다는 뜻이다. 어쨌든 2700년이 지난 오늘날의 학자들이 알파벳이라는 업적에 경외심을 느끼고 있다는 사실을 고대 그리스인들이 알면 어리둥절해할지도 모른다. 그 업적은 그리스인들이 그토록 높이 평가하던 암기력과 수사학적 웅변술을 소리 없이 쇠퇴시킨 대신 다른 형태의 새로운 기억과 인지적 자원을 해방시켜줌으로써 오늘날까지도 인간의 발달에 중요한 역할을 하고 있다.

그리스 알파벳, 페니키아 문자의 자식인가? 자매인가?

고대 그리스인들에게 알파벳이 어디서 난 것이냐고 물으면 그들은 분명히 빌려 왔다고 대답했을 것이다. 그들은 알파벳을 '페니키아 문자'라고 불렀다. 그 때문에 그리스 알파벳의 직계 조상이 페니키아의 자음 기반 문자라는 믿음이 확고해졌다. 페니키아 문자는 원래 고대 가나안 문자에 기반을 둔 것이었다(실제로 페니키아인들은 스스로를 가나안인이라고 불렀다).[20]

그리스어의 글자인 알파와 베타는 페니키아어의 알레프와 베트에서 온 것이다.[21] 그리스 알파벳이 페니키아 문자에 뿌리를 두고 있다는 또 하나의 증거다. 하지만 최근 학계에서는 두 언어 사이의 친족 관계가 그리 명료하지 않다고 생각한다. 그리스 알파벳의 발달사에 대해 서로 다른 해석을 하는 진영들 사이에서 소리 없는 전쟁이 일고 있다.[22]

첫 번째 해석은 독일 학자인 요세프 트로퍼Joseph Tropper가 알파벳의 기원에 대한 '표준 이론'이라고 부르는 것이다.[23] 즉 고대 그리스어 알파벳은 페니키아어 문자에서 유래한 것이고 페니키아어 문자는 고대 우가리트어 혹은 원시 가나안어 문자에서 유래했으며 원시 가나안어는 아마도 이집트어의 몇 안 되는 자음 기반 문자에서 나왔으리라는 이론이다.

하지만 다른 독일 학자 칼-테오도어 자우지히Karl-Theodor Zauzich는 명백해 보이는 이 사실에 대해 완전히 다른 해석을 내놓았다. '그리스 문자는 페니키아 문자에서 유래한 파생어daughter language가 아니라 자매어sister language란 말이다! 두 문자 체계의 공통적 모어母語는 셈어임이 틀림없다.[24] 이 사실을 증언해줄 수 있는 사람은 이제 아무도 남아 있지 않지만.' 그는 이집트어의 원형original 필기체 문자와 그리스 문자 사이의 닮은 점이 페니키아 문자와 닮은 점보다 훨씬 많다고 주장한다. 자우지히는 그 외 여러 다른 증거를 들어 그리스 알파벳이 페니키아어의 자손어가 절대 아니며 두 문자 체계는 동일한 고대 문자에서 같은 방법으로 유래한 동등한 후손, 즉 그의 말처럼 자매어라고 결론짓는다.

본래 신화란 자료의 출처로 전부 믿을 만한 것은 아니다. 하지만 적지 않은 수의 신화가 전하는 바에 따르면 셈어로 '동녘'을 뜻하는 이름을 가진 전설적인 테베의 창건자 카드모스Cadmus왕(그리스어로는 Kadmos)이 알파벳을 그리스에 처음 들여왔다고 한다. 따라서 일부 그리스인들은 알파벳의 기원이 셈어라는 사실을 알고 있었을 수도 있다. 의도야 어찌 되었든 신들이 인간 카드모스에게 문자를 준 사연을 전하는 그리스 신화의 잔혹성은 그림 형제의 동화와 막상막하다. 카드모스가 피 묻은 이빨들(문자에 대한 은유적 표현)을 땅 위에 흩뿌려 자라게 해서 그것이 사방에 전파되었다고 이야기하는 버전이 있을 정도다.[25]

신화 속의 이빨만큼이나 그리스 알파벳에 얽힌 기구한 드라마는 또 있다. '표준 이론'과 비슷한 교과서적인 이야기는 이런 것이다. 기원전 800년에서 기원전 750년 사이에 그리스인들은 알파벳을 만들어 크레타, 티라, 엘미냐, 로도스 등 그리스의 교역 거점이었던 식민지에 전파했다. 이를 위해 그들은 페니키아어와 그리스어의 음소들을 모두 체계적으로 분석했다. 그런 다음 페니키아어의 자음 기반 문자를 토대 삼아 존재하는 모든 음성과 문자 사이의 완벽한 대응 관계를 만들기 위해 끈질기게 노력했고 결국 그리스어만의 모음 상징을 만들어냈다. 그렇게 해서 그리스어 알파벳은 에트루리아어에서부터 튀르키예어에 이르는 대부분의 인도-유럽어 알파벳과 언어 체계의 시조가 된 것이다.

그리스어 알파벳 외에 완벽한 문자 체계를 하나 더 꼽는다면 혜안을 가진 통치자 세종대왕이 15세기에 창제한 한국어의 한글을 들 수 있다.[26] 당시에 사용되던 중국어의 영향을 받은 문자 체계를 백성들이 배우지 못하는 점을 안타깝게 여긴 세종대왕은 누구든지 글을 배울 수 있도록 구어를 단순하면서도 논리적인 형태로 옮겨놓은 고도의 규칙성을 가진 알파벳 설계에 착수했다. 심지어 세종대왕의 한글 매뉴얼을 작성한 학자가 '슬기로운 사람은 하루아침에 다 배울 수 있고 현명하지 못한 사람도 열흘이면 깨우칠 수 있다'라고 설명할 정도였다.

보다 많은 백성들이 글을 읽고 쓰게 하겠다는 세종대왕의 한글 창제 목표는 성공적으로 달성되었다. 한글은 몇 가지 중요한 언어학적 특성으로 인해 배우기가 매우 쉽다. 첫째, 한국어 구어는 단순 음절과 음소로 이루어져 있기 때문에(자음을 연달아 쓰지 않는다) 한글의 글자 하나가 곧 음절이 된다. 하지만 그 방식이 매우 특이하다. 한글에서는 2~4개의 문자화된 음소가 사각의 틀 안에서 합쳐지고 그렇게 합쳐진 글자들은 좌우, 상하, 어느 방향으로든 배열되고 읽힐 수 있다. 이렇듯 음절이 시각화되기 때문에 아이들은 글을 읽을 때 보다 쉽고, 보다 큰(보다 굵은) 언어의 단위를 배우게 된다.

둘째, 멜버른 대학교의 김지선과 크리스 데이비스Chris Davis가 자세히 설명한 것처럼 한글은 10개의 기본 모음과 14개의 기본 자음으로 이루어져 있는데 모음이냐 자음이냐에 따라 형태가 차별화된다. 셋째, 한글 자음에는 조음되는 발음기관에 대한 정보가 들어 있기 때문에 아이들에게 특히 큰 도움이 된다. 마지막으로, 영어와 달리 한글은 문자와 음성이 매우 '투명한' 대응 관계를 이룬다. 훈민정음° 창제 당시에는 상징과 말소리 사이에 거의 완벽한 대응 관계가 성립했으나 구어가 진화함에 따라 영어에서와 마찬가지로 일부 단어의 철자에 고어와의 연관 관계가 반영되는 일이 생겨났다. 결과적으로 이러한 특성이 멋지게 결합된 한글은 처음 글을 배우는 이들이 매우 쉽게 학습할 수 있는 문자 체계다.

이제 다시 고대 그리스어 이야기로 돌아가보자! 이 대목에서 인지과학자와 언어학자들이 미스터리로 생각한 몇 가지 의문이 생겨난다. 그중 하나가 이 장에서 제기하는 두 번째 중요한 질문이다.

알파벳이 뇌의 구조를 바꿀까?

사람이든 동물이든 인간과 비슷한 부류들이 한자리에 모인다

° 원문에는 '한글'로 표기되어 있다.

면(닥터 수스의 동화, 《더 스니치스》를 볼 것) 자기가 더 잘났다고 주장하는 그룹이 언젠가는 나타나기 마련이다. 문자도 마찬가지다. 알파벳이 세상에 존재하는 문자들의 최고봉이며 따라서 알파벳을 읽는 사람들은 '남다른 사고방식'을 가졌다고 주장하는 영향력 있는 학자들이 20세기에 다양한 분야에서 나타났다.[27] 그들이 주장하는 이른바 독보적인 알파벳의 공헌 가운데 세 가지를 지금 우리가 살펴보고 있는 인지적 역사의 맥락에서 분석해보자.

첫째, 알파벳 체계는 다른 문자 체계에 비해 효율성이 높다.[28] 둘째, 알파벳은 한 번도 접해보지 못했던 혁신적인 사고를 촉진한다.[29] 셋째, 알파벳 체계를 사용하면 언어의 음성에 대한 인식이 높아져 초보 독서가들이 쉽게 글을 배울 수 있다(바로 이 능력 때문에 아이들이 음소를 듣고 분석할 수 있는 것이다. 따라서 알파벳은 독서 학습과 문해 능력의 확대를 촉진한다).

첫 번째 주장, 알파벳 체계는 다른 문자 체계보다 더 효율적이다.

효율성이란 문자 체계를 유창하게 이해하면서 빨리 읽을 수 있는 역량을 뜻한다. 알파벳은 경제적인 문자의 사용을 통해 높은 수준의 효율성을 달성한다(쐐기문자가 900개, 신성문자가 수천 개에 달했던 것에 비해 알파벳에서 사용되는 문자의 수는 기껏해야 26개다). 상징의 수가 이렇게 적기 때문에 그것을 빠른 속도로 인지하는 데도 시간과 주의가 절감되고 따라서 필요한 지각 및 기억 자원도 훨씬 적은 편이다.

알파벳이 등장하기까지 문자의 역사를 따라가며 뇌를 들여다보면 이 주장을 보다 수월하게 검토할 수 있다. 현대 중국어 독서가들의 뇌 이미지는 수천 개의 글자를 읽어야 하는 중국어 독서가들이 얼마나 빠르고 효율적으로 읽는지를 보여준다(그림 3-1 참조).[30] 이미지를 통해 수많은 글자를 읽을 때 좌뇌와 우뇌가 총동원되어 뇌 안에서 어마어마한 시각적 분화가 이루어지는 것을 확인할 수 있다. 중국어 독서가들이 중국어를 유창하게 읽는다는 사실은 효율성이 알파벳을 읽는 사람들의 전유물이 아니라는 증거다. 또 다른 증거는 음절문자를 읽는 뇌에 있다. 이 두 가지 증거를 통해 알 수 있는 것은 효율성은 한 가지 이상의 적응을 통해 발생한다는 사실이다. 단, 독서가라고 해도 누구든지 각 문자 체계를 유창하게 읽는 능력을 성취할 수 있느냐는 다른 문제다.

그림 3-1을 살펴보면 언어마다 효율성의 유형이 다르다는 사실을 알 수 있다. 알파벳을 읽는 뇌의 경우 음절문자를 읽는 뇌에 비해 일부 영역에 필요한 대뇌 피질의 양이 적다. 알파벳을 읽는 뇌는 양쪽 뇌가 모두 활성화되지 않는다. 대신에 특히 좌뇌 후방에 있는 시각 영역의 특화 부위에 크게 의존하는 편이다. 반대로 중국어(와 수메르어)는 특화된 자동 프로세싱에 좌뇌와 우뇌의 여러 영역을 총동원해 효율성을 달성한다.

1930년대 말 세 명의 중국인 신경과 전문의가 작성한 이중언어 사용에 관한 놀라운 사례연구 보고서를 보면 좌뇌와 우뇌의 서로 다른 용도를 확실히 알 수 있다.[31] 보고서에는 이중언어 사용자였

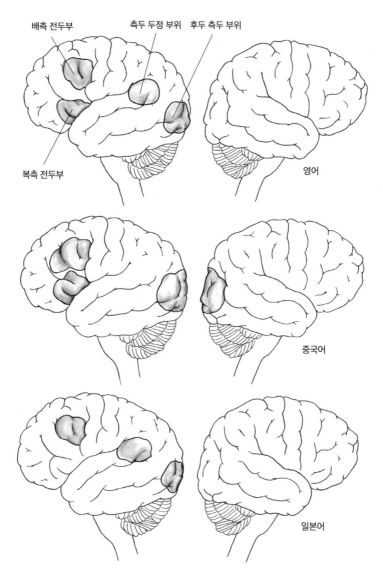

좌 우

배측 전두부   측두 두정 부위 후두 측두 부위

복측 전두부

영어

중국어

일본어

그림 3-1 세 언어에 대한 독서하는 뇌[32]

던 환자가 갑자기 실독증(읽기 능력을 상실하는 증세)에 걸린 사례가 담겨 있다. 그들은 영어와 중국어를 능숙하게 사용하던 한 사업가가 후두 영역에 심각한 경색 증세를 겪었다고 묘사했다. 당시 그들이 아연실색했던 이유는 중국어를 읽지 못하게 된 사업가가 영어는 아무 문제없이 읽을 수 있었기 때문이었다.

오늘날의 시각으로 보면 이 사례는 별로 이상할 것이 없다. 문자 체계에 따라 뇌가 약간 다른 방식으로 조직될 수 있다는 사실을 뇌 영상이 보여준다. 일본어를 읽는 독서가들의 경우 특히 재미있는 양상이 나타난다. 일본어 독서가들의 뇌는 성격이 완전히 다른 두 개의 문자 체계를 모두 배워야 하기 때문이다. 외래어, 도시명, 사람 이름 등 일본어에 새로 도입되는 단어에 사용되는 효율성이 매우 높은 음절문자(카나)와 옛날부터 존재했던 중국어의 영향을 받은 표의문자(칸지)가 그것이다.

일본어 독서가들은 칸지를 읽을 때 중국어 독서가들과 유사한 경로를 사용한다.[33] 하지만 카나를 읽을 때 사용하는 경로는 알파벳을 읽는 사람과 훨씬 유사하다. 다시 말해 중국어 독서가와 영어 독서가만이 서로 다른 경로를 사용하는 것이 아니라 같은 뇌라도 읽는 문자 체계에 따라 경로를 다르게 사용한다는 뜻이다. 당면한 상황에 맞춰 자체의 설계를 바꿀 수 있는 뇌의 경이적인 능력 넉분에 어떤 언어든 효율적으로 읽을 수 있는 것이다. 또한 효율성 자체는 '이것 아니면 저것' 식으로 선택해야 하는 이분법적인 기능이 아니다. 일본인 학자들에 따르면 똑같은 단어라도 칸지보다 음절문자 체계인 카나로 썼을 때 더 빨리 읽을 수 있다고 한다.[34] 결론적으로 효율성은 알파벳만이 유일하게 성취할 수 있는 가치가 아니라 문자에 따라 다양한 효율성이 스펙트럼처럼 가능한 것으로 개념화해야 적절하다.

어쨌거나 고대 문자 체계의 역사를 통해 뇌의 독서 학습 방법을 알게 되면 여러 문자 체계 사이의 공통점과 각각의 체계에 고유한 몇 가지 특징을 발견할 수 있다. 피츠버그 대학교의 인지과학자들은 25개의 언어에 대한 이미징 리서치 결과를 메타 분석한 혁신적인 연구를 통해 수많은 문자 체계에서 방법적인 차이만 있을 뿐 공통적으로 사용되는 세 개의 뇌 부위를 밝혀냈다.[35] 첫 번째는 ('뉴런 재활용'의 중심지로 가정된 부위를 포함하고 문해력을 담당하는 것으로 여겨지는) 후두-측두 영역으로 이곳은 어떤 문자를 읽든 우리를 유창한 시각 전문가로 만들어준다. 두 번째는 브로카 영역이 포함된 전두부로 단어 안에 포함된 음소와 단어의 의미라는 두 가지 분야에서 전문가가 될 수 있는 곳이다. 세 번째는 상위 측두엽과 하위 인접 두정엽에 걸쳐 분포하는 다기능적 부위로 이들은 들러리로 동원되어 다양한 음성과 의미 요소들을 처리하며 특히 알파벳 체계와 음절문자 체계에서 이 부분의 역할이 매우 중요하다.

이상의 뇌 부위들을 나란히 놓고 관찰하다 보면 피츠버그 대학교의 인지과학자인 찰스 퍼페티Charles Perfetti와 그의 동료들이 '보편적 독서 시스템'이라고 부른 것의 이미지가 떠오른다.[36] 보편적 독서 시스템이란 전두엽, 측두–두정엽 및 후두엽 부위들을 연결한 것으로 4대 뇌엽 가운데 엄선된 영역을 가리킨다.

이 이미지들을 종합해보면 문자 체계의 진화에 대한 중요한 결론 두 가지가 구체적으로 떠오른다. 첫째, 어떤 언어로든 독서를 하면 뇌의 길이와 너비가 재구성된다. 둘째, 유창한 이해력에 도달하는 여러 경로가 존재하며 다양한 문자 체계에 따라 다양한 형태를 띠는 효율성이 스펙트럼처럼 존재한다. 문자 체계를 구성하는 상징의 수, 구술 언어의 음성 구조, 문자 언어의 규칙성 정도, 추상화의 정도, 문자 학습에 관여하는 운동성 개입 범위 등의 요소들이 효율성과 문자 체계의 고유한 회로에 영향을 미친다.[37] 그것들이 모두 합쳐지면 초보 독서가가 독서를 얼마나 쉽게 학습할 수 있는지가 결정된다. 실제로 일본어의 음절문자인 카나로 쓰인 단어들이 표의문자인 칸지보다 더 빨리 읽힌다. 게다가 그리스어나 독일어처럼 규칙적인 알파벳을 배우는 아이들도 영어처럼 규칙성이 떨어지는 알파벳을 배우는 아이들보다 더 유창하고 더 효율적인 독서 능력을 빨리 습득한다.

언어별로 독서가 개인의 정신에 특정한 방식으로 영향을 미치는지에 대해 벤저민 워프와 발터 베냐민 등의 철학자들이 문제를 제기했다.[38] 그들에 비해 내가 언급하는 알파벳에 대한 세 가지 주장은 범위가 훨씬 협소하지만 차이가 있다. 조지타운 대학교의 신경과학자인 기네비어 이든Guinevere Eden이 관찰한 것처럼 독서 능력의 발달 과정에서 각각의 문자 체계는 저마다 독특한 뇌 연결망을 형성한다.[39] 이렇게 시각을 좁혀놓고 보면 알파벳은 발달 효율상의 특정 형태라는 관점에서 '더 우수한' 뇌를 만드는 것이 아니라 다른 문자 체계들과 조금 다른 뇌를 형성한다고 할 수 있다.

한국어 문자 체계가 매우 생경한 방식으로 이 사실을 증명한다. 한국어에서는 앞에서 언급한 한글이 주요한 문자 체계다. 하지만 한국 아이들은 자라면서 제2의 문자 체계로 한자도 배운다. 한자는 일본어의 표의문자적 상징인 칸지와 시각적 형태가 유사하다. 한국어 독서가의 뇌가 이 두 가지 문자 체계를 어떻게 처리하는지를 연구한 신경과학자 이경민은 한글을 처리할 경우 알파벳 체계와 비슷하게 뇌의 측두 및 두정부 주변이 특히 활성화된다는 사실을 발견했다.[40] 하지만 한자를 처리할 때는 중국어나 일본어 칸지와 아주 비슷하게 물체 인지에 사용되는 후두, 측두 영역의 주요 부위를 비롯해 좌뇌, 우뇌의 시각 영역이 활성화되었다.

한글이 보여주는 발달 능률은 한국어만의 고유한 특성이 아니다. 그것은 구어에 의존하는 알파벳과 음절문자 모두 독서의 속도를 향상시킨다는 사실을 보여주는 것이다. 예를 들어, 일본어나 체로키어처럼 음절문자가 구어를 아주 잘 표상하면 학습 시간과 대뇌 피질의 면적 모두에 효율적일 수 있다. 알파벳과 음절문자를 막론하고 상징의 수가 적을수록 대뇌 피질의 효율이 올라가고 따라서 독서 학습 시 발달 효율도 높아진다. 이것이 바로 문자역사상 가장 커다란 전환점 중 하나가 된다. 단순한 속도 향상보다 대뇌 피질의 효율과 발달 효율이 훨씬 더 큰 역할을 하는지의 여부는 아래에 이어지는 두 번째 주장에서 다룰 것이다.

두 번째 주장, 알파벳은 혁신적인 사고를 자극하는 데 가장 적합하다.
고전학자인 에릭 해블록과 심리학자인 데이비드 올슨의 가설에 따르면, 그리스 알파벳의 효율성이 가져온 전무후무한 발상 덕분에 현재와 같은 수준의 사고가 가능해졌다.[41] 알파벳의 효율성으로 인해 사람들이 구전 전통에 들이던 많은 노력에서 해방되었고 그럼으로써 '혁신적 사고가 자극되었다'는 것이다.

구전 문화 속에서 교육받은 사람들이 집단 지식을 보전하기 위해 오로지 개인의 기억력과 메타 인지적 전략에만 의존해야 하는 상황을 가정해보자. 그런 전략은 분명 대단한 것이다. 하지만 거기에는 부작용이 뒤따르기 마련이다. 리듬, 기억, 공식구, 전략 등에만 의존하다 보면 말과 기억과 창의성에 때로는 미묘하고, 때로는 극심한 제약이 가해진다.

알파벳과 다른 여러 문자 체계들이 그런 제약을 대부분 제거해주었다. 그로 인해 대다수 사람들의 생각과 기록될 수 있는 것의 폭이 훨씬 넓어졌다. 그렇다면 이것은 그리스어 알파벳만의 특별한 기여일까? 아니면 문자를 쓰는 행위 자체가 보다 많은 사람들이 새로운 차원의 사고를 하도록 촉진하는 것일까? 그리스 알파벳보다 약 1000년 앞선 우가리트어 문자 체계를 다시 떠올려보자. 알파벳과 유사한 모든 문자 체계가 문화에 기여할 수 있음을 보여주는 훌륭한 사례 아닌가. 더 옛날로 거슬러 올라가 해블록이 연구하지 않은 아카드어 문학을 살펴보자. 그 안에 터져나온 심오한 사고는 (물론 그중 일부는 구전 전통에 기반을 둔 것이지만) 알파벳이 아닌 표의음절문자로 기록되어 있다.

이러한 전반적인 역사를 메타적 관점으로 살펴보면 인류의 역사에서 지적 사고의 발달을 촉진한 원동력은 최초의 알파벳도 최고의 알파벳도 아닌, 바로 문자 그 자체임을 알 수 있다. 20세기 러시아의 심리학자 레프 비고츠키의 설명처럼 말로 표현된 단어와 말로 표현되지 않은 생각을 문자화하는 행위는 생각을 하게 만들고 그 과정에서 생각 자체도 변화한다.[42] 인간이 생각을 전달하기 위해 문자 언어를 점점 더 정확하게 사용함에 따라 추상적인 생각을 하고 혁신적인 아이디어를 개발하는 역량도 촉진된 것이다.

다른 사람의 생각을 읽고 자신의 생각을 글로 적는 법을 학습한 모든 아이는 예전에는 상상조차 못 했던 문자 언어와 새로운 사고 사이의 순환적, 발아적 관계를 반복하게 된다. 이런 식의 생성적 관계가 고대 이집트인들의 사후세계에 대한 지침서에서부터 바빌로니아인의 《염세주의에 관한 대화》와 플라톤의 《대화편》에 이르기까지 고대 문학사에서 찬란한 빛을 발하고 있다. 문학사에서 문자와 사고 간의 창조적 상호관계를 가장 잘 보여주는 사례 중 하나가 그리스어 알파벳이라는 사실에는 논란의 여지가 없다.

인지적 관점에서 오직 알파벳만이 혁신적 사고에 공헌한 것은 아니다. 알파벳과 음절문자 체계로 인해 효율이 증가하면서 보다 많은 사람들이 혁신적 사고를 하게 되었다. 혁신적 사고의 시기도 초보 독서가의 발달상에서 보다 빠른 시기로 앞당겨졌다. 인간의 지성사에서 혁명적인 사건은 바로 이것이며, 이는 곧 독서하는 아이의 뇌가 민주화되는 시발점이다. 시각을 그렇게 확장해보면 문자 기록을 남긴 과거의 역사 전체를 통틀어 그리스어 알파벳이 보급된 시기에 문학, 예술, 철학, 연극, 과학이 가장 심오하고 왕성하게 꽃피었다는 사실은 놀라운 일이 아니다.

세 번째 주장, 알파벳이 언어 인지 능력을 강화해 독서를 촉진한다.

그리스어 알파벳은 인간의 언어와 고도로 복잡하고 세련된 언어학적 통찰을 결합했다는 점에서 이전에 존재했던 문자 체계와 획기적으로 다르다. 고대 그리스인들은 구술 언어의 음성 연속체를 분석해 체계적인 개별 음성으로 분절할 수 있다는 사실을 알고 있었다. 이는 시대와 상관없이 누구나 인지할 수 있는 자명한 사실이 아니다. 열성적인 구전 문화 옹호자였던 고대 그리스인들이었기에 말소리의 기저 구조와 구성요소를 스스로의 힘으로 발견한 것이라고 해야 마땅하다.

고대 그리스인들의 말소리 분석에 개입된 놀라운 기술을 이해하려면 미국 국방부에 잠시 들어갔다 나오면 된다! 현대의 말소리 지각의 역사는 제2차 세계대전 중에 시작되었다. 당시는 극단적인 악조건하에서의 통신이 매우 중요한 시기였던 만큼 말소리의 구성요소를 연구하는 데 많은 노력을 기울였다. 고급 군사 기밀로 분류된 이 연구에서 벨 연구소의 과학자들은 이른바 '음성 신호'를 분석하는 기계를 만들고 궁극적으로는 인간의 말소리를 합성하고자 했다. 폭격이 쏟아지는 전쟁터의 참호 속에서 작전 지시를 들을 수 있는 장교 한 사람의 능력에 전쟁의 성패가 달려 있었기에 그런 정보는 국가 안보에 절대적으로 중요한 것이었다. 벨 연구소의 과학자들은 스펙트로그래프spectrograph라는 기구를 현대식으로 개조해 발화에 포함되어 있는 음향 주파수의 분포, 신호의 각 부분에 필요한 길이 또는 시간, 해당 신호의 진폭 등 몇 가지 필수적인 구성요소가 만들어내는 시각적 형태를 관찰했다. 모든 언어의 음성은 이 세 가지 구성요소로 이루어진 각각의 고유한 서명을 가지고 있다.

인간의 말소리에 들어 있는 여러 측면의 음향적 속성을 '눈으로 볼 수 있게' 되자 현대 학자들은 말소리의 대단히 복잡한 속성들을 훨씬 분명하게 이해했다. 작은 예로 음성학자 그레이스 예니-콤샤이안Grace Yeni-Komshian의 연구에 의하면 사람은 단어의 첫머리나 끝에 음향 단서 없이 분당 연속 125단어에서 180단어의 속도로 말을 한다고 한다(전혀 모르는 외국어 말소리를 듣는다고 생각해보라. 연속적이며 이해할 수 없는 음성이 나열되는 것처럼 들릴 것이다).[43] 언어를 막론하고 우리는 말의 의미, 문법적 역할, 형태론적 단위와 리듬, 강세, 억양이 제공하는 단서에 의거해 말소리의 단위를 분절할 수 있다. 하지만 단어의 첫 번째 음성(단어의 두음)이 어디에서 끝나고 두 번째 음성이 어디에서 시작하는지 아는 데는 그런 정보가 별로 도움이 되지 않는다. 모든 음성은 동시 조음되면서 연결되기 때문이다.[44] 한 음소는 다음에 나올 음소와 부분적으로 중첩되면서 조음을 미리 지시하는 식으로 '서로서로 겹쳐져 배열된다'. 예니-콤샤이안은 "말소리 지각을 연구하는 학자의 가장 큰 과제 중 하나는 복잡한 음성 신호에서 개별 음성이 분리(분절)되는 방법과 그들을 제대로 식별하는 방법을 판단하는 것"이라고 밝힌 바 있다.[45]

알파벳을 발명한 고대 그리스인이 한 일이 바로 이것이다. 우선 교과서적으로 말해 그들은 페니키아어의 음성과 문자 간 대응 관계, 페니키아어에 들어 있는 음소 각각을 체계적으로 분석했다. 그리스어의 말소리에 대해서도 동일한 분석 작업을 했다. 그런 다음 재활용된 페니키아 문자의 자소*를 근간으로 그리스어에 존재하는 모든 음소를 그리스어 문자에 대응시켰다. 이 과정에서 모음 음성을 나타내는 새로운 문자를 만들어냈다. 예를 들어, 모음 'a'에 해당하는 그리스어의 알파는 '황소'를 의미하는 페니키아어 단어 '알레프'에서 나왔다.[46]

그런데 언어학적으로 놀라운 혁신이 하나 있다. 바로 그리스어로 글을 쓰는 사람들이 해당 지역에서 쓰는 방언의 언어학적 특성을 더 정확히 표현하기 위해 일부 상징을 마음대로 변형해

---

* 한 언어의 문자 체계에서 문자를 이루는 가장 최소 단위를 뜻한다.(편집자주)

사용했다는 점이다. 그 때문에 고대 그리스의 도시국가에서 발견되는 문자들이 저마다 조금씩 다른 것으로 보인다.[47] 한 문자 체계의 글자를 지역 방언에 맞도록 변형한다는 것은 언어학적 실용주의와 음운론적 전문 지식이 독창적으로 발휘된 결과다.[48] 오늘날 언어의 최고 지성이라 일컬어지는 아카데미 프랑세즈 회원들조차 감히 생각해내지 못한 발상일 것이다. 세상에 존재하는 말소리의 어마어마한 복잡성을 충분히 알고 있는 사람만이 고대 그리스인들의 업적을 제대로 평가할 수 있다. 수메르인이 역사상 최초의 일반 언어학자라면 산스크리트 학자들은 최초의 문법학자이고 고대 그리스인은 최초의 음성학자인 셈이다.

그리스어 알파벳의 창제자들이 이룩한 위대한 대발견, 다시 말해 말소리에 대한 의식적, 체계적 분석은 독서를 배우는 아이들이라면 누구나 생활 속에서 무의식적으로 하는 일이다. 고대 그리스의 아이들에게는 자소와 음소가 거의 완벽한 규칙으로 대응되는 거의 완벽한 알파벳이 주어졌다. 그 결과 그 아이들은 수메르나 아카드 또는 이집트의 아이들보다 훨씬 빨리 유창한 문해능력을 습득할 수 있었다. 이 책의 범위를 벗어난 이야기지만, 고대 그리스의 아이들이 남보다 빨리 유창한 언어 능력을 발달시켰기 때문에 사고가 확장되어 위대한 그리스 고전 문화가 탄생한게 아닐까 하는 생각이 든다.

물론 이 질문의 답은 알 수 없다. 그리고 질문과 관련된 놀라운 아이러니가 하나 있다. 고대 그리스인들이 수백 년 동안 그리스어 알파벳 교육에 대해 매우 모호한 입장을 보였다는 사실이다. 혁명적인 그리스어 문자가 만들어진 직후 그리스인들이 보인 반응은 한마디로 '꽝'이었다. 그 상태가 400년간 지속되었던 것으로 보인다. 이집트인이나 아카드인과 달리 교양 있는 그리스인들은 기존에 가지고 있던 고도로 발달한 구어 문화가 문자 문화보다 훨씬 우월하다고 생각했다.[49]

소크라테스는 구어 문화의 가장 열렬한 옹호자이자 문자 문화에 반대하며 가장 격렬하게 의문을 제기한 대표적인 인물이다. 그리스어 알파벳을 쉽사리 용납하지 못한 그리스인들의 감정을 서둘러 덮어버리기 전에 역사상 가장 뛰어나고 가장 혁신적인 사상가였던 인물이 도대체 왜 알파벳 사용을 폄하했는지 그 이유를 살펴볼 필요가 있다.

이제 우리는 고대 그리스 땅으로 들어가 구어적 전통 문화와 문자 언어의 사용 사이에서 벌어진 보이지 않는 전쟁을 참관하려고 한다. 문자를 읽는 능력에 반대하는 소크라테스의 놀라운 주장을 플라톤이 꼼꼼하게 받아 적었다는 사실 하나만으로도 오늘날 소크라테스의 주장에 한 번쯤 귀를 기울여볼 만한 가치가 있을지도 모른다.

소크라테스의 항변, 플라톤의 말없는 반항,
아리스토텔레스의 습관

소크라테스 자신은 저서를 남기지 않았다. 플라톤의 《파이드로스》에 따르면 책이 적극적이고 비판적인 이해 과정을 단락短絡시켜 '지혜에 대한 거짓 자만심'을 가진 제자를 만들어낼 것이라고 생각했기 때문이라고 한다.[50]
— 마사 누스바움

아리스토텔레스 대에 이르러 고대 그리스 세계가 구어 교육에서 독서의 습관으로 넘어갔다고 해도 과언이 아니다.[51]
— 프레드릭 케넌 경

수수한 옷을 입고 소박하게 살면서 스스로를 그리스라는 이름의 고귀하지만 나태한 말의 잔등을 '콕콕 찌르는 등에'라고 칭한 남자.[52] 퉁방울눈에 불룩 튀어나온 이마 등 독특한 외모를 지닌 그 남자는 안마당에서 제자들에 둘러싸인 채 시간 가는 줄 모르고 눈에 보이지 않는 아름다움, 지식, '내성內省하는 삶'의 깊은 중요성에 대해 심각한 대화를 나누었다. 그는 입만 열면 아테네의 젊은이들을 향해 자기 자신을 다 바쳐 평생 동안 '진실'을 성찰해야 한다며 눈부실 정도로 설득력 있는 훈계를 했다. 이 남자가 바로 그 유명한 철학자이자 스승 그리고 아테네의 시민이었던 소크라테스다.

나는 책 읽는 뇌의 역사에 대한 글을 쓰면서 2000년 이상의 시간차가 나는 그 옛날 소크라테스가 문자를 읽고 쓰는 능력에 반대하며 제기한 문제들이 21세기 초의 걱정거리와 거의 다를 바 없음을 깨닫고 깜짝 놀랐다. 구전 문화 대신 급속히 부상하던 문자 문화가 특히 젊은이들에게 제기하는 위험성에 대해 소크라테스가 걱정하던 내용이나 디지털 세계에 몰입해 있는 현재의 아이들을 보면서 내가 느끼는 근심이나 별반 다를 바 없음을 알게 된 것이다. 고대 그리스인들처럼 우리는 현재 매우 중요한 전환기에 놓여 있다. 다만 우리의 경우에는 문자 문화가 디지털과 비주얼 문화로 옮겨가고 있을 뿐이다.

나는 소크라테스와 플라톤이 제자들을 가르치던 기원전 5세기와 기원전 4세기를 일종의 창이라고 생각한다. 그 창을 통해 들여다보면 우리와 다르지만 우리 못지않게 비범한 또 하나의 문화가 주류적인 커뮤니케이션 방식에서 다른 새로운 방식으로 불확실하게 전환하는 양상을 관찰할 수 있다. 21세기의 구술 언어와 문자 언어의 위상을 점검하는 데 우리를 도와줄 사상가로 '등에' 소크라테스와 그 제자들보다 더 적합한 사람은 없다. 소크라테스는 통제되지 않은 문자 언어의 전파를 통렬히 비난했다. 플라톤은 이것도 아니고 저것도 아닌 애매모호한 입장이었지만 문자 언어를 사용해 역사상 가장 중요한 가치가 있는 구술 대화를 기록했다. 그리고 세 사람 중 연배가 가장 낮았던 아리스토텔레스는 이미 '독서 습관'에 몰입해 있었다.[53] 세 사람은 세계에서 가장 유명한 철학의 명가를 이뤄냈다. 소크라테스는 플라톤의 스승이었고 플라톤은 아리스토텔레스의 스승이었다. 잘 알려진 사실은 아니지만, 소크라테스의 이력에 대한 플라톤의 기록이 사실이라면 소크라테스의 스승은 대화를 통해 제자들을 가르쳤던 디오티마 Diotima라는 만티네이아 출신의 여성 철학자였다.

플라톤에 의해 후대에 길이 전해진 소크라테스와 제자들의 대화는 소크라테스가 모든 아테네 시민들이 성숙한 인간이 되기 위해서 실천해야 한다고 믿었던 것들이었다. 이 대화를 통해 모든 제자들은 오로지 검토된 말과 분석된 생각만이 진정한 덕에 이르는 길이며 진정한 덕을 통해서만 사회 정의가 실현되고 개인이 신에게 도달할 수 있다고 배웠다. 다시 말해 개인 차원과 사회 차원의 덕이 모두 기존 지식을 속속들이 검토하고 그것의 지고한 원리를 내면화하는 데 달려 있다는 뜻이었다.

이렇듯 격렬한 학습 방법은 기존 그리스의 전통과 근본적으로 다른 것이었다.[54] 본래 그리스 전통에서 개인은 호메로스의 서사시에 예시로 등장한 이후 전승된 집단적 지혜를 그대로 답습하는 존재였다. 소크라테스는 구술 언어를 통해 전달되는 단어와 개념에 의문을 제기하며 그 아래 숨겨진 믿음과 전제를 꿰뚫어 볼 수 있어야 한다고 제자들에게 가르쳤다. 소크라테스는 호메로스의 시 구절, 정치적 주제, 단어 하나에 이르기까지 모든 것을 의문에 부쳐 근본적인 사고의 본질을 명확하게 이해하라고 요구했다. 최종 목표는 항상 그것이 어떻게 해서 가장 심오한 사회적 가치를 반영하는지(또는 반영하지 못하는지) 이해하는 것이었으며 대화를 통한 질문과 대답이 가르침의 수단이었다.

소크라테스는 그러한 가르침을 통해 아테네 젊은이들을 타락시킨다는 죄목으로 재판에 회부되었다. 500명의 아테네 시민들이 그를 사형에 처해야 한다고 판결했다. 일부는 그가 신을 믿지 않는다고 비난했다. 소크라테스가 보기에 그런 모든 주장은 국가를 위태롭게 만든다고 여겨지던 우정의 관계를 지속한 것에 대해 벌을 내리고, 용인되어온 기존의 지식에 의문을 던지는 그의 입에 재갈을 물리려는 정치적 음모를 그럴듯하게 위장한 것이었다. 극약을 마셔야 했던 그의 최후보다 궁극적으로 훨씬 더 중요한 것은 '가능한 지적 능력을 총동원하여' 행동과 말과 생각을 검토한다는 가르침, 그리고 그것을 몸소 실천해 보여준 소크라테스의 삶이다.[55] 시간을 초월해 울려 퍼지는 그 가르침의 경종은 수세기가 흐른 오늘날까지도 우리 귀에 메아리치고 있다. 다음은 그가 법정에서 한 연설의 일부다.

내가 여러분에게 나 자신과 다른 이들을 검토하며 덕이나 그밖에 내가 말한 것들에 대해 일상적으로 토론하는 것이 인간에게 최고의 선이라고 말한들, 그리고 내가 여러분에게 검토되지 않는 삶은 인간에게 살 가치가 없는 것이라고 말한들 여러분은 오히려 내 말을 더욱더 믿지 않으려고만 할 것입니다. 그렇지만 그것이 사실입니다, 여러분. 나는 그렇게 주장하는 바입니다. 여러분을 설득하는 것이 이토록 쉽지 않지만 말입니다.[56]

문자 언어를 검토한 소크라테스는 언제 봐도 놀라운 입장을 취했다. 그는 문자화된 말이 사회에 심각한 위험을 제기한다고 강력하게 믿었다. 그의 세 가지 우려는 무장해제될 정도로 순진해 보일지도 모른다. 하지만 사실 그렇지 않다. 정보를 획득하는 새로운 방식으로 넘어가고 있는 우리가 당면한 지적 현실을 감안하건대 소크라테스가 반대한 내용의 본질이 무엇이었는지는 확실히 생각해볼 만한 가치가 있다. 첫째, 소크라테스는 개인의 지적 생활에서 구어와 문어가 하는 역할이 매우 다르다고 단정했다. 둘째, 기억과 지식을 내면화하는 데 문어가 요구하는 새로운 요건들이 훨씬 덜 강제적이라는 점에서 소크라테스는 그것이 결국 파국에 이를 것이라 보았다. 셋째, 구어는 사회의 도덕과 덕이 발전하는 데에 있어 독특한 역할을 하며 소크라테스는 그것을 열렬하게 옹호했다. 소크라테스는 문어가 구어에 비해 열등하다고 판단해 세 가지 논리를 내세웠으며 그가 이렇게 주장한 이유는 오늘날에 강력한 교훈을 시사해준다.

소크라테스의 반대 이유 1. 문자 언어는 되받아 말하지 못한다

말의 길, 말을 알고 사랑하는 길은 사물의 본질과 지식의 본질에 이르는 길과 같다.[57]

— 존 던

〈하버드 대학의 공부벌레들〉이라는 TV 시리즈에서 하버드 대학교 법학 교수인 찰스 킹스필드는 수업 시간마다 질문을 던져 어린 학생들을 공포에 떨게 만든다.[58] 그는 학생들이 판례에 대해 무슨 말을 하든 그 말의 정당성을 증명해보라고 요구한다. 킹스필드 교수는 첫 수업 시간에 이렇게 선언한다. "여기서는 소크라테스식 방법을 사용한다……. 대답하고 질문하고 대답하고. 내가 하는 질문을 통해 제군들은 스스로를 가르치는 방법을 배우게 될 것이다……. 질문의 답을 알고 있다고 생각될 때도 있을 것이다. 하지만 분명히 말하는데 그건 완전한 착각이다. 내 수업 시간에는 항상 다른 질문이 준비되어 있다. 이건 뇌수술이다. 내가 던지는 작은 질문들이 제군들의 뇌를 속속들이 검사할 것이다."

킹스필드 교수는 현대판 소크라테스식 교수법을 활용하며 아주 높은 수준의 독서하는 뇌를 가진 가상의 인물이다. 오늘날 교단에 선 많은 교사나 교수들이 이러한 증명할 수 있는 증거를 제시하는 기능을 활용해 학생들을 참여시키고 대화의 가설과 지식 기반을 분석하게 만든다. 그와 같은 교실의 풍경은 그 옛날 아테네의 안마당에서 이뤄졌던 비판적인 질문들을 새로운 형태로 재현한 것이다. 킹스필드 교수가 학생들에게 요구한 것은 법을 이해함으로써 사회 정의 수호에 도움이 될 판례를 알라는 것이다. 소크라테스가 제자들에게 기대했던 것은 덕에 도달하기 위해 말과 사물과 생각의 본질을 알라는 것이었다. '신의 친구라는 호칭'을 얻게 해주는 것이 바로 덕이기 때문이다.

소크라테스식 방법론의 기저에는 말에 대한 독특한 시각이 깔려 있다. 말은 잘만 유도하면 진리와 선과 덕을 추구하는 일에 얼마든지 연결할 수 있는 생생하게 살아 있는 대상이었다. 소크라테스는 문자 언어의 '죽은 담론'과 달리 구술 언어, 즉 '살아 있는 말'은 의미와 음성, 가락, 강세와 억양, 리듬으로 충만한 동적인 실체이며 검토와 대화를 통해 여러 개의 층을 하나하나 벗겨낼 수 있다고 생각했다.[59] 반면에 문어는 되받아 말하지 못한다. 소크라테스식 교육의 핵심인 문답식 대화 프로세스를 가로막는 요소는 바로 이런 문어의 불가변적 침묵이었다.

'살아 있는 말'과 대화의 가치에 소크라테스가 부여한 중요성을 발달 연구에 적용한 대표적 학자가 레프 비고츠키다. 비고츠키는 고전이라 할 수 있는 그의 저서 《사고와 언어》에서 말과 생각, 교사와 학생 사이의 강력한 생성적 관계를 설명했다.[60] 소크라테스와 마찬가지로 비고츠키도 말과 개념 간의 관계가 심화되어가는 아이의 발달 과정에서 사회적 상호작용이 중추적인 역할을 한다고 생각했다.

하지만 비고츠키와 현대 언어학자들의 경우 문자 언어에 대한 소크라테스의 편협한 시각과는 입장이 다르다. 비고츠키는 짧은 일생 동안 행한 관찰을 바탕으로 생각을 글로 옮기는 프로세스를 통해 그 생각이 다듬어지고 새로운 사고방식을 발견하게 된다는 사실을 밝혀냈다. 그런 의미에서 글을 쓰는 행위는 《파이드로스》에 묘사된 소크라테스의 대화법을 한 사람의 내면에서 재연할 수 있는 방법이다. 다시 말해 글을 쓰는 동안 생각을 문자 언어로 보다 정확하게 포착하려고 노력하는 가운데 내면에서의 대화가 이루어진다. 생각을 글로 표현하려고 고심해본 사람이라면 누구나 글을 쓰는 동안 생각의 형태가 바뀌는 것을 경험한다. 따라서 비고츠키가 밝혀낸 사실을 이미 생생하게 알고 있다. 소크라테스 시대는 글쓰기가 시작된 지 얼마 되지 않은 때였으므로 그는 그러한 내면적 대화의 역량을 경험하지 못했을 것이다. 소크라테스가 한 세대만 더 늦게 태어났더라면 문자에 대해 보다 관대한 시각을 가질 수 있었을 것이다.

그로부터 수백 세대가 지난 오늘날 나는 21세기의 양방향 커뮤니케이션이 가진 대화 역량에 대해 소크라테스가 과연 뭐라고 말했을지 궁금하다. 아이들이 서로 문자 메시지를 보내고, 우리가 이메일을 주고받고, 기계가 말을 하고 글을 읽고 여러 언어로 번역까지 해주는 지금 '말대답'할 수 있는 능력은 다양한 방식으로 존재한다. 그러한 능력이 진정으로 비판적인 사고를 충분히 반영한 형태로 발전하느냐 마느냐는 소크라테스와 우리 자신에게 실로 중요한 문제다.

소크라테스가 더 신경 쓴 민감한 문제는 문자 언어가 곧 실재로 오해될 수 있다는 점이었다. 겉으로 보이는 불투과적인 모습이 본질적으로는 착각에 가까운 문자 언어의 특성을 위장할 수 있기 때문이다. 사물의 실재에 가까이 다가감에 따라 실제로는 이제 겨우 이해하기 시작한 것에 불과한데 '똑똑한 것처럼……

보인다'는 이유로 마치 모든 것을 다 아는 듯 피상적이고 거짓된 느낌으로 사람들을 착각에 빠지게 만드는 것, 소크라테스가 우려한 것은 바로 그런 것이었다.[61] 그렇게 되면 공허한 자만심만 낳게 되어 결국 그 어디에도 이르지 못하고 아무런 공헌도 할 수 없게 된다.

이러한 우려 속에서 소크라테스와 킹스필드 교수는 수천 명의 교사나 부모들과 같은 입장에 서 있는 셈이다. 그 교사나 부모들은 오늘날 기나긴 시간을 컴퓨터 스크린 앞에 앉아 이해하지도 못하는 온갖 종류의 정보를 그야말로 빨아들이기만 하는 아이들을 바라보며 걱정하고 있다. 그러한 부분적 지식은 소크라테스에게 상상도 할 수 없는 일이었다. 그에게는 진정한 지식, 지혜, 덕만이 가치 있는 교육의 유일한 목표였기 때문이다.

소크라테스의 반대 이유 2. 기억을 파괴한다

지금의 과테말라에서…… 마야인들은 외부 세계 사람들이 사물을 기억하기 위해서가 아니라 기억하지 않기 위해서 메모를 한다는 사실을 깨달았다.[62]
— 니콜라스 오슬러

인간이 그것을 배우게 되면 그들의 영혼 속에 망각이 이식될 것이다. 글로 쓰인 것에 의존해서 기억을 더 이상 사용하지 않을 것이고 자기 내부에 있는 것이 아니라 외적인 표지를 이용해 사물을 기억 속에 불러들일 것이다. 당신이 발견한 것은 기억이 아니라 상기의 비결이다.[63]
— 《파이드로스》

소크라테스가 보기에 교육과 철학에 사용되는 다양한 방법, 실재를 묘사하는 능력, 사고와 덕을 정제하는 역량 등에서 구어와 문어 사이에는 도저히 뛰어넘을 수 없는 차이가 있었다. 하지만 문자를 쓰고 읽는 능력이 기억과 개인적인 지식의 내면화에 초래할 수 있는 변화에 대해 소크라테스가 우려하던 것에 비하면 그것은 사실 대수롭지 않다. 소크라테스는 문자를 쓰고 읽는 능력으로 인해 개인의 기억력에 가해지던 부담이 줄어들고 그럼으로써 문화적 기억이 크게 증가할 수 있다는 사실을 알고 있었다. 하지만 그런 식의 타협적인 거래가 초래하는 결과가 바람직하지 않다고 생각했다.

그리스의 교양 있는 젊은 시민들은 기억에 의지한 채 구전을 통해 전해 내려온 막대한 양의 자료를 검토함으로써 사회에 현존하는 문화적 유산을 보전했고 동시에 개인적 지식과 사회적 지식을 늘려나갔다. 소크라테스를 재판한 재판관들과 달리 소크라테스가 전반적인 사회 시스템을 존중한 이유는 전통을 수호하기 위해서가 아니라 열심히 암기하는 프로세스만으로도 충분히 엄밀한 개인적 지식 기반을 형성할 수 있으며 그렇게 쌓은 지식 기반은 스승과의 대화를 통해 정제될 수 있다고 믿었기 때문이다. 소크라테스는 언어와 기억과 지식이 상호 연계되는 거시적인 관점에서 문자 언어가 기억의 '비결'이 아니라 오히려 그것을 파괴할 수 있는 잠재적인 요인이라고 결론 내렸다. 문자를 사용하면 문화적 기억을 보전하는 데 확실히 더 유리하지만 그보다는 개인의 기억 그리고 지식의 검토와 구현에서 그 개인의 기억이 하는 역할을 지키는 것이 더 중요했던 것이다.

많은 사람들은 유치원에서부터 대학원에 이르기까지 암기를 교육의 필수 요소로 당연하게 받아들인다. 하지만 고대 그리스인들에 비해, 심지어 우리의 할머니 할아버지에 비해서도 우리는 글을 거의 혹은 전혀 암기하지 않는다. 나는 매년 학부 과정에 입학하는 학생들에게 몇 편의 시를 암송할 수 있냐고 물어본다. 10년 전 학생들은 다섯 편 내지 열 편 정도의 시를 암기하고 있었다. 요즘 학생들은 한 편에서 세 편 정도다. 이런 사소한 예만 보더라도 그 옛날 소크라테스가 했던 선택의 현명함에 다시금 경탄하지 않을 수 없다. 시구절이든 구구단이든 앞으로의 세대들은 지금보다 더 암기를 하지 않을 텐데 그럼 과연 어떻게 될까? 전기가 나가거나 컴퓨터가 고장 나거나 복잡한 기계 시스템에 이상이라도 생기는 날이면 그 아이들에게 무슨 일이 일어날까? 고대 그리스 아이들과 오늘날 아이들의 뇌에서 언어와 장기 기억을 연결하는 경로의 차이는 무엇일까?

86세의 유대인인 내 시어머니 로테 노암의 이야기를 들으면 미래 세대들은 꽤나 어리둥절해할 것이다. 그녀는 어떤 상황이 닥치든 거기에 딱 어울리는 릴케의 3연시나 괴테의 글귀 혹은 외설스럽고 유머러스한 풍자시를 읊어서 손자들을 무한히 즐겁게 만들어준다. 언젠가 부러운 마음에 그렇게 많은 시와 농담을 어떻게 다 외우고 있느냐고 물어봤다. 시어머니는 그저 이렇게 대답했다.

"혹시 강제수용소에 끌려가더라도 남이 빼앗아갈 수 없는 무언가를 간직하고 싶었지."

이 말은 우리 삶에서 기억이 차지하는 자리를 보여주는 동시에 세대가 거듭되어 그 능력이 점차 감퇴할 경우 궁극적으로 과연 어떤 일이 일어날지 잠시 생각해보게 한다.

개인적인 기억을 잃는 것에 대해 소크라테스가 어떤 반응을 보였는지를 생생하게 보여주는 사례가 하나 있다. 젊은 파이드로스가 리시아스 옆에서 역사상 최초의 커닝 페이퍼라고 할 만한 것을 이용해 웅변문을 낭송하는 것을 소크라테스가 적발했다. 파이드로스는 기억이 나지 않을 때 쓰려고 웅변 내용을 적어 튜닉 안에 숨기고 있었던 것이다. 제자가 한 일을 눈치챈 소크라테스는 문자 언어의 본질과 딱하게도 그것이 배움에 아무 도움을 주지 못하는 것을 통렬하게 비판하기 시작했다. 그는 글을 겉모양만 그럴듯하게 보이는 아름다운 그림에 비유했다.

"하지만 그들에게 질문을 해보면 당당하게 침묵만 지키고 있을 뿐이지. 문자 언어도 마찬가지라네. 지식을 가지고 있는 듯 자네에게 말을 거는 것처럼 보이지. 하지만 배움에 대한 열망으로 그들이 하는 말에 대해 질문을 던지면 그들은 똑같은 이야기만 끝없이 반복할 뿐이라네."

파이드로스만 참으로 딱하게 된 것이다. 사실 소크라테스를 분노하게 만든 것은 파이드로스뿐만이 아니었기 때문이다. 《프로타고라스》에서 소크라테스는 '질문에 답을 하지 못하는 것은 물론 이거니와 질문조차 하지 못하는 파피루스 뭉치처럼' 사고하는 이들을 무자비하게 비난한 적도 있다.[64]

소크라테스의 반대 이유 3. 언어에 대한 통제력이 상실된다

따지고 보면 소크라테스는 독서를 겁내지 않았다. 그가 두려워한 것은 지식의 과잉과 그로 인한 결과, 즉 피상적인 이해였다. 스승의 지도를 받지 못한 독서란 지식에 대한 통제력의 상실이었다. 그 상실은 눈에 보이지 않지만 돌이킬 수 없는 것이었다. 소크라테스는 이렇게 말했다.

"무엇이든 문자로 기록되면 그 내용과는 상관없이 여기저기 떠돌아다니게 되고 내용을 이해하는 사람은 물론 그와 아무 관계도 없는 사람들의 손에까지 들어간다. 글은 적절한 사람에게 말을 걸고 그렇지 않은 사람 앞에서는 침묵하는 법을 모르기 때문이다. 그래서 잘못 취급되고 부당하게 남용될 경우 자기 방어를 하거나 스스로를 도울 능력이 없기 때문에 언제나 그 부모가 나서서 도와줄 수밖에 없다."[65]

소크라테스 특유의 유머 감각과 반어법이 곁들여진 이 말 속에는 문해 능력이 스승이나 사회의 적절한 지도를 받지 못할 경우 지식에 대한 접근 자체가 위험해질 수도 있다는 깊은 두려움이 깔려 있다.[66] 소크라테스에게 독서는 새로운 판도라의 상자였다. 문자 언어를 한번 풀어놓으면 거기에 어떤 내용이 들어 있고 누가 그것을 읽었고 독자들이 그것을 어떻게 해석했는지 전혀 알 수가 없다.

지식으로의 접근은 선악과에서부터 구글에 이르기까지 인류의 역사 전체를 관통해 흐르는 문제다. 오늘날에도 누구나 '지도를 받지 않는 상태로' 언제 어디서든 컴퓨터 모니터 앞에 앉아 아주 빠른 시간 내에 무슨 지식이든 습득할 수 있는 역량을 갖추게 된 것에 대해 소크라테스적 근심이 폭증하고 있다. 즉시성과 무제한적인 정보, 거기다가 가상현실까지 결합되면 소크라테스, 플라톤, 아리스토텔레스가 숭배하던 부류의 지식과 덕에 유례없이 강력한 위협이 가해지는 건 아닐까? 현대의 호기심은 스크린에 떠 있는 완벽해 보이지만 대부분 피상적일 뿐인 정보의 물결에 의해 충분히 충족될 수 있을까? 오히려 심층적인 지식을 갈구하는 욕망을 더 부채질하게 되는 건 아닐까? 지속적 부분 주의와 멀티태스킹을 특징으로 한 학습을 통해 과연 말과 생각과 실재와 덕에 대한 심층적인 사유가 꽃필 수 있을까? 끊임없이 움직이는 화면 위에서 30초 단위로 끊기면서 그토록 많은 양의 학습이 이루어질 경우 말과 사물과 개념의 본질이 중요성을 유지할 수 있을까? 점점 더 생생해지는 세상의 이미지에 익숙해진 아이들은 상상력이 부족해지지 않을까? 사진, 영화, 비디오, TV '리얼리티 쇼'를 통해 시각적으로 생생하게 묘사된 사물을 보면 그것의 진실이나 현실을 이해했다고 생각할 가능성이 훨씬 커지는 것일까? 소크라테스식 대화의 영화 버전 또는 위키피디아나 유튜브의 동영상 클립에 소크라테스가 소개된 것을 보면 정작 소크라테스 본인은 뭐라고 말할까?

난 일상생활에서 두 아들이 인터넷을 활용해 숙제를 마친 후 "전부 다 알았어요"라고 말하는 것을 보곤 한다. 그러면 정보를 추구하는 우리 문화에 대해 소크라테스적인 시각이 내 머리를 떠나지 않는다. 그런 아이들의 모습을 관찰하는 내내 나는 오래전 소크라테스가 벌인 덧없는 투쟁에 연대 의식을 느끼며 마음이 심란해진다. 2500년 전 소크라테스가 걱정했던 대로 우리는 다음 세대가 무엇을, 어떻게, 얼마나 깊이 있게 배우느냐에 대한 통제력을 이미 잃어버렸다는 생각이 자꾸만 든다. 소크라테스가 반대한 이유를 플라톤이 기록해 남긴 사실을 비롯해 거기서 얻는 것도 분명히 있겠지만 말이다.

결과적으로 소크라테스는 문자를 읽고 쓰는 능력의 보급에 맞서 싸우는 투쟁에서 패배했다. 그 이유는 다음과 같다. 첫째, 소크라테스는 문자 언어의 능력을 전부 다 보지 못했다. 둘째, 이렇듯 새로운 형태의 커뮤니케이션과 지식은 돌이킬 수 없는 물결이다. 점점 더 복잡해지는 테크놀로지의 채택을 우리가 막을 수 없듯이 소크라테스도 독서의 보급을 가로막을 수 없었다. 인간은 누구나 지식을 추구하기 때문에 현재의 상황은 필연적인 것이다. 하지만 뇌와 씨름하며 뇌와 독서의 역동적 관계를 이해하고자 하는 과정에서 소크라테스의 반대 논리에 대해 생각해보는 것은 중요한 일이다. 소크라테스의 적은 사실 문자로 기록된 글이 아니었으며 플라톤은 그 사실을 알고 있었다. 소크라테스가 맞서 싸운 상대는 우리 언어가 가진 변화무쌍한 역량을 검토하지 못하고 그것을 '지적 능력을 총동원하여' 풍부하게 사용하지 못하는 것이었다.[67]

그런 점에서 당시만 해도 소크라테스는 외롭지 않았다. 전 세계적으로 볼 때 기원전 5세기 인도의 산스크리트 학자들도 문어의 가치를 부정하고 구어를 지적, 영적 성장에 필요한 진정한 매개 수단으로 받들었다. 이 학자들은 문자 언어가 그들 필생의 업적인 언어 분석을 줄이고 누락시킬 수 있다고 생각해 문자 언어에 대한 의존을 불신하고 비난했다.

이제 '인류라는 종의 최연소 구성원들'의 언어와 독서 발달의 문제로 넘어가면서 나는 소크라테스의 우려가 현재 우리가 당면한 그리스식 비극과 같은 상황에 도움이 되기를 바란다.[68] 아이들의 언어 발달과 지식과 덕의 추구가 새로운 세대와 그 이후 세대에까지 생생하게 살아 움직일 수 있는 방법을 검토할 수 있도록 격려해주기 바란다.

자연의 선물로 받은 것이 아니라 인간이 영혼을 바쳐
창조한 여러 세계 가운데 가장 위대한 것은 책의 세계다.
아이는 누구나 난생처음 석판에 글자를 끼적거리고
처음 글을 읽으려고 애쓰면서 아주 복잡한 인공적 세계 안에
발을 들여놓는다. 그 세계의 법과 규칙을 깨우쳐 완벽하게
수행하는 데는 일생을 다 바쳐도 모자랄 정도다.
말이 없고 글이 없고 책이 없다면 역사는 존재하지
않을 것이고 인류라는 개념조차 없을 것이다.

• 헤르만 헤세

2부

뇌가 독서를
배우는 방법

4장

독서 발달, 제대로 시작되려면

~

첫 번째 아기가 처음으로 웃음을 터뜨렸을 때
그 웃음이 1000개의 조각으로 부서져 요정들이 탄생했다.[1]
— J. M. 배리, 《피터 팬》

내가 보기에 모든 아이는 두 살 때부터 잠시 동안 언어의 천재가 되는 것 같다.
그러고 나서 다섯 살 혹은 여섯 살부터 그 재능의 빛이 바래기 시작한다.
여덟 살 아이는 말에 대한 창의력이 더 이상 필요 없는 듯 흔적조차 남아 있지 않다.[2]
— 코르네이 추콥스키

이런 장면을 상상해보라. 한 어린아이가 사랑을 듬뿍 주는 어른의 무릎에 앉아 시냇물처럼 유장하게 흐르는 언어를 듣고 있다. 그 언어는 일찍이 상상하지 못했던 먼 나라에 사는 요정과 공룡과 거인에 대한 이야기를 들려준다. 아이의 뇌는 생각보다 훨씬 빨리 독서를 준비한다. 유아 시절에 알게 된 감각, 개념, 언어 등 거의 모든 종류의 원재료를 동원해 사용한다. 뇌의 보편적 독서 시스템을 형성할 주요 구조들의 사용 방법을 배우는 것이다. 아이는 그 과정에서 얻어진 많은 통찰을 인류가 2000년의 역사를 통해 혁신에 혁신을 거듭하며 습득한 문자 언어 속에 통합한다.

사랑을 주는 어른의 안락한 무릎 위에 앉아 한쪽 팔에 안긴 상태에서 그 모든 과정이 시작되는 것이다.

수십 년 동안의 연구 결과에 따르면 부모나 다른 어른이 책 읽어주는 소리를 들으며 보낸 시간의 양은 몇 년 후 그 아이가 성취할 독서 수준을 예견하는 좋은 척도가 된다.[3] 그 이유는 무엇일까? 방금 묘사한 장면을 다시 한번 곰곰이 생각해보자. 무릎에 앉은 아이는 형형색색의 그림을 들여다보고 옛날이야기와 현대의 동화를 듣는 동안 서서히 종이 위에 있는 것이 글자이고 글자가 모여 단어가 되고 단어가 모여 이야기가 되며 그 이야기는 몇 번이고 반복해 읽을 수 있다는 사실을 배운다. 이 장면 속에는 아이의 독서 발달에 결정적인 역할을 하는 전조가 대부분 다 들어 있다.

아이의 초창기 독서 학습은 마법 같은 동화가 될 수도 있고 얼마든지 피할 수 있는 불운과 상실의 스토리가 될 수도 있다.[4] 두 개의 시나리오는 곧 두 종류의 상반된 유년기를 의미한다. 첫 번째 이야기는 기대하는 바가 전부 실현되는 유년기이고 두 번째 이야기는 동화를 듣지 못하고 언어를 학습하지 못해 독서가 미처 시작되기도 전에 멀리 뒤처져버리는 아이의 상황이다.

이상적인 독서 발달

미숙아들을 다루어보면 접촉이 아기들의 발달에 매우 중요하다는 사실을 확실하게 알 수 있다.[5] 이상적인 독서 발달에도 비슷한 원리가 적용된다. 갓난아기는 돌봐주는 사람의 무릎에 앉는 순간 독서라는 행위와 사랑받고 있다는 느낌을 합칠 수 있게 된다. 톰 셀렉이 주연한 영화 〈뉴욕 세 남자와 아기〉를 보면 그가 아기를 돌보며 개 경주 결과를 읽어주는 우스꽝스럽고 사랑스러운 장면이 나온다.[6] 그것을 보고 모든 사람들이 아기를 타락시킨다고 소리를 지른다. 하지만 천만의 말씀. 물론 8개월 된 아기에게는 그림책이 더 좋겠지만 경마 결과, 주식 가격, 도스토옙스키의 소설, 무엇이든 얼마든지 읽어줄 수 있다.

마거릿 와이즈 브라운의 《잘 자요, 달님》에 상상력을 사로잡힌 수백만 아이들이 매일 밤 부모에게 그 동화책을 읽어달라고 조르는 이유가 과연 무엇일까?[7] 나이트 램프, 털장갑, 옥수수 죽, 흔들의자 등 유년의 세계에 속한 사랑스러운 물건들의 그림이 매력을 발휘하기 때문일까? 책장마다 여기저기 다른 곳에 숨어 있는 꼬마 생쥐를 찾아내면서 아이들이 느끼는 발견의 기쁨 때문일까? 마지막 장으로 다가갈수록 점점 나지막하게 부드러워지는 책 읽어주는 이의 목소리 때문일까?

이 모든 이유가 일부 학자들이 발생적 문해력 또는 초기 문해 능력이라 일컫는 긴 프로세스의 출발점이 되기에 이상적이다.[8] 문자 언어를 듣는 것과 사랑받는 느낌이 합쳐지면서 기나긴 학습 과정이 진행될 수 있는 최고의 토대가 마련되기 때문이다. 인지과학자나 교육학 박사라도 그보다 나은 환경은 조성해줄 수 없다.

가장 풍요로운 시기

프로세스의 다음 단계에서는 그림에 대한 이해가 커진다. 몇 권의 책이 너덜너덜해지고 아이가 삽화의 시각적 이미지를 인지할 수 있게 된다. 이러한 발달의 기초가 되는 것은 생후 6개월이 되면 완벽한 기능이 갖추어지는 시각 체계, 발달이 끝나려면 아직 오랜 시간이 더 필요한 주의 체계, 하루가 다르게 껑충껑충 자라나는 개념 체계다. 늘어나는 월령에 따라 주의 집중 능력이 늘어나면서 친숙한 시각적 이미지에 대한 유아의 지식과 새로운 것에 대한 호기심도 함께 증가한다.

아이들의 지각과 주의력이 커가면서 독서의 가장 중요한 전조인 유년기 언어 발달에 관여한다. 더불어 조랑말이나 강아지가 이름을 가지고 있다는 중추적인 통찰이 가능해진다. 헬렌 켈러가 난생처음 물을 만지면서 그것에 이름이 있다는 사실, 즉 수화를 통해 모든 사람과 의사소통할 수 있는 이름표를 가지고 있다는 사실을 깨달았던 것과 비슷한 경험을 세상의 모든 아이가 하게 된다. 고대의 《리그베다》 작가들도 이를 깨닫고 "현자께서 언어의 제1원리인 이름 붙이기를 확립하셨다"라고 말했다.[9]

어른들은 세상을 바라보는 일상적인 시각에서 벗어나기 어렵기 때문에 세상 모든 것에 이름이 있다는 사실을 영유아들이 '알지' 못한다는 점을 잘 깨닫지 못한다. 아이들은 아주 천천히 주변 세상에서 두드러져 보이는 부분들에 이름 붙이기를 배운다. 그것은 주로 그들을 돌봐주는 사람에서부터 시작된다. 모든 것에 이름이 있다는 사실을 깨닫는 것은 일반적으로 18개월 정도 되었을 때다. 이것은 아이가 두 살이 될 때까지 경험하는 경이로운 발견 가운데 그 중요성이 충분히 인식되지 않은 일이다. 이러한 깨달음이 특별한 이유는 그것이 두 개 이상의 체계를 결합해 새로운 것을 만들어내는 뇌의 능력에서 비롯되기 때문이다.

그런 깨달음을 얻는다는 것은 곧 아이의 뇌가 시각, 인지, 언어 체계에서 나온 정보를 결합하고 통합할 수 있다는 뜻이다. 진 버코 글리슨Jean Berko Gleason 같은 현대의 아동언어학자들은 사랑하는 사람, 고양이, 코끼리왕 바바 등 무엇이 되었든 간에 이름을 배울 때마다 발달 중인 구술 언어 체계와 개념 체계가 연결되기 시작하는 중요한 인지적 변화가 일어난다고 강조한다.[10]

이름 말하기가 시작되면서 책 내용이 하는 역할이 훨씬 커진다. 이제는 아이가 듣고 싶은 책을 선택할 수 있기 때문이다. 여기서 알아둬야 하는 아주 중요한 발달 역학이 있다. 많은 말을 듣고 자란 아이는 구술 언어에 대한 이해력이 높다. 어른들이 책을 많이 읽어준 아이는 주위 모든 언어에 대해 이해력이 높아지고 어휘력도 훨씬 발달한다.[11]

유아기는 구술 언어, 인지, 문자 언어가 서로 얽혀가는 가운데 언어 발달상 가장 풍요로운 시기가 된다. 하버드 대학교의 인지 과학자 수산 캐리Susan Carey는 아이들의 새로운 단어 학습 방법을 유머러스하게 '잽 매핑zap mapping'이라고 부른다.[12] 그녀는 2~5세의 아이들 대부분이 매일 2~4개의 새로운 단어를 배우며 유년기

동안 수천 개의 어휘를 배운다는 사실을 발견했다. 이것이 바로 러시아 학자 코르네이 추콥스키가 아이의 '언어적 천재성'이라고 부른 것의 원천적 재료가 된다.[13]

언어적 천재성은 구술 언어의 다양한 요소에서 비롯되며 그 모든 것이 나중에 문자 언어의 발달로 고스란히 이어진다. 음운론적 발달, 다시 말해 아이가 단어 안에 들어 있는 음소를 듣고 구별하고 분절하고 다루는 능력의 발달을 통해 단어는 음성으로 이루어져 있다는 중요한 통찰에 이르게 된다.[14] 예를 들어, 'cat'이라는 말에는 세 개의 변별적인 음성(/k/-/a/-/t/)이 들어 있음을 깨닫게 된다는 뜻이다. 의미론적 발달, 즉 아이의 어휘 발달은 단어의 의미에 대한 이해를 증가시킨다. 이것은 언어 발달의 엔진 점화 역할을 한다.[15]

통사론적 발달은 아이가 언어 안에 들어 있는 문법적 관계를 터득하고 사용할 수 있는 능력으로 점점 복잡해지는 책 속 언어의 문장을 이해할 수 있게 해준다.[16] 예를 들어, 단어의 순서가 의미에 영향을 주기 때문에 'The cat bit the mouse(고양이가 생쥐를 물었다)'라는 문장은 'The mouse bit the cat(생쥐가 고양이를 물었다)'이라는 문장과 의미가 다르다는 사실을 이해하는 것이 바로 통사론적 발달의 결과다.

형태론적 발달은 아이가 의미의 최소 단위('cats'라는 단어에서 's'는 복수의 의미이고 'walked'에서 'ed'는 과거 시제를 의미한다는 사실)를 알고 사용법을 깨우치는 것으로 문장과 이야기 속에 들어 있는 단어들의 종류와 문법적 용법을 이해하게 해준다.[17] 마지막으로 화용론(담화론)적 발달은 자연스러운 문맥 속에서 언어의 사회문화적 '규칙'을 인식하고 사용하게 되는 능력을 의미하며 책에 묘사된 수많은 상황에서 단어가 어떤 식으로 사용되는지 이해할 수 있는 토대를 만들어준다.[18] 아이가 단어를 이해하고 말과 글 안에서 다양한 용법을 배워나가는 데에는 이상의 구술 언어 발달의 각 측면이 대단히 중요한 기여를 한다.

타자를 이해하는 순간

이 모든 언어 능력의 발달은 아무것도 없는 상태에서 저절로 생기지 않는다. 모든 것은 기본적으로 뇌의 발달과 점차 성장하고 변화하는 아이의 개념적 지식에 기반을 둔다. 여기에 각 아이의 정서 발달과 타인에 대한 이해가 특별한 기여를 한다. 이 모든 요소는 아이가 처한 환경에 따라 후천적으로 습득되거나 등한시된다.

이러한 개념을 피부로 느끼려면 세 살 반짜리 여자아이와 그 아이의 '언어적 천재성'을 책 읽어주는 이의 무릎 위에 앉혀보면 된다. 이 아이는 특정한 이야기에 특정한 그림이 동반된다는 사실을 이미 알고 있다. 이야기 속 단어들을 통해 행복, 두려움, 슬픔과 같은 다양한 감정이 전달된다는 것도 알고 있다. 동화와 책을 통해 아이는 다양한 레퍼토리의 감정을 배우기 시작한다. 동화와 책은 아이가 혼자서 여러 가지 감정을 느껴볼 수 있는 안전한 장소다. 따라서 잠재적으로 아이의 발달에 강력히 기여한다. 바로 여기서 정서 발달과 독서의 상호적 관계가 작동하기 시작한다. 유아들은 독서에 노출됨으로써 새로운 느낌을 경험하고 그것을 통해 보다 복잡하고 섬세한 감정을 이해할 준비를 갖추는 것이다.

유년기의 이 시기에 인간의 학습 과정에서 가장 중요한 사회적, 정서적, 인지적 능력의 하나인 타인의 입장에 서는 능력의 토대가 형성된다. 3~5세의 유아들이 타인의 감정을 알기란 쉽지 않다. 20세기의 저명한 아동심리학자 장 피아제는 이 연령대의 아이들을 가리켜 '자기중심적'이라고 표현했다.[19] 지적 발달의 단계상 자신이 세상의 중심이고 세상이 자기 주위를 돈다고 생각하는 관점에서 벗어나지 못한다는 뜻이다. 타인의 생각(도덕심이 아니라)을 생각하는 능력은 서서히 발달하기 때문에 아이들은 다른 사람들의 느낌을 알 수 없다.[20]

아놀드 로벨의 시리즈 동화인 《개구리와 두꺼비는 친구》에서 한 가지 예를 찾아볼 수 있다.[21] 한 에피소드에서 개구리가 병이 나자 두꺼비가 아무런 사심 없이 오직 측은지심으로 개구리를 도와준다. 두꺼비는 매일같이 개구리에게 먹을 것을 가져다주면서 돌봐주었고 결국 개구리의 병이 나아 다시 함께 놀 수 있게 된다. 이 작은 이야기는 타인의 입장을 이해하는 것의 의미, 그것이 서로 도와가며 살아가는 것의 바탕이 될 수 있다는 작지만 심오한 교훈을 제공해준다.

다른 동물인 하마를 주인공으로 한 책에도 감정이입에 대해 비슷한 통찰을 전해주는 이야기가 있다. 제임스 마셜의 유명한 시리즈 동화《조지와 마사》에 등장하는 사랑스러운 하마들은 세상에 둘도 없는 친구다.[22] 각 에피소드에서 두 하마는 착한 행동하기, 친구 이해하기 등의 여러 교훈을 준다. 그중 인상적인 에피소드가 하나 있다. 하마 조지가 뒤뚱거리다가 발부리에 걸려 넘어지는 바람에 하마에게 아주 중요한 두 개의 앞니 중 하나가 부러진다. 새로 금니를 하고 나타난 조지는 걱정스럽게 다른 하마인 마사에게 그것을 보여준다. 마사는 친구에게 무슨 말을 해줘야 할지 정확하게 알고 있었다. "조지!" 마사가 탄성을 질렀다. "새 이빨이 너무너무 멋있고 품위 있어 보여!" 그 말을 들은 조지는 당연히 행복해한다.

이 이야기들은 어른이 읽어주는 동화나 책 내용을 들으면서 유아와 아이들이 경험하게 되는 생각과 감정을 잘 보여준다. 직접 열기구를 타고 하늘을 날거나 토끼와 경주를 하거나 시계가 자정을 알릴 때까지 왕자님과 춤을 출 수는 없지만 책 속의 이야기를 통해 그것이 어떤 느낌인지는 알 수 있다. 이 과정에서 우리는 우리 자신을 벗어던지고 밖으로 나와 '타자'를 이해하기 시작한다. 그 순간은 비록 짧지만 그 효과는 영원히 지속된다. 이것이 바로 마르셀 프루스트가 '문자 언어를 통한 커뮤니케이션의 심장부에 놓인 것'이라고 썼던 내용이다.

책의 언어가 아이들의 독서 발달에 주는 도움

동화를 들으면서 감정을 통해 다른 사람들과 연결되는 동시에 타인과 나를 구분 짓는 경계선이 있다는 점을 인지하기 시작할 무렵, 이번에는 보다 인지적인 차원의 통찰이 떠오른다. 이야기를 들을 때마다 책 속에는 마치 그림처럼 늘 똑같은 자리에 놓여 있는 길고 짧은 단어들이 가득하다는 사실이다. 이러한 점진적인 지적 발견을 시작으로 아이는 책에는 고유한 언어가 있다는 보다 넓고 암묵적인 발견에 도달하게 된다.

'책의 언어'라는 개념은 아이들에 의해 직접 표현되는 일이 거의 없는 개념이다. 우리들 대부분도 깊이 생각해보지 않는 문제다. 실제로 이 언어에는 약간 특별하고 중요한 몇 가지 관념적, 언어적 특징이 있으며 그것이 인지 발달에 무한히 큰 기여를 한다. 첫째, 가장 자명한 사실은 책에서 사용되는 특별한 어휘는 구어에서 볼 수 없다는 것이다.[23] 여러분이 좋아했던 옛날이야기나 다음과 같이 시작되는 동화를 떠올려보자.

옛날 옛적에 햇살이 한 번도 들이친 적 없는 어둡고 외로운 나라에 요정 같은 존재가 살고 있었어요. 그는 야윈 뺨과 밀랍 같은 안색을 가지고 있었죠. 그 피부에는 햇살조차 한 번도 닿은 적이 없었기 때문이에요. 골짜기 너머 태양이 온갖 꽃들과 즐겁게 어울려 노는 나라에는 장미 꽃잎을 닮은 두 뺨과 금빛 비단 같은 머리카락을 지닌 소녀가 살고 있었어요.

적어도 내가 아는 사람들 중에는 이런 식으로 말하는 사람이 아무도 없다. '옛날 옛적에'와 '요정 같은'이라는 말은 전형적인 구어체 담화에 속하지 않는다. 그렇지만 책의 언어에는 항상 등장하는 말로 아이들에게 어떤 부류의 이야기가 시작되고 앞으로 어떤 일이 일어날지 예상할 수 있는 단서를 제공해준다. 실제로 유치원에 들어가는 평균적인 5세 아이 대부분은 1만 개의 단어 레퍼토리를 가지고 있다. 그것의 주요 원천은 책에 나온 말들이다.[24]

그들이 가지고 있는 수천 개의 단어 가운데 큰 부분을 차지하는 것은 기존에 알고 있던 어근을 형태론적으로 변형시킨 것들이다.[25] 예를 들어, 'sail(항해하다)'이라는 어근을 배운 아이는 'sails(그 사람이 항해한다), sailed(항해했다), sailing(항해 중인), sailboat(항해용 범선)' 등의 파생어와 합성어를 금방 이해하고 모두 배울 수 있다.

책의 언어가 특별한 점은 어휘력 확대뿐만이 아니다. 그에 못지않게 중요한 것은 앞서의 예문에 나온 것과 같은 일상적인 구어에서 거의 찾아볼 수 없는 통사적, 문법적 구조다. '햇살이 한 번도 들이친 적 없는(where the sunlight was never seen)', '그 피부에는 햇살조차 한 번도 닿은 적이 없었기 때문이에요(for no light ever touched this skin)' 등은 책에만 등장하는 전형적인 구절이다. 이를 이해하는 데는 적잖은 인지적 유연성과 추론 능력이 필요하다. 5세 미만의 아이들 중 '그 피부에는 햇살조차 한 번도 닿은 적이 없었기 때문이에요'에 사용된 것과 같은 'for(~때문에)'의 용법을 들어본 아이는 그리 많지 않을 것이다.[26] 이 문장에서 'for'는 접속

사로 사용되었다. 'then(그래서)'이나 'because(~이기 때문에)'와 같은 문법적 장치로 사건이나 개념 사이의 인과관계를 알려준다. 아이들은 이러한 'for'의 용법을 문맥을 통해 배움으로써 통사론적, 의미론적, 형태론적, 화용론적 언어 발달이 모두 풍부해진다.

독서 연구가인 빅토리아 퍼셀-게이츠Victoria Purcell-Gates의 연구는 이러한 측면이 보다 중대한 의미를 가지고 있음을 강조한다.[27] 퍼셀-게이츠는 아직 글을 깨우치지 못한 5세의 아이 두 그룹을 관찰했다. 사회경제적 지위나 부모의 교육 수준과 같은 변수는 두 그룹 모두 비슷했다. 하지만 한 그룹은 3세부터 5세까지 2년 동안 동화를 많이(일주일에 5회 이상) 읽어준 아이들이었고 다른 그룹은 그렇지 않은 아이들이었다. 퍼셀-게이츠는 두 그룹의 아이들에게 생일파티같이 개인적인 이벤트에 대해 이야기해보라는 과제와 인형에게 책 읽어주는 흉내를 내보라는 과제를 주었다.

두 그룹의 차이는 분명했다. 동화를 많이 읽어준 그룹의 아이들은 개인사를 이야기할 때도 책에 나오는 특별한 '문어체' 언어와 긴 문장, 관계사절 등 통사론적으로 복잡한 형태를 많이 사용했다. 이 점이 중요한 이유는 말을 할 때 다양한 의미론적 형태와 통사론적 구조를 사용하는 아이는 다른 사람의 말과 글을 훨씬 더 잘 이해할 수 있기 때문이다. 이러한 언어 능력과 인지 능력은 몇 년 후 그들이 직접 책을 읽기 시작할 때 독해 능력에 매우 소중한 기초가 된다.

사회언어학자인 앤 채러티Anne Charity와 홀리스 스카보로우Hollis

Scarborough의 최신 연구는 다른 방언 또는 다른 언어를 말하는 아이들의 경우는 특히 문법 지식이 중요하다는 점을 보여준다.[28] 이 연구에 따르면 표준 미국영어보다 아프리칸-아메리칸 지역영어를 많이 사용하는 아이 그룹의 경우 아이가 가진 문법 지식이 이후 독서 학습의 수준을 예측해주는 요소가 되었다.

책의 언어가 가진 또 하나의 특징은 '문해 장치literacy devices'로 불리는 비유적 언어, 특히 은유와 직유의 이해에 개입한다는 점이다. 앞의 예문에서 '장미 꽃잎을 닮은 두 뺨과 금빛 비단 같은 머리카락'이라는 직유 표현을 살펴보자. 이런 문장은 언어적으로 아름다울 뿐만 아니라 인지적으로 커다란 노력을 필요로 한다.

'두 뺨'을 '장미 꽃잎'에, '머리카락'을 '비단'에 비교해야 하기 때문이다. 이 과정에서 아이들은 어휘를 습득할 뿐만 아니라 인지적으로 복잡한 유추를 사용하게 된다. 유추 능력은 눈에 보이지는 않지만 대부분의 연령대에서 대단히 중요한 지적 발달에 해당한다.[29]

아이의 유추 능력에 대한 귀여운 사례를《호기심 많은 조지》에서 찾아볼 수 있다.[30] 풍선을 향한 억누를 수 없는 호기심을 가진 원숭이가 하늘을 날게 되는데 거기서는 '집들이 장난감 집처럼 보이고 사람들이 인형 같아 보인다'는 이야기다. 단순한 직유 표현이지만 실제 아이들이 크기 비교와 깊이 지각처럼 복잡한 인지적 조작을 할 수 있도록 도와주는 것들이다. 작가인 한스 레이Hans Rey 와 바우하우스 출신의 배우자 마거릿 레이Margret Rey는 장난꾸러기 조지를 처음으로 탄생시킨 1940년대에 자신들이 아이들의 인지 언어 발달에 얼마나 큰 기여를 하게 될지 미처 깨닫지 못했을 것이다. 이 동화는 오늘날까지도 수백만의 취학 전 아이들의 발달에 지대한 영향을 미치고 있다.

책의 언어는 또한 아이의 독해력 향상에도 기여한다. '옛날 옛 적에' 같은 구절을 생각해보라. 눈 깜짝할 새 여러분은 현실에서 벗어나 다른 세상에 대한 특별한 기대감으로 차오르기 시작할 것이다. 동화를 어느 정도 아는 유치원생이라면 누구든지 '옛날 옛 적에'라는 말을 듣는 순간 동화가 시작된다는 것을 눈치챈다.

동화의 유형은 기껏해야 수백 가지이며 시대나 문화에 따라 조금씩 변형될 뿐이다. 아이들은 학습을 통해 이러한 동화의 변별적 유형들이 가지는 각각의 전형적인 줄거리와 배경, 시대, 등장인물 등을 이해한다. 이런 종류의 인지적 정보가 일부 심리학자들이 말하는 '스키마타schemata'에 속한다.[31] '스키마타'란 일정한 사고방식이 판에 박힌 듯 일상화되어 사건의 의미를 이해하고 쉽게 기억할 수 있게 도와주는 것을 뜻한다.

동화의 경우 이 원리가 자기 강화적 소용돌이처럼 작용한다. 즉 이야기가 일관적일수록 기억 속에 쉽게 저장된다. 쉽게 기억될수록 아이 안에서 스키마타가 발현하는 데 더 큰 기여를 하게 된다. 그리고 아이 안에서 스키마타가 많이 개발될수록 다른 이야기들의 일관성도 커질 것이고 아이들이 미래의 독서를 위해 소유하게 되는 지식 기반도 늘어난다.

이야기가 어떻게 전개될 것인지 예측하는 능력은 아이의 추론 능력(연역 또는 주어진 정보를 바탕으로 한 추정) 발달에 도움이 된다. 트롤troll 괴물과 맞서 싸우고 비단결같이 치렁치렁한 머리칼tresses 을 가진 소녀를 구출하고 마녀가 준 단서를 해독하는 등의 경험 을 5년 동안 쌓은 아이들은 책이나 글에서 생소한 단어('trolls', 'tresses' 등)를 인지한다. 궁극적으로 더 중요하게는 그 단어들이 포 함된 텍스트의 내용을 이해하는 일을 보다 쉽게 느낀다.

지금까지 책이 아이들의 독서 발달에 도움이 될 수 있는 여러 가지 방법을 살펴보았다. 아이들에게 수없이 많은 책을 읽어주기 만 하면 취학 전 독서 준비가 끝난다고 생각할 수 있지만 그렇지 않다. 일부 학자들에 따르면 어른이 읽어주는 책 내용을 듣는 것 은 아이들의 독서 준비 가운데 일부에 지나지 않는다.[32] 아이의 독서 능력을 예측하는 또 하나의 좋은 도구는 대수롭지 않아 보 이는 문자 이름 말하기 능력이다.

문자의 이름에 들어 있는 것

아이들이 책의 언어에 친숙해지면서 문자의 시각적 형태에 대 해 보다 세부적인 인지가 발달하기 시작한다. 다양한 문화에 속 한 많은 아이들이 손가락으로 글자를 짚어가면서 책을 '읽는' 것 을 본 적이 있을 것이다. 한 줄도 채 되지 않는 글자를 읽는 경우 에도 마찬가지다. 문자 인지의 한 가지 측면은 글자들이 특정한 방향으로 진행된다는 사실을 발견하면서 시작된다. 예를 들어,

영어와 유럽어들은 왼쪽에서 오른쪽으로, 히브리어와 아람어는 오른쪽에서 왼쪽으로 진행되며 어떤 아시아 언어는 위에서 아래로 진행된다.

그다음 단계는 조금 더 까다로운 능력이다. 몇 가지 선의 모양에 점점 친숙해지면 어떤 아이들은 냉장고 문이나 욕조 혹은 스케치북 위에 있는 색색의 글자들을 식별해낸다. 예를 들어, 뇌가 초록색 글자의 모양을 인지하는 능력은 고대의 토큰을 읽는 뇌가 증명해준 것처럼 우발적으로 생겨난 기술이 아니다. 앞에서 본 것처럼 이루 말할 수 없이 세밀하게 조율된 시지각 체계를 기본으로 시각적 세계에 존재하는 동일한 패턴과 특성에 상당히 오랜 기간 노출되어야만 부엉이, 거미, 화살, 크레용 등을 알아볼 수 있다.

아이가 문자의 이름을 대는 것은 말할 것도 없고 문자를 자동적으로 인지하기 위해서는 각 문자들의 미세하고 독특한 자질들을 탐지해낼 수 있도록 시각 피질에 있는 뉴런 중 일부를 '전문가'로 만들어야 한다. 최초의 토큰 독서가들이 해야 했던 일과 똑같은 것이다. 시각적 분석 차원에서 아이들이 무엇을 배워야 하는지 직접 체험해보고 싶다면 그림 4-1에 있는 한자를 보라. 여기 있는 두 개의 중국어 표의문자는 곡선, 원호, 사선 등 알파벳 문자에 사용되는 것과 동일한 여러 시각적 특성들로 구성되어 있다.

그다음 4장의 마지막 페이지로 가보라. 거기 있는 글자들이 이 페이지에 있는 글자들과 똑같은가? 다른가? (정답은 이 책의 주 부

記 家

그림 4-1 두 개의 중국어 문자

분에 나와 있다.)[33] 대부분의 어른들은 이것을 시시한 연습이라고 생각한다. 하지만 바로 이것이 아이의 시각 체계에 요구되는 복잡한 지각 노력을 보여준다. 이를 통해 알 수 있는 것은 알파벳 각 글자의 미세하지만 두드러진 특성들이 정보를 전달해준다는 사실과 글자들은 이렇게 변함없는 혹은 최소한 크게 변하지 않는 특성들의 정돈된 패턴으로 이루어져 있다는 사실이다.

이때 패턴 불변성이라는 일군의 중요한 개념적 능력이 문자 학습을 도와준다. 아이는 갓난아기 때 이미 시각적 특성 중 일부(엄마와 아빠의 얼굴 등)가 변하지 않는다는 사실을 배웠다. 그것이 바로 불변적 패턴이다. 1장에서 논의한 바와 같이 사람에게는 지각 패턴의 표상을 기억 속에 저장해두었다가 새로운 것을 배워야 하는 상황이 닥쳤을 때 꺼내서 적용할 수 있는 천부적인 능력이 있다. 따라서 애초부터 아이들은 뭔가를 새로 배우려고 할 때 불변적 특성을 추구한다. 이것이 시각적 표상과 규칙을 정립해주기 때문에 크기, 색깔, 서체에 상관없이 냉장고에 붙어 있는 글자들을 식별할 수 있는 것이다.

인지 발달의 또 다른 관점에서 볼 때 아이가 처음 문자 이름을 말하기 위해 노력을 기울이는 것은 바로 '쌍대 연합' 학습이다. 쌍대 연합이란 어떤 물체와 이름표를 짝지어 학습하는 것을 멋지게 포장한 개념이다. 다만 여기서 문제가 되는 부분은 문자를 학습하는 것이 인지적으로 훨씬 더 복잡하다는 것이다. 이것은 수잔 캐리가 숫자 학습에 대해 '부트스트래핑bootstraping*'이라고 부른 개념과 유사하다.[34]

예를 들어, 1부터 10까지 숫자 세기와 '알파벳 노래'는 많은 아이들에게 개념적 '플레이스홀더placeholder' 리스트를 제공한다. 서서히 이 리스트에 있는 숫자와 문자 이름 각각이 (글 속에 들어 있는) 자소 형태에 대응되고 그 과정을 통해 숫자와 문자의 역할에 대한 이해가 커진다. 신경심리학자였던 고故 해롤드 굿글래스Harold Goodglass가 언젠가 나에게 한 말에 따르면 그는 아주 어렸을 적에 '엘레메노(즉 l, m, n, o)'가 알파벳 한가운데 있는 아주 긴 글자인 줄 알았다고 한다. 이는 언어 발달, 눈에 보이지 않는 개념 발달 및 문자 식별을 위한 뇌의 특화된 시각 영역 사용에 따라 아이들의 문자 개념이 어떻게 변화하는지 보여주는 사례다.

유아들의 물체와 문자 이름 말하기를 비교해보면 뜻밖에도 문해 능력을 습득하기 전과 후, 그러니까 뇌 발달의 '청사진 수립 전'과 '청사진 수립 후'가 확연하게 다름이 드러난다. 단순한 수준이기는 하지만 물체의 인지와 명명은 아이가 기저의 시각 영역과

---

* 자체적으로 가지고 있는 단순한 요소를 이용해 복잡한 작업을 수행하는 것을 의미한다.

언어 프로세스 영역을 연결하기 시작하면서 최초로 사용하는 프로세스다.[35] 시간이 지나면 스타니슬라스 드앤의 뉴런 재활용 개념과 비슷한 프로세스를 통해 문자 인지와 명명이 동일한 회로의 특정 부분을 활용하게 되고, 그러면서 문자화된 상징을 빠른 속도로 읽을 수 있게 된다.

문자 이름을 처음 배우는 아이의 뇌 이미지는 없지만 어른의 물체 명명과 문자 명명 시의 뇌 스캔 이미지를 활용해볼 수 있다. 그걸 살펴보면 초기 몇 밀리세컨드 시간대에는 두 가지 프로세스 모두 영역 37에 위치한 방추상회의 상당히 넓은 부분을 공통적으로 사용한다. 그러므로 아이가 처음으로 문자 이름을 말하는 것은 글을 깨우치기 전 아이의 물체 이름 말하기와 상당히 유사하리라는 가설이 가능하다. 아이가 문자들을 단절된 패턴 또는 표상으로 인지할 수 있게 되면 뉴런의 작업 그룹들이 서서히 특화되고 따라서 필요로 하는 영역도 점차 줄어든다. 그런 의미에서 물체 이름 말하기와 그보다 나중에 일어나는 문자 이름 말하기는 현대적으로 재구성된 문해 능력을 가진 뇌 이야기의 도입부 2장에 해당한다고 할 수 있다.

독일의 철학자 발터 베냐민은 명명이 인간의 본질적 활동이라고 확신했다.[36] 뇌 스캔 이미지를 보지 못한 베냐민이었지만 명명과 독서의 초기 발달에 대한 그의 생각은 더할 나위 없이 정확했다. 시각적으로 표상화된 추상적 문자-상징의 이름을 인출(재생회상)할 수 있다는 것은 독서에 개입하는 모든 프로세스에 반드시 필요한 전제 조건이며 아이가 독서할 준비가 되었음을 알려주는 강력한 예측 도구다. 나와 함께 일하는 연구팀이 수년간 진행한 연구 결과에 의하면 아이가 아주 어릴 때 물체의 이름을 말하는 능력과 시간이 조금 지나 문자 이름을 말하는 능력은 성장 과정에서 독서 회로가 얼마나 효과적으로 발달할 것인지를 예고해주는 기초적인 예측 도구가 된다.

문자 이름을 말할 수 있는 나이대는 아이에 따라, 문화에 따라 상당히 다르다. 예를 들어 오스트리아 같은 일부 국가나 문화에서는 초등학교 1학년이 될 때까지 아이들에게 글자 이름을 가르치지 않는다. 미국에서는 두 살짜리 아이가 글자 이름을 전부 외우는 경우도 있고 다섯 살짜리 아이(특히 남자아이들)가 여전히 글자 이름을 모르는 경우도 있다. 실제로 나는 5~7세의 남자아이들 중에서 혼자 낮은 목소리로 알파벳 노래를 처음부터 끝까지 다 흥얼거린 다음에야 비로소 찾고 있던 문자를 발견해 이름을 말하는 경우를 여러 번 보았다.

부모는 아이가 준비된 것으로 보이면 바로 문자 이름을 말할 수 있도록 도와주는 것이 바람직하다. 이른바 '환경적 문자 읽기'에도 같은 원리가 적용된다. 환경적 문자란 멈춤 표시, 시리얼 상자, 아이의 이름, 형제자매나 친구들의 이름 등 아이가 살고 있는 환경 안에서 흔히 볼 수 있는 친근한 단어와 기호를 뜻한다.[37] 유치원 입학 전의 유아들이나 유치원에 다니는 대부분의 아이들은 '출구'나 '우유'같이 아주 친숙한 단어나 자기 이름의 첫 글자 모양을 인지하고 있다. '아이보리Ivory'를 꿋꿋하게 '비누soap'라고 읽는 아이들이 간혹 있지만 그건 그리 큰 문제가 아니다. 문자를 사용하는 대부분의 문화에 속한 아이들은 누구나 직접 글자를 쓰기 전부터 친숙하게 눈에 띄는 문자와 단어들의 레퍼토리를 서서히 습득해나간다. 독서의 발달 과정상 이 시기는 일종의 '그림 지각' 단계다.[38] 다시 말해 이때 아이가 이해하는 것은 개념과 문자화된 상징 사이의 관계이며 그런 점에서 토큰을 읽던 우리 조상들과 크게 다르지 않다.

독서를 시작하는 데에도 때가 있다

아이가 알파벳 문자의 이름을 알게 되면 '조기' 독서 교육을 시작하느냐 마느냐의 문제가 대두된다. 많은 부모들의 기대와 대다수 취학 전 학습 프로그램의 상업적 광고 문구에 따르면 하루라도 빨리 독서를 시작해야 나중에 학교에 들어가 공부를 할 때 도움이 된다. 26년 전 터프츠 대학교의 동료 교수이자 아동심리학자인 데이비드 엘킨드는 우리 사회가 아이들에게 일정한 학업 수준을 달성하도록 강요하는 경향에 대해 《기다리는 부모가 큰 아이를 만든다》라는 통찰력이 돋보이는 책을 썼다.[39] 그는 부모들이 아이에게 독서를 가르치는 연령이 점점 빨라지고 있다고 말했다. 최근 데이비드는 이 책의 개정판을 내기로 했다. 20년 전보다 상황이 오히려 심각하게 악화되고 있다고 생각했기 때문이다.

이 논의에는 사람의 생물학적 시간표가 고려되어야 한다. 독서는 다양한 정보원, 특히 시각 영역과 청각, 언어 및 개념 영역을 연결하고 통합할 수 있는 뇌의 능력에 의존한다. 이러한 통합은 각 부위와 그 연합 영역의 성숙도, 이 부위들을 연결·통합하는 속도에 의존한다. 그러한 속도는 다시 뉴런 축삭의 미엘린화에 따라 달라진다. 자연에서 가장 우수한 전도성 물질인 미엘린myelin은 세포의 축삭을 둘러싼 여러 겹의 지방질 피복 수초로 이루어져 있다(그림 4-2). 축삭 주위를 감싼 미엘린이 많을수록 뉴런이 전기 신호를 빨리 전달할 수 있다. 미엘린의 성장은 뇌에서 어느 부위냐에 따라 약간씩 다른 발달 스케줄에 의해 진행된다(예를 들어, 청각 신경은 임신 6개월째에 미엘린화되고 시신경은 생후 6개월이 되어야 미엘린화된다).[40]

사람은 다섯 살이 되기 전 감각 및 운동 부위가 모두 미엘린화되고 독립적으로 기능하게 된다. 하지만 대다수 사람들의 경우 각회와 같이 시각, 언어 및 청각 정보를 빠른 속도로 통합하는 능력의 기반이 되는 주요 뇌 부위들은 다섯 살이 지나도 완전히 미엘린화되지 않는다. 행동신경학자인 노먼 게슈윈드Norman Geschwind는 대부분의 아이들이 학교에 들어갈 때까지, 다시 말해 5세에서 7세가 될 때까지 각회 부위의 미엘린화가 충분히 진행되지 않는다고 시사했다.[41]

게슈윈드는 일부 남자아이들의 경우 결정적인 피질 부위의 미엘린화가 훨씬 느리게 발달한다는 가설을 내놓았다. 바로 그런 이유 때문에 남자아이들이 여자아이들보다 유창하게 글을 읽기

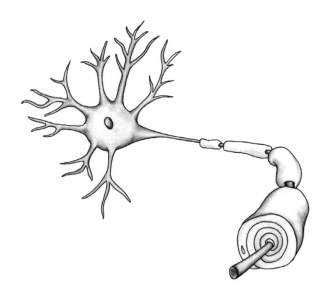

그림 4-2 뉴런과 미엘린

까지 시간이 더 많이 걸린다는 것이다. 우리가 수행한 언어 연구에서도 대략 여덟 살 정도까지는 정해진 시간 내에 이름을 대야하는 여러 가지 과제를 여자아이들이 남자아이들보다 훨씬 빨리 해결했다.[42]

아이의 뇌가 독서를 할 수 있을 만큼 충분히 발달하는 시기에 대해 게슈윈드가 내린 결론은 다양한 언어 간 연구 결과에 의해 뒷받침된다. 영국의 독서학자인 우샤 고스와미Usha Goswami와 그녀의 연구팀이 실시한 놀라운 언어 간 연구 결과를 주목할 필요가 있다.[43] 그들은 서로 다른 세 개 언어에 대한 연구를 통해 다섯 살부터 독서를 시킨 유럽 아이들이 일곱 살에 독서를 시작한 아이들보다 성취도가 낮다는 사실을 발견했다. 이 연구에서 얻을 수 있는 결론은 네 살 또는 다섯 살이 되기 전에 아이들에게 독서를 가르치는 것은 생물학적으로 경솔한 일이며 많은 아이들에게 역효과를 일으킬 수 있다는 점이다.[44]

세상의 모든 일이 다 그러하듯 독서 준비에도 예외가 존재한다. 소설 속에서 다섯 살 이전에 독서를 배운 아이 중 인상적인 예는 하퍼 리의 소설 《앵무새 죽이기》에 등장하는 스카웃이다. 이 여자아이는 눈에 띄는 것이면 무엇이든 닥치는 대로 읽어대는 조숙한 능력으로 새로운 담임선생님을 경악시킨다.

내가 알파벳을 읽자 선생님의 양미간에 희미한 선이 나타났다. 선생님은 〈마이 퍼스트 리〉의 대부분과 〈모바일 레지스터〉 일간지에 실린 주식 시세표를 큰소리로 읽어보라고 하셨다. 내가 글을 읽을 줄 안다는 사실을 눈치챈 선생님은 노골적으로 혐오감을 드러내며 날 바라보셨다. 캐롤라인 선생님은 아버지께 가서 더 이상 나에게 공부를 가르치지 말라고 전하라고 하셨다. 나의 독서 교육을 그르치게 될 것이라면서. 나는 애써서 글을 배운 적이 없다……. 그냥 저절로 읽게 된 것이다……. 애티커스가 손가락을 움직이며 가리키던 줄이 언제 단어로 바뀌었는지 기억나지 않는다. 내 머릿속에는 매일 저녁 그것들을 뚫어져라 쳐다본 기억밖에 없다. 매일 밤 그의 무릎 위에 기어 올라가 그가 읽고 있는 것이라면 무엇이든 쳐다보았을 뿐이다. 글을 못 읽게 될까 봐 두려운 생각이 들 때까지 난 한

번도 그것을 좋아해본 적이 없다. 숨쉬기를 좋아하는 사람이 없는 것처럼.[45]

소설가 피넬로피 피츠제럴드는 약간 다른 관점을 보여준다. 그녀는 이렇게 회상한다.

"네 살이 되자마자 나는 글을 읽기 시작했다. 책장 위의 글자들이 갑자기 무릎을 꿇더니 의미하는 내용을 순순히 시인했다. 그들이 순식간에 나에게 애걸복걸했다."[46]

스카웃과 피넬로피 피츠제럴드 같은 아이라면 무슨 일이 있어도 독서를 하도록 내버려둬야 한다! 하지만 다른 아이들의 경우 글을 읽는 데에 다 때가 있는 것은 그럴 만한 생물학적인 이유가 있기 때문이다.

문자와 말소리의 대응 관계

아이가 다섯 살이 될 때까지 놀라운 일이 많이 있을 것이다. 그것이 발달에 적절한 영향을 미치면 나중에 명시적인 독서 교수법 없이도 독서와 즐거운 유치원 생활을 영위할 수 있다. 예를 들어, 시를 쓰거나 듣는 것은 단어 안에 든 음성의 최소 단위, 즉 음소를 듣는(그리고 분절하는) 능력을 길러준다. 그렇게 난생처음 글을 쓰려고 노력하다 보면 결과적으로 구어와 문어의 연관 관계에 대한 지식이 증가한다. 처음에는 문자를 모방해서 쓴다(아니 그린다). 물론 그렇게 쓴 글씨는 개념이 들어 있는 글이라기보다 끼적거린 '미술 작품'에 더 가까울 것이다. 그 단계가 지나면 글자, 특히 자기 이름을 쓴 글자들이 아이 안에서 발달하고 있는 글에 대한 개념을 드러내 보인다. 다양한 글자들을 통해 서서히 단어의 철자에 대해 아이가 어떻게 생각하는지가 포착된다. 아이들은 수많은 문자 이름을 아주 독창적인 방법으로 사용하기도 한다.

《쓰기와 읽기를 배우는 아이Gnys at Wrk: A Child Learns to Write and Read》*에서 글렌다 비섹스Glenda Bissex는 아이들이 문자명을 이용해 단어의 철자를 쓰는 시기의 생생한 예를 보여준다.[47] 비섹스가 (아마도 책을 쓰느라) 골똘히 생각에 빠져 있었을 때 다섯 살짜리 아들이 'RUDF'라는 메모를 건네주었다. 이 메모를 그대로 번역하자면 'Are you deaf?(엄마 귀먹었어?)'라는 뜻이다. 비섹스의 아들은 그 나이 또래의 많은 아이들이 흔히 그러하듯 다음과 같은 두 가지 통찰을 한 것이다.

첫 번째는 글을 쓰면 잠시나마 어른의 주의를 끌 수 있다는 것이다. 두 번째는 문자가 단어 안에 들어 있는 음성에 대응된다는 복잡한 개념이다.[48] 그 아이가 몰랐던 것은 문자가 나타내는 음성과 문자명이 반드시 일치하는 것은 아니라는 사실이었다. 'r'이라는 문자는 'are'가 아니라 'ruh(르)'라고 발음되는 영어 음소 /r/의 음성을 나타낸다. 문자와 말소리 사이의 대응 관계는 미묘하고 어려운 개념이다. 부모나 심지어 교사들조차 독서에 대한 언어학

---

* 'Gnys at Wrk'는 저자인 비섹스의 아들이 쓴 전형적인 아이의 철자법으로 '천재는 공부 중 (Genius at work)'이라는 뜻이다.

적 기초 지식을 훈련받지 않았을 경우 그 개념의 복잡성을 망각하기 쉽다. 실제로 이것은 과거에 사용되던 대부분의 아동용 독서 교과서에 들어 있지 않았던 개념이다.

유치원에 다니는 네다섯 살의 아이들은 이러한 미묘한 개념을 알지 못한다. 대신에 새로운 수준에서 상징적 표상을 학습하기 시작한다. 그들은 글로 쓰인 단어가 말로 발음되는 구어 단어를 나타낸다는 사실을 터득한다. 구어 단어는 음성으로 이루어져 있으며 보다 중요하게는 문자가 그 음성을 전달한다는 사실을 알게 되는 것이다. 이 사실을 깨닫게 되면 많은 아이들이 영어의 철자법상 대단히 비정상적이지만 실제로는 나름대로 지극히 정확한 규칙에 따르는 글을 봇물처럼 쏟아낸다. 캐럴 촘스키와 찰스 리드Charles Reed는 이러한 글을 '창조적 철자법invented spelling'이라 불렀다.[49]

비섹스의 아들을 생각해보면 이런 글을 해독하기란 그리 어렵지 않다. 하지만 그 원리는 보기보다 까다롭다. 예를 들어, 'YN'을 해독해보라. 이 스펠링은 아이들의 철자법에서 'wine'이나 'win'이라는 단어를 의미했다.[50] 두 경우 모두 아이들은 Y의 문자명(와이)을 (영어에서 'w'로 표시되는) 음성 'wuh(워)'를 표시하는 데 사용했다. 'wine'을 쓸 때 아이들은 Y의 문자명을 통째로 사용했다. 하지만 'win'에서는 음성 'in'을 전달하기 위해 N이라는 문자명(엔)을 통째로 사용했다. 둘 다 얼마든지 일리 있는 철자법이 될 수 있다.

아이들이 쓴 글에서 창조적 철자법의 또 한 가지 유별난 특징은 그것이 표현하는 음성이 공식적으로 용인된 철자에 부합하지 않는 경우가 있다는 점이다. 영어의 발음은 무시무시할 정도로 다양하며 지역 방언을 포함해 여러 가지 요소에 의해 영향을 받는다. 예를 들어, 내가 사는 보스턴 지역에서는 아이들이 (예를 들어 'little'처럼) 단어 중간에 들어 있는 't'를 'd'로 쓴다(따라서 아이의 철자법에서는 'LDL'). 반면에 사우스 보스턴의 아이들과 인텔리 계층의 아이들은 'cart'라는 단어를 쓸 때 철자에 'r'을 포함시키기까지 다른 미국 지역 아이들보다 1년 정도의 시간이 더 걸린다. 그럼에도 보스턴 아이들은 존 F. 케네디 대통령처럼 '미국'이라는 단어의 말미에 'r'을 듬뿍 넣어 굴리면서 'AMREKR(어므리컬)'이라고 발음하는 것을 매우 좋아할 것이다.

아이들이 난생처음 쓴 글을 보면서 떠오르는 가장 흥미진진한 의문은 과연 그들이 그것을 읽을 줄 아느냐다. 실제로 대부분의 아이들은 쓴 것을 읽어보라고 하면 곤란한 듯 어쩔 줄 몰라 한다. 오, 물론 읽고 싶은 마음만은 굴뚝같아 보인다! 이러한 동기부여와 함께 '창조적 철자법'으로 쓰인 단어에 든 각각의 음성에 대한 학습이 연계되면 아이들이 쓴 글은 독서 학습에 지극히 유용한 예비단계인 동시에 실제 독서 프로세스의 훌륭한 보충 교재가 될 수 있다.[51]

음소 인지를 촉진시키는 현명한 마더 구스

해롤드 굿글래스의 '엘레메노'와 아이들의 귀엽고 색다른 철자법에서 볼 수 있듯이 유아들은 어른들처럼 음성 단위를 인지하지 않는다. 그들은 우선 문장 안에서 무엇이 단어인지 인지한 다음 단어 안에 있는 음절(예: 'sun-ny')을 인지하고 마지막으로 단어 안에서 음소가 분절될 수 있다는 사실(예: 's', 'u', 'n')을 서서히 인지해나간다. 아이가 단어 속에서 개별적인 음성과 음소를 인지하는 것은 쓰기와 읽기 학습에서 대단히 중요한 구성요소인 동시에 학습의 자연스러운 결과이기도 하다.

고대 그리스인들이 이룬 업적에서 보았듯이 문자의 역사에서 각각의 음성에 대한 메타인지는 하늘에서 그냥 뚝 떨어진 것이 아니었다. 아이에게서도 저절로 나타나지 않는다. 독서 교육 전문가인 매릴린 애덤스Marilyn Adams가 'cat(고양이)'의 '첫 번째 음성'이 무엇이냐고 묻자 한 아이가 성급하게 "야옹이요!"라고 대답했다지 않은가![52]

그리스어 알파벳의 창제자들이 이룬 특별한 업적 가운데 하나는 바로 이러한 말소리 인지의 측면이다. 이것이 알파벳의 가장 큰 공헌이며 향후의 독서 능력을 예측해주는 가장 훌륭한 두 가지 도구 중 하나다.[53] 또 다른 예측 도구는 빨리 이름 말하기다. 'RUDF' 같은 장조적인 철자법을 비롯해 아이들이 쓰는 모든 유형의 글은 이러한 언어 인지 발달 시기의 단서가 되는 동시에 언어 발달을 촉진하는 역할도 수행한다.

글쓰기 외에 아이들의 음소 인지를 발달시킬 수 있는 재미있는 방법이 몇 가지 더 있다. 그중 하나가 바로 마더 구스다. 〈히커리 디커리 덕, 생쥐 한 마리가 시계 위로 뛰어올라 갔네Hickory, dickory dock, a mouse ran up the clock〉를 비롯한 동요들 안에는 두운, 모음운, 각운, 되풀이 등 잠재적 음성 인지 보조 도구들이 다수 있다. 아이들은 두운과 각운이 맞는 음성을 들으면서 단어의 맨 앞이나 맨 뒤에 동일한 음성이 있으면 비슷하게 들린다는 사실을 배운다. 유아들이 처음 하는 농담을 들어보면 묘한 각운의 매력이 있다는 데 놀라게 될 것이다. 곰돌이 푸처럼 아이들은 짝이 맞는 음성의 '대응쌍'을 반복해 말하기를 ('Funny bunny, you're a funny bunny, honey') 아주 좋아한다. 각운이 재미있게 느껴지기 때문이다.

그리고 또 하나 중요한 점이 있다. 음성 대응쌍을 구분하기 시작한 아이는 단어를 보다 작은 구성요소들로 분할하기 시작한다는 점이다. 네다섯 살이 된 아이들은 단어의 두음, 즉 첫 번째 음성('Sam'에서 'S')과 각운, 즉 마지막 음성('Sam'에서 'am')을 식별해낸다. 단어 안에 들어 있는 음소를 들을 수 있기까지의 길고 중요한 프로세스가 시작되는 것이다. 이것은 독서 학습을 촉진하는 요소이기도 하다.

영국의 몇몇 유명 학자들은 이 원리의 중요성을 보여주는 매우 창의적이고 유명한 실험을 수행했다. 린 브래들리Lynne Bradley와 피터 브라이언트Peter Bryant는 모든 조건이 거의 비슷한 네 그룹의 유치원생을 대상으로 조사를 실시했다.[54] 유일한 차이점은 그중 두 그룹의 아이들만이 4세 때 두운과 각운을 강조한 훈련을 받았다는 것이었다. 그 두 그룹의 아이들에게는 단어 첫머리 음성(두운)이 동일하거나 마지막 음절의 모음(각운)이 동일한 단어들을 들려주었다. 단어들을 그저 공통된 음성별로 분류했을 뿐이다.

그리고 훈련 대상 그룹 중 한 그룹에게는 음성 분류 과제에 해당하는 글자를 보여주었다. 그로부터 몇 년이 흐른 뒤 브래들리와 브라이언트는 모든 아이들을 다시 조사했다. 놀랍게도 단순하지만 각운 훈련을 받은 아이들의 음소 인지 능력이 훨씬 우수했다. 더 중요한 사실은 그 아이들이 독서를 훨씬 쉽게 배웠다는 점이다. 또한 각운 훈련과 더불어 해당하는 글자에 시각적으로 노출되었던 아이들이 가장 우수한 능력을 나타냈다. 추콥스키가 말한 유아들의 '언어적 천재성'은 여러 가지 방법으로 키워질 수 있으며 동요의 가사도 그중 하나다.

아이의 발달 기저에서 어떤 일이 일어나기에 이렇게 다른 결과가 만들어지는 것일까? 가장 기초적인 단계에서 아이들은 제일 먼저 최대한 쉽고 힘들지 않은 방법으로 단어를 분석적으로 지각하는 방법을 배운다. 두운, 각운에 주의를 기울이거나 그것을 바탕으로 음성 분류 방법을 배우는 것이 그 방법이다. 그다음 그 음성들을 각각 해당하는 글자 또는 시각적 표상과 연결한다.

마더 구스의 가사에 들어 있는 운율, 리듬, 각운의 흐름을 들을 때 사용되는 기술이 모두 합쳐져 아이의 '음소 인지 능력'을 촉진한다. 언어의 이러한 음운론적 측면의 발달에 대한 다양한 연구를 살펴보면 말놀이, 농담, 노래에 들어 있는 각운, 첫 번째 음성, 마지막 음성 등을 가지고 체계적인 놀이를 하면 아이의 독서 학습 준비에 큰 도움이 된다는 사실을 알 수 있다.[55] 아이에게 시와 음악을 즐기도록 가르치는 것이 진지한 놀이가 되는 셈이다.

스코틀랜드의 언어학자인 케이티 오버리Katie Overy와 우리 연구소의 연구원인 캐서린 모리츠Catherine Moritz, 사샤 얌폴스키Sasha Yampolsky는 현재 음악 훈련을 통해 리듬 패턴 제시 등 특정 요소를 강조하면 음소 인지 및 기타 독서 능력 발달의 예비 도구를 강화할 수 있는지 연구하고 있다.[56] 이것이 사실로 밝혀지면 리듬, 운율, 각운에 기초한 조기 치료 교육 과정을 열 계획이다.

유치원: 초기 독서 능력 발달을 위한 곳

아이가 대여섯 살이 되면 독서의 모든 예비 도구들이 유치원이라는 세계 안에 집대성된다. 훌륭한 선생님은 선행 학습된 개념, 글자, 단어 중 무엇 하나 놓치지 않는 법이다. 이전에 배운 것들을 원재료 삼아 보다 공식적인 방법으로 문자 언어의 세계 안으로 들어가게 된다. 오랫동안 교사들은 독서의 예비 도구 대부분을 육성해왔다. 하지만 음소 인지 능력의 발달을 촉진하는 체계적인 도구는 최근에야 널리 보급되기 시작했다.[57]

얼핏 아주 단순해 보이는 이 교수법은 아이들이 다음과 같은 몇 가지 난해한 언어학적 개념을 습득하도록 도와준다.[58] 첫째, 음성과 상징 사이에 1대1 대응관계가 가능하다는 (토마스 만의 소설에 나오는) '모세의 통찰'. 둘째, 각각의 문자는 문자 이름과 그것이 대표하는 하나 또는 한 그룹의 음성을 가지고 있으며 반대로 각각의 음성은 하나의 글자 또는 어떤 경우에는 몇 개의 글자로 표현될 수 있다는 좀 더 어려운 개념. 셋째, 단어들이 음절과 음성으로 분절될 수 있다는 사실.

독서학자인 루이사 쿡 모츠Louisa Cook Moats는 결합과 같은 아이의 초기 독서 능력 발달과 독서 교수법에 앞서 기본적인 언어학 원리들을 현명하게 주입하는 것이 중요하다고 강조한다.[59] 아이들은 음성이 결합되어 'cat'이나 'sat' 같은 단어가 만들어지는 방법을 이해하는 데 어려움을 겪곤 한다. 기본적인 언어학적 원리, 즉 's' 같은 '지속적' 음소는 ('at' 같은) 각운을 덧붙일 때까지 발음이 지속될 수 있다는 원리 같은 것을 이미 알고 있다면 결합의 개념을 배우고 가르치는 것이 아이에게나 교사에게나 훨씬 쉬워진다. 따라서 결합을 가르치고 싶다면 'cat'보다는 'sat'과 'rat'의 결합을 먼저 가르치는 것이 훨씬 효과적이다.

현실적인 어려움들

지금까지 살펴본 것처럼 독서 학습이란 엄마 토끼와 사랑스러운 하마들이 말과 감정을 환하게 밝혀주고, 공룡들이 개념과 통사 구조를 전달하고, 동요와 글자인지 지렁이인지 알 수 없는 꼬불꼬불한 글씨가 음성과 문자에 대한 지식과 그 둘의 관계에 대한 인지를 서서히 터득하게 해주는 아주 특별한 세상에서 일어난다. 그런 세상에서 독서는 고도로 복잡한 인지, 언어, 지각 및 사회적, 정서적 능력을 키우며 보낸 5년이라는 세월의 총합이며 그 모든 것이 환경과의 풍부한 상호작용 속에서 아름다운 꽃을 피운다.

그렇다면 마더 구스의 노래가 들리지 않고 신호를 읽거나 글자를 끼적거리거나 책을 보면서 놀도록 용기를 북돋워주지 않는 가정에서 자라난 아이들은 어떨까? 미국에서 다른 문화를 가지고 살아가는 아이들, 스페인어, 러시아어, 베트남어로 된 동화를 듣고 자란 아이들은 어떨까? 다른 아이들과 유사한 방법으로 언어를 배우거나 언어에 반응하지 않는 것처럼 보이는 아이들은 어떨까? 우리의 교실에는 이러한 부류의 아이들이 점점 더 많아지고 있으며 그 아이들이 필요로 하는 것은 제각기 다르다. 그 아이들이 유치원에 들어갈 때 일어나는 일은 그들뿐만 아니라 우리 모두의 삶에 중대한 영향을 미친다.

'말의 빈곤'에 대응하는 법

문자를 읽고 쓰는 경험을 거의 또는 전혀 할 수 없는 환경에서 자란 아이들은 유치원과 초등학교에 들어가서야 뒤처진 것을 따라잡기 위해 보충학습을 하게 된다. 이는 단순히 듣지 못하거나 배우지 못했던 어휘 수의 문제가 아니다. 단어를 듣지 못하면 개념에 대한 학습이 이루어지지 않는다. 통사적 형태를 한 번도 본적이 없으면 이야기 속 사건들의 관계를 제대로 알 수 없다. 전체적인 이야기의 형식을 제대로 알지 못하면 추론 및 예측 능력이 떨어진다. 문화적 전통이나 타인의 감정을 한 번도 경험해보지 못하면 다른 사람들이 어떤 느낌을 가지는지 이해하기가 어렵다.

앞에서 언급한 것처럼 토드 리슬리Todd Risley와 베티 하트Betty Hart는 캘리포니아 지역사회를 대상으로 진행한 연구를 통해 언어적으로 빈곤한 환경에서 자란 일부 다섯 살짜리 아이들이 듣고 자란 단어의 수가 평균적인 중산층 아이보다 3200만 개나 적다는 섬뜩한 결과를 얻었다.[60] 이 연구에서 드러난 우울한 현실은 심각한 시사점을 던져준다. 루이사 쿡 모츠가 '말의 빈곤'이라고 이름 붙인 상황은 아이가 성장 과정에서 듣는 말에 국한된 문제가 아니다.[61] 3세의 아이들이 몇 개의 단어를 말할 수 있는지 조사한 또 다른 연구에 의하면 빈곤하게 자란 아이들이 사용하는 단어는 혜택받은 환경에서 성장한 또래들이 말하는 단어의 절반 미만에 불과했다.

종류를 막론하고 가정이 보유하고 있는 책의 수에 대한 연구도 있다. 로스앤젤레스의 지역사회 세 곳에 대한 설문조사 결과를 보면 아이들이 가지고 있는 책의 수에도 놀라운 차이가 있다.[62] 극빈층의 대부분은 집에 아이용 책이 단 한 권도 없었으며 저소득층에서 중간 소득층 가정에는 평균 세 권의 책이 있었다. 반면에 부유층의 경우 200권의 책을 보유하고 있었다. 이런 통계가 나오는 순간 두꺼비와 단어와 통사론에 대해 내가 고심하면서 써놓은 이야기가 아무 짝에도 쓸모없어진다. 읽을 책이 아예 한 권도 없다면 인생의 초반부에 배워야 할 언어와 세상에 대한 지식에 참담한 영향이 미치게 된다.

캐나다 심리학자 앤드류 바이밀러Andrew Biemiller는 유아기에 어휘력이 낮을 경우 발생하는 결과에 대해 연구하고 있다.[63] 그에 따르면 어휘력 면에서 하위 25퍼센트에 속하는 유치원생들은 일반적으로 어휘와 독해 면에서 다른 아이들을 따라잡지 못한다. 6학년이 되면 어휘와 독해 모두 또래들에 비해 약 3년 뒤처진다. 유치원 시절에 상위 75퍼센트 이상에 속했던 아이들과 비교하면 그 격차가 엄청나게 벌어지는 건 당연하다. 다시 말해 어휘력 발달과 이후 독해 능력은 서로 밀접하게 연결되어 있기 때문에 유아 시절에 어휘 발달이 늦어지면 참혹할 정도로 큰 악영향을 받게 된다는 뜻이다.[64] 그저 불운한 일이라고 생각하고 말 정도의 일이 아닌 것이다. 언어 발달에 관한 한 독립적인 결과란 존재하지 않는다.

아이들이 유치원에 가지고 들어오는 요소들 가운데 상당 부분은 변화시키기 어려운 것들이다. 하지만 언어 발달은 그렇지 않다. 평균적인 가정이라면 아이의 정상적인 언어 발달에 필요한 거의 모든 것을 충분히 줄 수 있다. 유아기 문해 능력의 발달에 관한 광범위한 연구를 진행한 하버드 대학교의 캐서린 스노와 동료 학자들은 문해력과 관련된 교재 외에 훗날의 독서 능력에 기여하는 또 하나의 중요한 요인으로 그리 유별날 것도 없는 저녁

식사 때 나누는 '밥상머리 대화'의 양을 꼽는다.[65] 그저 아이에게 말을 걸고 책을 읽어주고 아이의 말을 들어주는 것이 유아기 언어 발달에 중요한 전부라는 것이다. 그런데 (경제적으로 부족할 수도 있고 그렇지 않을 수도 있는) 많은 가정에서 아이가 다섯 살이 될 때까지 이렇게 기본적인 요소에 할애하는 시간이 너무 적은 것이 우리의 현실이다.

우리가 작지만 일치 단결된 노력을 기울인다면 아이들의 취학 전 시간이 '전쟁터'가 아니라 가능성이 풍부한 언어 발달의 시기가 될 수 있다. 아이에 관련된 일을 하는 전문가들이 모두 나선다면 아이의 잠재력 발달에 무엇이 도움이 되는지를 부모에게 이해시키고 모든 아이가 양질의 교육을 제공하는 유치원에 다닐 수 있도록 여건을 조성할 수 있다. 예를 들어, 미국 내 초등학교에 입학할 모든 아이들이 다섯 살이 될 때까지 예방 접종을 시키고, 초보 부모들을 대상으로 '밥상머리 대화'의 중요성을 주지시키고, 아이의 발달에 적합한 무료 도서를 보급하는 일 등을 올바른 '아이 복지 방문'의 기준으로 정해야 한다. '헬시 스타트Healthy Start*' 같은 가정 방문 프로그램에 참여하는 사회복지사 등 복지 서비스 제공자들이 이 분야에서도 유사한 패키지와 교육을 제공할 수 있을 것이다. 유치원에 들어가기 전 모든 아이들에게 평등한 환경을 조성해주는 것은 그리 어려운 일이 아니다.

* 미국 내 미취학 아이들의 건강과 영양 상태 제고를 위한 복지 프로그램이다.

귀 질환이 언어 발달에 악영향을 미친다고?

평등한 환경의 조성을 방해하는 요소 가운데 가장 일반적인 것은 유아들의 중이염이다. 중이염은 미국의 소아과 전체에서 가장 흔히 볼 수 있는 질병이다. 앞에서 말한 것처럼 매일 2~4개의 새로운 단어를 배우는 아이가 귀 질환을 앓거나 올바른 치료를 받지 못할 경우 다음과 같은 일이 발생한다. 어느 날 아이가 새로운 단어 'pur'를 듣는다. 그다음 날 (혹은 열흘 후에) 'pill'이라는 단어를 듣는다. 다시 며칠 후 'purple'이라는 단어를 듣는다. 귀 질환 때문에 일관적이지 않은 음성 정보를 갖게 된 그 아이는 'purple'에 대해 세 가지의 서로 다른 음성 표상을 갖는다. 인지적 혼란은 둘째치고라도 이런 아이들은 새로운 단어를 학습하는 데 더 많은 시간이 걸린다.

귀 질환을 언제 얼마나 자주 앓았느냐에 따라 언어에 대한 온전한 음소 표상 레퍼토리가 아이 안에 제대로 형성되지 못할 수 있다. 이렇듯 귀 질환을 제대로 치료하지 않고 방치하면 독서 능력에서 가장 중요한 예비 단계인 어휘력 발달과 음운론적 인지에 악영향을 미치게 된다.

문제는 여기서 끝나지 않는다. 독서의 중요한 예비 단계인 어휘력과 음소 인지에 차질이 발생하면 독서에도 문제가 생기기 때문이다. 내가 지도한 한 학생이 장기 연구 프로젝트의 일환으로 학부모들을 대상으로 취학 전 귀 질환에 대해 설문조사를 실시하고 아이들의 소아과 진료 기록을 수집한 적이 있다. 그 결과 귀 질환을 자주 앓았지만 올바른 치료를 받지 않은 아이들은 훗날 독서 능력에 훨씬 더 많은 문제를 보였다.

이 연구를 통해 파악한 놀라운 사실 중 하나는 사전에 예상할 수 있었던 연구의 결론이 아니다.

"우리 애들은 하나같이 1년 중 절반은 귀에서 진물이 나요."

이런 식의 말을 아무렇지 않게 내뱉는 부모가 정말 많다는 사실에 경악을 금할 수 없었다. 다시 말해 평범한 부모들은 귀 질환이 일시적인 불편의 문제가 아니라 훨씬 더 심각한 결과를 가져올 수 있다는 점을 모르고 있다. '진물이 나는 귀'를 제대로 치료하지 않으면 구술 언어와 문자 언어 능력의 발달에 보이지 않는 장애가 된다. 아이들을 돌보거나 교육하는 사람들이라면 누구나 이 사실을 반드시 알아야 한다. 빈곤한 문해 환경에 대한 것과 마찬가지로 비록 작더라도 많은 이들이 함께 노력을 기울인다면 우리 아이들이 귀 질환이라는 걸림돌에 걸려 넘어지는 곤란한 상황을 줄일 수 있을 것이다.

이중언어 사용 환경의 명과 암

그보다 더 난해한 문제는 영어를 학교에 들어가서 배워야 하는 상황이다. 두 개 이상의 언어를 학습한다는 것은 훌륭하고도 복잡한 인지적 투자이지 점점 너 많은 학생들에게 현실로 자리 잡았다. 전환 오류나 한 언어에서 다른 언어로의 대체(바꿔 말하기)와 같이 치러야 하는 대가가 있기는 하지만 여러 언어를 말함으로써 얻을 수 있는 이익에 비하면 그런 것들은 그리 큰 문제가 아니다.

단, (여기서의 '단'이 매우 중요하다) 그러한 이익은 각각의 언어를 제대로 배워야만 얻고 누릴 수 있다. 뇌의 가소성 덕분에 아이들은(다른 연령대보다 훨씬 적은 노력을 들이고도) 하나 이상의 언어를 능숙하게 구사하는 능력을 습득할 수 있다. 사춘기 이후에 새로운 언어를 배움으로써 얻을 수 있는 이익도 물론 있지만 외국어 억양 없이 원어민처럼 언어를 구사하는 데는 여러모로 아이의 뇌가 우월하다.

이중언어 사용과 학습에 관한 다양한 쟁점을 검토하려면 눈이 핑핑 돌 지경이다.[66] 하지만 주류라고 할 수 있는 이론은 다음의 세 가지다. 첫째, 제1언어로 개념 또는 단어를 알고 영어를 배우는 학습자들은 그 개념이나 단어를 제2언어 또는 '학교' 언어인 영어로도 보다 쉽게 사용한다.[67] 다시 말해 언어적으로 풍요로운 가정에서 성장한 아이는 모든 종류의 학습에 필수적인 인지적, 언어적 기초를 제공받을 수 있다. 반드시 학교 언어에 기반을 두어야만 아이에게 도움이 되는 것은 아니다. 반면에 언어적으로 빈곤한 환경의 가정에서 자란 아이들은 제1언어와 제2언어 혹은 학교 언어 모두 인지적, 언어적 기반을 소유하지 못한다.

둘째 원리도 첫째 원리와 비슷하다. 영어 독서 학습에서 영어의 언어 발달 품질보다 더 중요한 것은 없다.[68] 수천 명의 아이들이 영어에 대한 다양한 수준의 지식을 갖고 학교에 입학한다. 영어의

'새로운' 음소와 학교(와 책)에서 배우는 새로운 어휘가 아이들에게 서서히 스며들도록 하는 체계적인 노력이 모든 아이들을 대상으로 이루어져야 한다. 코니 주얼Connie Juel은 기초적이지만 교사들이 간과하기 쉬운 언어학적 문제를 정확하게 지적한다.[69] 영어를 아예 모르거나 혹은 학교에서 사용하는 표준 미국영어를 배우지 못한 상태에서 학교에 입학하는 아이들은 독서를 할 때 발음 또는 음소에 대한 정확한 지식이 없다. 5년 동안 '그 음소들을 무시한 채 자기들이 사용하는 언어의 음소만 듣고 살았기 때문'이다.[70]

셋째 원리는 아이들이 이중언어 사용자가 되는 연령에 관련된 문제다. 구어와 문어의 발달 모두 빠를수록 좋다. 다트머스 대학교의 신경과학자인 로라-앤 페티토Laura-Ann Petitto와 동료 학자들은 어릴 때(세 살 이전에) 이중언어에 노출되면 단일언어 사용자들에 비해 언어와 독서 능력에 긍정적인 영향을 미친다는 사실을 발견했다.[71] 더 나아가 페티토의 연구팀은 어려서부터 이중언어 사용자가 된 어른들의 뇌 영상 연구를 통해 연구 대상자들의 뇌가 단일언어 사용자들의 뇌와 마찬가지로 중첩 부위에서 두 언어 모두 처리한다는 사실을 알아냈다. 반면에 나이가 들어 제2언어에 노출된 이중언어 사용자들은 뇌의 활성화 패턴이 달랐으며 좌뇌와 우뇌를 모두 사용하는 것으로 나타났다.

인지신경과학자로서 나는 이중언어를 쓰는 뇌를 갖는 것은 매우 좋은 일이라고 생각한다. 무엇보다 페티토의 연구를 통해 일찌감치 이중언어에 노출된 뇌가 단일언어 사용 뇌에 비해 언어적 유연성과 멀티태스킹 면에서 어떤 인지적 장점을 갖는지 알았다. 하지만 가정에서 영어를 거의 사용하지 않는 여러 커뮤니티를 대상으로 연구를 진행해본 입장에서는 두 개의 언어를 배우는 데 필요한, 복잡하고 경우에 따라서는 이론이 분분한 여러 가지 문제들을 놓고 여전히 고민하고 있다. 그 문제들 중에는 아이의 자부심, 문화 공동체에 대한 소속감, 지각된 유능감, 그 모든 것이 독서 능력에 미치는 누적된 효과도 포함되어 있다.

나는 우리 아이들 모두가 학교 언어를 배울 수 있도록 도와야 하고 독서 능력을 비롯해 영어권 문화 속에서 그들이 가진 잠재력을 십분 발휘하도록 해야 한다는 점을 잘 알고 있다. 스페인어, 일본어 또는 러시아어를 사용하는 '이상적인 무릎' 위에서 성장한 일부 아이들은 영어 독서 학습이 훨씬 수월하며 영어 동화를 들으면 제1언어에서 친숙하게 알고 있는 단어와 개념을 제2언어에 연결하는 데 도움이 된다.[72]

하지만 그렇게 이상적인 무릎을 갖지 못한 아이들의 경우 입학과 동시에 제2언어를 배움으로써 인지-사회-문화적으로 어마어마한 영향을 받게 된다. 그들 모두가 우리 아이들이며 따라서 그들 각각에 대비해야 한다. 제일 먼저 지역사회가 헌신적으로 나서서 각각의 아이에게 교육을 제공해야 하며 언어를 막론하고 독서 발달 과정에 대한 지식으로 무장하는 일이 필요하다.

독서는 저절로 이루어지지 않는다. 세상에 태어난 아이가 발달하는 뇌의 모든 부분을 총동원해 독서 능력을 학습할 수 있도록 준비하는 2000일 동안 단어, 개념, 사회적 관례, 그 무엇 하나 무심코 흘려보내서는 안 된다. 처음부터 시작하든 시작하지 않든 그것은 아이들의 향후 독서 발달과 그들의 삶 전체에 엄청난 결과를 낳게 된다.

記 家

5장

독서를 시작한 아이의 뇌 들여다보기

～

아무도 삶을 공부해야 한다고 말하지 않았다. 삶을 공부하듯 살라고 하지 않았다.
자연사나 음악을 배우듯, 처음에는 쉬운 것부터 시작해 천천히 어려운 것을 시도해나가며,
연습해야 한다고. 힘과 정확도가 하나 되어 대담하게 도약해
초절기교에 이를 때까지…….[1]

— 에이드리언 리치, 〈초절기교 연습곡〉

어떤 의미에서는 아이가 역사를 되풀이하는 것 같다.
그 옛날 더듬더듬 알파벳 문자를 발견한 것에서부터 시작해
알파벳의 발견보다 더는 아니더라도 그에 못지않게 위대한 지적 위업인
우리의 말이 한정된 수의 음성으로 이루어져 있다는 사실의 인지에 이르기까지.[2]

— 진 챌

프루스트의 탁월한 소설 《잃어버린 시간을 찾아서》가 마들렌의 맛으로 인해 환기된 기억이라는 사실은 20세기 문학사의 전설적인 일화다.[3] 소설 속 내레이터의 감각 기억이 프루스트의 어마어마한 상상력의 산물에 불과할지라도 그런 일은 실제로 있을 수 있다. 인간의 뇌는 다양한 방법으로 기억을 저장하고 재생하는데 그중에는 오감도 포함되기 때문이다.

독서 학습 과정에 대해 이야기하게 될 이번 장을 시작하면서 나는 나 자신의 마들렌, 그러니까 나에게 진정한 독서의 첫 기억

을 환기시켜주는 무언가를 발견하고 싶었다. 하지만 찾을 수 없었다. 글을 읽을 수 있다는 사실을 처음 깨달은 순간을 기억할 수 없었던 것이다. 대신 여덟 개 학년의 학생들, 두 명의 선생님이 함께 수업을 하던 교실 두 칸짜리 작은 학교를 비롯한 몇 가지 다른 기억들이 떠올랐다. 언어 전문가 앤서니 바쉬어Anthony Bashire가 독서하는 삶의 '자연사自然史'라고 부르던 것의 편린이 그 기억들에 의해 되살아났다.[4]

독서의 자연사는 간단한 훈련과 실전연습, 정확도에서 시작해 운이 좋을 경우 최종적으로 '도약을 통해 초절기교에 이르는' 도구와 역량을 얻음으로써 마무리된다. 나의 경우에는 그 모든 과정이 엘도라도라는 작은 도시에서 시작되었다.

엘도라도에서 일어난 기적

독서를 배우면 다시 태어나게 된다……. 그러면 다시는 그렇게 외롭지 않을 것이다.[5]

— 루머 고든

책 속에서 나는 다른 세상뿐 아니라 나 자신으로의 여행을 했다. 내가 누구인지, 무엇이 되고 싶은지, 무엇을 열망하는지 그리고 나의 세계와 나 자신에 대해 감히 무엇을 꿈꿀 수 있는지 배웠다. 그렇지만 많은 시간, 내가 아는 모든 사람들과 다른 차원에서 존재했다는 느낌도 들었다. 깨어나는 순간이 있는가 하면 잠이 든 순간도 있었다. 그리고 책이 있었다. 무엇이든 가능

할 것 같았고 실제로도 자주 그러했던 일종의 평행 세계, 내가 비록 풋내기
일지언정 완전히 이방인은 아니었던 세상. 진정한 진짜 나의 세상. 나의 완
벽한 섬.[6]

— 애너 퀸들런

내가 학교에 다니게 된 것은 아버지의 소원 때문이었다. 당시에는 흔하지
않은 요청이었다. 여자아이들은 학교에 다니지 않았으니까······. 나 같은
아이에게 교육이 무슨 소용이었을까? 나는 갖지 못한 것밖에 말하지 못한
다. 그것을 내가 가졌던 것에 견주어 재보고 그 차이 안에서 비참함을 느낄
뿐이다. 그렇지만, 그렇지만······ 바로 그런 이유 때문에 난생처음 나는 집
에서 멀리 떨어진 길 너머에 무엇이 있는지 보러 갔던 것이다.[7]

— 저메이카 킨케이드

20세기 초의 역사학자 아이리스 오리고Iris Origo는 피렌체의 대
저택에서 독서를 배운 경험에 대해 설명하면서 루머 고든의 말을
인용했다. 애너 퀸들런은 20세기 중반 필라델피아에서 배운 독서
에 대해 완벽히 묘사했다. 저메이카 킨케이드는 《내 어머니의 자
서전》에서 카리브해 안티구아에서 보낸 어린 시절 독서가 여자아
이에게 어떤 의미였는지 생생하게 포착해냈다. 그녀는 실제로 어
렸을 때 놀랍도록 쉽게 독서를 배우는 바람에 선생님에게 '신들
린' 아이 취급을 받았다.

시대와 장소와 문화적 배경은 달라도 이 여성 작가들은 세상에
존재하는 모든 독서 애호가들과 하나의 테마를 공유하고 있다.
일리노이주 엘도라도에서 독서를 배운 나의 경험 속에도 가득 차
흐르고 있는 그 테마는 바로 책 속에 또 다른 평행 세계가 존재한

다는 점, 오리고가 말한 것처럼 '다시는 그렇게 외롭지 않으리라는 것'이다. 그것이 곧 퀸들런의 '나의 완벽한 섬'이며 킨케이드의 '집에서 멀리 떨어진 길 너머에 있는 무엇'이다.

'철자법의 아이러니'는 내 고향 이름의 기원을 가장 잘 표현하는 말이다. 1800년대 중반 미스터 엘더Mr. Elder와 미스터 리더Mr. Reeder가 일리노이주 남부에 '엘더리더'라는 작은 마을을 개척하고 '도시'에서 페인트공을 데려와 근방을 지나는 사람들이 볼 수 있도록 환영 간판을 그리게 했다. 공부깨나 했던 그 페인트공은 마을 사람들이 철자를 잘못 쓴 것이라 생각하고 아무 말 없이 마을 이름을 고쳐 썼다. 결국 '엘도라도Eldorado'에 오신 것을 환영한다는 내용의 간판이 만들어졌다. 간판이 너무 멋있어서 바꾸지 않았는지, 다른 페인트공을 데려올 돈이 없었는지, 그것도 아니면 어쩌면 그 이름이 예전에 감히 입에 올리지 못한 마을 사람들의 꿈에 울림을 주었는지 정확히 알 수 없다. 어쨌거나 그 이름이 그대로 굳어졌고 100년 후 나는 일리노이주 엘도라도에서 태어나 자라게 되었다.

엘도라도에는 아이들이 다니는 학교가 두 곳 있었다. 나는 교구에서 설립한 세인트 메리스 학교라는 작은 학교에 다녔다. 19세기 나무 벽돌집처럼 보이는 흑적색 벽돌 건물 안에 널찍한 교실이 두 개 있었고 각 교실에는 네 개 학년의 학생들이 네 줄로 앉아 공부를 했다. 맨 왼쪽 창가가 1학년이었으며 해가 바뀌면 출입문 쪽으로 한 줄씩 이동했다.

1학년 시절 창가 어딘가에 앉아 있던 나는 친구들과 이야기 나누기보다는 책을 읽으며 보내는 시간이 더 많았다. 그게 좋았다. 나는 우선 둘째 줄에 앉은 아이들이 공부하던 것을 모두 읽었다. 그다음에는 셋째 줄에 앉은 아이들의 책을 읽었다. 4학년 아이들이 배우는 것을 전부 읽은 게 언제였는지는 정확히 기억나지 않는다. 둘째 줄에 앉아 있을 때였던 것만은 확실하다. 40명의 아이들이 한 교실에 모여 있는 환경에서 나 같은 아이를 가르친다는 것은 성자가 아닌 이상 대단한 인내심이 필요한 일이었을 것이다. 로즈 마거릿 수녀님, 샐리시아 수녀님, 나중에 날 가르치셨던 이그네이셔스 수녀님 모두 성자셨다.

둘째 줄에 앉아 있을 때 놀라운 일이 일어났다. 선생님이 나의 부모님과 이야기를 나눈 이후 내 방 한구석에 갑자기 책이 나타나기 시작한 것이다. 반쯤 비어 있던 책꽂이가 요술처럼 온갖 종류의 책들로 가득 찼다. 동화, 과학 백과사전, 영웅담, 물론 가톨릭 성자들의 위인전도 빠지지 않았다. 4학년 말이 되어 남동생 조가 셋째 줄에, 여동생 카렌이 첫째 줄에 앉아 있고 막내 그렉이 학교 다닐 준비를 할 무렵 난 그 책들을 전부 독파했다.

그 과정에서 나는 다른 사람이 되었다. 세상의 눈에는 여전히 조그만 아이에 불과했겠지만 매일같이 나는 문학과 허구의 거장들을 만났다. 폴 버니언,* 톰 소여, 럼펠스틸스킨,** 아빌라의 성

---

* 미국 민담에 등장하는 괴력의 나무꾼.
** 그림동화에 등장하는 난쟁이 마법사.

녀 테레사 등이 월넛가에 사는 이웃처럼 생생하게 느껴졌다. 나는 두 개의 평행 세계에 살기 시작했고 어디서든 내가 다르다거나 외롭다고 느끼지 않았다. 이 경험은 훗날 내 인생에 큰 도움이 되었다. 작은 교실 안에 놀랍도록 말없이 앉아 있던 그 시절 나는 매일매일 여왕이나 갓 결혼한 행복한 신부가 되기도 하고 성자로 추대되기도 했다.

당시의 추억 중 또 하나를 여전히 생생하게 기억한다. 샐리시아 수녀님은 글을 깨우치지 못한 아이들을 가르치려고 전심전력을 다했다. 나는 그 아이들의 고통스럽게까지 들리던 책 읽는 소리를 수업 시간 내내 인내심 있게 들어주고 그것도 모자라 방과 후에는 하루에 한 명씩 붙잡아놓고 글을 가르치던 수녀님을 지켜보았다.

나의 단짝 친구 짐도 늦게까지 학교에 남아 공부를 했다. 샐리시아 수녀님이 짐의 머리 위로 고개를 숙이면 내가 알던 골목대장, 세상에 모르는 것이 하나도 없고 마치 톰 소여와 허클베리 핀이 합체되어 20세기 중반에 환생한 것처럼 보이던 짐은 온데간데없이 사라졌다. 샐리시아 수녀님이 물어보는 글자를 더듬더듬 읽어 내려가는 새로운 짐은 풀이 죽은 허약한 아이였다. 불굴의 아이처럼 보이던 짐이 그렇게 자신 없는 모습으로 탈바꿈한 것을 보면서 내 머릿속은 뒤죽박죽이 되었다. 수녀님과 짐은 약 1년 정도 조용히 그러나 결연하게 방과 후 학교에 남아 함께 공부했다. 샐리시아 수녀님은 짐의 가족에게 짐이 아주 똑똑한 아이이므로 글을 읽을 수 있도록 보충 수업을 해줘야 한다고 말했다.

　내가 들은 말은 그게 전부였지만 그 시절 나는 두 가지 사실을 깨달았다. 첫째, 샐리시아 수녀님의 결심이 정말로 단호했다는 점이다. 짐이 포기하려고 했을 때도 수녀님과 짐의 어머니는 아주 집요하게 짐의 잠재력에 매달렸다. 둘째, 짐이 셋째 줄로 자리를 옮겼을 때 그는 예전처럼 건방지고 대담하고 통제불능인 나의 오랜 친구로 되돌아와 있었다. 나는 샐리시아 수녀님과 짐의 어머니가 드디어 기적을 이뤘음을 깨달았다.

· · ·

　독서를 배운다는 것은 정말이지 기적 같은 이야기다. 그 이야기 안에 가득한 수많은 발달 과정의 손에 이끌려 아이는 자신이 사용하는 말 속에 숨겨진 풍요로운 세상으로 들어간다. 소크라테스와 고대 인도의 학자들은 직접 말을 듣지 않고 문자를 통해 읽음으로써 여러 층으로 이루어진 의미, 음성, 기능, 가능성 등을 이해하지 못할까 봐 염려했다. 실제로 아이들의 독서, 특히 독서 학습의 시기를 살펴보면 기존에 구축되어 있던 다중 구조들이 합쳐져 독서에 필요한 뇌 회로를 만들고 그 구조들이 각각의 층에 얼마나 많은 기여를 하는지 확인할 수 있다. 따라서 아이들의 독서 발달을 관찰하면 인류가 성취한 업적의 기본 토대, 특히 다섯 살이 될 때까지 아이를 준비시키고 다양한 방법으로 확대되어나가는 상호 연관된 여러 프로세스들을 엿볼 수 있으며 그것을 통해 향후 독서 발달을 예측할 수 있다.

음운론적 발달은 아이가 단어를 구성하는 음성의 작은 단위들을 점진적으로 듣고 분할하고 이해하는 과정으로 문자를 해독할 때 문자 음성의 규칙을 터득하고 배우는 능력에 결정적인 역할을 한다.[8]

철자 발달은 아이가 사용하는 언어의 문자 체계가 구술 언어를 어떻게 표시하는지 배우는 과정으로 향후에 이어지는 모든 프로세스에 결정적인 토대가 된다. 아이는 문자의 특징, 흔히 사용되는 문자 패턴 그리고 영어의 경우 '시각 어휘*' 등 책에 쓰인 문자의 시각적 측면과 새로운 단어의 철자를 배워야 한다.

의미론적 발달과 화용론적 발달은 주변 환경 속 언어와 문화를 통해 점점 더 많은 단어의 의미를 알아가는 과정이다. 아이가 자신이 열심히 해독해낸 단어가 무엇인지 인지하고 '아하!' 하는 감탄사를 연발하는 가운데 그 과정은 점점 빠른 속도로 의미를 이해하는 능력을 강화하고 촉진한다.

통사론적 발달은 문장의 구조와 문법적 형태를 배우는 과정으로 이를 통해 아이는 여러 단어들을 가지고 문장과 짧은 글과 긴 이야기를 구성하는 원리를 터득한다. 또한 텍스트 안에서 사건들이 서로 어떻게 연관되는지 알게 된다.

---

* sight words, 일견 어휘. 단어의 스펠링을 하나하나 보지 않고도 자동적으로 인지할 수 있는 단어다.

형태론적 발달은 아마도 여러 체계들 가운데 학습에 할애되는 시간이 가장 적은 부분일 것이다.[9] 이는 의미를 나타내는 어근과 작은 의미의 단위(형태소)를 가지고 단어를 만들어내는 방법의 관례를 배울 수 있도록 준비시키는 과정이다. 'unpacked'라는 단어가 un-pack-ed라는 세 개의 부분으로 이루어져 있고 이 부분들이 분리된다는 것을 배운 아이는 그것을 보다 빨리, 보다 잘 읽고 인지한다.

이 모든 발달이 합쳐지면 아이는 단어를 이루는 부분들을 보다 빨리 인지하고 보다 쉽게 해독하고 철자를 쓸 수 있다. 이미 알고 있는 단어는 물론이고 모르는 단어에 대한 이해까지 증진된다. 아이가 문자화된 단어에 많이 노출될수록 언어 전체에 대한 암시적, 명시적 이해가 커진다. 그런 점에서 소크라테스의 우려와 달리 아이들은 수메르인들과 같다.

독서학자인 하버드 대학교의 진 첼Jeanne Chall은 독서 학습이 예비 독서 단계에서부터 숙련 단계까지 몇 개의 단계를 거치며 순서대로 진행된다고 했다. 이 단계들은 '마치 자연사나 음악을 배우듯' 연구할 수 있다.[10] 실제로 나는 독서를 구성하는 요소들이 서로 얽히고설키며 엮여가는 것을 음악에 즐겨 비유한다. 최종적으로 우리의 귀에 들리는 음악은 여러 사람들의 연주가 합쳐져서 만들어지는 것이다. 각각의 요소들은 나머지 부분과 구분되지 않은 채 커다란 전체에 기여한다. 아이의 독서를 분석하면 전체에 공헌하는 각각의 연주자들을 보다 쉽게 구분해낼 수 있다. 그렇게 구분된 연주자들을 통해 우리는 오랫동안 까맣게 잊고 살았던 것, 다시 말해 단어 안에서 무슨 일이 일어나는지를 되살려볼 수 있다.

독서 발달의 역동적 변화

거기 그렇게 침대 위에 걸터앉아 책을 읽는 척했다. 내 눈이 까만 기호들을 하나도 빠짐없이 따라갔고 모든 음절을 꼼꼼하게 발음하며 이야기 하나를 큰소리로 읽었다. 그러다가 들켜서 - 일부러 그렇게 만들어서 - 한바탕 야단법석이 났다. 가족들이 나에게 알파벳을 가르쳐야 할 시기라고 판단했다. 나는 교리문답을 배우는 사람처럼 열광적으로 임했다. 심지어 나 스스로 개인 교습까지 시켰다. 엑토르 말로의 《집 없는 아이》를 들고 침대로 기어 올라갔다. 줄줄 외우고 있는 그 책을 절반은 암송하고 절반은 직접 해독하면서 한 페이지, 한 페이지 읽어나갔다. 마지막 페이지를 덮는 순간 나는 글을 읽을 수 있다는 사실을 알았다. 미치도록 기뻤다.[11]

— 장-폴 사르트르

장-폴 사르트르는 회고록인 《말》에서 난생처음 책을 읽은 기억과 그 경험으로 얻은 생생한 '미칠 것 같은 기쁨'을 회상하고 있다. 추억이라는 렌즈에 여과된 것이기는 해도 사르트르의 이야기는 무수히 많은 아이들의 경험과 다를 바가 없다. 반쯤은 외우고 있고 반쯤은 해독할 수 있는, 제일 좋아하는 책을 어느 순간 갑자기(갑작스러워 보인다) 혼자서 읽게 되는 놀라운 경험 말이다. 실제로는 어린 사르트르가 다양한 부분적인 지식의 원천을 꾸준히 축적해나가던 중 독서의 세계로 들어가는 문지방을 '갑자기' 넘어서면서 책 속에 들어 있는 비밀스러운 언어가 해독된 것이다. 이제부터는 사르트르가 암호를 풀고 열광한 그 순간부터 눈에 보이지 않는 단계를 거쳐 완전히 자립적인 숙련된 독서가가 될 때까지 차츰차츰 일어나는 역동적 변화를 차례대로 서술해보겠다.

이야기를 체계적으로 전개하기 위해 나는 이 장과 6장에서 독서가의 유형을 다음과 같이 다섯 가지로 나누고자 한다. 첫째, 입문 단계의 예비 독서가. 둘째, 초보 독서가. 셋째, 해독하는 독서가. 넷째, 유창하게 독해하는 독서가. 다섯째, 숙련된 독서가. 각각의 유형은 부지불식간에 거치게 되는 독서 발달의 역동적 변화를 단계별로 표현한 것이다.[12]

그렇다고 모든 아이들이 다 똑같은 방식으로 발달한다는 뜻은 아니다. 아이들의 학습 방법에서 관찰되는 무수한 차이를 가리켜 저명한 소아과 의사인 멜 러빈Mel Levine은 '각양각색의 마음'이라고 표현했다.[13] 마찬가지로 '각양각색의 독서가들'이 존재한다. 일부는 약간 다른 과정을 거치기도 하고 여기서 설명하는 것과는 다른 방식으로 멈췄다 나갔다를 반복하며 발달하기도 한다. 그들에 대한 이야기는 나중에 다시 하겠다.

입문 단계의 예비 독서가

사람은 인생에서 모두에게 인정받았음을 깨닫는 때가 두 번 있다. 첫 번째
는 걸음마를 배운 순간이고 두 번째는 독서를 배운 순간이다.[14]

— 퍼넬러피 피츠제럴드

4장에서 설명했다시피 입문 단계의 예비 독서가는 생후 5년간
'사랑을 주는 무릎'에 앉아 활자, 독서 교재, 평범한 말소리에 노
출되면서 방대하고 다양한 음성, 단어, 개념, 이미지, 이야기 등
의 맛을 보고 학습을 한다. 이 시기에 알아두어야 할 중요한 사
실은 독서가 아무에게나 저절로 일어나지 않는다는 점이다. 입문
단계의 독서는 몇 년간 축적된 지각적, 개념적, 사회적 발달의 진
행과 구술 언어 및 문자 언어에 노출된 결과물이다.

초보 독서가

아직 넘기지 못한 광활한 책장 위에 얌전하게 서 있는 그들의 모습이 보인
다. 파란 점퍼를 입은 제인, 갈색 색연필 머리의 딕, 공놀이를 하거나 우주
같은 뒤뜰을 탐험하며 자신이 주인공이라는 것도 모른 채 허구의 이야기를
시작하는 소년과 소녀.[15]

— 빌리 콜린스, 〈처음 글 읽는 아이〉

정말로 글을 읽을 수 있다는 것, 책장 위의 단어들을 해독하고

그 단어들이 모여 이야기가 된다는 사실을 깨닫게 되는 아이들을 바라보는 것보다 더 흐뭇하고 기분 좋은 순간은 없다. 최근에 나는 숲속 요정처럼 부끄럼을 많이 타는 아멜리아라는 아이와 함께 교실 바닥에 앉아 있었다. 아직 글을 깨우치지 못한 그 아이는 말수도 없고 나 같은 낯선 사람을 위해 큰소리로 글을 읽어보겠다고 나서는 일도 없었다. 그런데 그날 신기한 일이 일어났다. 언제나 그런 것처럼 아멜리아는 'The cat sat on the mat(고양이가 매트 위에 앉아 있었습니다)'라는 짧은 문장 안에 들어 있는 글자들을 뚫어져라 쳐다보았다. 겁에 질려 꽁꽁 얼어붙은 한 마리 사슴 같았다. 그러더니 아주 천천히, 그렇지만 완벽하게 그 단어들을 발음했다.

아이는 눈을 들어 나를 쳐다보았다. 아이의 눈썹이 올라가기 시작했다. 그러고는 그다음에 있는 짧은 문장, 그다음 문장을 연달아 읽으면서 매번 확인 차 나를 바라보았다. 한 편의 이야기가 끝날 무렵 아멜리아는 입이 귀에 걸리도록 커다란 미소를 지었고 나를 쳐다보며 확인하지도 않았다. 드디어 글을 읽기 시작했다는 걸 아이가 깨달은 것이다. 아멜리아의 집에는 영어나 다른 언어로 쓰인 책이 거의 없었다. 아직도 가야 할 길이 멀지만 그래도 이제 독서의 첫걸음을 내디딘 것이다.

아멜리아가 경험한 독서의 예비 단계가 무엇이든 그 아이가 처한 문해 환경이 어떠한 것이든 선생님이 어떤 교수법을 사용하든, 다른 모든 초보 독서가들과 마찬가지로, 아멜리아가 처음으로 해야 하는 일은 책에 쓰인 문자를 해독하고 해독한 것의 의미를 이해하는 방법을 배우는 것이다. 그러기 위해서 모든 아이들은 우리 조상들이 수천 년에 걸쳐 서서히 발견해나간 알파벳 원리를 이해해야 한다.

아이들은 자전거 타기에서부터 죽음의 개념에 이르기까지 모든 종류의 학습을 할 때 개념의 파편에서 출발해 온전한 하나의 개념을 이루기까지 지식의 연속체를 따라 발달한다. 처음 글을 읽으려고 애쓰는 초보 독서가들은 알파벳 원리의 기본 개념 가운데 일부만을 이해하고 있다. 나는 독서 전문가인 메릴 피샤Merryl Pischa가 학생들에게 매년 던지는 질문을 곧잘 인용한다. "아이들에게 요구하는 일 가운데 가장 힘든 일은 왜 항상 그들이 난생처음 하는 일이란 말인가!?"[16]

대체로 (유치원이나 초등학교 1학년 과정의) 아이들은 독서 학습을 시작할 때 책에 쓰여 있는 단어가 뭔가를 의미한다는 개념을 갖고 있다. 부모나 자기를 돌봐주는 어른, 교사들이 책 읽는 모습을 본 적이 있기 때문이다. 하지만 책에 있는 단어들이 언어의 음성으로 이루어져 있고 문자가 그 음성을 전달하며 각각의 문자가 한두 개의 특정한 음성을 전달한다는 개념을 확실하게 아는 건 아니다.[17]

초보 독서가가 해야 하는 중요한 발견은 문자가 언어의 음성과 연결되어 있다는 개념으로 이는 아멜리아의 경우에서 보았듯이 시간이 지나면서 조금씩 확실해진다. 이것이 바로 알파벳 원리의 핵심이며 향후 진행될 아멜리아의 독서 발달에 기초가 되는 것이다. 아멜리아가 밟아야 하는 다음 단계는 문자 해독을 하면서 자소와 음소 간의 대응 규칙을 전부 배우는 일이다. 놀라운 발견인 동시에 노력이 많이 드는 일이다. 이 두 가지 과제를 도와주는 것이 언어 학습의 음운론적 영역, 철자 영역, 의미론적 영역의 세 가지 암호 해독 역량이다.

'CAT'은 세 개의 소리로 이루어져 있다: 음운론적 발달

아이는 하루하루 더듬거리면서 단어 속 문자의 해독 방법을 배우는 동안 여러 가지를 발견한다. 그 발견들은 음운론적 발달에 중요한 한 가지 측면인 음소 인지를 증진한다. 아이는 음성 연속체에 포함되어 있는 크고 작은 음성의 단위, 즉 문장에 든 단어(kitty+cat), 단어 안에 든 음절(kit+ty), 단어와 음절 안에 든 음소(/k/+/a/+/t/)를 서서히 듣기 시작한다.[18] 이 모든 것이 독서 학습을 촉진한다.[19]

초보 독서가들은 규모가 큰 단위를 듣고 그것을 분절하는 방법을 배운다. 서서히 음절과 단어 안에 들어 있는 작은 단위의 음소들을 듣고 다룰 줄 알게 되는데 이 능력이 바로 독서 학습의 성공 여부를 알려주는 가장 좋은 예측 도구다.[20] 스탠퍼드 대학교의 코니 주얼은 초등학교 1학년과 2학년 과정에서 문자 해독을 학습할 때의 초창기 음소 인지가 결정적인 역할을 한다는 사실을 발견했다.[21] 1학년 때 해독 능력이 떨어지는 아이들 가운데 88퍼센트는 4학년이 되어서도 독서를 제대로 하지 못했다.

교사들은 가능한 기회를 모두 이용해 아이들이 단어 속 음소를 인지하도록 도와야 한다. 예를 들어, 단어의 각운과 두운 구조를 듣고 분할하는 능력을 키워주는 동요를 함께 부르거나 단어에 들어 있는 음성에 맞춰 손뼉 치기, 글자 쓰기, 춤추기 등 부담 없는 '즉흥 게임'을 할 수 있다.

음운론적 결합 또는 음성 결합은 아이가 개별적인 음성을 결합시켜서(말 그대로 합쳐서) 음절이나 단어같이 좀 더 큰 단위를 만들어내는 능력(s+a+t의 결합을 통해 sat을 만들어내는 능력)이다. 음소 인지 능력과 마찬가지로 결합도 연습하고 점점 더 많은 문자를 읽음으로써 천천히, 꾸준히 발달한다.

최근 들어 결합을 가르치는 참신한 방법이 많이 등장했다. 그중 할렘의 교사인 조지 O. 큐러튼George O. Cureton이 사용하는 접근법이 흥미롭다.[22] 그는 아이들 각각에게 문자의 음성 역할을 할당해주고 아이들을 한 줄로 세운 다음 음성이 결합되어 단어가 만들어지는 방법을 실제 행동으로 '연기'하게 했다. 다음과 같은 장면을 상상해보라.

첫 번째 아이가 '스~' 소리를 내며 발음이 오래 지속되는 치찰음 /sss/를 연기하다가 두 번째 아이에게 슬쩍 부딪친다. 두 번째 아이는 큰 소리로 열린 후음 /a/를 최대한 길게 발음한다. 그 아이가 그다음 아이를 살짝 건드리면 세 번째 아이는 지속성이 없는 '폐쇄' 자음 /t/ 소리를 낸다. 밀치기를 처음 시도할 때는 교실 안에 난장판이 벌어진다. 하지만 그것을 반복하면서 교사의 유도에 따라 행동이 좀 더 빠르고 부드러워지면 s-a-t가 sat으로 변한다.

아이들은 두 지점, 즉 두음이라고 부르는 음절의 맨 앞에 오는 음성과 각운이라고 부르는 음절의 끝 모음+자음 패턴('cat'에서 'at')을 특별히 강조해주면 훨씬 쉽게 학습을 한다.[23] 지도 방법에 따라 다르기는 하지만 아이들은 두음(c)을 배우고 거기에 각운(at)을 덧붙인 다음 둘을 결합해 하나의 단어를 만든다. 그것이 끝나면 각운은 그대로 둔 채 좀 더 어렵고 다양한 두음을 붙여본다. ch+at=chat이 되고 fl+at=flat이 된다.

이 접근법은 큐러튼의 교수법보다 점잖아 보인다. 하지만 목표는 똑같다. 아이가 음성의 단위들을 매끄럽게 연결할 수 있도록 도와주는 것이다. 결합은 사뭇 쉬워 보이지만 많은 아이들, 특히 독서 장애를 가진 아이들에게는 학습을 방해하는 요소가 된다.

초보 독서가들이 음소를 인식하고 결합할 수 있도록 도와주는 방법 중 유용한 것으로 '음운론적 재부호화'라는 것이 있다.[24] 큰소리로 읽기를 시키면서 이름만 그럴듯하게 붙인 것이라고 생각할 수도 있다. 하지만 두 부분으로 이루어지는 역동적 프로세스에 붙인 이름치고 '큰 소리 내서 읽기'는 너무 단순해 보인다. 큰소리 내서 읽기는 아이들에게 구술 언어와 문자 언어 사이의 관계를 분명하게 강조해주는 역할을 한다. 이 방법은 초보 독서가들에게 나름의 자가 학습법을 제공하는 '독서 학습의 필수 코스'라고 할 수 있다.[25]

뉴질랜드의 유명한 교육가 마리 클레이Marie Clay의 업적을 이어나가고 있는 보스턴의 독서 전문가 아이린 파운타스Irene Fountas

와 게이 수 피넬Gay Su Pinnell의 지론에 따르면 교사나 듣는 사람은 큰 소리 내서 읽기를 통해 특정한 아이가 사용하는 전략과 습관적으로 저지르는 전형적인 실수를 파악할 수 있다.[26] 큰 소리로 책을 읽으면 단어에 대해 아는 것과 모르는 것이 금방 드러난다. 전형적인 초보 독서가였던 초등학교 1학년생 티미가 단어 중간에 있는 글자를 매번 틀리게 읽던 것이 아직도 생생히 기억난다. 교과서에 실려 있던 작은 집에 대한 이야기 도입부에서 티미는 'house(집)'라는 단어를 'horse(말)'로 잘못 읽은 뒤 그 이야기를 끝까지 다 '읽어나갔다'. 티미는 본의 아니게 '말'에 대한 이야기를 새로 지어내고 있었던 것이다. 교과서에 실려 있던 집에 대한 따분한 이야기를 송두리째 뒤바꿔놓은 티미의 멋진 '말' 이야기 덕분에 우리는 그 아이가 저지른 실수의 원천이 무엇인지 이해할 수 있었다.

앤드류 바이밀러는 티미 나이 또래의 아이들이 저지르는 전형적인 실수를 연구해 나이 어린 초보 독서가들이 대부분 거쳐 가는 짧고 충분히 예측 가능한 세 단계를 알아냈다.[27] 우선 그들은 의미론적, 통사론적으로는 적절하지만 음운론적으로 또는 철자법상으로 실제 단어와 동떨어진 실수를 한다('father(아버지)'라고 해야 할 것을 'daddy(아빠)'라고 하는 경우). 자소와 음소 간의 대응 규칙을 몇 가지 배우고 나면 철자법상 비슷하지만 의미론적으로 맞지 않는 실수를 보이기도 한다(티미가 'house'를 'horse'로 잘못 읽은 경우).

초보 독서가 단계에서 벗어날 무렵의 아이들은 철자법상으로나 의미론적으로 일리가 있는 실수를 한다('ball(공)' 대신에 'bat(야구방망이)'라고 하는 경우). 보다 유창한 해독 능력으로 넘어가는 과도기의 아이들이 단어에 대해 가지고 있는 다양한 지식의 원천을 독서에 통합하는 것이다. 바이밀러의 연구 결과에서 또 하나 중요한 점은 성공적인 독서 학습을 하는 아이들의 경우 독서 초기에 나타나는 이런 실수의 단계에서 주저앉지 않고 금방 극복해서 다음 단계로 발전해나간다는 사실이다.

'누가 요트를 어렵다고 했는가?Who said yachts are tough?'
: 이 문장을 읽기 위해 철자 발달이 필요한 이유

영어에는 대변을 일컫는 단어를 sh_t로 표기하는 재미난 청교도적 전통이 있다. 여기서 밑줄이 모음 'i'를 대신한다는 것은 누구나 다 아는 사실이다. 이러한 '대리 문자'는 고상한 취향과 정확한 철자 사이에 다리를 걸치고 있다. 이 밑줄은 또한 모든 시각적 상징이 얼마나 자의적인지, 언어의 음성을 표현하는 데 사회적으로 승인된 시스템이 얼마나 중요한지 보여주는 예다. 철자 발달이란 일반적으로 흔히 사용되는 글자 패턴의 레퍼토리와 언뜻 불규칙해 보이는 용법을 포함해 특정 언어를 표현하는 시각적 관례들을 모두 배우는 과정이다. 여기서 가장 중요한 점은 이러한 글자들의 시각적 패턴과 자주 사용되는 문자 조합을 표상으로 전환하는 과정이 자동화될 수 있다는 사실이다.

아이들은 사회적 관습인 철자법을 한 번에 하나씩 학습한다. 책 읽어주는 사람의 무릎 위에서, 독서하는 어른의 옆구리에서 예비 독서가들은 영어 문장의 단어들을 왼쪽에서 오른쪽 방향으로 읽어야 하고 단어 안의 문자도 왼쪽에서 오른쪽으로 읽어야 한다는 것을 경험적으로 터득한다. 그다음으로는 공간적 통찰이 아니라 패턴 불변성 같은 인지적 통찰을 한다. 많은 아이들은 'A'가 어떤 폰트로 되어 있든 항상 'A'라는 사실을 배워야 한다. 그와 마찬가지로 일부 아이들은 대문자와 소문자가 똑같은 문자의 표현이라는 것을 배워야 한다.

하지만 정작 힘든 일은 영어 특유의 다양한 문자 패턴을 이용해 음성을 전달하는 방법을 배우는 것이다. 공통적인 어근을 많이 공유하고 있는 두 언어의 단어를 하나 살펴보자. '고함을 치다'라는 의미인 영어 'shout'와 독일어 'schreien'에서 영어의 'sh'와 독일어의 'schr'는 서로 모양이 비슷하지만 두 문자 패턴은 모두 각 언어에서 널리 사용되는 고유한 철자적 표현이다. 프랑스어의 'ois'와 스페인어의 'lla' 및 'ña'도 마찬가지다.

초보 독서가들은 각자의 언어에서 흔히 사용되는 공통적인 문자 패턴과 'have', 'who' 그리고 'Who said yachts are tough?'에 들어 있는 모든 단어처럼 음운론적 규칙에 맞지 않지만 문자 언어에 빈번하게 등장하는 많은 단어들을 전부 흡수한다. 흔히 사용되는 대다수의 단어들은 아이들의 음운론적 지식으로도 해독이 된다.

하지만 그렇지 않은 몇몇 아주 중요한 단어들이 존재한다. 불규칙한 철자를 가진 이 단어들을 '시각 어휘(일견 어휘)'라고 하며 아이들은 이러한 철자적 표상을 자기 것으로 만들어야 한다. 다행스럽게도 영어의 규칙을 알고 있다면 불규칙한 철자를 가진 단어는 흔히 생각하는 것보다 적은 편이다.[28] 'yacht'처럼 가장 불규칙한 철자의 단어들도 부분적인 불규칙성에 불과하다고 할 수 있다.

이름이야 무엇이라고 붙이든, 초보 독서가들의 철자 발달을 도우려면 활자에 많이 노출시켜야 한다. 수없이 많은 연습이 필요하다는 말이다. 워싱턴 대학교의 신경과학자이자 교사인 버지니아 버닌저Virginia Berninger와 그녀의 연구팀은 가장 흔히 사용되는 시각적 덩어리가 아이의 뇌에 얼마나 많이 노출되어야 철자 표상이 이루어져 'ant' 같은 단순한 문자 패턴이 눈 깜짝할 사이에 'chant'와 'enchantment'가 될 수 있는지 연구했다.[29] 이렇게 되려면 눈만 깜짝해서는 물론 안 된다.

하지만 시각 체계가 'chant'의 'ch' 같은 자음군과 'enchantment'의 'en'과 'ment' 같은 형태소를 분리해낼 수 있으면 독서의 속도가 어마어마하게 빨라진다. 흔히 사용되는 모음 패턴, 형태소 단위, 영어의 다양한 철자 패턴(예를 들어, 많은 단어의 맨 앞에 오는 골치 아픈 겹자음들) 등을 확실하게 학습해놓으면 시각 체계가 수월하게 작업하는 데 도움이 된다.[30]

어쨌든 영어의 모음들은 전 세계의 모든 언어 가운데 가장 심하게 과로에 시달리는 상징이라고 할 수 있다. 다섯 개의 모음(y까지 포함시키는 경우 여섯 개의 모음)이 조합되어 이중, 삼중의 임무를 수행하며 10개 이상의 모음 음성을 만들어내는 문자 체계를 도대체 누가 또 고안해낼 수 있었겠는가? 영어를 배우는 모든 교실에서 영어의 문자 패턴에 대해 마크 트웨인이 터뜨린 울화통에 공감하는 목소리가 매일같이 울려 퍼진다.

익명의 작가가 쓴 다음 시에는 트웨인의 분노와 수천 명의 초보 영어 독서가들의 감정이 생생하게 표현되어 있다. 이중모음과 모음+r 그리고 모음+w 조합을 모두 배우면 난제가 일부 해결된다. 하지만 단어의 다양한 의미와 흔히 사용되는 형태소를 모두 배워야만 초보 독서가들의 다음절어 독서 속도가 훨씬 향상될 수 있다.

네가 이미 다 안다고 치고 예를 들어볼까?
tough와 bough와 cough와 dough
다른 사람들은 다 실수를 해도 넌 아니겠지?
hiccough, thorough, lough, through 말이야
잘했어! 이제
자주 보지 못했던 함정 같은 말을 배우고 싶겠지?
많이 들어보았지만heard 무시무시한dreadful 단어를 조심해
모양은 beard 같은데 귀에 들리기는 bird 같지.

dead 같기도 해. 발음은 bed지 bead가 아냐
오, 제발 deed라고 하지는 말아줘!
meat와 great와 threat를 조심해!
(각운은 suite와 straight와 debt와 맞지)
moth는 mother의 moth가 아니라네

bother에서도 both가 아니고 brother에서도 broth가 아니야

here와 there는 짝이 안 맞는다네

dear, fear와 bear, pear도 마찬가지지

dose와 rose와 lose도 마찬가지야

그런 단어들을 찾아보자고

goose와 choose

cork, work와 card, ward

font, front와 word, sword

do, go와 thwart, cart

이런 이런, 이제 겨우 시작일 뿐이야!

끔찍한 언어라고? 이것 보게나!

난 겨우 다섯 살에 그 말을 다 배웠다고

그런데 글자를 읽으려니까, 아무리 노력을 해봐도

쉰다섯 살이 되도록 다 깨우치질 못하겠네그려*

* 인용문에 쓰인 영어 단어의 발음
tough[tʌf] bough[baʊ] cough[kɔːf] dough[doʊ]
hiccough[híkʌp] thorough[θɜ́ːroʊ] lough[lɑːk]
through[θruː] beard[bɪrd] bird[bɜːrd] dead[ded] bed[bed]
bead[biːd] deed[diːd] meat[miːt] great[greɪt] threat[θret]
suite[swiːt] straight[streɪt] debt[det] moth[mɔːθ]
mother[mʌðər] bother[bɑːðər] both[boʊθ]
brother[brʌðər] broth[brɔːθ] here[hɪr] there[ðer]
dear[dɪɪ] fear[fɪr] bear[ber] pear[per] dose[doʊs]
rose[roʊz] lose[luːz] goose[guːs] choose[tʃuːz]
cork[kɔːrk] work[wɜːrk] card[kɑːrd] ward[wɔːrd]
font[fɑːnt] front[frʌnt] word[wɜːrd] sword[sɔːrd] do[duː]
go[goʊ] thwart[θwɔːrt] cart[kɑːrt]

'벌레bug'가 컴퓨터까지 고장낸다고!

초보 독서가들의 의미론적 발달

앞에서 나는 인지과학자 데이비드 스위니의 흥미로운 연구를 이용해 하나의 단어가 여러 가지 의미로 읽힐 수 있다는 것을 보여주었다. 물론 우리는 그 사실을 쉽게 잊어버린다. 그렇게 다양한 의미를 전부 모아 쌓아나가는 것이 어린 시절의 아름다운 측면 중 하나다. 그러지 못한다면 매우 안타까운 낭비가 될 것이다. 어떤 아이들은 단어의 의미를 알게 되면서 서투르게나마 자기가 해독한 것을 현실에 대입한다. 아멜리아의 경우에서 보았듯이 해독을 처음 시작하는 단계에서는 모든 단어들이 도전처럼 느껴진다. 아멜리아나 그녀와 비슷한 수천 명의 초보 암호 해독가들에게 의미론적 발달은 발음 중심의 교수법인 파닉스 옹호자들이 인정하는 것에 비해 훨씬 더 커다란 역할을 한다. 하지만 총체적 언어whole language 교수법의 옹호자들이 당연시하는 데 비하면 그 역할은 훨씬 적다. 의미론적 발달의 세 가지 원리는 교수법의 차이를 초월해 적용된다.

단어의 의미를 알면 독서의 질이 향상된다.

아이가 더듬거리면서 단어를 해독한 뒤 그 단어의 의미를 바로 알 수 있다면 그 아이의 발화가 단어로 인지되고 기억되고 저장될 가능성이 훨씬 높아진다. 코니 주얼이 강조하는 것처럼 독서 교육을 할 때 저지를 수 있는 가장 큰 실수 중 하나는 예를 들어,

아멜리아가 드디어 힘겹게나마 단어를 해독했으니 그것이 무슨 뜻인지 알 것이라고 추측하는 일이다.[31] 어휘력은 쉽고 빠른 해독을 돕는다.[32] 어른들에게도 같은 원리가 적용된다는 것을 보여주는 실험이 있다.

다음의 단어를 큰 소리로 읽어보라. 'periventricular nodular hete-rotopia(뇌실주위 결절성 이소증)', 'pedagogy(교수법)', 'fiduciary(피신탁자)', 'micron spectroscopy(마이크론 분광학)'. 이 단어들을 얼마나 빨리 읽을 수 있느냐는 여러분의 '해독' 능력뿐 아니라 기존 배경 지식에 따라 달라진다. 여러분의 기존 어휘 안에 이 단어들이 들어 있지 않다면 아마도 각각의 형태소(예를 들어, peri(주변의)＋ventricle(뇌실)＋ar(~성질의))를 분석해 의미를 추측하면서 발음을 개선해나갈 것이다. 어른들도 이미 알고 있는 단어는 훨씬 쉽게 효율적으로 읽는다.

독서가 단어에 대한 지식을 향상시킨다.

어휘력이라는 토대는 많은 아이들에게 특별한 '힘'이 된다. 임상의이자 언어학자인 레베카 케네디Rebecca Kennedy가 주장하는 것처럼 어휘력은 독서를 배울 때 '덤으로 따라오는' 구술 언어의 측면이다.[33] 나는 가끔 학생들에게 'agoraphobia(광장공포증)' 같은 특정 승후군을 설명해보라고 한다. 학생들이 머뭇거리면 'Dr. Spock's patient with agoraphobia refused to come to the group meeting in the wide-open lecture hall(광장공포증이 있는 스포크 박사의 환자가 널찍한 강의실에서 열리는 그룹 미팅에 오지 않겠다고 했다)'같이 해당 단어가 들어 있는 문장을 문맥으로 제공해준다. 그 문장이 충분한 문맥을 제공해주므로 'agoraphobia'라는 단어에 대한 학생들의 지식이 한 단계 높아진다. 문맥을 활용하는 능력은 독서를 통해 키워진다. 텍스트가 어려워질수록 초보 독서가들은 불완전한 개념을 '도출' 및 '문맥 이해' 능력과 결합해 많은 단어들을 기존 카테고리 속으로 밀어 넣는다. 그것을 통해 그들이 알고 있는 단어의 레퍼토리가 증가한다. 아이들은 학교에 다니는 동안 8만 8700개의 단어를 배워야 하고 그중 최소 9000개를 3학년 말까지 모두 학습해야 한다.[34] 그 사실을 생각해보면 아이의 어휘력 발달이 얼마나 중요한지 굳이 말하지 않아도 알 수 있다.

다의어는 의미 이해 능력을 높여준다.

이 원리는 유아기 독서 발달에 대한 두 종류의 이야기가 의미하는 바를 되새기게 한다. 루이사 쿡 모츠는 1학년에 입학하는 아이들 가운데 언어적으로 혜택받은 경우와 그렇지 못한 경우 사이의 차이를 약 1만 5000단어로 계산한다.[35] 정신이 번쩍 드는 숫자가 아닐 수 없다. 언어적으로 불리한 아이들이 그 차이를 도대체 어떻게 따라잡을 수 있을까? 학교에서 어휘력 향상을 돕는 명시적인 교육을 제공하면 문제가 일부 해결된다. 그렇지만 아주 간단한 동화라도 읽으려면 초보 독서가들은 단어의 표면적인 의미 이상의 것을 배워야 한다.[36] 또한 문맥에 따라 달라지는 단어의 여러 가지 의미와 기능을 알아야 하고 유연해져야 한다. 'bug'가 기어 다니기도 하고 병을 유발하기도 하고 운전할 수 있는 것이기도 하고 남을 염탐하기도 함을 알아야 하고 그것을 쉽게 적용할 수 있어야 한다.

나의 연구 코디네이터인 스테파니 고트월드Stephanie Gottwald의 경험담에 의하면 글을 잘 읽지 못하는 아이들에게 영어 단어에 하나 이상의 의미가 있을 수 있다고 말해주었더니 대다수가 충격받은 표정을 지었다고 한다. 'bug(벌레, 세균, 컴퓨터 버그, 자동차 이름, 도청장치)', 'jam(잼, 채워 넣다, 방해하다 등)', 'ram(숫양, 부딪치다, 박아 넣다 등)', 'bat(야구방망이, 박쥐 등)' 같은 단어를 배울 때 그들이 제일 먼저 보이는 반응은 "그럴 리가 없어요!"다.

어린 초보 해독가들은 문자화된 단어들도 (농담이나 말장난에 사용되는 말처럼) 여러 가지 의미를 가질 수 있다는 사실을 알아야 보다 많은 것을 이해할 수 있다. 단어의 다중의미 개념을 배운 초보 독서가들은 읽은 것에 대한 추론을 통해 보다 많은 의미를 얻으려고 노력하게 된다. 이것이 바로 독서가 한 단계 진보하는 비결이다. 여기서 잠시 어린 초보 해독가의 뇌에서 'bat', 'rat', 'bug' 같은 짧은 단어를 읽을 때 무슨 일이 일어나는지 살펴보자.

초보 독서가의 뇌가 보여주는 것

캣 스투들리의 그림은 단어 해독을 얼마나 잘하고 의미를 얼마나 잘 이해하는지와 상관없이 독서를 처음 시작한 초보 독서가들이 단어를 보았을 때 일어나는 일을 표현한다.[37] 성인들의 보편적 독서 체계와 마찬가지로 아이가 글을 읽는 경우에도 세 개의 커다란 영역이 활성화된다. 독서하는 아이의 뇌가 주요하게 해야할 일은 이 부품들을 연결하는 것이다.

성인과 달리 아이의 뇌에서 제일 먼저 활성화가 대거 일어나는 영역은 후두엽(시각 영역과 시각 연합 영역)의 넓은 부분과 후두엽 안쪽 깊숙한 곳, 측두엽 주변에 있는 방추상회라는 진화론적으로 중요한 영역이다. 좌뇌와 우뇌에서 활성화가 훨씬 더 크게 나타난다는 것도 매우 중요한 점이다.

이것이 반反직관적으로 보일 수 있다. 하지만 무엇인가에 능숙해질 때 무슨 일이 일어나는지 생각해보라. 어떤 기술을 배우든 처음에는 아주 많은 양의 인지적, 운동적 프로세싱과 그 기반이 되는 뉴런 영역이 필요하다. 기술에 익숙해짐에 따라 서서히 인지적 소비량이 줄어들고 뉴런 경로 또한 간결화, 능률화된다. 이것이 바로 뇌가 서서히 특화되고 자동화되는 발달 과정이다.

두 번째로 넓게 분포하는 영역은 측두엽과 두정엽의 다양한 부위로 여기에도 양쪽 뇌가 모두 참여하지만 좌뇌가 약간 더 활동적이다. 최근 워싱턴 대학교의 신경과학자들은 몇몇 특정 영역, 특히 각회와 상변연회를 아이가 성인보다 더 많이 사용한다는 사실을 알아냈다.[38] 이 두 영역은 음운론적 프로세스를 시각, 철자, 의미론적 프로세스와 통합시키는 데 아주 중요한 부위다. 측두엽에 있는 언어 이해에 필수적인 부위들을 베르니케 영역Wernicke's

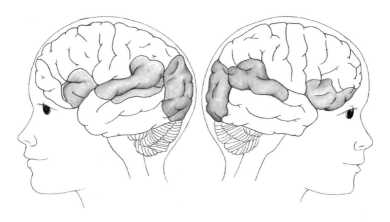

그림 5-1 독서를 처음 시작한 초보 독서가의 뇌

area이라고 부르는데 이곳 역시 아이의 뇌에서 매우 많이 활성화되었다.

가장 흥미로운 점은 한 가지 상황을 제외하고는 보편적 독서 체계에 있는 이 두 영역을 아이들이 훨씬 더 많이 사용한다는 사실이다. 성인이 아이보다 이 두 영역을 더 많이 사용하는 경우는 단어가 너무 어려워서 어린 시절에 쓰던 전략으로 되돌아가야 하는 때다. 예를 들어 여러분이 'periventricular nodular heterotopia (뇌실주위 결절성 이소증)'라는 단어를 읽을 때 경험한 상황이 그런 경우다.

아이들에게 세 번째로 중요한 뇌 부위는 전두엽의 일부, 특히 브로카 영역Broca's area이라고 부르는 좌뇌의 중요한 언어 영역이다. 전두엽이 기억과 같은 집행 프로세스와 음운론적, 의미론적 프로세스와 같은 다양한 언어 프로세스를 담당한다는 점을 감안하면 충분히 이해할 수 있는 이야기다. 성인이 독서를 하는 경우 전두 영역 가운데서도 좀 더 복잡한 이해와 집행 프로세스를 담당하는 영역이 더 많이 활성화된다.[39] 뇌의 하위층에 있는 다른 영역들은 성인과 아이 모두에게서 활발한 역할을 한다. 예를 들어, 소뇌와 시상이 있다. 시상은 뇌 배전판 가운데 하나로 뇌의 다섯 개 층을 모두 연결해준다. '작은 뇌'라는 의미의 소뇌는 독서에 필요한 여러 가지 운동과 언어 능력의 타이밍, 정확도에 기여한다.[40]

요컨대 나이 어린 초보 독서가의 뇌를 처음 보면 누구나 대단하다는 느낌을 받는다. 원래 다른 기능, 특히 언어의 시각, 운동 및 기타 다양한 측면들에 맞게 설계된 부위들이 점점 빠른 속도로 상호작용하는 법을 배우는 모습으로 보건대 그 안에는 애초부터 새로운 연결을 만들어낼 수 있는 뇌의 역량이 전부 들어 있다.

해독을 시작한 일고여덟 살짜리 아이의 뇌를 관찰해보면 그동안 아이의 뇌가 얼마나 많은 것을 이루었는지, 우리가 최초의 토큰을 읽는 뇌에서 얼마나 많이 진화했는지 모두 알 수 있다. 이 세 개의 주요 부위가 기본적인 해독을 하는 독서 단계의 기초가 된다. 그렇지만 유창성이 증가함에 따라 날로 선명해지는 독서하는 뇌의 초상에 흥미로운 경고 신호가 따라붙는다. 이것은 곧 독서가 다음 단계로 진보할 수 있다는 증거이기도 하다.

해독하는 독서가

해독하는 독서가 단계의 아이가 글을 읽고 있으면 그 차이가 확연하게 귀에 '들린다'. 아멜리아가 책을 읽을 때 특징처럼 나타나던 힘겹지만 열성적인 발음은 어디론가 사라지고 없다. 대신에 바야흐로 유창한 독서가가 되기 직전의 매끄럽고 자신감 있는 소리가 들려온다.

해독 단계 독서가 중에서 내가 가장 좋아하는 아이는 밴이라는 베트남 소년이었다. 그 아이를 처음 만난 것은 우리 연구 센터의 멤버들이 집중 독서 교육이 필요한 아이들을 가르치는 몰든 여름 학교에서였다. 통찰력 깊은 선생님 필리스 쉬플러의 책임하에 밴은 2학년생 초보 독서가를 위한 교육부터 받기 시작했다. 밴의 학교 선생님들은 밴을 한 학년 유급시키고 싶어 했다.

하지만 밴은 4주 만에 모든 독서 테스트를 통과해 2학년은 물론 3학년의 실력까지 갖춘 소년으로 탈바꿈했다. 여름학교가 시작될 때 매우 힘겹게만 들리던 책 읽는 소리는 모두 사라지고 운율적 요소에 점점 더 주의를 기울이며 글을 읽게 되었다. 그뿐만 아니라 읽은 것을 이해하는 데 걸리는 시간도 향상되었다. 밴은 풍부한 표현력으로 책을 읽었고 읽은 내용을 거의 다 이해했다. 해독을 겨우 배운 아이의 주지하는 스타카토에서 매끄러운 리듬으로 책을 읽을 수 있는, 3학년 내용의 절반 정도는 유창하게 해독하는 독서가가 된 것이다.

약간의 설득 과정이 있었지만 독서 테스트 성적에 논란의 여지가 없었기 때문에 밴이 다니는 학교의 교장 및 교사 전원이 밴을 3학년으로 진급시키는 데 기꺼이 동의했다. 우리들과 밴의 가족 모두 너무 기뻤다.

그런데 이상한 일이 일어났다. 이듬해 여름 밴이 여름학교에 다시 들어온 것이다. 여름학교 과정을 맡아 지도하던 재능 있는 두 선생님 캐서린 도넬리 애덤스와 테리 조프 베나리예는 이번에도 밴이 유급할지 모른다는 이야기를 들었다. 그들은 밴을 필리스 쉬플러 선생님에게 다시 맡겼다.

그런데 놀랍게도 밴이 선생님 앞에서 유창하게 글을 읽는 것 아닌가! 선생님들과 나는 어리둥절해졌다. 필리스 쉬플러 선생님은 밴을 따로 데리고 나가 그토록 멋지게 글을 읽는데 왜 3학년 담임선생님은 밴이 독서를 못한다고 생각하는 것이냐고 물었다. 밴은 수줍어하며 이렇게 말했다.

"그러지 않으면 여름학교에 다시 올 방법이 없으니까요."

그때까지 우리 중 누구도 독서 장애를 가장하는 사람을 만난 적이 없었다. 밴이 최초였다.

'be'에서 'beheaded'로 한 걸음 나아가는 해독하는 독서가들

반半유창성semi-fluency을 갖춘 이 단계의 독서가들은 스스로 해독할 수 있는 단어 외에 최소 3000개의 단어를 더 배워야 한다.[41] 지금까지 배운 37개의 일상적인 문자 패턴으로는 충분하지 않다.

그러기 위해서는 한 단계 높은 수준의 일상적 문자 패턴에 노출되어야 하며 골치 아프도록 다양한 모음 기반의 각운과 이중모음들을 배워야 한다.

다음의 발췌 글에서 이중모음 'ea'가 포함되어 있는 사뭇 평범한 단어들을 살펴보라. 이중모음 'ea'의 다채로운 발음을 볼 수 있다.

There once was a beautiful bear who sat on a seat near to breaking and read by the hearth about how the earth was created. She smiled beatifically, full of ideas for the realm of her winter dreams.[*]

'ea'가 이렇게 다양하게 발음되는 것을 목격하면 일부 교사들이 영어 철자법 가르치기를 아예 포기하고 효과가 없음에도 아이들에게 문맥 안에서 모든 것을 다 배우도록 내버려두는 이유를 이해하게 된다. 하지만 문자 패턴을 단어 전체의 맥락에서 생각하면 일정한 규칙이 발견되는 경우도 있다. 예를 들어, 'ea' 뒤에 'r'이 오는 경우의 수는 두 개밖에 존재하지 않는다('dear'와 'bear'의 경우). 'ea' 뒤에 m, n, p, t가 오는 경우에는 발음이 항상 같다. 이 단계에서는 반유창한 해독 단계 독서가들이 많은 문자 패턴과 교과서 수준을 넘는 단어 안에 든 이중모음의 '시각적 덩어리'를 학습

---

[*] 인용문에 쓰인 영어 단어의 발음
beautiful[bjúːtɪfl] bear[ber] seat[siːt] near[nɪr] breaking[bréikiŋ] read[red]
hearth[hɑːrθ] earth[ɜːrθ] created[krieɪtɪd] beatifically[biːətɪfɪkəli] ideas[aɪdíːəz]
realm[relm] dreams[driːmz]

하는 것이 반드시 필요하다. 그와 더불어 이 덩어리들을 자동적으로 '보는' 훈련을 해야 한다. '시각 어휘'는 초보 독서가들의 실력 향상에 매우 중요한 요소다. '시각적 덩어리'가 해독하는 독서가를 반유창한 독서가로 발전시킨다. 'beheaded(참수당한)'가 'be(be동사) + head('머리'라는 명사) + ed(과거분사형)'라는 것을 빨리 알아차릴수록 보다 유창하게 단어를 식별하게 되고 그래야만 독서의 다음 단계에서 생각보다 훨씬 자주 등장하는 이 끔찍한 단어를 자기 것으로 만들 수 있다.

해독 단계의 발달과 그 발달이 이루어지지 못하는 경우

'단어 안에 무엇이 들어 있는지' 아는 것이 매우 중요한 이유는 그래야만 기초적인 해독에서 유창한 독서로 발전할 수 있기 때문이다. 혜택받지 못한 유년의 유산을 바로잡을 수 있는 단계가 바로 여기다. 그러지 않으면 그런 상태가 고착되어 평생 동안 계속된다. 독서학자인 키이스 스타노비치Keith Stanovich는 성서 구절에서 비롯된 '마태 효과'라는 용어를 사용해 독서 발달과 어휘력 사이의 건설적 혹은 파괴적 관계를 설명한다.[42] 마태 효과란 부유한 사람은 더욱 부유해지고 가난한 사람은 더욱 가난해지는 원리를 말한다. 어휘가 풍부한 아이들의 경우 이전에 습득한 단어들은 자동화되고 새로운 단어들이 추가된다.[43] 새로운 단어의 추가는 단어에 대한 순수한 노출과 새로운 문맥에서 새로운 단어들의 의미와 기능이 어떻게 도출되는지 아이가 생각을 함으로써 이루어진다. 이런 아이들은 유창한 독서를 할 준비가 된 것이다.

어휘가 빈곤한 아이들은 빈약한 의미론적, 통사적 발달로 인해 구술 언어와 문자 언어 모두에 타격을 입는다.[44] 어휘가 발달하지 않으면 부분적으로만 아는 단어를 완전하게 알 수 없으며 새로운 문법적 구조도 학습할 수 없다. 유창한 단어 인지는 어휘력과 문법적 지식에 의해 촉진된다. 아이가 단어와 그 용법을 거의 또는 한 번도 본 적이 없으면 해독하는 독서가들이 마스터하기 시작하는 일, 즉 점점 더 복잡한 교재들을 가지고 공부하는 일이 힘겨워진다.

최근 이자벨 벡Isabelle Beck과 동료 학자들이 기술한 것처럼 명시적인 어휘 교육이 소중함에도 대부분의 학교에서는 그런 교육을 거의 실시하지 않는다.[45] 그렇기 때문에 어휘력이 빈곤한 아이들의 상황은 점점 더 악화된다. '단어 안에 무엇이 있는지' 아는 아이들은 그렇지 못한 아이들보다 독서에서 몇 년을 앞서간다.

독서와 철자가 한 단계 발전할 때마다 아이들은 은연중에 단어 안에 무엇이 들어 있는지, 다시 말해 우리 언어에서 형태소를 이루는 어간, 어근, 접두사, 접미사에 대해 많은 지식을 배운다.[46] 아이들은 's(명사의 복수형)'와 'ed(동사의 과거형)'처럼 흔히 사용되는 의존 형태소를 알고 있다. 다른 단어에 붙은 것을 자주 보기 때문이다('moons' 안에 moon과 의존 형태소 s라는 두 개의 형태소가 들어 있다는 사실을 알고 있다).

해독하는 독서가들은 접두사('un', 'pre'), 접미사('er', 'ing') 등 여러 가지 유형의 형태소에 노출된다. 그리고 이들을 '시각 덩어리'로 읽을 수 있으면 독서와 독해의 속도가 빨라진다. 예를 들어, 아이들은 일부 형태소들이 단어의 문법적 기능을 변화시킨다는 사실, 다시 말해 'er'을 붙이면 'sing'이라는 동사가 'singer'라는 명사로 바뀐다는 사실을 은연중에 배운다. 그리고 많은 단어들이 철자상 유사한 공통 어근을 가지고 있으면 발음이 달라도 의미가 연관되어 있다는 사실을 알기 시작한다(예를 들어, sign, signer, signed, signing, signature).

그런데 영어의 '형태음소적' 문자 체계의 특성들 가운데 나머지 절반에 대해서는 명시적인 교육이 거의 이루어지지 않는다. 형태론 전문가 마샤 헨리Marcia Henry가 말하는 것처럼 'sign'과 'signature' 등은 영어의 '형태음소적' 성격을 나타내는 단어들로 'sign'의 'g'나 'muscle'의 'c'처럼 이상하게 보이는 묵음이 왜 당연히 들어가야 하는지 설명해줄 수 있는 완벽한 방법이 된다.[47] 형태론적 지식은 아이에게 '단어 안에 무엇이 들어 있는지' 알려줄 수 있는 훌륭한 지식임에도 유창한 독해력을 길러주는 데 제대로 활용되지 않고 있다.[48]

유창한 독해력을 갖추기 일보 직전 '위험한 순간'

책이 우리의 인생에 깊은 영향을 주는 것은 어쩌면 유년기에만 가능한 일일지 모른다……. 열쇠로 자물쇠를 따는 순간처럼 내가 글을 읽을 수 있다

는 것, 음절들이 열차의 객차처럼 연결되어 있는 독서 교본 속의 문장뿐 아
니라 진짜 책을 읽을 수 있다는 사실을 깨달았을 때 느꼈던 그 갑작스러움
을 지금도 분명하게 기억한다. 입에 재갈이 물리고 몸이 꽁꽁 묶인 채 로프
끝에 대롱대롱 매달려 허리까지 물이 차오르는 우물 속에 갇혀 있는 소년이
그려져 있던 종이 표지책. 그것은 딕슨 브렛 탐정의 모험이었다. 긴긴 여름
방학 내내 나는 그걸 비밀로 간직했다. 아니 그렇다고 생각했다. 내가 책을
읽을 수 있다는 사실을 아무에게도 알리고 싶지 않았다. 그것이 위험한 순
간임을 이미 알고 있었던 것 같다.[49]

— 그레이엄 그린

나는 유창성에 대해 많은 글을 썼다.[50] 하이파 대학교의 동료인
테이미 캐치어Tami Katzir와 함께 새로운 발달상의 정의를 다룬 책
도 썼다. 여기서 내가 말하고 싶은 것은 아주 간단한 것이다. 유
창성은 속도의 문제가 아니다. 그것은 단어를 구성하는 문자, 문
자 패턴, 의미, 문법적 기능, 어근과 어미 등 아이가 단어에 대해
서 가지고 있는 특별한 지식을 신속하게 사용해 충분히 생각하고
이해하는 능력이다. 단어에 대한 여러 가지 지식이 단어를 얼마
나 빨리 읽을 수 있는지에 기여한다.

따라서 유창해지는 것의 요점은 진정한 의미에서 읽고 이해하
는 것이다.[51] 해독하는 독서가의 단계가 끝날 무렵이 그린이 말한
'위험한 순간'의 관문과 저메이카 킨케이드와 애너 퀸들런이 묘사
하는 '평행 세계'의 초입에 다다른 순간이다. 이 지점에서 아이들
은 그린의 말대로 '열차의 차량처럼 연결되어 있는 음절들'을 아
주 빠른 속도로 해독할 수 있다. 그렇기 때문에 주인공이 처한 상

황이 무엇인지 추론할 수 있고 악당이 무슨 일을 할지 예측할 수 있으며 여주인공의 고통을 느낄 수 있고 자신이 읽고 있는 내용에 대해서 생각할 수 있다.

물론 해독하는 독서가들은 숫기도 없고 나이도 어리고 언어에 대해 점점 늘어나는 지식과 점점 커지는 추론 능력을 이용해 텍스트를 이제 막 독해하기 시작한 것에 불과하다. 존스 홉킨스 대학교의 신경과학자인 로리 커팅Laurie Cutting은 이러한 아이들의 독서 이해력 발달에 기여하는 비언어적 능력에 대해 설명한다.[52] 예를 들어, 작업 기억과 같은 주요 집행 기능과 추리, 유추 같은 이해력을 얼마나 잘 동원하느냐가 거기에 속한다. 작업 기억은 문자와 단어에 대한 정보를 잠시 저장해두는 일종의 임시 저장소 역할을 하며 그 정보와 아이들이 가진, 점점 정교해지는 개념적 정보를 뇌가 연결할 수 있도록 해준다.[53]

해독하는 독서가가 발달을 계속해나감에 따라 그들의 독해력은 이러한 집행 프로세스와 단어에 대한 지식과 유창성에 어쩔 수 없이 구속을 받는다.[54] 그것들은 모두 연결되어 있다. 유창성이 점진적으로 증가하면 추론이 가능하다. 추론과 통찰에 사용할 수 있는 시간이 늘어나기 때문이다. 유창성이 곧 높은 독해력을 보장하지는 않는다. 유창성은 집행 체계가 필요한 곳에 주의를 기울이도록, 다시 말해 추론하고 이해하고 예측하고 경우에 따라서는 조화롭지 못한 이해를 바로잡고 의미를 다시 해석하는 데 주의를 돌릴 수 있도록 추가적인 시간을 부여한다.

예를 들어, 해독하는 독서가는 《샬롯의 거미줄》에서 샬롯이 개입하지 않을 경우 윌버의 운명이 어찌될 것인지 안다. 그러한 개입 이면에 존재하는 기가 막히게 복잡한 거미줄 형상의 추론을 이해하게 만드는 것은 과연 무엇일까? 독서에서 이 단계는 텍스트에 쓰여 있는 것과 그렇지 않은 것을 섬세하게 혼합해 그것을 바탕으로 예측하는 방법을 배우기 시작하는 때다. 아이들이 난생 처음 '주어진 정보를 뛰어넘는' 방법을 배우는 시기이기도 하다.[55] 독서하는 뇌가 궁극적으로 가장 크게 공헌하는 바, 즉 사색할 시간이 생기기 시작하는 때라고 할 수 있다.

하지만 이 발달 단계에 있는 아이가 올바른 독해를 하려면 단어와 문장 또는 문단을 반복해서 읽어야 한다. 독해력을 높이기 위해 (예를 들어, 잘못된 해석을 바로잡거나 좀 더 많은 정보를 얻기 위해) 텍스트를 언제 다시 읽어야 하는지 아는 것, 이것이 바로 캐나다인 동료 모린 러벳Maureen Lovett이 말하는 '독해 모니터링'의 개념이다.[56]

러벳의 연구는 아이들의 메타인지적 능력, 특히 텍스트에서 읽은 것을 얼마나 제대로 이해하는지 스스로 생각할 수 있는 능력을 다룬다. 그녀는 이 발달 단계에서 뭔가 뜻이 통하지 않을 경우 전략을 수정할 수 있는 능력과 아이의 그런 수정을 격려하는 데 교사가 얼마나 강력한 역할을 하는지를 강조하고 있다. 이 시기가 끝날 무렵 해독하는 녹서가들은 독서를 하면서 새로운 방법으로 생각을 하게 된다.

영원히 퇴색되지 않을 능력, 감정

나이를 막론하고 독자는 발견을 해야 한다. 아이 독자는 그것을 가장 열심히, 가장 빠른 속도로 한다. 아이는 이야기 속에 자신을 내맡길 뿐 아니라 감각적 경험을 몽땅 이야기 속에 던져 넣는다. 그러한 경험 중 가장 강렬한 것이 인간의 유한성이다.[57]

— 엘리자베스 보웬

교사들은 독서하는 삶에 뛰어드는 것과 독서를 다른 목적 달성을 위해 견뎌야 하는 수단으로만 여기는 유년의 교착 상태에 머무는 것, 그 둘 사이의 티핑 포인트가 감정적 연대라는 사실을 잘 알고 있다. 유년기의 독해력 발달에 아주 중요한 영향을 미치는 것은 기억, 예측, 추론 다음에 오는 것, 즉 감정을 느끼고 감정이 입하는 것이다. 이를 통해 보다 완벽한 독해를 하게 되고 어서 빨리 책장을 넘기고 싶어진다.

올바르게 해독하는 단계에서 유창하게 해독하는 단계로 넘어간 아이에게는 좀 더 어려운 책에 도전해보라는 교사, 보호자, 부모 등의 진심 어린 격려가 필요하다. 아멜리아에게는 노력을 지지해주는 내가 있어야 했고 밴에게는 그의 선생님인 필리스 쉬플러의 도움이 필요했던 것처럼.

하지만 감정의 차원에는 또 다른 측면이 있다.《샬롯의 거미줄》이든 다른 어떤 책이든 그 안에 자신을 완전히 내던질 수 있는 능력이다. 모든 문자와 해독 규칙을 배운 뒤, 단어들의 비밀스러운 삶을 모두 파악한 뒤, 다양한 독해 프로세스가 전개되기 시작한 뒤 아이들이 평생 당당하게 독서를 사랑하고 유창하게 독해하는 독자가 되도록 능력을 발달시켜주는 것이 바로 감정의 도출이다. 영원히 퇴색되지 않을 이 능력이 바로 에이드리언 리치가 말하는 '초절기교로의 도약'과 독서 발달의 다음 단계와 최종 단계의 기초가 된다.

이것이 곧 지금의 우리를 형성하는 것이다. 그런 도약을 한 번도 해보지 못한 아이들은 일리노이주 엘도라도에서 3학년 줄에 앉아 성녀로 추대되고 행복한 결혼을 하고 처음으로 왕자님의 키스를 받은 어린 소녀가 무엇을 느꼈는지 결코 알 수 없을 것이다.

6장

숙련된 독서가 바꿔놓는 것

~

어린 시절에 읽었던 책들을 분석적으로 다시 읽어보면
모든 것의 단서를 발견할 수 있을 것으로 확신한다.
아이는 책 속에 산다.
하지만 그러려면 책이 아이 속에 살아 있어야 한다.[1]

— 엘리자베스 보웬

나만의 달콤한 시간을 갖고 싶어요.[2]

— 루크(아홉 살)

우리 연구에 참가했던 아이들 중 내가 좋아하는 루크라는 소년
이 있다. 앞으로 일어날 일을 예고라도 하듯 루크는 아주 독특한
방법으로 우리의 치료 교육 프로그램에 들어왔다. 보통 우리 연
구에 참가할 만하다고 판정되는 아이들은 글을 잘 읽지 못하는
경우들이다. 불굴의 노력을 기울였음에도 도무지 성과가 나오지
않아 지쳐버린 선생님들이 우리 프로그램을 추천해준다. 그런데
루크는 달랐다. 서의 자청해서 교육 프로그램에 들어왔기 때문이
다. 그 이유를 물어보자 아이는 진지하게 이렇게 대답했다.

"아리아 가사를 읽어야 하거든요. 더 이상 그걸 전부 외울 수가

없어요!"

그제야 안 사실이지만 루크는 보스턴 어린이 오페라단 소속이었다. 천부적인 재능을 가진 가수였지만 합창곡 가사를 읽을 수 있는 다른 아이 단원들을 더 이상 따라가기 어려웠던 것이다. 루크의 학교 선생님들은 루크가 속도가 약간 느리긴 하지만 글을 꽤 잘 읽는다고 생각해서 루크를 치료 교육 프로그램에 추천하지 않았다. 루크가 도달해야 하는 높은 수준과 비록 정확하기는 해도 힘겹게 글자를 읽는 실제 실력 사이의 간극을 선생님들이 제대로 알지 못했던 것이다.

임상 경험이 많은 우리의 선임 공동 연구원 캐슬린 비들이 몇 가지 테스트를 해보더니 글자 이름을 말하고 단어를 하나 읽는 데 걸리는 시간에 그렇게 심각한 문제가 있는 아이를 보지 못했다고 말했다. 루크의 지능과 독서 점수 사이에 상당히 놀라운 모순이 있다고도 설명했다. 치료 교육 프로그램을 이수하며 끈질기게 노력한 결과 루크는 합창곡 가사를 읽을 수 있을 만큼 만족스러운 수준의 유창성을 획득했고 해독하는 독서가에서 유창한 독서가로 변신했다. 루크를 통해 우리는 정확한 독서에서 한 단계 업그레이드된 유창한 독서로 넘어가는 것이 얼마나 어려운 일인지 배울 수 있었다.[3]

많은 아이들이 이 단계를 뛰어넘지 못한다. 루크의 독서 장애와는 약간 다른 이유 때문이다. 전미 독서교육위원회와 '전미 리포트 카드'의 최근 보고서에 따르면 4학년 아이 중 30~40퍼센트

는 독해를 제대로 하는 유창한 독서가가 되지 못한다고 한다. 충격적인 통계가 아닐 수 없다.[4]

상황은 점점 악화된다. 교사와 교과서 편찬자들을 비롯한 전반적인 교육 시스템이 4학년 이상의 아이들에게 사뭇 다른 것을 기대하기 때문이다. 초등학교에 입학하고 3년까지가 '독서 자체를 학습하는' 기간이지만 고학년에 올라가면 '학습을 위해 독서한다'는 말이 이러한 접근을 잘 요약해준다. 3학년 과정이 끝나면 교사들은 아이들이 충분히 자동적인 독서 능력을 갖추었으므로 난이도 높은 교재를 이용해 점점 더 많은 것을 '스스로' 배울 수 있다고 생각한다.

나 역시 마찬가지로 교사로 일할 때 똑같은 기대를 했었다. 4학년 담당 교사 대부분은 유창한 독서 능력을 갖추지 못한 아이들에게 독서를 가르칠 수 있는 훈련을 받지 않았다. 이건 그들만의 잘못은 아니다.

미국의 교육 시스템에서 제대로 드러나지 않는 문제점 가운데 하나는 정확하게 읽을 수는 있지만(대부분의 독서 학습의 기본 목표가 이것이다) 3, 4학년이 되어도 유창하게 독서하지 못하는 어린 초등학생들의 운명에 대한 것이다. 이 문제의 대책이 세워지지 않으면 그 학생들은 모두 그냥 잊힐 것이다.

우리는 발달성 난독증과 그 치료 방법에 대해서는 많은 것을 알고 있다. 하지만 빈곤한 환경과 어휘력, 각각의 아이가 필요로 하는 것에 잘 맞지 않는 교육 등 다양한 이유 때문에 제대로 진단도 받지 못한 채 유창한 독서 능력에 도달하지 못하는 일상적인 아이들의 문제에 대해서는 별로 알지 못한다. 이 아이들 가운데 일부는 해독하는 독서가가 될 수 있다. 하지만 자신이 읽은 것을 이해하면서 빠른 속도로 책을 읽을 수는 없다. 그들 중에는 루크처럼 '프로세싱 속도' 유형의 난독증인 경우도 있다. 이 문제는 나중에 다시 논의할 것이다.

이유야 어찌되었건 간에 40퍼센트에 가까운 아이들이 '학습부진'이라는 것은 끔찍한 잠재력의 낭비다. 이것이 바로 미국 교육의 거대한 '블랙홀', 반문맹의 뒷골목이며 그 안에 빠져드는 아이들이 점점 더 늘어나고 있다.

유창하게 독해하는 독서가

아이의 삶은 지나치게 큰 부분이 남들을 위한 것이다……. 어렸을 적, 문을 굳게 닫고 침대에 앉아 주위에 어둠이 드리울 때까지 책을 읽었던 것은 일종의 교화 행위였다. 내가 나 스스로를 위해 한 일은 이것, 오직 이것뿐이었고 그것은 내 삶을 나의 것으로 만드는 방법이었다.[5]

— 린 샤론 슈워츠

중학교 교실 서가에 꽂혀 있는 책 가운데 《기네스북》만큼 인기 있는 책도 없을 것이다. 존경스러운 사실들을 쉽게 찾을 수 있도록 분류해놓은 이 책은 유창한 독서 능력을 갓 습득한 독서가의 뇌에 유추의 기회를 제공하는 데 더할 나위 없이 좋다. 유창하게 독해하는 단계에 도달한 독서가는 여러 지식을 축적해나가고 온갖 종류의 원천으로부터 배울 준비가 되어 있다.

《기네스북》 같은 책을 읽는 아이들은 일반적으로 큰 노력 없이도 매끄럽게 해독을 하기 때문에 뇌 영상 기술이 없으면 그 안에서 무슨 일이 일어나는지 더 이상 알 수가 없다. 이때 교사와 부모는 유창하게 책 읽는 소리에 현혹되어 아이가 읽은 말을 전부 이해한다고 생각한다. 이렇게 문자화된 단어가 침묵하는 측면, 다시 말해 '되받아 말할 수 없는' 측면에 소크라테스가 맹공을 퍼부은 것이다. 해독이 곧 독해는 아니다. 독서하는 아이가 읽은 내용을 이해한다고 해도 이 단계의 목표는 그보다 한 수준 높다. 즉 반어법, 발음, 은유, 시점 등 단어에 대해서 알고 있는 다양한 용법을 적용해 가시적인 텍스트 아래 숨어 있는 것에 도달하는 역량을 키우는 것이다. 독서의 난이도가 높아짐에 따라 좋은 독서가는 비유법, 반어법 등의 지식을 통해 텍스트 안에 숨은 새로운 의미를 발견하고 단어 자체의 의미를 능가하는 내용을 이해하면서 발전을 거듭한다.

심리학자인 엘렌 위너는 《말의 특징》에서 은유가 '아이의 분류 능력에 창'이 되고 반어법을 통해 작가 고유의 '세상을 바라보는 태도'가 드러난다고 설명힌다.[6] 예를 늘어 마크 트웨인의 《허클베리 핀의 모험》 중 한 대목을 보라. 트웨인 특유의 반어법적 유머와 은유로 인해, 어린 독자들은 난해하고 가끔은 의도되지 않은 통찰을 하게 된다.

아래의 발췌 대목에서 헉은 쫓기는 신세인 흑인 노예이자 친구 짐과 뗏목을 타고 망망한 미시시피강을 건넌다. 짐의 정체가 들통나지 않도록 헉은 한 패거리의 남자들에게 짐이 천연두에 걸렸다고 거짓말한다. 남자들이 황망하게 사라져버린 뒤 헉은 회의에 빠진다.

그들이 가버린 뒤 나는 다시 뗏목에 올랐다. 기분이 언짢고 우울했다. 내가 한 일이 나쁜 짓이라는 것을 안다. 아무리 착한 일을 하려고 해도 소용이 없는 것 같다. 애초에 제대로 시작하지 못한 놈은 어쩔 수 없다. 위기가 닥치면 든든하게 지탱해주거나 스스로 내뱉은 말을 지키도록 해주는 것이 아무것도 없기 때문에 무릎을 꿇게 된다. 그리고 나서 나는 잠시 생각에 잠겼다. 이런 생각이 떠올랐다. '잠깐, 그럼 내가 올바른 일을 했다고 치자. 그래서 짐을 넘겨주었더라면 지금보다 기분이 좋을까? 아니지.' 난 생각했다. '기분이 무지 나빴겠지. 지금하고 똑같았을 거야. 그렇다면 올바르게 사는 법을 배울 필요가 뭐가 있지? 옳은 일을 하면 곤란해지고 나쁜 일을 하면 아무 문제도 안 생기는데 어차피 그 대가는 마찬가지라면?' 거기서 생각이 막혀버렸다.[7]

헉의 비틀린 논리와 자책이야말로 마크 트웨인의 진수 그 자체다. 유창한 독서를 시작한 어린 독자들은 트웨인의 반어법과 강렬한 이미지, 은유를 통해 읽은 내용의 겉모습 아래 숨겨진 작가의 뜻을 간파하는 방법을 배운다. 단순히 텍스트를 마스터하는 단계에서 텍스트 아래 감춰진 것을 발견하는 단계로 넘어가는 어린 독서가들에게는 판타지와 마법의 문학이 이상적이다.

《반지의 제왕》에서 선과 악의 초상을 그리기 위해 톨킨이 사용하는 여러 가지 이미지를 생각해보라. 중간계나 나니아, 호그와트는 은유, 추리, 유추 능력을 자라게 하는 비옥한 대지다. 이 땅에서는 액면 그대로 받아들일 수 있는 것이 아무것도 없다. 정신을 똑바로 차려야 반지 악령과 용들에게 들키지 않을 방법이나 정의로운 일을 할 수 있는 방법을 생각해낼 수 있다. 헉과 프로도는 각자 서로 다른 여행을 통해 거센 도전 앞에서도 꿋꿋하게 옳은 행동을 선택하는 법을 배웠다. 그들과 함께 여행한 어린 독자들도 마찬가지다.

판타지의 세계는 구체적인 것을 이해하는 인지 프로세스를 마친 아이들에게 완벽한 개념적 지지 환경이 된다. 유창한 독서가가 미시시피강을 따라 여행을 하거나 옷장 속 관문을 통과하면서 허구 속 주인공들의 삶에 몰입하는 방법을 배울 때 비로소 소크라테스의 대화처럼 사람을 변화시키는 강렬한 순간이 찾아온다.

그곳이 바로 독해 프로세스가 놀라울 정도로 증가하는 지점이다. 아이들은 바로 거기서 기존 지식을 연결하고 무시무시한 결과나 행복한 결말을 예측하고 위험이 도사리고 있는 골목을 통과하면서 추론을 이끌어내고 이해의 결함을 감시하고 새로 알게 된 단서, 사실 또는 지식의 편린으로 인해 기존의 지식이 어떻게 바뀌는지 해석하는 법을 배운다. 이 능력을 실행시키기 위해 그들은 단어나 문장, 생각 안에 겹겹이 쌓여 있는 의미를 하나하나 벗겨내는 방법을 배운다. 그것이 바로 오랜 시간에 걸쳐 진행되는 독서의 이 단계를 통해 텍스트의 표층에서 벗어나 그 아래에 숨겨져 있는 미지의 땅을 탐험하는 비결이다.

독서 전문가인 리처드 바카Richard Vacca는 이러한 변화를 '유창한 해독가'에서 '전략적 독서가'로의 발전이라고 설명한다.[8] 다시 말해 '독서를 하기 전과 하는 동안 그리고 독서가 끝난 후 기존의 지식을 활성화시켜 텍스트에서 중요한 것이 무엇인지 판단하고 독서 중과 독서 후에 정보를 종합해 추론을 이끌어내고 문제 제기를 하면서 잘못 이해한 것을 스스로 알아 교정할 수 있는 독서가'가 된다는 뜻이다.

일반적으로 성년에 이를 때까지 계속되는 이 여정에는 프로도, 해리, 짐, 헉 앞에 놓였던 것과 똑같이 많은 장애물이 있다. 애초부터 어린 중학생 독서가들은 새로운 방법으로 생각하는 법을 배워야 한다. 그럴 준비가 되어 있는 아이가 많은가 하면 그렇지 못한 아이들도 많이 있다.

그럼 이 단계는 어떻게 일어나는 것일까? 저명한 교육심리학자인 마이클 프레슬리Michael Pressley의 주장에 따르면 유창한 독해에 가장 크게 도움이 되는 것 두 가지는 주요 내용에 대한 교사들의 명시적 지도와 아이 자신의 독서 의욕이라고 한다.[9] 교사와 대화를 나눔으로써 학생들은 읽은 것의 핵심에 도달하는 중요한 문제에 대해 스스로 문제 제기를 할 수 있게 된다.

예를 들어, 안느마리 펠린사Annemarie Palincsar와 앤 브라운Anne Brown이 창안한 상호교수법reciprocal teaching에서는 학생들이 이해하지 못한 것을 질문하고 읽은 내용을 요약하고 주요 이슈를 식별해 명확하게 설명하고 그 이후에 이어질 것을 예상하고 추론할 수 있도록 교사들이 도와준다.[10] 소크라테스식 대화를 변형한 이 교수법이 성공적으로 수행되면 학생들은 점점 더 복잡해지는 텍스트에서 의미를 추출할 수 있으므로 평생토록 활용할 수 있는 접근법을 얻을 수 있다.

아이들의 독서 욕구는 '독서하는 삶'에의 몰입을 반영한다. 독해력은 아이가 이전의 발달 단계에서 습득한 인지적, 언어적, 감정적, 사회적, 교육적 요소들에서 발현하며, 스스로 독서에 몰입함으로써 느껴지는 프루스트식의 '지고한 기쁨'이 그것을 진일보시킨다. 이 개념을 생생하게 묘사해주는 장면이 카를로스 루이스 사폰의《바람의 그림자》에 있다. 어린 주인공 다니엘은 신비한 서재에서 아버지의 '개인 장서'를 보면서 책에 대해 처음으로 강렬한 경험을 한다.

잇혀진 책들의 묘지에 온 것을 환영한다, 다니엘……. 모든 책에는, 한 권 한 권마다…… 영혼이 있어. 그 책을 쓴 사람의 영혼, 그것을 읽고 그것과 함께 살고 꿈꾼 사람의 영혼 말이야. 책이 새로운 사람의 손에 들어갈 때마다, 누군가가 눈으로 책장을 훑어 내려갈 때마다 그 영혼이 자라고 강인해진단다.[11]

다니엘의 아버지는 우리가 책에 몰입할 때 특징적으로 나타나는 마법 같은 성격을 설명한다. 책이 그들만의 생명을 얻는 것은 그러한 몰입을 통해, 오직 그것을 통해서만 가능하며 독자는 거기에 잠시 손님으로 초대되는 것이다. 나머지 줄거리에서 다니엘은 자신만의 '잃어버린 책'을 찾는 일에 매달리고, 이는 독자가 '책들의 삶'에 온전히 침잠함으로써 돌이킬 수 없이 변화하는 모습을 잘 보여준다.

어리고 감수성 예민하고 겁을 먹는 것이 어떤 느낌인지 아는 독자는 다니엘의 삶을 훨씬 잘 이해할 수 있다. 그런 독자는 다니엘의 반응을 이해하고 세상에 대한 지식을 얻는다. 어린 독자들은 책 속에 등장하는 캐릭터와 자신을 동일시함으로써 삶의 경계를 넓혀나간다. 매번 새로운 조우를 통해 깊은 감동을 느끼고 새롭고 영원히 지속되는 무언가를 배운다.

만약 우리 중 누군가가 섬에 버려지는 신세가 될 경우 로빈슨 크루소라면 어떻게 했을까 생각하지 않을 사람이 있을까? 제인 오스틴의 소설을 읽은 사람 중에 독선적인 남자를 만나 다아시를 떠올리고 그 남자가 감추고 있는 친절한 면모를 발견하고자 애쓰지 않을 사람이 누가 있을까? 엘리자베스 베넷(《오만과 편견》의 주인공), 에이허브 선장(《모비 딕》의 주인공), 애티커스 핀치(《앵무새 죽이기》의 주인공), 모나(기쉬 젠의 소설 《약속의 땅의 모나》의 주인공), 셀리와 네티(《컬러 퍼플》의 주인공), 해리 '래빗' 앵스트롬(존 업다이크의 '토끼' 시리즈의 주인공), 제이버 크로(웬델 베리의 소설 《포트윌리엄의 이발사》의 주인공) 등의 캐릭터와 동화할 수 있는 능력이 곧 우리의 됨됨이가 된다.

우리는 이렇듯 텍스트와의 춤에 몸을 던짐으로써 독서하는 삶의 모든 단계에서 변신할 수 있는 잠재력을 갖게 된다. 자립성과 유창한 독해력이 성장하는 이 시기에 특히 교육적인 효과가 크다. 독서 발달 단계상 매우 긴 4단계에서 아이 또는 청소년이 해야 할 일은 독서를 삶에 활용하는 방법을 배우는 것이다. 다시 말해 학교 안에서는 수적으로 점점 늘어나는 교과목에 독서를 사용하고 학교 밖에서는 독서라는 안전한 환경 안에서 사춘기의 급변하는 사고와 감정을 탐구해야 한다.

'유창하게' 감정을 느끼는 뇌

유창하게 독서하는 뇌는 피질상에서도 해야 하는 여정이 있다. 해독력과 독해력이 확장될 뿐 아니라 전보다 훨씬 많은 감정을 느끼게 된다. 신경과학 이론을 응용 교육 테크놀로지에 적용한 학자인 저명한 데이비드 로즈David Rose의 말에 따르면 독서하는 뇌가 수행해야 하는 세 가지의 주요 임무는 패턴을 인지하는 것, 전략을 기획하는 것 그리고 감정을 느끼는 것이다.[12]

유창하게 독해하는 독서가라면 누구나 이러한 모습이 뇌 이미

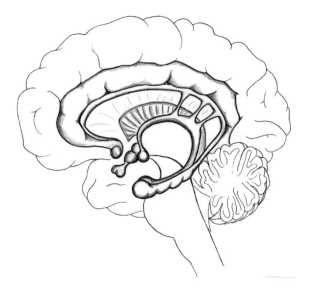

그림 6-1 대뇌변연계

지에 나타난다. '감정의 자리'인 대뇌변연계와 인지와의 연결이 차츰 활성화되는 것을 볼 수 있다. 뇌의 최상위층 피질 바로 아래에 위치한 대뇌변연계(그림 6-1)는 독서를 하면서 읽은 것에 대한 반응으로 기쁨, 혐오, 공포, 성취감 등을 느끼고 프로도, 헉, 안나 카레니나의 경험을 이해하는 데 기반이 된다. 데이비드 로즈가 상기시켜주듯이 대뇌변연 부위는 어떤 글을 읽든 우선순위를 정하고 가치를 부여하는 데도 도움을 준다. 그러한 감정적 기여를 바탕으로 우리의 주의와 이해 프로세스가 각성되기도 하고 둔해지기도 하는 것이다.

아이들의 독서에서 본 것처럼 어떤 일에 소모되는 노력이 클수

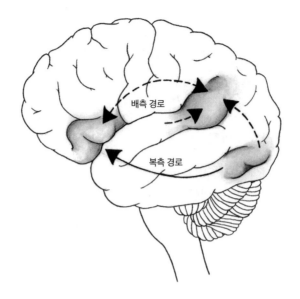

배측 경로

복측 경로

그림 6-2 유창하게 이해하는 뇌

록 뇌가 활성화되는 정도도 높고 활성화 영역도 넓다. 아이의 뇌가 문자와 단어를 식별하려고 노력을 하면 좌뇌와 우뇌의 시각 영역에 필요한 많은 양의 대뇌 피질은 물론이고 시각 영역에서 부터 상측두 부위와 하두정엽 및 전두 부위에 이르는 보다 느리고 효율이 떨어지는 경로에도 그 노력이 반영되던 것을 기억할 것이다.

그림 6-2에 나타난 것처럼 아이는 이렇게 속도가 느린 경로(배측 경로라고도 부른다)를 통해 단어 안에 들어 있는 음소들을 조합하고 단어에 연계되어 있는 다양한 표상을 전부 '검색'하느라 시간을 소요한다. 따라서 어린 독서가는 해독에 매우 많은 시간을

소비하게 된다.

유창하게 이해하는 뇌는 그렇게 많은 노력이 필요하지 않다. 특화된 부위들이 중요한 시각 정보, 음운론적 정보, 의미론적 정보를 표상하고 그 정보를 눈 깜짝할 사이에 인출하는 방법을 이미 터득하고 있기 때문이다. 켄 퓨Ken Pugh, 레베카 샌닥Rebecca Sandak 및 예일 대학교와 해스킨스 연구소, 조지타운 대학교의 신경과학자들에 따르면 아이들의 독서가 유창해지면 보통 양쪽 뇌를 활성화시키는 체계가 아니라 보다 효율적인 좌뇌 시스템(복측 경로 또는 하측 경로라고도 부른다)을 사용한다고 한다.[13] 이 유창한 독서의 경로는 아이들이 사용하는 것보다 더 집중적이고 효율적인 시각 부위 및 후두-측두 부위에서 시작해 나중에는 하위 및 중간 측두 부위와 전두 부위까지 개입시킨다. 단어를 잘 알면 노동 집약적인 방법으로 분석할 필요가 없어진다. 우리 안에 저장되어 있는 문자 패턴과 단어 표상이 속도가 더 빠른 시스템을 특히 좌뇌에서 활성화시키기 때문이다.

그런데 역설적인 사실이 하나 있다. 기초적인 해독 프로세스를 위해 특화된 좌뇌 활성화로 발달상 전이가 이루어지고 난 뒤 좌뇌와 우뇌 모두에서 의미와 이해 프로세스를 위한 활성화가 예전보다 많이 일어난다. 이러한 변화는 독서와 발달이 변화했음을 나타낸다. 이제는 단순한 정보 해독자가 아니라는 뜻이다.

바야흐로 독서하는 뇌가 고도 진화한 대가로 받는 가장 중요한 선물이 유창하게 독해하는 사람의 뇌에 주어질 시기가 도래한 것이다. 그 선물은 바로 시간이다. 해독 프로세스가 거의 자동화됨에 따라 유창하게 독서하는 아이의 뇌는 1밀리세컨드의 시간 여유가 생길 때마다 점점 더 많은 은유, 추론, 유추와 감정적 배경 지식과 경험적 지식의 통합 방법을 배운다. 독서 발달 과정상 최초로 다른 방식으로 생각을 하고 감정을 느낄 수 있을 만큼 뇌가 빠르게 회전하기 시작한 것이다. 시간이라는 선물은 '끝없이 기상천외한 사고'를 할 수 있는 능력의 생리적 기반이 된다. 독서 행위에서 이보다 더 중요한 것은 없다.

숙련된 독서가

그러므로 독서할 때 일어나는 일을 완벽하게 분석하는 것이 심리학자가 이룰 수 있는 최고의 업적이 될 것이다. 그것은 인간의 마음속에서 일어나는 가장 난해한 활동 가운데 대다수를 설명하는 일이며 인류 역사 전체를 통해 문명이 습득한 가장 놀랍고 독특한 수행능력의 얼기설기 뒤엉킨 사연을 풀어내는 일이다.[14]

— 에드먼드 휴이

서문에서 쓴 것처럼 이 글에서 에드먼드 휴이 경은 독서의 진화를 통해 이룩된 문화적, 생물학적, 지적 변화와 독서가 개인의 '자연사'를 통해 발생하는 온갖 인지적, 언어적, 감정적 변화가 완벽한 유창성을 갖춘 숙련된 독서 안에 구현되는 방식을 정확하게

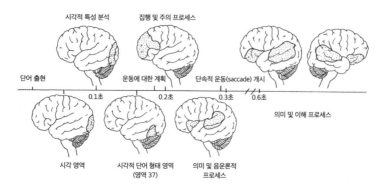

시각적 특성 분석　　집행 및 주의 프로세스

단어 출현　　　　운동에 대한 계획　　단속적 운동(saccade) 개시

0.1초　　　　0.2초　　　0.3초 / 0.6초

의미 및 이해 프로세스

시각 영역　　시각적 단어 형태 영역　　의미 및 음운론적
　　　　　　　　(영역 37)　　　　　프로세스

그림 6-3 독서의 타임라인

포착하고 있다. 1908년에 휴이가 한 이러한 선언은 독서에 대한 역사상 가장 설득력 있는 묘사라고 할 수 있다. 휴이가 예감했던 바를 현대의 인지신경과학이 구체적으로 보여준다. 다시 말해 단 0.5초의 독서 행위일지라도 거기에는 막대하고 복잡하고 광대하게 분포된 뇌 신경망의 기저 작용이 필요하다.

0.5초는 숙련된 독서가가 어떤 단어든 읽을 수 있는 시간이다. 마이클 포스너와 여러 인지신경과학자들의 연구를 바탕으로 숙련된 독서가가 사용하는 다양한 프로세스의 타임라인을 여기서 설명하려고 한다(그림 6-3).[15] 단, (타임라인같이) 독서를 선형으로 개념화하는 것은 모두 조건부로 받아들여야 한다. 독서에 연계된 프로세스들은 양방향적이기 때문이다. 일부 프로세스는 동시다발적으로 발생하고 일부는 한 번 활성화되었다가 추가적인 개념 정보 통합이 필요해지면 나중에 재활성화되기도 한다.

예를 들어 'The bow on the boat was covered by a huge red bow (뱃머리가 거대한 빨간 장식으로 뒤덮여 있었다)'라는 문장을 읽을 때 일어나는 일을 관찰해보라. 이 문장을 읽은 대부분의 사람들은 'boat'라는 문맥 정보가 추가됨에 따라 앞으로 되돌아가 'bow'를 다시 읽어야 할 것이다.

여기 묘사된 타임라인은 내가 학수고대한 순간, 다시 말해 인지적, 언어적, 감정적 프로세스가 거의 순식간에 융합되는 순간, 수많은 뇌의 부위, 독서에 동원되는 수십억 개의 뉴런들이 전부 합쳐지는 순간을 나타낸다. 그렇지만 매우 전문적인 설명이므로 이해하기 어려울 수도 있다. 이 설명은 그냥 넘어가도 좋다. 이 모든 과정이 어째서 여러분과 모든 숙련된 독서가들에게 멋진 일로 이어지는지 설명한 내용을 읽기 바란다.

하나의 단어가 누리는 0.5초의 영광

0초에서 0.1초까지: 문자에 전문가적 주의를 기울이다

모든 독서는 주의를 기울이는 것에서 시작된다. 실제로는 몇 가지 종류의 주의가 동시에 개입된다. 숙련된 독서가가 단어(예를 들어 'bear(곰)')를 보았을 때 제일 먼저 일어나는 세 가지 작용은 다음과 같다.[16] 첫째, 기존에 하던 일로부터 주의를 뗀다. 둘째, 새로운 관심의 대상으로 주의를 돌린다(텍스트를 향해 정신을 돌린다). 셋째, 새로운 문자와 단어에 주의를 집중한다. 이것이 주의의 방

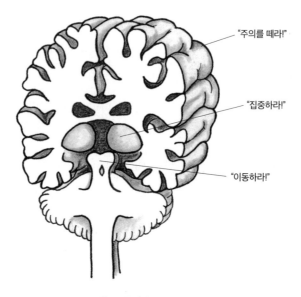

"주의를 떼라!"

"집중하라!"

"이동하라!"

그림 6-4 주의망

향을 돌리는 정향망orienting network이다. 이 세 가지 작용은 뇌의 다른 부위에서 일어난다는 사실이 뇌 영상 연구를 통해 밝혀졌다(그림 6-4). 주의를 떼는 데 두정엽 뒷부분이 관여하고 주의를 돌리는 데는 상구라고 불리는 안구 운동을 담당하는 중간뇌 부분이 관여하며 주의를 집중하는 데는 뇌의 다섯 개 층에서 나오는 정보를 원활하게 중개하는 시상이라는 뇌의 배전판 부분이 관여한다.

그다음에 오는 것이 집행망executive network이다. 이는 독서의 모든 단계에서 지극히 중요한 역할을 하는 또 하나의 주의망이다. 전두엽 안쪽 깊숙한 곳에 위치한 집행 체계는 양쪽 전두엽에서 좌뇌와 우뇌 사이 움푹 파인 부분 아래에 놓여 있는 상당히 넓은 영역(대상회 또는 띠이랑이라고 부른다)을 차지한다. 이 부위 중 앞쪽이 독서에 특별히 필요한 기능을 담당한다. 다시 말해 시각 체계의 방향을 돌려 주어진 문자나 단어의 특정한 시각적 자질에 초점을 맞추는 일(예를 들어, 초보 독서가는 'bear'에서 'b'의 방향에 세심한 주의를 기울여야 한다), 단어의 의미론적 프로세싱('bear hug(힘찬 포옹)'를 원하는 것인가 아닌가?)에 맞춰 다른 전두 영역에서 나오는 정보를 조정하고 통합하는 일, 작업 기억이라고 불리는 특정한 기억의 사용을 조정하는 일 등에 깊이 관여한다.

인지과학자들은 기억을 단일한 구성체로 보지 않는다.[17] 흔히 기억이라고 하는 것, 즉 예전에 일어났던 사건이나 개인적 정보를 되살리는 능력을 심리학자들은 일화 기억이라 부르며 의미 기억과 구분한다.[18] 의미 기억이란 우리가 단어나 사실을 저장하는 방법을 가리킨다. 또한 심리학자들은 서술 기억(예를 들어, 미국 독립선언이 이루어진 때와 같이 지식 기반에서 '사실'을 인출해내는 시스템)과 절차 기억(녹음기를 사용하는 방법, 자전거 타는 방법, 못을 박는 방법 등 지식 가운데 '방법'에 대한 시스템)을 구분한다.[19]

기억을 구분하는 다음의 방법은 단어 인지에 대단히 유용하다. 작업 기억은 어떤 정보를 가지고 과제를 수행하기 위해 그 정보를 잠시 동안 유보해놓을 때 사용된다.[20] 사람 안에 들어 있는 인지적 칠판 또는 메모깅이라고 할 수 있다. 이것이 숙련된 독서의 열쇠가 된다. 단어를 처음 시각적으로 식별한 다음 거기에다가 단어에 관련된 나머지 정보(의미와 문법적 용법 등)를 덧붙일 때까지 붙잡아두는 역할을 하기 때문이다.

　유창한 독서가가 일련의 단어들, 특히 상당량의 의미 정보와 문법 정보가 들어 있는 단어들을 식별해낸 경우 작업 기억과 연합 기억을 동시에 사용하게 된다. 연합 기억은 자전거를 처음 탔을 때나 처음 나눈 키스, 그 밖의 여러 가지 첫 경험 등 오래전에 저장해놓은 정보를 회상하게끔 해준다.

0.05초에서 0.15초까지: 문자를 인지하고 뇌를 변화시키다

> 독서 학습에서 가장 중요한 단계 중 하나는 시각 체계가 언어 체계와 효과적으로 의사소통할 수 있도록 문자 언어의 지각적 속성들을 마스터하는 것이다. 이러한 학습이 이루어지면 독서 전에는 존재하지 않았던 연산 구조가 선조 전 시각 피질상에 새로 생겨난다.[21]
>
> — 토마스 카

　독서를 학습하면 뇌의 시각 피질이 달라진다. 시각 체계는 물체 인지와 특화를 할 수 있으므로 이제 숙련된 독서가의 시각 영역은 문자, 문자 패턴, 단어 등 시각적 이미지를 담당하는 세포망으로 가득 채워진다. 이 영역들은 20세기의 심리학자 도널드 헵 Donald Hebb 에 의해 일부 설명된 아주 중요한 몇 가지 프로세싱 원리 덕분에 숙련된 독서가에게서 엄청나게 빠른 속도로 작용한다.[22] 헵이 제안한 '셀 어셈블리'라는 개념은 작업 단위를 이루어 작동하도록 학습된 세포들의 그룹을 가리킨다.

숙련된 독서가는 흔히 사용되는 문자 패턴이나 'bear' 같은 단어를 보면 그것의 고유 네트워크를 작동시킨다. 그 문자 패턴이나 단어 안에 들어 있는 직선, 대각선, 원 등을 담당하는 아무 연관성 없는 무수히 많은 개별 세포들이 활성화되는 것이 아니라는 말이다. 이러한 작동 원리는 생물학에서 흔히 말하는 '함께 발화된 세포들은 함께 머문다'라는 규칙이 적용되는 예다. 셀 어셈블리를 연결해 점차 확장되는 회로를 구축하고 결국에는 뇌 전체에 분포하는 네트워크 시스템을 만들어내는 뇌의 기본 도구이기도 하다. 숙련된 독서가의 뇌는 명실공히 이러한 네트워크들의 콜라주라고 할 수 있다. 시각 및 철자 패턴 표상에서부터 음운론적 표상에 이르기까지 뇌 전체에서 일어나는 정신적 표상의 각 유형마다 이러한 네트워크가 존재하기 때문이다. 앞에서 언급한 문자를 상상하는 경우에 대한 스티븐 코슬린의 연구에서 보았듯이 초기 자극이 실제로 눈앞에 놓여 있지 않고 오직 마음의 눈으로만 보이는 경우에도 이들 표상은 순식간에 인출된다.

자동성에 기여하는 또 하나는 텍스트 사이에서 움직이는 아주 단순해 보이는 눈의 동작이다. 눈의 움직임은 매끄럽고 아무런 노력도 들지 않는 것처럼 보인다. 하지만 안구 운동 전문가인 키스 레이너Keith Rayner가 지적하는 것처럼 그것은 착각에 불과하다.[23] 사람의 눈은 단속성 운동이라고 불리는 미세한 움직임을 계속해 나간다. 그러다가 중심시/중심와로부터 정보를 모으는 아주 짧은 시간 동안 안구가 정지하다시피 하는 안구고정(응시) 순간이 발생한다. 그 시간 중 최소 10퍼센트는 눈이 아주 살짝 뒤로 되돌아가서 과거 정보를 회수하는 일에 할당된다. 어른이 독서를 할 경우 전형적인 단속성 운동으로 약 여덟 개의 문자를 소화하지만 아이들의 경우에는 그 수가 더 적다.

눈의 놀라운 구조적 특성상 사람은 중심와 주변부의 '전방'을 내다볼 수 있다. 한 줄의 텍스트 문장에서는 좀 더 멀리 떨어져 있는 주변시 부분까지도 볼 수 있다. 영어를 읽는 경우 실제로 초점을 고정한 지점에서 오른쪽으로 14~15개의 문자를 볼 수 있고 히브리어를 읽을 경우에는 왼쪽 방향으로 14~15개의 문자를 볼 수 있다고 현재 알려져 있다.

사람은 중심시와 중심와 주변부 시각을 이용하기 때문에 언제나 전방에 놓인 것을 미리 볼 수 있다. 그렇게 미리 보고 나면 0.001초 뒤에 인지가 보다 쉽게 이루어지고 그래서 자동성에 더욱 크게 기여하게 된다. 레이너가 설명하는 것처럼 이러한 안구 운동과 규칙 가운데 가장 놀라운 사실은 눈과 마음이 아주 밀접하게 연결되어 있다는 점이다.[24]

우리는 이 연관 관계를 눈으로 관찰할 수 있다. 타임라인을 보면 시각 및 철자 표상 프로세스 중 많은 부분이 0.05~0.15초 사이에 일어난다. 그러고 나서 0.15~0.2초 사이의 어느 지점에서 전두엽의 집행 체계와 주의 체계가 활성화된다. 여기가 바로 우리의 집행 체계가 그다음에 일어날 안구 운동에 영향을 미치는 순간이다.[25] 0.25초에 집행 체계는 문자나 단어의 형태에 대해 충분한 정보를 얻었으므로 새로운 단속성 운동을 진행할 것인지 아니면 더 많은 정보가 필요하므로 뒤로 되돌아갈 것인지 판단한다.

일련의 연속적 안구 운동에서 자동성에 기여하는 또 다른 요소는 문자의 그룹이 우리 언어에서 허용되는 패턴을 이루는 것이 언제인지(bear와 rbea), 그리고 허용된 문자의 조합이 실제 단어인지 아닌지(bear와 reab) 인지할 수 있는 능력이다. 타임라인상 0.15초쯤에 후두-측두 영역의 일부(신경과학자들이 영역 37이라고 부르는 곳)가 매우 중요해진다.

앞에서 언급했던 것처럼 스타니슬라스 드앤과 브루스 맥캔들리스Bruce McCandliss는 아이가 독서를 배울 때 이 영역의 뉴런들이 특정 문자 체계의 철자 패턴에 특화되는 법을 터득한다고 주장한다.[26] 그들은 이 능력이 물체 인식 회로에서 진화된 것이라고 가정한다. 만약 그렇다면 Y는 강, S는 뱀, C는 초승달 모양에서 비롯되었다고 관찰한 빅토르 위고의 글자 및 문자의 자연 기원설이 흥미로운 수준을 넘어 선견지명 있는 것이었다고 할 수 있다.

드앤과 그의 연구팀은 뱀, 쟁기, 달 등을 인지하는 데 사용되는 영역들이 문자를 인지하는 데도 동일하게 사용된다고 주장한다. 시각적 분화상의 이러한 변화는 숙련된 독서가에게서 절정을 이룬다.[27] 숙련된 독서가는 독서를 하기 전에 존재하지 않았던 시각 피질상의 회로를 갖추고 있기 때문이다. 문자를 읽고 쓰는 능력이 인간의 뇌를 바꿔놓은 주요한 방법 중 하나의 기초가 되는 것이 바로 이러한 변화들이다. 여기까지는 문제가 없다.

그런데 그다음에 이어지는 드앤 연구팀의 가정에는 논란의 여지가 많다. 영역 37의 후두 측두 영역에 있는 특화된 뉴런들이 '시각적 단어 형태 영역'이 되며 이로 인해 독서가는 0.15초경에 문자 그룹이 실제 단어인지 아닌지 알 수 있다는 가정이다.

영국의 한 인지신경과학자 그룹은 이 가설에 동의하지 않는다.[28] 그들이 제시하는 시나리오는 좀 더 복잡하다. 초기 몇 밀리세컨드 동안 다양한 구조들이 활성화되는 모습을 생생하게 보여주는 실시간 뇌 영상 기술, 즉 MEG(자기뇌파검사, magnetoencephalography)를 사용해보니 영역 37이 단어의 형태에 대한 정보를 의식에 전달하기도 전에 전두 영역이 문자 정보를 음소에 대응시킨다는 사실이 발견된 것이다.

이때 활성화된 전두 영역들은 집행 기능에도 참여하기 때문에 실제로 그들이 음운론적 매핑에 참여하는지 아니면 그 기획을 하는 것인지는 좀 더 두고 봐야 한다. 하지만 이 MEG 이미지들이 보여주는 숙련된 독서의 초기 프로세스가 보여주는 동시다발성은 주목할 만하다. 누구의 주장이 맞는지와 상관없이 두 연구팀 모두 다음 0.1초와 0.2초 사이 뇌가 알파벳 원리를 재현할 때 급속한 피드백과 피드포워드 메커니즘이 일어난다는 사실을 강조한다.

0.1초부터 0.2초 사이: 문자와 음성, 철자와 음운론을 연결하다

특정 언어의 문자와 음성 또는 자소와 음소 간의 대응 규칙을 아는 것이 알파벳 원리의 본질이다. 이러한 연결 관계에 숙련되면 뇌의 작동 방식이 달라진다. 이 규칙을 배우지 못한 사람은 어른이 되었을 때 약간 다른 뇌, 다시 말해 본인이 사용하는 언어의 음성에 대해 조음이 정확하지 못한 뇌를 갖게 된다.

포르투갈 학자들이 실시한 흥미로운 연구들을 살펴보면 문자를 읽고 쓸 수 있는지의 여부에 따라 뇌가 어떻게 달라지는지 확실하게 알 수 있다.[29] 그들은 포르투갈의 외딴 시골 지방에 사는 주민들 가운데 사회적, 정치적 이유 때문에 학교에 다닐 기회가 없었던 사람들을 연구했다. 그러고 나서 비슷한 시골 지역에 살면서 나중에나마 글을 깨우친 사람들과 비교를 해본 결과 두 그룹 간에 행동, 인지언어 및 신경의학적 차이가 있음을 발견했다.

사용하고 있는 언어의 음소를 얼마나 제대로 지각하고 이해하고 있는지 도출해내는 언어학적 과제(예를 들어, 'birth'라는 단어에서 'b'를 빼고 발음해보라는 과제 등)에 대해서 글을 깨우친 사람들만이 말소리에서 음소를 구분해냈다. 문해 능력을 갖게 되면 단어가 음성으로 이루어져 있고 그 음성들을 쪼개서 재배치할 수 있다는 사실을 이해할 수 있다. 의미가 없는 단어(예를 들어, 'benth')를 말하면서 따라 해보라고 하면 문맹인 사람들은 그 과제를 쉽게 해결하지 못했으며 의미 없는 단어를 다른 유사하게 생긴 의미 있는 단어(예를 들어, 'birth')로 변형시키려고 했다.

나중에 이 두 그룹이 60대가 되었을 때 뇌 스캔을 해본 결과, 두 그룹 간의 차이가 훨씬 심해진 것을 볼 수 있었다.[30] 문맹 집단에 속한 사람의 뇌는 언어 과제를 (마치 그것이 암기를 통해 해결해야

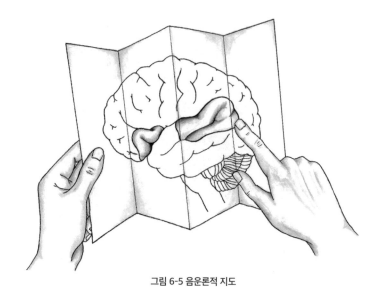

그림 6-5 음운론적 지도

하는 문제인 것처럼) 전두엽 영역에서 처리했지만 글을 깨우친 그룹 사람들은 측두엽의 언어 영역을 이용했다. 다시 말해 거의 비슷한 환경에서 자라난 시골 사람들의 뇌가 문해 능력 여부에 따라 언어를 완전히 상이한 방법으로 처리했다는 뜻이다. 알파벳 원리를 배움으로써 시각 피질에서뿐만 아니라 지각, 구별, 분석, 말소리의 표상과 조작 같은 청각 작용과 음운론적 작용의 기초가 되는 부위에서까지 뇌의 기능 방법이 달라진 것이다. 현재 쏟아져 나오는 음운론적 프로세스에 대한 연구들이 0.15초에서 0.2초 사이에 전두, 측두 및 일부 두정엽(그림 6-5)과 우측 소뇌를 포함한 다양한 대뇌 피질 영역에서 일어나는 이들 프로세스의 해부학적 활동을 보여준다.

독서에 사용되는 특정한 음운론적 능력은 독서가의 전문 지식, 읽어야 하는 단어 그리고 사용되는 문자 체계에 따라 달라진다.[31] 'carpet(카펫)'처럼 매우 규칙적이고 자주 사용되는 단어는 예를 들어 'phonological(음운론적)'이라는 단어보다 음운론적 프로세스가 훨씬 적게 소요된다. 앞의 단계에서 본 것처럼 초보 영어 독서가들은 문자들의 음소 표상을 힘겹게 조합해서 단어를 만든다. 이 프로세스에 몇 년의 시간이 걸리는 경우도 있다. 반대로 독일어나 이탈리아어와 같이 훨씬 규칙적인 언어에서는 문자와 음성 간 규칙이 보다 일관적이기 때문에 독서가들이 그것을 빠른 시간 내에 배울 수 있다.[32]

보통 1년 정도면 힘들게 해독하는 단계를 뛰어넘는다. 알파벳 문자 체계들 사이에 이런 차이가 있기 때문에 타임라인상 대뇌 피질이 음운론적 부위들을 전략적으로 활용하는 방법도 다르다. 규칙성이 더 높은 핀란드어, 독일어, 이탈리아어 알파벳을 사용하는 독서가들은 실제로 영어나 프랑스어 독서가들보다 빠른 속도로 측두엽 영역에 도달하고 이를 훨씬 광범위하게 사용한다.[33]

영어와 프랑스어를 사용하는 독서가들도 측두 부위를 사용한다. 하지만 그들은 드앤 연구팀의 가설에서 추정하는 시각적 단어 형태 영역에서 단어 식별을 담당하는 부위를 보다 많이 사용하는 것으로 나타난다. 영어나 프랑스어는 형태소와 불규칙한 단어(예를 들어 'yacht')의 비중이 훨씬 높기 때문에 0.1~0.2초 사이에 시각적, 철자적 표상 지식이 더 많이 필요한 것으로 보인다.

이와 동일한 일반 원리가 중국어와 일본어의 칸지 문자 독서가들에게도 적용된다.[34] 그들은 다른 성인 독서가들에 비해 영역 37 부근의 좌뇌 후방 후두-측두 부위와 우뇌 후두 영역을 많이 사용한다. 중국어 독서가들의 경우 이 기간(0.1~0.2초 사이)에 음운론적 영역이 상대적으로 덜 비중 있게 사용된다.

0.2초부터 0.5초 사이:

단어에 대해 알고 있는 모든 지식을 소집하다

단어에 대한 지식은 독서가뿐 아니라 독서가를 연구하는 학자들에게도 끊임없이 진화하는 것이다. 일부 인지신경과학자들은 의미론적 프로세싱 단계에서 단어의 다양한 의미와 연상 개념이 활성화될 때 뇌에서 일어나는 전기 활동을 추적한다.

예를 들어, 터프츠 대학교의 동료 학자인 필 홀컴Phil Holcomb은 문장 끝에 의미가 통하지 않는 단어가 들어 있을 경우('The lobster swallowed a mermaid(가재가 인어를 집어삼켰다)') 이들이 어떻게 처리되는지 연구한다.[35] 그는 ERP(유발 반응 전위 검사, Evoked Response Potential)라고 불리는 테크닉을 사용해 'mermaid(인어)'같이 어울리지 않는 단어를 보았을 때 0.2~0.6초 사이에 일어나는 전기 활동이 0.4초에 가장 폭발적으로 일어난다는 사실을 알아냈다.

이와 같은 연구들을 통해 타임라인에 대한 두 가지 정보를 얻을 수 있다. 첫째, 전형적인 독서가들의 경우 의미론적 정보의 인출이 0.2초쯤에 처음 일어난다. 둘째, 의미론적으로 예상했던 바에 부합하지 않을 경우 특히 0.4초쯤에 정보의 추가가 이루어진다.

아이와 숙련된 독서가들은 어떤 단어에 대한 지식이 확고할수록 그 단어를 더 빠르고 정확하게 읽는다. 앞 장에 나온 단어들 가운데 'morphophonemic(형태음소적)'이라는 어려운 편에 속하는 단어를 생각해보라. 이 책을 읽기 전에 이 단어를 보았다면 그것 때문에 읽는 속도가 상당히 지체되었을 것이다. 하지만 이제 이 단어를 보면 여러분의 인지와 이해의 속도를 높여주는 지식을 도출할 수 있을 것이다. 단어를 읽는 속도는 단어와 함께 활성화되는 의미론적 지식의 양과 품질에 따라 크게 달라진다.

어른들도 어렸을 때처럼 전혀 모르는 것에서 시작해 친숙한 것, 이미 확립된 것에 이르기까지 연속체 형태의 단어 지식을 가지고 있다.[36] 이 연속체상에서 한 단어가 차지하는 위치는 사용되는 빈도(그 단어가 텍스트에서 얼마나 자주 등장하느냐), 그것에 대한 친숙도, 그리고 그 단어가 얼마나 최근에 노출되었느냐에 따라 달라진다.

'sesquipedalian(1피트 반이나 되는 것처럼 매우 긴 단어)'이라는 단어를 생각해보라. 이 말은 에세이 작가인 앤 패디먼의 말대로 '긴 단어'를 가리키는 것처럼 보이고 실제로도 그렇다.[37] 《서재 결혼 시키기》에서 패디먼은 흔히 사용되지 않는 단어의 리스트를 제공해주었다. 숙련된 독서가들의 근성을 시험하는 듯 거의 보지 못했던 희귀한 단어들로 구성된 리스트다.

monophysite(단성론적 교리), mephitic(악취 나는), diapason(음역),

adapertile(개폐가 용이한), goetic(마법의) 같은 단어 앞에서는 나도 무릎을 꿇고 말았다. 패디먼이 열거한 단어들은 친숙성이라는 연속체의 맨 끝부분에 있는 것으로 각각에 포함된 형태소가 매우 친숙한 것이라 사뭇 희망을 주면서 곯려먹는 품이 독서 효율을 떨어뜨리기에 안성맞춤이다.

핀란드 학자들은 이러한 연속체상에서 '이미 확립된' 어휘군에 속하는 단어들의 경우 음운론적 처리와 의미 처리에 모두 관여하는 상위 측두엽 부위가 훨씬 빨리 활성화된다는 사실을 밝혀냈다.[38] 그리고 앞에서 언급한 바와 같이 의미론적 '이웃 사촌'(단어에 대한 지식에 기여하는 연상 단어와 의미)이 많을수록 단어를 더 빨리 인지한다.[39] 이러한 의미론적 연계 원리는 연령을 막론하고 모든 사람들에게 적용된다. 단어를 잘 알수록 그에 대한 지식이 많아지고 읽는 속도도 빨라진다는 의미다.

게다가 풍부한 연관 관계를 가진 이미 확립된 어휘 혹은 의미론적 네트워크를 가지고 있으면 그것이 뇌에도 물리적으로 반영된다. 0.2~0.5초 사이의 시간대에 대거 분포한다는 것은 그에 관련된 음운론적 처리와 정교한 의미론적 네트워크가 다양하다는 뜻이다. 이 네트워크가 많이 활성화될수록 단어를 읽는 데 소요되는 뇌의 전반적인 효율이 높아진다.

통사론적 프로세스
의미론적 프로세스와 마찬가지로 통사론적 정보도 0.2초 이후

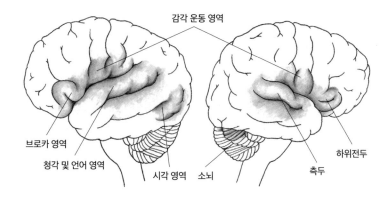

감각 운동 영역

브로카 영역

청각 및 언어 영역

시각 영역   소뇌

하위전두

측두

그림 6-6 단어를 소리내서 읽을 때 뇌에서 일어나는 작용

브로카 영역과 같은 전두 영역과 좌뇌 측두 영역 그리고 우측 소뇌에서 자동적으로 사용되는 것 같다. 통사론적 프로세스는 연결된 텍스트(문장 또는 구절)에 가장 광범위하게 사용되며 때에 따라서는 피드백과 피드포워드 작용(예를 들어 'the bow on the boat'를 읽을 때 사용된 기능)이 필요하기도 하고 상당량의 작업 기억이 적용되기도 한다. 'bear'와 'bow' 같은 단어들은 통사론적으로 정보가 모호하기 때문에 보다 많은 정보를 전달하기 위해서 문장이나 구절 같은 문맥이 필요하다.[40] 통사론적 정보는 본질적으로 의미론적 지식과 형태론적 정보 모두에 개입하며 이러한 여러 가지 시스템이 함께 작용해야 0.2∼0.5초 사이 시간대의 효율성이 촉진된다(예를 들어, 'ed'라는 형태소가 과거 시제에 사용되는 통사론적 표지라는 것을 알고 있으면 'bowed' 같은 단어를 보다 빨리 식별하고 이해할 수 있다).[41] 그림 6-6에 나타난 것처럼 어떤 단어든 그 단어의 기저에 깔려 있

는 실체를 잘 알면 다양한 뇌 영역들의 기여가 보다 축적적, 수렴적이 될 수 있으며 그 단어를 보다 빨리, 보다 잘 읽을 수 있다.[42]

지금까지 우리는 단어 하나를 읽을 때 뇌에서 필요로 하는 것이 무엇인지 살펴보았다. 그렇다면 이제 책 전체는 고사하고 문장이나 구절을 도대체 어떻게 읽는지 의문이 생길 수밖에 없다. 이를 파악하려면 단어의 타임라인에서 벗어나 《모비 딕》이나 물리학자인 스티븐 호킹의 《시간의 역사》 또는 혁명적인 생물학자 션 캐럴의 《이보디보, 생명의 블랙박스를 열다》 등을 읽고 이해하는 놀라운 위업을 생각해봐야 한다.[43]

시간의 흐름에 따라 독서가 우리를 변화시키는 방법

독서는 경험이다. 작가의 전기를 쓰려면 그가 언제 무엇을 읽었는지 상세하게 다루어야 한다. 어떤 의미에서 우리는 우리가 읽은 것을 그대로 반영하기 때문이다.[44]

— 조지프 엡스타인

시인이 쓴 모든 시구절은 생각을 하는 모든 사람들에게 몇 년에 한 번씩 새롭고 다른 얼굴을 드러내며 그 사람 안에 약간씩 다른 반향을 불러일으킨다……. 이러한 독서 경험에서 위대하고도 신비로운 점은 보다 날카로운 심미안, 보다 예민한 감수성, 보다 풍부한 연상 결합을 통해 독서를 배우면 모든 사고와 모든 시가 가진 독특성과 개별성과 확실한 한계가 보다 명확하게 보인다는 사실이다.[45]

성인이 된 후 숙련된 독서를 통해 삶이 바뀌는 정도는 무엇을 읽는지와 그것을 어떻게 읽는지에 상당 부분 달린 문제다. 그러한 변화를 가장 잘 포착해내는 것은 인지 연구나 뇌를 촬영한 사진이 아니라 시인들인 것 같다. 윌리엄 스태퍼드William Stafford는 "주의력이라는 능력이 당신에게 주어졌다"라는 말을 통해 그러한 변화의 첫 번째 요소를 잘 표현해주었다. 그가 이야기하는 것은 주의망이나 숙련된 독서가가 아니라 독서를 배울 때 시간에 따라 텍스트가 변화하는 데 주의를 기울이는 방법, 다시 말해 독일의 소설가인 헤르만 헤세의 말을 빌리자면 "보다 날카로운 심미안, 보다 예민한 감수성, 보다 풍부한 연상 결합을 통해" 관심을 기울이는 형언할 수 없이 놀라운 능력이다.

사람이 성숙하면 단어에 대한 타임라인에서 설명한 여러 가지 인지적 전문 지식뿐 아니라 사랑, 상실, 기쁨, 슬픔, 성공, 실패 등 인생의 경험을 통해 얻어진 결과들을 모두 텍스트에 싣는다. 읽은 내용에 대한 해석적 반응의 깊이를 통해 작가의 생각이 끝난 지점으로부터 독자가 새로운 방향으로 나아가는 일이 자주 있다. 열일곱 살, 서른일곱 살, 쉰일곱 살, 일흔일곱 살에 성서나 《비늘마치》,《카라마조프가의 형제들》 등을 읽는 방법이 각각 다르고 매번 완전히 새로운 생각과 느낌이 든다는 것은 이를 통해 설명될 수 있다. 독서를 할 때마다 기울이는 주의력이라는 능력,

삶의 경험에 따라 다르게 알 수 있는 것이나 놓칠 수 있는 것에 대해서 나는 《미들마치》와 《카라마조프가의 형제들》의 예를 들어 설명하고자 한다.

우선 다음에 인용된 문장에 대해 배경 설명을 잠시 하겠다. 조지 엘리엇의 19세기 소설 《미들마치》에서 젊고 아름답고 이상주의자인 여주인공 도로시아 브룩은 나이 차이가 많이 나는 학자 미스터 캐소본과 결혼하겠다고 고집을 부린다. 그녀가 그 결혼을 원하는 이유는 주로 미스터 캐소본의 야심찬 저술 계획이 결실을 맺도록 도와주고 싶은 마음 때문이었다. 로마로 떠난 신혼여행 도중 미스터 캐소본은 서점을 여기저기 방문한다. 도로시아는 홀로 남아 생각에 잠긴다.

> 결혼 후 몇 주가 지나자 도로시아는 뚜렷하게 깨달은 것은 아니었지만 남편의 마음에서 발견하리라 꿈꾸었던 원대한 전망과 흠씬 신선한 공기가 구석방과 그 어디에도 이르지 못할 것 같은 구불구불한 복도로 바뀌었다는 숨 막히도록 우울한 느낌이 들었으니 이게 어찌된 일인가?
>
> How was it that in the weeks since her marriage Dorothea had not distinctly observed but felt with a stifling depression, that the large vistas and wide fresh air which she had dreamed of finding in her husband's mind were replaced by ante-rooms and winding passages which seemed to lead nowhither?[46]

이 대목에서 조지 엘리엇은 도로시아가 잡다한 백과사전식의 메모만 잔뜩 쌓아놓은 미스터 캐소본의 본질을 꿰뚫어 보았고 위대한 통합 작업이나 책은 그 어디에도 존재하지 않으며 미스터 캐소본이 가진 것이라고는 작고 하얀 메모용 카드에 보존되어 있는 산만하고 소소하고 끝없는 잡생각뿐이라는 사실을 알게 되었음을 서서히 추정할 수 있도록 다양한 메타포를 사용하고 있다. 《미들마치》에서 발췌한 이 문장 하나로 숙련된 독서의 몇 가지 측면이 설명된다.

첫째, 독자가 암시적인 의미를 그냥 지나쳐버리면 그 뒤에 이어지는 수십 페이지에 들어 있는 뉘앙스도 대부분 놓쳐버리게 된다는 점이다. 여기서 사용된 메타포는 텍스트 안에 층층이 깔려있는 의미를 이해하는 데 '주의력이라는 능력'이 얼마나 중요한지 잘 보여준다. 이러한 차원 없이는 도로시아의 처지가 실제로 어떤 것인지, 그 의미를 놓치게 될 것이다.

둘째, 19세기적 특성이 확연히 드러난 이 문장은 다양한 통사론적 구조에 친숙한 것이 이해에 얼마나 중요한지 그리고 통사적 형식이 의도하는 의미를 어떤 식으로 강조할 수 있는지 잘 보여준다. 엘리엇은 이 문장 안에 네 개의 절과 여섯 개의 구를 나열해놓고 마지막에는 'nowhither(그 어디에도…… 못하다)'라는 말로 끝을 맺었다. 마치 처량한 미스터 캐소본의 정신세계를 묘사하는 수없이 많은 구석방들을 문장 안에 재현하기 위해 반복적인 통사구조를 이용한 것처럼 보인다. 결국 이 문장은 통사적 요구와 은

유적 언어의 결합을 통해 우리의 주의를 끌어 도로시아가 처한 현실에 대해 훨씬 더 깊은 추론을 하고 그럼으로써 독자가 도로시아와 감정이입하도록 유도한다.

그 뒤에 나오는 두 번째 발췌 대목은 미스터 캐소본의 시각에서 쓰인 것으로 그리 인상적이지 않다. 거기에는 그럴 만한 이유가 있다.

> 예전에 그는 올바른 대상을 숭배할 줄 아는 그녀의 능력을 지켜보며 그것을 높이 평가했다. 이제는 그 능력이 파렴치함으로 바뀔 수 있으리라는 생각에 갑자기 두려운 마음이 들었다. 수많은 훌륭한 결과들을 막연하게 쳐다보지만 그것을 추구하기 위해 치러야 하는 대가에 대해서는 일말의 개념도 없으리라는 생각에.[47]

나는 《미들마치》를 대여섯 번쯤 읽었다. 그런데 작년에야 비로소 미스터 캐소본에 대한 이 대목을 약간 다른 눈으로 읽을 수 있었다. 30년 동안 나는 이상주의적인 도로시아의 환멸에만 철저하게 공감했었다. 이제야 캐소본의 두려움, 이루어지지 못한 그의 희망 그리고 젊은 도로시아에게 이해받지 못하는 데서 느끼는 그만의 환멸을 이해하기 시작한 것이다. 언젠가 캐소본에게 공감할 수 있는 날이 올 것이라고는 단 한 번도 생각해보지 못했다. 하지만 이제는 아주 겸손하게 그것을 인정해야 할 것 같다. 조지 엘리엇 역시 그러했다. 어쩌면 나와 비슷한 이유에서였을지 모른다.

독서는 우리의 삶을 바꾼다. 한편으로는 우리의 삶이 독서를 바꾸기도 한다.

숙련된 독서가 최고의 경지에 도달하는 데 관여하는 지적 프로세스들을 설명하기 위해 세상에서 가장 아름다운 책 가운데 하나인 도스토옙스키의 《카라마조프가의 형제들》에서 발췌한 매우 어려운 대목 하나를 소개한다. 이 심오한 러시아 소설의 중간 부분에서 냉소적인 카라마조프가의 아들 이반은 이 세상 사람이 아닌 듯 순진무구한 어린 동생 알료샤에게 '대심문관'이라는 무시무시한 선과 악의 이야기를 들려준다.

소설 속의 소설인 이 이야기는 가공할 만한 종교재판을 배경으로 한 강렬하고 의미심장한 대화다. 이 대화에서 90세 먹은 수도승은 '당신' 또는 '그'라고만 지칭되는 신적인 존재를 가혹하게 심문한다. 이 글에서 도스토옙스키가 독자에게 요구하는 것이 무엇인지 찾아보라. 그리고 수도승이 아무 말 없는 '그'를 비난하며 '그'가 죽어야 하는 이유를 설명하는 이 대화를 이해하기 위해 여러분이 어떤 일을 하는지 관찰해보라.

역사가 시작된 이래 인간 개인과 인류 전체에게 가장 큰 고통을 준 것이 바로 숭배의 보편성에 대한 요구다. 이러한 숭배의 보편성을 위해 인간은 서로의 몸에 칼을 꽂기까지 했다. 그들은 신을 창조하고 '너희의 신을 버리고 여기 와서 우리의 신을 숭배하라. 그러지 않으면 너희와 너희의 신에게 죽음이 내려질 것이다!'라고 상대방에게 호소했다……. 당신은 이러한 인간 본성의 근본적 비밀을 알고 있었다. 몰랐을 리가 없다. 그런데 모든 인간이 오직 당신만을 섬기도록 하기 위해 당신에게 주어진 절대적인 깃발을 거부했다……. 그것도 자유와 천국의 빵이라는 미명으로 거부했다.

그 후 당신이 저지른 일을 보라. 그 모든 것 역시 자유의 이름으로 저지른 일이었다! 인간의 자유를 통제하지는 못할망정 당신은 더 큰 자유를 주었고 인간의 영혼에 영원한 고통의 짐을 지워주었다. 당신은 인간이 당신에게 현혹되어 포로가 된 채 자유의지에 따라 당신의 뒤를 따를 수 있도록 인간이 사랑 안에서 선택의 자유를 누리기 바랐다. 과거의 만고불변의 율법 대신에 인간은 이제 자유의지에 따라 무엇이 선이고 무엇이 악인지 판단해야 한다……. 인간은 이보다 더한 혼란과 고통 속에 버려질 수 없는 상태다. 너무나도 많은 문제와 풀리지 않는 의문을 남긴 채 당신은 그들을 버려두었다.[48]

여기까지의 내용에서 첫째, 수도승이 진정으로 하고자 하는 말이 무엇인지, 둘째, 이반이 왜 알료샤에게 이 이야기를 들려주는지, 셋째, 상식을 뒤엎는 선과 악에 대한 관점에 대해 순진한 알료샤가 어떻게 반응할 것인지 생각해보라.

이 대목을 읽기 전 내가 제공한 문맥적 정보를 통해 예상, 짐작, 기획 등 몇 가지 집행 프로세스가 환기되었다. 이 프로세스들이 여러분에게 특정 문학 장르(러시아 소설)와 역사적 배경(종교재판 중 수도승과 신성한 존재 간의 대화)에 대해 마음의 준비를 시켰다.

그리고 나서 여러분은 문장을 해독하면서 단어의 표면적 표상을 임시 저장소(작업 기억)에 넣어놓고 각각의 단어와 문장('숭배의 보편성')과 그것의 문법적 용법과 더불어 텍스트에 제시된 여러 가지 어렵고 때에 따라서는 반직관적인 명제(고통스러운 숭배, 고통과 같은 자유, 유인 장치인 선택의 자유)에 대해 극도로 복잡한 지식을 '파악'했다.

한편 그러한 개념들의 의미가 장기 기억을 활성화했고 거기에서 여러분은 19세기 러시아, 종교재판, 선악에 대한 철학 사상, 도스토옙스키가 교훈적 목적으로 문학을 사용한 점 등에 대한 배경 지식을 얻었다.

그런 다음에 여러분은 아마도 가능한 의미에 대해 추론을 시작해 이반과 알료샤, 대심문관과 '그', 도스토옙스키와 독자 간의 관계에 대해 일련의 가설을 만들어냈을 것이다. 예를 들어, 수도승이 실제로 말하는 것과 그 이유에 대해서 대안적 가설을 만들어냈을지 모른다. 발췌 대목 전체를 읽는 동안 여러분은 여러분의 독해를 감시하며 추론과 저장되어 있던 배경 지식이 일치하는지 확인했을 것이다. 읽은 내용과 추론한 것이 일치하지 않으면 문장을 다시 읽으면서 말이 안 통하는 부분이나 전체에 대한 이해를 정정했을 것이다.

어떤 텍스트든 단어의 뜻과 통사적 요구에서부터 기억해두어야 하는 개념적 명제의 수에 이르기까지 전반적인 복잡성의 정도가 숙련된 독서가의 독해에 영향을 미친다(그림 6-7). 이 발췌 대

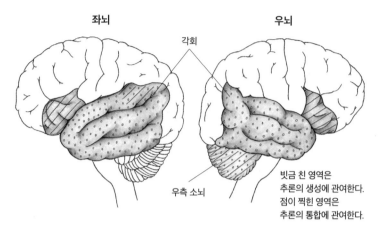

각회

빗금 친 영역은
추론의 생성에 관여한다.
점이 찍힌 영역은
추론의 통합에 관여한다.

우측 소뇌

그림 6-7 숙련된 독서가의 독해

목을 통해서 알 수 있듯이 통상적 가설에 역행하는 개념(예를 들
어, 자유가 부정적인 가치라든가 수도승이 신을 비난하고 박해하는 것 등)
의 의미를 이해할 때 전면에 등장하는 것이 지적 유연성이다.

《미들마치》의 발췌 대목에서 보았듯이 텍스트를 읽는 독자가
가지고 있는 여러 가지 것들에 따라 이해가 달라진다. 이반과 미
스터 캐소본은 세월이 흘러도 발전하지 않는다. 우리는 열일곱
살 때 이해하지 못했던 그들을 서른일곱 살, 쉰일곱 살, 일흔일곱
살이 되면서 차츰 이해할 수 있다.

텍스트와 인생의 경험 사이의 역동적 상호작용은 양방향적이
다. 우리는 인생 경험을 실어 텍스트를 이해하고 텍스트는 삶의
경험을 뒤바꿔놓는다. 텍스트와 삶이 얼기설기 엮인 관계에 대해
《독서의 역사》의 알베르토 망겔보다 더 정확하게 묘사한 작가는

없을 것이다. 그는 그 책을 자신과 텍스트가 서로를 어떻게 변화시켰는지 적어놓은 역사의 기록이라고 했다. 망겔처럼 약간 다른 사고의 세상 속에 몰입했다가 나올 경우 생각과 감정이 성장해 새롭고 용감하게 행동할 수 있는 능력이 커지는 경우가 있다. 어떤 방향으로 인도되든 우리는 더 이상 예전의 우리가 아니다.

이런 경험에는 생리학적인 상관관계가 존재한다. 이는 독서가 숙련 단계에 도달했을 때 뉴런 수준에서 변화가 일어났음을 나타낸다. 인지신경과학자인 마셀 저스트와 카네기 멜론 대학교 연구팀은 숙련된 독서가가 독서 중에 추론을 하는 경우 뇌에서 적어도 2단계의 프로세스가 일어난다는 가설을 주장한다.[49] 하나는 추론이 생성되는 단계, 다른 하나는 텍스트에 관련된 독서가의 지식에 추론이 통합되는 단계다.

숙련된 독서가가 이런 능력을 사용하는 것은 프로도가 여정을 마치면서 못나고 불쌍한 여행 가이드 골룸을 서서히 이해하게 되는 것과 비슷한 과정이다. 프로도는 반지에 대한 골룸의 비뚤어진 집착을 꿰뚫어 보고 우선 골룸이 한 행동의 진의를 분석하고 재구성한 다음 그것을 통해 얻어진 통찰을 이용해 앞으로 어떻게 처신해야 할 것인지 결정하고 마침내는 골룸이 이후에 어떤 일을 시도할 것인지 예측한다.

숙련된 독서가는 프로도와 마찬가지로 여러 가지 의미론적, 통사론적 프로세스뿐 아니라 다양한 독해 프로세스(와 그에 해당하는 대뇌 피질 부위)를 사용해 텍스트를 이해한다.[50] 예를 들어, 텍스트가 의미하는 바에 대해 독서가가 추론을 하는 경우 좌뇌와 우뇌의 전두 시스템이 브로카 영역 주변을 활성화시키는 것을 볼 수있다. 게다가 사용된 단어가 의미론적, 통사론적으로 복잡할 경우 이 전두 영역은 측두엽의 베르니케 영역, 두정 영역의 일부분, 우측 소뇌와도 상호작용을 한다.[51]

첫 번째 프로세스와 똑같이 중요한 두 번째 프로세스를 통해 숙련된 독서가가 생성된 추론을 이미 가지고 있던 배경 지식 안에 통합시키는 경우 우뇌의 언어 관련 시스템이 모두 사용되는 것으로 보인다. 추론의 두 번째 프로세스가 이루어지려면 갓 독서를 배운 독서가가 최초로 단순한 해독을 할 때 필요한 것보다 훨씬 많은 작업이 우뇌에 의해 수행되어야 한다. 우뇌의 언어 체계는 독서 발달 과정 내내 엄청난 변화를 겪어 좌뇌의 언어 영역과 똑같이 확장적이고 광범위한 분포를 갖게 된다.

궁극적으로 숙련된 독서가의 경우 좌뇌와 우뇌의 브로카 영역, 우뇌의 각회 영역, 소뇌의 우측 반구를 포함해 다양한 측두 영역과 두정 영역들이 보다 많이 개입한다. 저스트의 연구에 근거한 그림 6-7은 숙련된 독서가의 이해하는 뇌가 초보 독서가와는 다른 아름다운 변화를 보이는 양상을 표현하고 있다. 다양하고 많은 뇌의 부분을 사용하는 숙련된 독서가는 끝없이 확장되는 인간 지성의 진화를 보여주는 살아 움직이는 증거다.

• • •

   독서 발달의 자연사를 마무리하는 의미에서 헤밍웨이가 끊임없이 찾아 헤맸던 '하나의 진정한 문장'을 고른다면 바로 이런 것이다. 독서 발달의 끝이란 존재하지 않는다. 끝없는 독서의 이야기는 앞으로도 이어질 것이며 매 순간 뇌와 독자를 변화시키고 눈과 혀와 단어와 작가를 남겨둔 채 '싱싱하고 푸르른 진실이 솟구치는' 새로운 곳을 향해 전진해나갈 것이다.[52]

• • •

   앞으로는 지금까지와 완전히 다른 난독증을 겪는 사람들의 '자연사'와 그에 관련된 희망적인 유전 이야기를 하려고 한다. 문자를 사용하지 않던 과거와 독서하는 뇌의 미래에 대해서도 살펴볼 것이다. 그 어떤 지도에도 나와 있지 않은 미지의 땅으로 들어가 문자 언어가 이룩한 위업을 보다 넓은 맥락에서 가늠해보려는 것이다. 그곳은 말로 표현되지 않는 이미지와 패턴의 세상이 단어의 세계와 조우하는 곳이다.

읽기와 쓰기를 익히는 데 열 살부터 약 3년이
소년에게 적절한 기간이다. 소년과 부모 중 누구도
좋아하거나 싫어한다고 해서 이 기간을 마음대로
연장하거나 축소할 수 없다. 당연히 읽기와 쓰기가
가능한 정도까지 문자에 대한 학습을 꾸준히 계속해야
한다. 하지만 정해진 기간 내에 자연스러운 발전의
속도가 느릴 경우 빠르고 능란하게 수행하는 능력을
완성하도록 강요해서는 안 된다.

· **플라톤**

3부

뇌가 독서를
배우지 못할 때

7장

난독증이라는 수수께끼

～

아이가 느끼는 최대의 공포는 사랑받지 못하는 것이며
아이가 두려워하는 지옥은 거부당하는 것이다.
정도의 차이는 있지만 세상 누구나 거부당하는 느낌과 나쁜 짓을 하고
죄책감을 느껴본 적이 있으리라 생각한다. 그것이 바로 인간의 역사다.
어떤 아이는 열망하는 사랑을 거부하며 고양이에게 발길질을 하고
남몰래 느끼는 죄의식을 감추고 있다.
또 어떤 아이는 돈으로 사랑을 사고 싶은 마음에 도둑질을 한다.
또 다른 아이는 세상을 정복한다.
그리고 죄의식, 복수, 또 다른 죄의식이 끝없이 반복된다.[1]

— 존 스타인벡

독서를 하느니 차라리 욕조 청소를 하겠어요.[2]

— 난독증을 겪는 한 아이

스코틀랜드 출신의 카레이서인 재키 스튜어트Jackie Stewart는 그랑프리 대회에서 27회나 우승을 하고 찰스 황태자로부터 기사 작위를 수여받았다. 카레이서로서는 세계에서 가장 성공적인 경력을 일구어냈지만 사실 그는 난독증을 겪은 사람이었다. 최근 열린 난독증에 대한 국제 과학 콘퍼런스에서 그는 다음과 같은 말로 연설을 마쳤다.

"여러분은 난독증으로 고생하는 것이 어떤 것인지 절대로 이해

할 수 없습니다. 이 분야에서 아무리 오랫동안 일을 했어도, 설사 여러분의 아이가 난독증이더라도 유년 시절 내내 창피를 당하고 매일같이 그 무엇에도 결코 성공하지 못하리라는 생각이 들도록 교육받는다는 것이 어떤 기분인지 여러분은 절대로 이해하지 못할 것입니다."[3]

나는 난독증 아이의 엄마로서 재키 스튜어트의 말이 백번 옳다는 것을 알고 있다. 난독증 이야기의 줄거리는 세상 어디서나 별로 차이가 없다. 예를 들어 남자아이라고 해보자. 총명한 한 남자아이가 생기발랄하고 열정적인 모습으로 학교에 입학한다. 그 아이는 다른 아이들처럼 글을 배우려고 열심히 공부한다. 하지만 다른 아이들과 달리 쉽사리 요령을 터득하지 못하는 것처럼 보인다.

아이의 부모는 좀 더 열심히 공부하라고 말한다. 선생님은 "잠재력을 제대로 연마하지 않는다"고 말한다. '모자라는 애' 혹은 '바보'라고 다른 아이들이 놀리는 소리가 들린다. 앞으로 훌륭한 사람이 되지 못할 것이라는 뜻임을 알아챈다. 그 아이는 학교에 입학할 때 활기 넘쳤던 모습과는 완전히 딴판이 되어 학교를 떠난다. 이 비극적인 이야기가 도대체 얼마나 반복되어야 하는 것인지 답답하기만 하다. 그저 독서를 배우지 못한 것뿐인데 말이다.

하지만 글을 읽지 못해 고생하던 어린 독서가가 (정말) 운이 좋으면 도중에 누군가에 의해 '예기치 못했던 재능'이 발견되기도 한다. 재키 스튜어트는 만약 자신이 경주용 자동차를 몰 수 있다는 사실을 발견하지 못했더라면 총 쏘는 방법을 배워 "감옥이나 혹은 그보다 더 나쁜 곳"에 가 있었을 것이라고 말한 적이 있다. 스튜어트는 아주 오랜 시간이 흐른 후 두 아들이 난독증 진단을 받은 뒤에야 비로소 자신의 어린 시절을 이해할 수 있었다. 두 아들에게는 절대로 그런 일이 되풀이되지 않게 하겠노라고 그는 맹세했다.

난독증의 이야기에서 흔히 볼 수 있는 또 하나의 현실이 바로 때늦은 진단이다. 금융가인 찰스 슈왑, 작가인 존 어빙, 변호사인 데이비드 보이스David Boies는 자녀들이 난독증 진단을 받은 후 자신들의 난독증을 시인했다. 러셀 코스비Russel Cosby는 그의 조카이자 빌 코스비의 아들인 에니스가 중학교에 들어가 교사이자 난독증 전문가인 캐롤린 올리비에Carolyn Olivier에게 난독증 진단을 받은 후에야 비로소 자신이 겪고 있는 장애를 알게 되었다.

물론 해피엔딩으로 끝나는 이야기도 있다. 폴 오팔라는 여러 고등학교에서 퇴학을 당했지만 그래도 킨코스Kinko's를 설립했으며, 데이비드 닐먼은 제트블루JetBlue의 CEO가 되었고, 존 챔버스John Chamber는 시스코사CISCO의 CEO가 되었다. 하지만 이러한 해피엔딩은 상당히 이례적인 경우다. 나 자신을 비롯해 난독증 연구를 하는 많은 동료들이 가장 심하게 좌절감을 느끼는 이유는 이와 같은 실패의 순환을 피하려면 얼마든지 피할 수 있기 때문이다. 아이들이 치명적인 실패의 경험을 하기 전에 이러한 유형의 장애 위험이 있는 대부분의 아이를 식별해내는 방법이 이제는 존재한다. 몇 년 동안 실패라는 벽에 머리를 찧고 나면 그 상처가 평생 아물지 않는 경우가 종종 있다.

재키 스튜어트는 어른이 된 후 아무리 많은 상을 타고 아무리 많은 자동차와 비행기를 소유해도 진정으로 만족감을 느낀 적이 없다고 고백했다. 어린 시절의 굴욕이 너무 오래 지속되었던 것이다. 그의 경험담은 회복탄력성의 귀감인 동시에 어린 시절 학습 과정에서 당한 거부의 상처가 그만큼 끔찍하고 오래간다는 사실을 보여준다.

일부 사람들의 뇌가 문자 언어를 습득하지 못하는 이유를 살펴보면 뇌가 작동하는 방법을 새로운 눈으로 통찰할 수 있다. 빠른 속도로 헤엄치지 못하는 오징어의 중앙신경 체계가 수영을 하는 데 무엇이 필요한지 가르쳐주는 것과 비슷하다. 하지만 그 반대의 경우도 가능하다. 독서하는 뇌의 발달을 이해함으로써 난독증에 새로운 빛을 던질 수도 있는 것이다. 두 가지를 검토하는 과정에서 우리는 보다 넓은 시야로 인간의 지적 진화를 바라볼 수 있다. 그렇게 보면 독서라는 문화적 발명은 뇌의 경이적인 잠재력이 표현되는 형태임을 알 수 있다.

· · ·

난독증 연구에 착수해보면 이것이 본질적으로 매우 복잡한 일이라는 점을 금방 깨닫게 된다. 거기에는 최소 세 가지 이유가 있다. 첫째, 독서하는 뇌가 되려면 매우 복잡한 것이 필요하다. 둘째, 이 연구에 개입되는 분야가 워낙 많다. 셋째, 난독증을 겪는 사람들 안에 독특한 강점과 파괴적인 약점이 복잡하게 혼재한다. 그러한 복잡성이 난독증의 역사에 그대로 드러난다. 난독증의 역사에는 또한 노엄 촘스키에 의한 언어학의 혁명, 난독증 진단에 사회 계층이 미치는 영향 등 지난 100여 년간 이루어진 지성의 역사와 우리 사회의 수많은 변화가 반영되어 있다.

난독증에 대해 보편적으로 합의된 단일한 정의가 아직 없다는 사실은 매우 아이러니하다(미국과 영국에서 사용되는 몇 가지 정의와 관련 문제에 대해서 주를 참고하라).[4] '난독증'이라는 용어를 절대로 사용하지 않는 대신에 '독서 장애' 또는 '학습 장애'와 같이 보다 일반적인 묘사를 사용하는 학자들도 있다. 플라톤을 비롯한 고대 그리스인들조차 이 현상을 인지하고 있었는데 난독증이 존재하지 않는다고 주장하는 이들도 여전히 있다.

나는 역사적인 이유에서 '난독증'이라는 용어를 선호한다. 하지만 읽기와 스펠링을 학습하지 못하는 뇌의 무능력이 제공해주는 놀라운 통찰과 그것을 제대로 치료하지 않을 경우 초래될 수 있는 비극적인 낭비를 제대로 이해하고 있다면 그것을 무엇이라 부르든 궁극적으로는 전혀 문제가 되지 않는다.

난독증의 거대한 역사

복잡하게 얽혀 있는 이야기가 다 그러하듯 이 이야기는 먼 옛날 인류 진화의 역사로부터 시작된다. 사건의 배경은 영국의 신경심리학자 앤드류 엘리스Andrew Ellis가 가장 잘 포착하고 있다.[5] 그는 난독증이 무엇으로 판명되든 '질환으로서의 독서 장애는 아니다'라고 선언한 바 있다. 앤드류 엘리스의 말이 의미하는 바는 인류 진화의 관점에서 보았을 때 뇌가 독서를 하도록 프로그램되어 있지 않다는 뜻이다.

앞에서 본 것처럼 독서만을 위한 특별한 유전자나 생물학적 구조는 존재하지 않는다. 대신에 독서를 하기 위해서는 모든 사람의 뇌가 물체를 인지하거나 그 이름을 인출하는 것과 같이 다른 일에 사용되도록 유전적으로 프로그램되고 설계된 기존의 부위를 연결해 새로운 회로를 만드는 방법을 배워야 한다. 뇌 안에 독서의 기능을 하는 '독서 중추' 같은 것이 없으므로 난독증을 단순히 독서 중추에 결함이 생겨서 나타난 질병이라고 말할 수 없다는 뜻이다. 난독증의 원인을 찾아내기 위해서는 기존의 뇌 구조와 여러 층으로 구성되는 프로세스, 구조, 뉴런, 유전자 등 독서 회로를 만드는 데 동시다발적으로 참여하고 작용하는 모든 것들을 살펴봐야 한다.

다시 말해 앞에서 소개한 다섯 개의 층으로 이루어진 독서 피라미드를 다시 한번 살펴보되 이번에는 좀 더 세심한 관심을 기

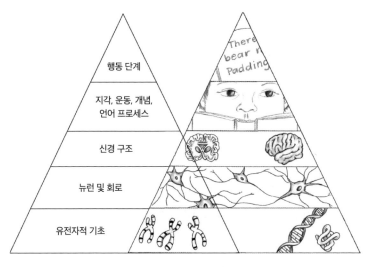

그림 7-1 독서 행위의 피라미드

울여야 한다. 그림 7-1에서 볼 수 있듯이 이 피라미드의 최상층은 단어나 문장을 읽는 등의 기본적 행동을 뒷받침해주는 활동을 나타낸다. 이번에는 이 그림을 약간 다른 의도로 사용해보려고 한다. 독서 회로의 발달이 어긋나서 잘못될 수 있는 다양한 장소와 방법을 도표화해보려는 것이다.

피라미드의 두 번째 층인 인지 층은 기본적인 지각 프로세스, 개념 프로세스, 언어 프로세스, 주의 프로세스, 운동 프로세스로 이루어져 있으며 주로 많은 심리학자들에 의해 연구되는 단계다. 20세기 이론가들의 내부분은 수로 이 층에서 문제가 발생해 난독증이 생긴다고 생각했다. 이 층의 여러 프로세스들은 다시 여러 신경학적 구조에 의존한다. 이 신경 구조들이 연결되어 회로를 이루어야 독서를 배울 수 있다. 최근의 뇌 영상 연구는 난독증을 이해하기 위해 이 구조들과 그들이 서로 연결되는 방법을 연구한다.[6] 이 피라미드의 하단은 뉴런의 작업 그룹들로 구성되어 있다. 이들이 다양한 형태의 정보에 대해 영속적인 표상을 만들고 인출할 수 있기에 인류가 글자와 음소들을 보고 듣는 데 전문가가 될 수 있으며 또한 그것을 자동적으로 수행할 수 있는 것이다.

피라미드의 최하층은 유전자를 나타낸다. 이 유전자들이 뉴런에 프로그램을 공급해주어야 시각, 언어 등 기존에 형성되어 있던 프로세스들이 일어나도록 뉴런이 작업 그룹, 구조 그리고 궁극적으로는 회로를 형성할 수 있다. 난독증에 관한 최신 연구 가운데 일부는 이 최하층을 대상으로 한다. 그런데 대물림되는 독서 고유의 유전자가 하나도 없기 때문에 연구가 매우 복잡해진다. 개별적인 뇌가 독서를 학습할 때마다 매번 상단에 있는 네 개의 층이 필요한 경로를 형성하는 방법을 새로이 배워야 한다. 독서를 비롯한 여러 가지 문화적 발명이 다른 프로세스들과 다른 점이 바로 그런 것이다. 다시 말해 독서는 언어나 시력처럼 아이들에게 '저절로' 나타나지 않으며 나이 어린 초보 독서가들의 경우 특히 연약해 잘못될 가능성이 많다.

이 책에 소개된 독서하는 뇌에 대한 진화론적 시각은 뇌로 하여금 최초로 토큰을 읽을 수 있게 해주었던 세 가지 조직 원리에서 시작된다. 모든 문자 언어들을 통틀어 독서 발달에 공통적으로 개입하는 요소는 새로운 학습 회로를 만들기 위한 기존 구조의 재편성, 정보를 표상화하기 위해 이러한 구조 안에서 뉴런의 작업 그룹이 특화되는 역량 그리고 이들 뉴런 그룹과 학습 회로가 거의 자동에 가까운 속도로 정보를 인출하고 연결하는 자동성의 역량이다.

이상의 설계 원리를 독서 장애에 적용해보면 난독증 발생의 잠재적 기본 원인이 몇 가지 떠오른다. 첫째, 언어 또는 시각의 기저 구조에 발달성 장애가 발생한 경우 이 장애는 아마도 유전적인 것으로 생각된다(예를 들어, 그 구조 안에서 작업 그룹이 특화하는 방법을 배우지 못하는 경우). 둘째, 주어진 특화된 작업 그룹 내에서 표상을 인출하지 못하거나 회로에서 구조들 간의 연결이 일어나지 못하거나 또는 두 가지 모두에 의해 자동성이 구현되는 데 문제가 생긴 경우. 셋째, 이 구조들 사이에서 회로가 연결되지 못하게 가로막는 방해물이 존재하는 경우. 넷째, 특정 문자 체계에서 기존에 사용되던 회로와는 전혀 다른 회로가 재편성되는 경우. 독서 장애의 원인 가운데 어떤 것은 문자 체계를 막론하고 보편적으로 나타나는 것도 있고 비교적 특정 문자 체계에만 고유하게 나타나는 것도 있다.

지난 120년간의 어수선한 난독증 연구 역사를 통해 나왔던 이런저런 가설에서 추출할 수 있는 고장의 유형은 이상의 네 가지다. 실제로 이 원칙들에 따라 독서 장애에 대한 각종 가설들을 체계화하면 어수선한 역사가 상당히 말끔하게 정리된다. 더욱 중요한 사실은 다양한 난독증 이론에서 얻어지는 공통적인 정보들을

뇌의 구조상 계열에 따라 체계화해보면 독서하는 뇌에 대한 지식
이 더욱 정교해진다는 것이다.

가설 1. 기존 구조에 생긴 결함

난독증에 대한 20세기 이론들은 대부분 난독증을 회로상의 기
존 구조를 가지고 설명한다. 최초의 설명은 시각 체계에 관련된
것이다. 현재 난독증이라고 부르는 증상을 처음으로 지칭한 용어
는 '어맹증word-blindness'으로 1870년대의 독일 학자 아돌프 쿠스마
울Adolph Kussmaul의 연구로 거슬러 올라간다.[7] 유년기 난독증을 선
천적 어맹증이라 부르게 된 것은 쿠스마울의 연구와 기이한 무슈
익스Monsieur X의 사례에 근거한 것이다.

프랑스인 사업가이자 음악 애호가였던 무슈 익스는 어느 날 아
침, 눈을 떠보니 갑작스럽게 글을 거의 읽을 수 없었다. 프랑스인
신경과 전문의 조제프-쥘 데제린은 시각 기능에 아무 이상이 없
는데도 무슈 익스가 단어를 읽거나 색깔명을 말하거나 악보를 읽
지 못한다는 사실을 발견했다.[8] 몇 년 후 무슈 익스는 뇌졸중을
일으켜 읽고 쓰는 능력을 모두 상실했으며 결국 사망했다.

무슈 익스를 부검한 결과 두 차례에 걸쳐 뇌졸중 발작이 있었
으며 각각에 의해 뇌의 서로 다른 부분이 손상되었다는 사실이
밝혀졌다. 데제린은 이 정보를 바탕으로 독서와 뇌에 관한 새로
운 이론을 정립했다. 첫 번째 뇌졸중은 좌뇌의 시각 영역과 뇌량
의 뒤쪽, 좌뇌 반구와 우뇌 반구를 연결해주는 띠 모양의 신경섬

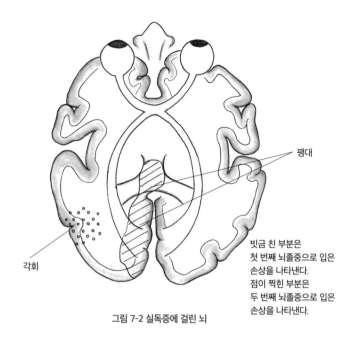

팽대

빗금 친 부분은
첫 번째 뇌졸중으로 입은
손상을 나타낸다.
점이 찍힌 부분은
두 번째 뇌졸중으로 입은
손상을 나타낸다.

각회

그림 7-2 실독증에 걸린 뇌

유를 손상시켰다(그림 7-2 참조). 첫 번째 뇌졸중 발작으로 무슈 익스는 시각 영역의 '연결이 끊어졌고' 그 때문에 우뇌로 보는 것은 가능했지만 거기서 본 것을 좌뇌의 언어 영역이나 손상된 좌뇌의 시각 영역으로 연결시킬 수 없었던 것이다. 바로 그 때문에 글을 읽지 못하는 현상이 가장 먼저 일어났다.

읽고 쓰는 능력을 완전히 상실하게 만든 두 번째 뇌졸중 발작으로 각회 영역이 손상되었다. 데제린의 '고전적 실독증' 사례는 진정한 의미에서 최초의 후천적 난독증 연구이며 시각의 역할 및 연결의 중요성에 관한 초기 가설들에 이론적 기반을 제공해주었다.

20세기의 신경과 전문의인 노먼 게슈윈드는 데제린의 사례를

시각 프로세스

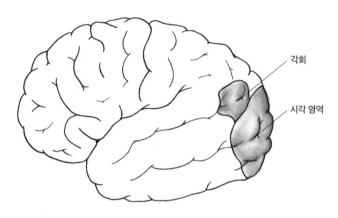

각회

시각 영역

청각 프로세스

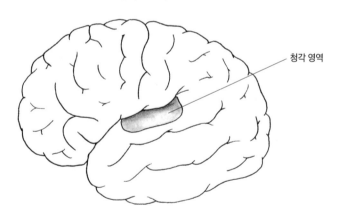

청각 영역

그림 7-3 시각 프로세스와 청각 프로세스

'단절 증후군disconnexion syndrome'의 사례라고 해석했다.[9] 단절 증후군이란 문자 언어와 같이 특정 기능에 필요한 뇌의 여러 부분들 간의 연결이 끊어짐으로써 그 기능이 고장날 때 발생하는 증상이다. 따라서 무슈 익스의 사례는 실제로 두 개의 다른 가설을 반영한다. 첫째는 기존 구조 중 하나인 시각 체계에 손상이 일어났다는 것이고 둘째는 독서 회로의 연결에 방해가 일어났다는 것이다.

과거에 독서 장애를 설명하던 또 하나의 논리적 학설 중 하나는 청각 체계에 문제가 발생했다는 것이다(그림 7-3 참조). 1921년 독서학자인 루시 필디즈Lucy Fildes는 독서에 문제가 있는 아이들은 문자로 표상된 음성에 대해 청각적 이미지(우리가 현재 말하는 음소 표상과 유사한 개념이다)를 형성할 수 없다고 주장했다.[10] 1944년 신경과 전문의이자 정신과 의사였던 폴 쉴더Paul Schilder는 독서 장애가 있는 사람들을 문자와 음성을 연결시키지 못하고 말로 표현된 낱말에서 그 안에 든 음성을 구별해내지 못하는 사람이라고 통찰력 있게 묘사했다.[11] 청각적 이미지에 대한 쉴더의 통찰과 필디즈의 초창기 연구는 난독증, 다시 말해 아이가 단어 안에서 음소를 처리하지 못하는 증상을 다루는 현대적 연구가 나아갈 방향타를 제시해준 선구자적인 업적이라고 할 수 있다.[12]

1970년대 초 언어학자인 노엄 촘스키의 지적 영향에 크게 힘입어 새로 등장한 심리언어학(언어의 심리학을 연구하는 학문) 분야에 독서 연구 부문이 새로 개설되었다.[13] 초창기 심리언어학자들의 목표는 다름 아닌 말소리, 언어, 독서 발달, 독서 장애 간의 관계를 체계적으로 이해하는 것이었다. 그들은 난독증을 언어 기반 장애로 보았으며 이는 지각 및 시각에 근거한 이론으로 난독증을 설명하려고 하던 과거의 경향을 뒤집는 시각이었다. 이러한 시각에서 이루어진 연구들 가운데 시사하는 바가 가장 큰 성과로 심리학자인 이자벨 리버만Isabelle Liberman과 돈 솅크와일러Don Shank-weiler의 연구를 꼽을 수 있다.[14]

두 학자는 청각 장애가 심해서 말소리를 들을 수 없는 아이 그룹을 연구했다. 그들은 이 그룹 중 글을 제대로 읽을 수 있는 소수의 아이들이 다른 아이들과 달리 낱말 안에 들어 있는 음성에 대해 음운론적 표상을 가지고 있다는 사실을 발견했다. 리버만과 솅크와일러는 이 사실과 다른 연구 결과들을 해석하면서 독서에 중요한 능력은 감각에 근거해 말소리를 청각적으로 지각하는 능력보다는 음운론적 분석과 인지라는 난이도 높은 언어학적 능력(그림 7-4)이라고 주장했다.[15]

독서 장애 분야는 실험 심리학자인 프랭크 벨루티노Frank Vellutino를 계기로 지각 구조를 통한 설명과 완전히 결별했다.[16] 난독증에서 가장 흔히 볼 수 있는 지각 문제인 그 유명한 시각 반전(예를 들어, d를 b로 읽거나 q를 p로 읽는 것)이 지각 결함 때문이 아니라 아이가 이 음성들의 올바른 언어적 이름표를 인출하지 못하는 데서 비롯되는 것임을 벨루티노와 동료 학자들이 실제로 증명해 보였다. 벨루티노는 속이 후련하도록 통찰력 뛰어난 연구에서 시각 반전이 흔히 일어나는 글자의 쌍(예를 들어, b와 d) 몇 개를 독서 장애

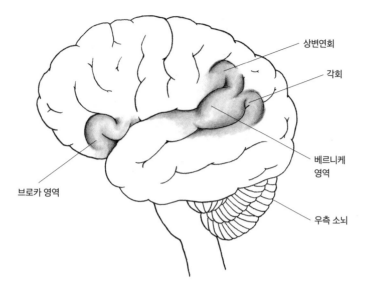

상변연회

각회

베르니케 영역

우측 소뇌

브로카 영역

그림 7-4 언어 가설들과 음운론적 프로세싱

아이들에게 보여주었다. 그러고는 아이들에게 글자를 그리거나 (시각 프로세스가 일어나도록 만드는 비언어적 과제) 또는 발음해보라고(언어적 과제) 했다. 아이들은 글자를 아주 정확하게 그려냈지만 글자 이름을 물어볼 때마다 잘못된 대답을 했다. 고장의 원인이 언어적인 문제임이 명확하게 드러난 것이다.

현재는 독서 장애에 대한 음운론적인 연구가 수백 개에 이른다.[17] 독서 장애가 있는 아이들의 경우 음절과 음소를 지각, 분절, 조작하는 방법이 평범하게 독서하는 아이들과 동일하지 않다는 것을 보여주는 연구들이다. 이러한 연구 결과는 매우 중요한 가치를 지니며 다양한 곳에 적용될 수 있다.

'bat'라는 단어가 각각 따로 분리될 수 있는 세 개의 음성으로 이루어져 있다는 사실을 인지하지 못하는 아이들은 '단어를 구성하는 소리, 즉 \b\-\a\-\r\로 쪼개서 발음하는' 수업이 시작되면 제대로 따라가지 못할 것이다. 이 아이들은 단어의 중간에 든 음소를 제거하라고 했을 때보다 맨 앞이나 뒤에 있는 음소를 제거하고 발음해보라고 했을 때 더 머뭇거리고 각운 패턴에 대한 인지('fat'와 'rat' 같은 두 단어가 각운이 맞는지 판단하는 것)가 훨씬 느리게 발달한다. 이 아이들이 스스로 문자와 음성 간의 대응 규칙을 도출해야 하는 경우 독서 학습이 가장 어렵게 느껴진다는 점을 이제는 우리 모두 알고 있다. 이것이 무엇보다 의미심장한 사실이다.

실제로 난독증에 대한 음운론적 설명은 아이의 독서 교육과 치료에 지대하게 공헌하고 영향을 미친다.[18] 조셉 토르게센Joseph Torgesen, 리처드 와그너Richard Wagner 및 플로리다 주립대학교의 학자들은 아이들에게 음소 인지와 자소 대 음소의 대응 관계를 체계적, 명시적으로 가르치는 교육 프로그램이 다른 프로그램보다 훨씬 더 성공적으로 독서 장애를 치료할 수 있다는 사실을 실제로 보여줬다. 음소 인지 및 명시적인 해독 교육이 아이의 독서 교육에 효과적이라는 증거는 도서관 벽 하나가 가득 차고도 넘칠 만큼 많다.[19] 따라서 음운론적 접근은 가장 많은 연구가 이루어진 독서 장애에 대한 구조적 가설이라고 할 수 있다.[20]

상대적으로 연구는 덜 되었지만 중요도가 매우 높은 또 다른 구조적 가설들은 전두엽의 집행 프로세스부터 소뇌의 후방 부위까지를 다룬다.[21] 전두엽의 집행 프로세스는 주의 및 기억의 조직과 독해를 모니터링하고 소뇌의 후방 부위들은 타이밍과 언어 프로세스의 여러 측면 및 운동 연계와 관념화 사이의 연결에 개입한다. 이러한 구조적 가설들의 중요성은 양면적이다.

워싱턴 대학교의 버지니아 버닌저가 보여주는 것처럼 어떤 아이들은 주의와 기억 같은 집행 프로세스에 문제가 있어서 독서 장애가 나타나고 또 어떤 아이들은 독서와 주의에 동반성 문제가 있는 경우도 있다.[22] 아래에서 자세히 설명하겠지만 타이밍에 관련된 문제를 가진 아이들도 있다. 영국의 학자들 중에는 이 문제에 대해서 적어도 일부 아이들의 경우 소뇌 기능 이상 때문이라고 주장하는 이들도 있다.

그렇지만 여기서는 이상과 같은 구조적 유형의 가설들을 모두 검토한 다음 도출되는 공통적인 양상을 설명하는 것이 주요 목적이다. 20세기 초·중반의 학자들은 한 영역의 기능 이상만을 설명하면서 그것이 전반적인 독서 장애의 주된 원인이라고 주장하는 경향이 있었다. 난독증 분야에서 지나치게 많이 사용되는 메타포이긴 하지만 코끼리의 일부분을 만지고 그것이 전체인 것으로 착각하는 장님의 이야기가 가장 적절한 비유가 될 수 있다.

당연히 많은 이론가들이 각자가 주장하는 독서 장애의 설명에 새로운 이름을 붙였다. 만약 그동안 나온 독서 장애에 대한 가설들을 전부 뇌의 구조상 위치 대비 프로세스의 지도 위에 올려놓는다면 무슨 일이 일어날지 생각해보라(그림 7-5 참조). 바로 이것

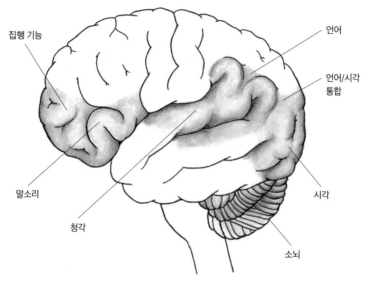

집행 기능

언어

언어/시각
통합

말소리

시각

청각

소뇌

그림 7-5 난독증에 대한 가설들의 종합편

이다. 이 가설들의 합이 곧 보편적 독서 체계의 주요 부분들에 그 나마 가장 근접한 근사치인 것 같다.[23] 다시 말해 난독증의 가설 적 원인들을 한데 모아놓으면 독서하는 뇌를 구성하는 주요 구조 가 전부 드러난다.

가설 2. 자동성의 미달

두 번째 유형의 가설은 이 구조들 안에서 혹은 구조들 사이에 서 자동성이 달성되지 못하는 데 주목한다. 다시 말해 프로세싱 의 속도가 충분히 빠르지 못한 데 초점을 맞춘다. 빨리 진행되지 못하는 것이 뉴런 프로세스든 구조적 프로세스든 상관없이 이러한 결함으로 인해 결과적으로 독서 회로에 참여하는 각 부분들이 제대로 작동하지 않고 따라서 독해에 필요한 충분한 시간이 할당되지 못한다는 것이 기본 전제다.[24]

첫 번째 가설과 마찬가지로 피라미드의 수준과 구조마다 그에 결부된 유창성에 관련된 설명이 여럿 존재한다. 예상대로 그중 일부는 과거의 이론들처럼 시각에서부터 시작된다. 예를 들어, 브루노 브렛마이어Bruno Breitmeyer와 호주의 학자인 윌리엄 러브그로브William Lovegrove는 난독증의 경우 시각 정보를 처리하는 속도가 일반 독서가와 다르다는 점을 발견했다.[25] 별의 이미지가 하나 나타났다 사라진 후 금방 또 하나의 별 이미지가 나타난다고 생각해보라. 두 개의 시각적 이미지가 빠른 속도로 '깜빡거리고' 있음에도 난독증을 겪는 많은 사람들의 뇌에서는 이것이 하나의 자극으로 뭉쳐져 보인다. 그들의 뇌가 이 시각 정보들을 충분히 빨리 처리하지 못하기 때문이다.

청각 정보를 처리하는 속도에 관한 연구에서도 난독증을 겪는 독서가들은 일반 독서가들과 차이를 보였다. 두 프로세스 모두 기본적 탐지 수준에서는 장애를 가진 사람들이나 일반인들 사이에 차이가 거의 없다. 다시 말해 장애를 가진 사람들도 시각적 자극이 나타나거나 소리가 나면 그것을 금방 지각한다. 하지만 여기에 미세한 복잡성이 개입하면서 차이가 나타난다. 두 개의 시각적 이미지와 마찬가지로 두 개의 짧고 분리된 청각적 음색을 처리할 때 독서 장애를 가진 일부 아이들과 언어 기능에 손상을 입은 많

은 아이들은 비장애인 아이들보다 더 긴 시간이 필요하다.[26]

이러한 어려움이 단어보다 작은 단위인 음소와 음절 구별에 영향을 주는 요인과 복합적으로 발생한다는 사실이 정밀한 연구를 통해 밝혀졌다.[27] 영국, 프랑스, 핀란드의 난독증 아이들을 연구한 케임브리지 대학교의 우샤 고스와미는 그들이 평상시 말을 할 때 리듬에 둔감하다는 사실을 발견했다.[28] 말의 리듬은 단어 안에 있는 음성들이 강세와 '운율 박자 패턴'에 따라 변화하는 양상에 의해 일부 결정된다. 따라서 이것이 음소 표상의 문제로 이어지고 더 나아가 독서 장애를 유발할 수 있다.

난독증에서 운동 프로세스의 속도가 다르다는 점은 대단히 흥미로운 발견 중 하나다. 어쩌면 고스와미의 말소리 연구 결과와 관련이 있는 것으로 밝혀질 수도 있을 것 같다. 아이들이 메트로놈의 리듬 패턴에 맞춰서 뭔가를 두드리는 모습을 관찰한 보스턴의 저명한 정신과 의사 피터 울프Peter Wolff는 난독증 독서가들이 행위의 각 부분을 모두 모아 '일시적으로 가지런한 전체 집합'을 만들어야 하는 경우 운동 영역에서 자동성 문제가 발생한다고 결론지었다.[29] 다시 말해 난독증 아이들은 시각이든 청각이든 가장 기본적인 감각 프로세싱 수준이 아니라 구성요소들을 정확하고 빠른 속도로 연결하는 과제를 수행할 때 운동 기능에 기능상 결함이 발생하게 된다는 말이다.

이스라엘의 심리학자 즈비아 브레즈니츠Zvia Breznitz는 이 이야기를 약간 독특하게 해석한다.[30] 브레즈니츠는 20여 년간 폭넓은 과제를 이용해 난독증 아이들을 연구한 결과 프로세싱의 속도에 관련된 수많은 문제를 발견했다. 그런데 이 과정에서 특이한 사실을 하나 알 수 있었다. 다른 학자들과 마찬가지로 그녀도 글을 잘 읽지 못하는 독서가들은 각각의 양상을 처리하는 프로세싱 속도가 느리다는 사실을 발견했다. 하지만 그와 더불어 그들에게는 시각 프로세스와 청각 프로세스 사이에 브레즈니츠가 '비동시성'이라고 부르는 '시간상 간격'이 있었다.[31] 독서를 할 때 문자와 음성을 대응시키는 데 가장 많이 필요한 이 두 영역이 각각에 있는 정보들을 통합시킬 수 있을 만큼 충분히 동기화되지 못함으로써 독서 전체에 영향을 미치는 것이었다. 몇 년 전, 찰스 퍼페티에 의해서도 관찰된 바 있는 브레즈니츠의 시간상 비동시성 개념은 난독증의 수수께끼를 푸는 데 가장 매력적인 퍼즐 조각 중 하나다.

실제로 지금까지 실험 대상으로 삼았던 모든 언어에서 난독증 예측력이 가장 뛰어났던 도구 중 하나는 네이밍 스피드(명명 속도)라는 시간에 관련된 과제다. 이 과제를 수행하는 데는 피라미드의 두 번째 층인 인지 수준의 프로세스가 거의 총동원된다. 네이밍 스피드에 대한 사연은 매우 희귀한 손상의 조합으로 문자를 읽지 못한 동시에 색깔명을 말하는 능력까지 잃어버린 무슈 익스의 사례로 거슬러 올라간다. 이 이야기를 통해 게슈윈드는 색깔명을 말하고 문자를 읽는 데 필요한 시스템은 동일한 신경 구조를 사용하며 인지, 언어, 지각 프로세스 중 많은 것을 공유하는 것이 틀림없다고 추정했다. 동시에 유치원에 들어가기 훨씬 전에 발달하는 아이의 색깔명 말하기 능력이 독서 학습과 장애를 미리 예고해주는 훌륭한 도구가 될 수 있을 것이라고 추론했다.

존스 홉킨스 대학교의 소아신경과 전문의인 마사 브리지 덴클라Martha Bridge Denckla가 이 가설을 실험해보았다.[32] 난독증 독서가들도 색깔명을 완벽하게 말할 수 있었다. 하지만 빨리 말하지는 못했다. 뇌가 색깔(또는 글자나 숫자) 이름을 말하기 위해 시각 프로세스와 언어 프로세스를 연결하는 데 소요되는 시간이 곧 독서를 배우지 못할 사람이 누구인지 예측하는 도구가 되는 것이다. 덴클라의 발견과 더불어 그녀와 매사추세츠 공과대학교MIT의 신경심리학자인 리타 루델Rita Rudel이 공동 진행한 연구를 바탕으로 '빠르게 이름 말하기rapid automatized naming, RAN' 검사가 고안되었다.[33] 이 과제에서 아이는 여러 줄로 반복해 열거해놓은 글자, 숫자, 색깔 또는 물체의 이름을 최대한 빨리 대야 한다.

내가 맡고 있는 연구소와 세계 곳곳에서 실시된 집중 연구를 통해 테스트 대상으로 삼은 모든 언어에서 RAN이 '독서 퍼포먼스에 대한 예측력이 가장 정확한' 검사로 밝혀졌다. 나는 이 연구를 기초로 '빠른 교차 자극rapid alternating stimulus, RAS' 검사를 고안했다. 이는 RAN에 주의 프로세스와 의미론적 프로세스를 추가한 새로운 네이밍 과제다. 독서의 발달 과정 전체가 해독을 아주 빨리 함으로써 다음에 올 정보에 대해 생각할 시간을 뇌에게 부여하는 식으로 진행된다는 사실을 생각하면 네이밍 스피드가 얼마나 중요한 의미를 갖는지 이해할 수 있을 것이다.

많은 난독증 사례에서 뇌는 독서 발달의 최고 단계에 결코 도달하지 못한다. 프로세스의 맨 앞단에서 일어나야 하는 부품 연결에 시간을 너무 많이 잡아먹기 때문이다. 난독증을 겪는 많은 아이들은 사실상 활자의 중간에서 생각을 할 시간적 여유가 없다.

그런데 네이밍 스피드는 원래 난독증을 설명하기 위해 개발된 것이 아니었다. 그것은 독서 프로세스의 속도를 방해하는 문제의 지표가 된다. 게슈윈드의 추정대로 네이밍의 기반 프로세스와 구조들은 독서의 주요한 기반 프로세스와 구조들의 부분집합이었다.[34] 네이밍 스피드에 관여하는 주된 프로세스와 구조들(그들의 연결, 자동성 또는 또 다른 회로의 사용을 포함해서) 중 어느 하나라도 문제가 생기면 네이밍이나 독서에 결함을 일으킬 수 있다.

네이밍 스피드의 이면에는 아이의 독서하는 뇌의 발달에 커다란 시사점을 던져주는 진화론적인 이야기가 하나 숨겨져 있다. UCLA의 신경과학자 러스 폴드랙과 우리 연구팀이 얻어낸 네이밍 스피드의 뇌 이미지인 그림 7-6이 놀랍도록 명료하게 보여주는 것이 있다.[35] 일찍이 다른 학자들이 가정했던 것처럼 이 이미지상의 뇌는 문자와 물체의 이름을 말하는 데 기존에 형성되어 있던 후두-측두 부분(영역 37)의 물체 인지 경로를 사용한다.[36] 사람이 '신경을 재활용'한다는 학자들의 가설을 fMRI(기능적 자기공명영상) 이미지가 뒷받침해주는 것이다. 그러나 이 이미지에서 알 수 있는 더 중요한 사실은 다음과 같은 문자 인지와 물체 인지의

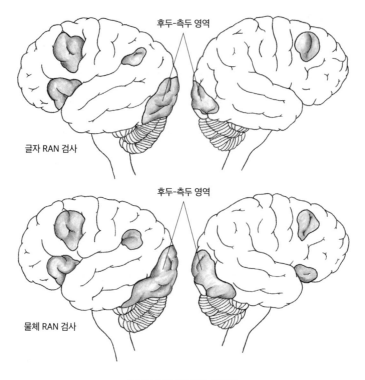

후두-측두 영역

글자 RAN 검사

후두-측두 영역

물체 RAN 검사

그림 7-6 RAN의 fMRI 이미지

세 가지 다른 점이다.

첫째, 문자 이름을 말할 때보다 물체 이름을 말할 때 좌뇌의 후두-측두 영역이 더 많이 활성화된다. 물체 인지는 (새 관찰가들같이 흥미로운 예외가 몇 가지 있지만) 인간의 초분화superspecialization 역량에 의존하지 않는다. 그 수가 너무 많기 때문이다. 따라서 물체 인지는 완벽하게 자동화되지 않으며 그에 필요한 피질의 면적이 훨씬 넓다. 물체 이름을 말하는 회로는 우리가 문자를 읽고 쓰는 능력을 습득하기 전의 모습이라고 할 수 있다.

둘째, 문자가 후두-측두 영역을 보다 능률적으로 사용한다는 것은 문해 능력을 가진 뇌가 시각적 분화를 한다는 점, 그리고 특화된 정보를 자동화하는 역량이 있다는 점을 부각시켜준다. 바로 그렇기 때문에 RAN 검사 시 모든 독서가가 물체 이름보다 문자 이름을 빨리 말할 수 있는 것이다.

셋째, 매우 중요한 점으로 보편적인 독서하는 뇌가 독서를 할 때 사용하는 다양한 '기존 구조들'은 (특히 측두와 두정엽의 언어 영역이) 물체보다 문화적으로 발명된 문자에 의해 더 많이 활성화된다. 그렇기 때문에 RAN이나 RAS와 같은 네이밍 스피드 측정을 통해 언어를 막론하고 독서 능력을 예측할 수 있는 것이다.[37] 또한 그렇기 때문에 물체의 이름을 말하는 뇌의 사진과 문자의 이름을 말하는 뇌의 사진을 나란히 놓고 보면 독서를 배우기 전과 후의 뇌의 진화 상태를 비교할 수 있다.

마지막으로, 네이밍 스피드 연구는 아이들이 글을 깨우치기 전이라도 난독증을 조기 발견할 수 있으므로 아이들의 발달상 매우 중요한 의미가 있는 것으로 보인다. 우리는 난독증 아이 대부분이 유치원에서 문자와 물체의 이름을 인출하는 데 시간이 매우 많이 걸리며 그중에서도 물체보다 문자의 예측력이 훨씬 더 크다는 사실을 알고 있다.[38]

물체 이름 말하기와 문자 이름 말하기가 각각 독서 이전과 이후의 뇌를 나타내는 것이라면 3세 정도의 유아들이 물체 이름을 인출하는 데 약점이 있는지 알기 위해서는 그들의 뇌 발달 상태를 살펴보면 된다. 물체와 색깔에 결부된 특정한 뇌의 발달이 특이한 속도로 이루어지거나 또는 남들과 다른 회로가 만들어지는 것이 발견될 수 있다. 뇌 영상 연구를 통해 예컨대 뇌의 우반구 회로 모양이 확연히 다르게 나타날 수 있다. 그러면 그 특정한 뇌가 향후에 독서 장애를 일으킬 수 있음을 보다 빨리 예측해 그에 적절한 치료를 일찌감치 시작할 수 있다.

내가 희망하는 바는 앞으로 학자들이 아이가 글을 배우기 전에 물체 이름 말하기의 이미지를 만들어낼 수 있었으면 하는 것이다. 그러면 회로상 특정 구조를 사용하는 것이 문해 능력이라는 새로운 과제에 적응하지 못하는 원인이나 결과가 되는지 연구할 수 있을 것이다.

이상의 복잡한 개념들을 통해 우리는 시간과 자동성에 대한 의문으로부터 시간에 관련된 결함의 근본 원인으로 발전해나갈 수 있다. 그런 가능성 중 하나가 바로 회로 연결에 관한 것이다.

가설 3. 구조 간 회로 연결 장애

이 그룹에 속하는 가설들은 특정한 구조 하나에 발생한 문제가 아니라 구조들 사이의 연결성을 이해하는 것이 중요하다고 강조한다. 데제린이 처음 발견한 고전적 실독증 사례를 해석하는 과정에서 노먼 게슈윈드는 19세기의 신경과 전문의 칼 베르니케Carl Wernicke가 말한 '단절 증후군disconnexion syndrome'의 개념을 부활시켰으며 인지 기능에서 그것의 구성요소가 되는 체계들이 모두 다 함께 작용하는 것이 얼마나 중요한지 설명했다.[39] 무슈 익스의 기능 손상에서 우뇌의 시각 정보가 뇌량을 거쳐 좌뇌의 시각-언어 프로세스로 전달되지 못한 사실은 좌뇌에 생긴 구조적 손상만큼이나 치명적인 것이었다. 독서 회로 안에서의 연결은 구조 자체만큼 중요하다.

20세기 중반 많은 이론가들이 독서 회로 내 구조와 프로세스 간의 연결을 고찰하며 이 세 번째 유형의 가설에 비중을 두었다. 가장 자주 등장한 학설 두 가지는 문제의 근원이 시각-언어 프로세스 또는 시각-청각 체계 사이의 연결에 있다는 것이었다.[40] 현대의 신경과학은 그러한 설명들의 기저를 파고들어 독서에서 다양한 구조들 간의 기능적 연결성 또는 상호작용의 위력을 연구한다.[41] 기능적 연결성에 관심을 두는 신경과학자들은 독서 회로를 이루는 주요 구성요소들의 상호작용의 효율과 강도를 연구한다.

이러한 유형의 연구에서는 최소 세 가지 유형의 단절이 일관적으로 탐구된다. 이번에도 그 결과들을 종합하면 보다 거시적인 이야기가 만들어진다. 첫 번째 유형의 회로 기능 장애 사례는 이탈리아의 신경학자들에 의해 발견되었다.[42] 난독증을 겪는 이탈리아 독서가들은 '뇌섬엽'이라고 불리는 넓은 연결부의 저활동성에 기반을 둔 전두와 후두 언어 부위 간의 단절 양상을 보였다.[43] 이 부위는 비교적 멀리 떨어져 있는 뇌 부위들 간의 중간 매개가 되며 자동적 프로세싱에 결정적인 역할을 한다.

그와는 약간 다르지만 관련 있어 보이는 유형의 단절이 예일 대학교와 해스킨스 연구소의 학자들에 의해 발견되었다.[44] 언어를 막론하고 독서를 시작할 때 활성화되는 것으로 보이는 아주 중요한 부위인 후두-측두부를 연구하는 과정에서 난독증 환자들의 경우 영역 37이 일반인과 동일한 방법으로 연결되지 않는다는 사실을 관찰한 것이다.[45] 장애가 없는 독서가들의 경우 좌뇌의 후두부와 전두부 사이에서 가장 강력하고 자동적인 연결이 일어난다. 그런데 난독증 뇌에서는 가장 강력한 연결이 좌뇌 후두-측두 영역과 우뇌 전두 영역 사이에서 나타난다. 게다가 정상적인 초보 독서가들이 독서를 하고 음운론적 정보를 처리할 때 이용하는 좌뇌 각회부가 난독증에 걸린 사람의 경우 좌뇌의 다른 언어 부위와 기능상 단절을 보인다는 사실이 일부 신경과학자들의 연구를 통해 밝혀졌다.[46]

이미징 연구에서 나타난 단절의 마지막 형태가 이상의 발견을 모두 종합해준다. 휴스턴 대학교 연구팀은 독서를 할 때 언제 어느 부위가 활성화되는지 대략적으로 보여주는 영상 기술인 MEG를 사용했다.[47] 그 결과 난독증 아이들은 좌뇌와 우뇌의 후두엽에 있는 시각 영역에서 우뇌 각회를 거쳐 전두 영역으로 옮겨간다는 사실이 드러났다.

다시 말해 난독증 아이들은 완전히 새로운 독서 회로를 사용한 것이다. 이 의외의 결과는 MIT 학자들이 난독증 사례에서 관찰한 좌뇌 각회 부위의 저활동성 그리고 정상적인 독서가에게서 언제나 활성화되는 좌뇌 후두-측두 영역이 난독증에서는 훨씬 적게 활성화되는 이유 등 여러 가지 미스터리를 풀어줄 실마리를 제공한다.[48] 이 연구 결과를 통해 우리는 회로 안에 나타나는 명백한 단절을 가장 도발적인 관점으로 설명하는 네 번째 가설로 이동할 수 있다. 뇌의 재편성이 완전히 다른 방식으로 일어날지도 모른다는 입장이다.

가설 4. 독서에 사용되는 새로운 회로

역사적으로 난독증을 가장 독특하고 포괄적으로 설명한 사람은 실력 있는 신경과 전문의였던 새뮤얼 T. 오튼Samuel T. Orton과 그의 동료 애나 길링햄Anna Gillingham이었다.[49] 1920년대와 1930년대에 수행한 임상 결과를 바탕으로 오튼은 독서 장애에 '꼬인 상징twisted symbols'이라는 뜻의 '스트레포심볼리아strephosymbolia(상징도착증, 대칭인지)'라는 새로운 명칭을 부여했다. 오튼의 주장에 따르면 뇌가 정상적으로 과제를 분배하는 경우 일반적으로 우뇌보다 우월한 좌뇌가 문자의 방향(b 또는 d)이나 연속된 문자들의 방향(ton이 아니라 not)을 올바르게 선택하는 역할을 한다.

그런데 난독증에서는 이러한 대뇌 반구 우월성의 패턴이 아예 발생하지 않거나 또는 지극히 느리게 진행되었다. 좌뇌와 우뇌 사이에서 이렇게 커뮤니케이션이 제대로 일어나지 않기 때문에 일부 아이들이 올바른 문자 방향을 선택하지 못한다고 오튼은 썼다. 이 때문에 시각 공간적 혼동, 문자 반전, 독서·철자·글자 쓰

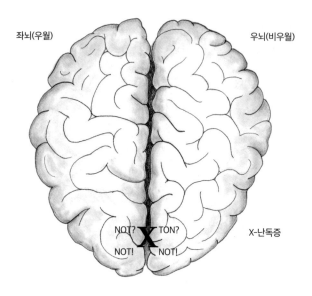

그림 7-7 오튼의 스트레포심볼리아(꼬인 상징) 가설

기상의 문제들이 발생했다는 것이다. 한마디로 난독증이 나타났다는 말이다.

이와 관련하여 1960년대와 1970년대의 학자들은 난독증의 경우 독서에 관련된 다양한 과제를 수행할 때 좌뇌가 우뇌보다 약해 보인다는 사실에 지대한 관심을 보였다.[50] 예를 들어, 아이의 양쪽 귀에 다양한 자극을 제시하고 듣게 하는 과제(양분 청취 과제라고도 한다)를 통해 청각 프로세스를 수행할 때 난독증 아이들은 일반 아이들과 동일한 방식으로 좌뇌를 사용하지 않는다는 연구 결과가 꾸준히 나왔다. 1970년 보스턴 재향군인 병원의 신경심리학자들은 시각, 청각, 운동에 관련된 일련의 과제를 가지고 일반 독서가들과 실독증 그룹을 대상으로 검사를 실시했다. 장애가 있는 독서가들의 경우 각 과제를 수행하는 속도가 현저하게 느릴 뿐만 아니라 양분 청취 과제에서 우뇌 우월성이 나타났다.[51]

그와 유사하게 1970년대 학자들은 언어적 정보를 다룰 때 난독증을 겪는 사람의 좌뇌가 놀라우리만치 약해진다는 사실과 함께 단어 인지 검사에서 난독증을 가진 사람의 좌뇌와 우뇌의 시각 영역이 의외로 대칭을 이룬다는 사실을 발견했다.[52] 이 기간에 진행된 여러 가지 대뇌 편측화 연구를 통해 난독증 뇌가 다양한 과제를 수행할 때 특이하게도 우뇌에 의존하는 양상이 많이 관찰되었다.[53] 이 연구 결과는 오랫동안 우뇌와 좌뇌의 프로세싱을 지나치게 단순화하는 시각에서 나온 것이라고 여겨졌다. 하지만 잠시 후 보게 될 것처럼 이미징 연구를 하는 학자들이 오튼의 생각과 뇌 반구의 프로세싱에 대한 과거의 이론들을 재고하기 시작했다.

장기간에 걸친 전형적인 독서의 신경계 발달을 연구한 조지타운 대학교 연구팀은 단어를 읽을 때 우뇌의 넓은 시각 인지 체계가 '점진적 이탈'을 하고 시간이 흐름에 따라 좌뇌의 전뇌, 측두, 후두-측두 부위의 참여가 차츰 늘어나는 양상을 발견했다.[54] 이는 발달 과정 도중에 좌뇌가 단어 프로세싱을 떠맡는다는 오튼의 생각을 뒷받침한다.

하지만 난독증의 경우에는 독서 회로의 점진적 발달도 같은 방식으로 이루어지지 않는다. 예일 대학교의 샐리 셰이위츠Sally Shaywits와 베넷 셰이위츠Bennett Shaywitz 연구팀은 난독증 아이들이 단순한 시각 과제에서부터 복잡한 각운 과제에 이르기까지 독서에 관련된 연속체적 과제들을 의외의 회로로 처리하는 모습을 최초로 관찰했다.[55] 이 아이들은 전두부를 훨씬 많이 사용했으며 좌뇌 후두부, 특히 발달상 매우 중요한 좌뇌 각회의 활동이 상대적으로 미약했다. 이 연구팀의 발견 중 가장 중요한 것은 보통의 경우에 보다 능률적인 좌뇌 영역에서 처리되는 기능들이 보완적 역할을 하는 것으로 보이는 우뇌의 '보조' 부위에서 수행된다는 사실이다.

최근 예일 대학교 연구팀이 독서 장애가 없는 성인 한 그룹과 독서 장애를 가진 성인 두 그룹을 관찰했다.[56] 독서 장애 그룹 중 한 그룹은 독서의 정확도 측면에 대해 교정을 받았으나 여전히 유창한 독서는 하지 못하는 성인들이었고 다른 한 그룹은 환경적 영향으로 추측되는 지속적 장애를 가지고 있는데도 기능 교정을 받지 못한 성인들이었다. 놀랍게도 장애가 없는 성인과 교정을 받지 않은 환경적 기반의 독서 장애를 가진 성인 모두 기본 회로에 있어서 동일 노선을 따르고 있었다.

하지만 고전적 난독증의 특징에 가까운 편인 교정을 받은 독서 장애 성인은 후두-측두 부위를 포함해 우뇌를 더 많이 사용했으며 나머지 두 그룹이 사용한 좌뇌 후두부의 활성화 정도는 낮은 편이었다. 그와 더불어 지속적 장애를 가진 성인은 정상적인 성인보다 좌뇌 후두-측두부를 훨씬 많이 사용하는 것으로 나타나 이 그룹이 분석적 전략보다 기억 전략을 더 비중 있게 사용한다는 사실을 알 수 있었다.

뒤에 이어지는 내용을 맛보기로 살펴볼 수 있도록 캐서린 스투들리가 뇌 이미지를 그려주었다. 이것은 시각 정보, 철자 정보, 음운론적 정보, 의미론적 정보를 처리하는 난독증 뇌 영상 연구 결과를 합성한 것이다. 그림 7-8의 패턴은 난독증의 자동성과 유창성에 대한 연구를 통해 이제는 완벽하게 예측 가능해진 내용, 다시 말해 시각-철자 인지로부터 의미론적 프로세싱에 이르기까지 각각의 단계에서 시간상 지연이 일어나는 것을 보여준다.

난독증 독서가는 0.15초부터 어떤 단계의 프로세싱도 제 시간에 맞춰 진행하지 못한다. 게다가 이 그림에는 비교적 최근까지도 상당히 놀라운 사실로 받아들여졌을 내용이 들어 있다. 난독증 독서가가 일반 독서가와 다른 뇌 회로를 사용한다는 것이다. 난독증 뇌는 시각 연합 영역과 후두-측두 부분에서부터 우뇌의 각회, 상변연회 및 측두부에 이르기까지 일관되게 좌뇌 구조보다 우뇌 구조를 더 많이 사용한다. 중추적인 전두부는 양뇌를 모두 사용하지만 전두부가 활성화되기까지 시간이 지연된다.

이 타임라인은 미국, 이스라엘, 핀란드를 포함한 전 세계의 여러 연구소에서 행해진 연구 결과를 종합한 결과다.[57] 하지만 이것이 끝이 아니다. 기껏해야 여러 가지 시사점을 던져줄 뿐이다. 자칫 잘못하면 그릇된 인상을 줄 수도 있다. 이미징과 교육적 연구를 할 때 텍스트에 대한 소크라테스의 경고가 뇌 이미지에도 똑같이 적용된다는 사실을 명심하라. '꿋꿋한 불투과성의 겉모습이 진실에 대한 환상을 심어준다.' 실제로 이것은 연구 대상의 숫자

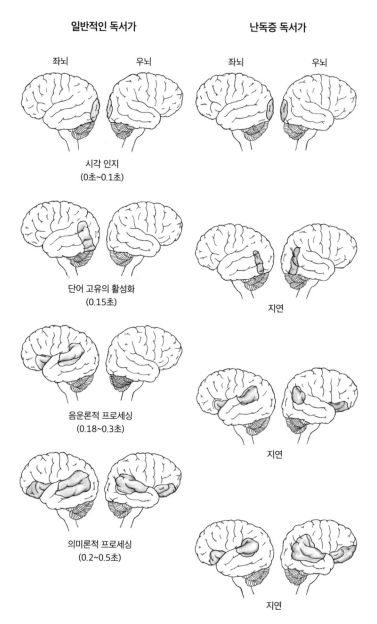

일반적인 독서가

좌뇌   우뇌

시각 인지
(0초~0.1초)

단어 고유의 활성화
(0.15초)

음운론적 프로세싱
(0.18~0.3초)

의미론적 프로세싱
(0.2~0.5초)

난독증 독서가

좌뇌   우뇌

지연

지연

지연

그림 7-8 난독증의 타임라인

에 근거한 통계적 평균치를 최선의 방향으로 해석한 것에 지나지 않으며 앞으로도 연구 대상을 계속 늘려나가야 한다.

좌뇌와 우뇌의 역량 차이에 대해 진실을 말해줄 수 있는 것은 오직 시간과 증거뿐이다. 만약 일부 난독증 독서가들이 우뇌 우월적인 독서 회로를 사용한다는 최신 개념이 옳다고 판명된다면 난독증 아이들의 뇌는 철자 및 음운론적, 의미론적, 통사적 프로세스와 추론 프로세스를 보고 듣고 인출하고 통합하는 데 걸리는 속도가 훨씬 느릴 뿐만 아니라 이 모든 일을 수행하는 데 시간적인 정확성에 적합하게끔 설계되지 않은 대뇌 반구와 그 안에 들어 있는 완전히 새로운 구조의 회로를 이용한다는 말이 된다.

저명한 학자 오비드 쳉Ovid Tzeng, 曾志郎과 윌리엄 왕William Wang, 王士元이 몇 년 전에 언급한 것처럼 진화를 통해 좌뇌는 인간의 말과 문자 언어에 필요한 절묘한 정확성과 타이밍을 처리할 수 있게 되었다.[58] 반면에 우뇌는 창의력, 패턴 추정 능력, 맥락적 관계 등 규모가 더 큰 작업에 적합해졌다. 우뇌 우월적 회로에 의해 환기되는 그림은 과거 100년 동안 나온 여러 가지 가설들을 설명하는 데 도움이 된다.[59] 이 가설들 각각은 보다 광범위한 증후군의 발현을 세부적으로 정확하게 묘사해준다.

난독증을 설명하는 가설들의 역사를 이 책에 제시된 뇌 구조의 기본 원리들에 따라 '독서 피라미드'라는 문맥으로 체계화하면 중요하고도 포괄적인 통찰 하나를 얻을 수 있다. 바로 어떤 가설도 독서 장애의 모든 형태를 설명하지는 못하며 특히 언어의 다양성까지 고려한다면 더더욱 그렇다는 점이다.

이제 우리 앞에는 난독증과 관련해 오늘날 시급히 해결해야 할 문제들과 다른 언어는 물론이고 동일한 문자 체계 내에서조차 독서 장애를 가진 사람들 사이에서 나타나는 불균질성의 문제가 대두된다. 독서하는 뇌의 설계 원리를 이해하면 독서 장애를 설명할 때 제아무리 고매한 이론이라도 단차원을 벗어나 다차원적인 시각으로 옮겨가게 된다.[60] 독서 장애의 원인은 다양하다. 바로 그렇기 때문에 치료가 그토록 어려운 것이다. 결국 연구의 초점이 난독증의 '주요 원인'을 발견하는 것에서 난독증 사례 중 가장 흔한 아형subtypes을 발견하는 것으로 바뀌게 된다.

달갑지 않은 가설: 다중 구조, 다중 결함, 다중 아형

발달 과정을 통해 변화무쌍한 다양한 특성을 보이는 실제의 아이들을 경험론적 근거에 의해 만들어진 분류 체계에 억지로 끼워맞추기보다는 다양한 아형이 존재한다는 생각을 받아들이는 것이 훨씬 합리적이다.[61] 캐나다인 동료인 패트리샤 바우어즈Patricia Bowers와 나는 다양한 결함을 고찰하기 위해 의도적으로 간단한 접근법을 택했다.[62] 우리는 난독증을 가장 잘 예측해주는 두 가지 기준의 결함에 근거해 아형을 나누고 독서 능력에 문제가 있는 아이들이 그 아형으로 분류되는지를 연구했다.

아형 1은 음소 인지상의 문제(구조적 가설), 아형 2는 느린 네이밍 스피드(프로세싱 속도 및 유창성의 대용), 그리고 아형 3은 두 가지 결함이 모두 나타나는 부류다. 영어 사용자로서 글을 제대로 읽지 못하는 독서가 중 약 4분의 1은 음운론적 결함만 가지고 있다. 글을 읽지 못하는 독서가 중 유창성 결함만 보이는 경우는 20퍼센트 이하였다.[63] 이는 아주 중요한 사실이다.

'유창성 결함만 있는' 난독증의 아형은 영어권에서는 비교적 소수이지만 보다 규칙적인 문자 체계를 사용하는 스페인어와 독일어권 등에서는 훨씬 흔하게 나타난다.[64] 영어권에서 볼 수 있는 유창성 결함 아형의 사례는 6장에서 언급한 루크의 경우다. 루크는 합창곡을 부를 수 있을 만큼 빠른 속도로 글을 읽지 못했지만 교사들은 독서 장애라고 생각하지 않았다. 대부분의 학교에서는 그런 학생들을 거의 다 그냥 지나쳐버린다. 초기에 문자 해독상 별다른 문제가 나타나지 않다가 나중에야 비로소 유창성 결함 및 빈약한 독해력을 보이기 때문이다.

영어권에서 발견되는 결함 중 가장 흔하고 가장 다루기 어려운 경우는 세 번째 아형이다. 네이밍 스피드와 음소 인지의 두 가지 결함을 모두 가진 아이에게는 독서의 모든 측면에서 가장 심각한 장애가 동반되었다. 구조적 결함과 프로세싱 속도 결함을 모두 가진 이 아이들이 고전적인 난독증으로 기술되는 유형이다.

흥미로운 점은 글을 제대로 못 읽는 독서가 중 약 10퍼센트는 이런 분류 중 어디에도 속하지 않는다는 사실이다. 심리학자인 브루스 페닝턴Bruce Pennington의 설명대로 이는 앞으로 구조적 결함과 유전적 데이터를 연결해 보다 다양한 아형의 분류 체계를 만들어야 함을 의미한다.[65] 난독증 아이들 가운데 장애가 가장 심한 그룹은 앞에서 언급한 두 가지 결함이 결합된 유형 외에 단기 기억상 결함까지 보인다는 사실을 조지아 주립대학교의 로빈 모리스Robin Morris 연구팀이 정교한 분석을 통해 보여주었다.[66]

우리의 아형 분류가 모든 장애를 포괄하려면 좀 더 기다려야 할 것 같다. 일단 우리는 과도기적인 이중 결함 틀 구조를 이용해 일부 방언과 세계의 여러 언어 체계에 대해 몇 가지 유용한 사실을 알아냈다. 예를 들어, 영어권에서는 각 아형에 해당하는 아이들의 비율이 거의 비슷했다. 하지만 표준 미국영어 방언이 아닌 다른 방언을 사용하는 아이들의 경우 상당한 차이가 있었다.

우리 연구팀은 지능, 교육 수준, 사회문화적 환경 등 모든 면이 유럽계 미국인 아이들과 다를 바 없는 장애를 가진 미국 흑인 독서가들에게서 매우 특이한 차이를 발견했다. 그들에게는 이중 결함과 음운론적 결함을 가진 아형이 훨씬 더 많았으며 독서 장애 인구 중 지나치게 높은 비율을 차지하고 있다.

이 현상을 설명하는 가설 중 하나는 많은 미국 흑인 아이들이 영어의 여러 방언 중 하나인 아프리칸-아메리칸 지역영어AAVE를 사용하는 현실에 결부된 것이다. 터프츠 대학교의 사회언어학자인 칩 기드니Chip Gidney와 우리 연구팀은 미국 표준영어와 AAVE 사이의 미묘한 차이를 이해하고자 연구를 진행하고 있다.[67]

오랫동안 사용해온 제1방언에 익숙해진 아이들이 제2방언의 자소 대 음소의 대응 규칙을 배우려고 할 때 두 방언 사이의 차이가 방해물로 작용하는지 알아보려는 것이다. 두 방언의 차이가 미묘해서 오히려 스페인어나 프랑스어 등 완전히 다른 음소 체계를 가진 언어를 사용하는 아이들보다 음소를 인지하는 데 더 어려움을 겪는지 알고 싶은 것이다.

확실한 것 하나는 AAVE를 사용하는 아이들에게 음운론적인 문제가 더 많다는 사실이다. 이 점에서 그들은 스페인어나 중국어처럼 완전히 다른 언어를 말하는 아이들과 판이하게 다르다. 여기서 독서하는 뇌의 설계 구조와 다양한 언어에 나타나는 난독증의 양상 등 보다 보편적인 문제로 되돌아가보자.

세계의 언어와 난독증*

오스트리아의 심리학자 하인츠 빔머Heinz Wimmer가 독일어 억양이 남아 있지만 완벽한 영어로 독일어, 네덜란드어 혹은 다른 철자법을 사용하는 언어에 나타나는 난독증의 차이에 대해 설명하는 것을 듣고 있으면 문득 헨리 키신저** 같다는 생각이 든다.[68] 각 언어에서 중요시되는 것(독일어는 유창성, 중국어는 시공간적 기억, 영어는 음운론적 능력)에 따라 난독증의 양상도 약간씩 다르고 독서

---

* 원세는 'Legasthenie, Dyslexi, Dyslexie'로 각각 난독증을 뜻하는 독일어, 스페인어, 프랑스 또는 네덜란드어다.
** 20세기 중반 미국의 국무장관으로 베트남 전쟁 당시 평화 협상을 이끈 공을 인정받아 노벨평화상을 수상했다. 개방적인 외교를 추진했다.(편집자주)

장애를 미리 알 수 있는 예측 도구도 다르다.

독서하는 뇌의 진화 과정에서 보았듯이 문자 체계에 따라 독서 회로에 개입되는 주요 구조들의 사용 방법도 약간씩 다르다.[69] 김지선과 크리스 데이비스도 한글의 변별적 자질에 근거한 독서 장애 한국인들에 대한 연구에서 이 점을 강조한다.[70] 그러므로 중국에서 볼 수 있는 난독증의 성격이 약간 다른 것은 우연이 아니다. 영어의 이중 결함 아형과 유사한 중국어 난독증의 아형 몇 가지를 홍콩의 학자들이 발견했다.[71] 하지만 중국에는 아주 흥미로운 아형이 하나 더 있다. 당연히 그것은 철자 프로세스의 결함이다.

스페인어 사용자들의 경우 마드리드의 학자들이 우리의 이중 결함 아형과 유사한 아형을 발견했다.[72] 하지만 거기에는 현저한 차이가 하나 있었다. 난독증을 겪는 스페인어 사용자들의 경우 난독증 영어 사용자들보다 중증 아형 내에 독해력 장애가 훨씬 드물다는 것이다. 히브리어에서도 비슷한 데이터가 나왔다.[73] 모든 면에서 조건이 거의 비슷한 히브리어 사용자와 영어 사용자를 비교한 결과 히브리어 독서가들의 독해력 장애의 정도가 덜하다는 사실을 하이파 대학교의 학자들이 알아냈다. 이 언어들의 경우 해독에 걸리는 시간이 영어보다 짧기 때문에 독해에 할애할 수 있는 시간이 그만큼 더 많은 것 같다.

이렇듯 언어 간 비교 연구를 통해 알 수 있는 것은 문자 체계별로 독특하게 강조되는 점이 따로 있고 그것이 장애의 양상에 영향을 미친다는 사실이다. 영어와 프랑스어처럼 규칙성이 떨어지는 언어에서는 음운론적 능력이 독서 학습에 보다 중요한 역할을 하기 때문에 음소 인지와 해독의 정확성에 결함이 생기는 경우가 많으며 그것이 난독증을 미리 진단하는 예측 도구가 된다. (독일어 같이 정확하고 규칙적인 맞춤법을 사용하는 경우나 표의문자 체계와 같이) 음운론적 능력의 지배력이 덜한 경우에는 프로세싱의 속도가 독서 퍼포먼스를 진단할 수 있는 예측 도구가 되고 난독증의 양상으로 보았을 때 독서 유창성과 독해력의 문제가 더 흔하다.

스페인어, 독일어, 핀란드어, 네덜란드어, 그리스어, 이탈리아어 등 투명성이 높은 언어들에서는 단어 해독상의 문제는 빈도가 낮은 반면 텍스트를 유창하게 독해하는 데 관련된 독서 장애 문제가 많이 나타난다.[74]

. . .

지난 1세기에 걸쳐 다양한 방언과 언어를 통해 독서 발달에 필요한 뇌의 설계 원리에 따라 체계화된 연구가 이루어졌으며 그 성과를 모두 종합하면 독서하는 뇌를 바라볼 수 있는 매우 중요한 창이 형성된다. 그 창을 발판으로 우리는 문자 체계의 진화와 아이의 독서 학습 발달에서 얻은 지식에서 한 걸음 더 도약할 수 있다. 바로 시각과 청각 프로세스에서 미세한 특성을 찾아낼 수 있는 탐지 능력, 저마다 다른 문자 체계에서 다양한 프로세스들을 연결하는 데 소요되는 시간의 차이, 좌뇌와 우뇌가 각각 담당하는 역할의 문제 등 독서에서는 모든 것이 다 중요하다는 사실 말이다.

그동안 축적된 지식으로 무장한 21세기의 학자들은 코끼리처럼 거대한 난독증의 역사를 통해 발견된 사실들이 궁극적으로는 기존 구조들의 발달과 능숙한 협업 능력을 지배하는 몇 개 안 되는 유전자 집합에서 비롯된 문제가 아닌지 의문을 품기 시작했다. 8장에서 상세히 다루게 될 이 가설은 결국 지금까지 살펴본 네 가지 가설의 종합판이다. 다시 말해 독서에 필요한 구조 안에서 몇 가지 변종적 패턴의 뉴런 발달이 이루어지도록 몇 개의 특이한 유전자들이 원인을 제공하고 그 결과 독서에 결코 적합하지 않은 완전히 새롭고 효율이 낮은 회로가 만들어진다는 것이다.

100년의 역사가 보여주는 것

100년 전에는 난독증이 존재한다는 사실을 거의 아무도 알지 못했다. 그 무렵 나의 고조할아버지가 손수레를 끌고 인디애나 주에 나타나 작은 경제 제국을 건설했다. 19세기 남부 인디애나의 역사에 묘사되어 있는 것처럼 할아버지는 1년에 수백만 파운드의 담배를 영국으로 실어 보냈다. 그런데 할아버지에게는 아주 흥미로운 특징이 하나 있었다.

"베크먼 씨는 글을 읽을 줄도 쓸 줄도 몰랐다고 한다. 그는 장부에 아라비아 숫자 대신 그가 소유한 물품의 단위만큼 선을 그어서 표시했다. 이따금 아라비아 숫자를 사용하는 경우도 있었지만 매번 혼동을 해서 10을 01로 쓰기도 했다."[75] 나의 조상 할아버지가 글을 읽지 못하는 자신의 무능력과 숫자를 거꾸로 쓰는 버릇에 어떤 기분이 들었을지 나는 결코 알 수 없을 것이다. 하지만 물질적인 성공에도 재키 스튜어트처럼 좌절감이나 하찮은 인간이라는 느낌이 드는 순간이 분명히 있었으리라 확신한다.

다행히 이제는 아무리 심각한 중증 독서 장애라도 교사들이 흔히 접할 수 있는 경험의 일부로 생각하는 시대가 되었다. 이제는 독서 능력의 고장을 예측하는 방법이 있고 그 정보를 교육 현장에 제공하기 시작했다. 재키 스튜어트, 폴 오팔라, 러셀 코스비를 비롯한 많은 사람들이 지식과 지식의 적용 사이의 간극과 그것이 삶에 미친 영향에 대해 감동적인 고백을 들려주고 있다.

하지만 아직도 난독증의 역사에 정통한 교사는 그리 많지 않으며 현재의 동향을 파악하고 있는 이는 더더욱 드물다. 어디가 되었든 나에게 단 5분의 시간이 주어져서 교사나 부모와 이야기를 나눌 수 있다면 나는 20세기의 복잡한 난독증의 역사가 의미하는 바를 다음과 같이 요약해 전달할 것이다.

• 독서를 배우는 것은 보스턴 레드삭스의 야구 경기처럼 경이로운 일이지만 수많은 이유로 인해 잘못될 수 있다. 만약 (비정상적인 시력이나 적절한 독서 교육의 부재 등) 특별하고 명백한

이유가 없는데 아이가 독서를 배우지 못하는 것 같으면 독서 전문가와 임상의의 평가를 받아보는 것이 매우 중요하다.

- 난독증은 딱히 하나의 형태가 있는 것이 아니다. 그것은 다양한 독서 발달 장애가 연속체를 이루는 것으로 그 연속체는 독서의 다양한 구성요소와 해당 언어의 문자 체계에 따라 달라진다. 따라서 독서 능력에 문제가 있는 아이들은 다양한 양상을 보여줄 수 있으며 실제로도 그렇다. 그 가운데 일부는 아주 미묘해서 학교 입학 후 한참 뒤에야 비로소 유창성과 독해력에서 문제를 일으킨다. 하지만 적어도 영어권에서는 대부분 문자 해독을 하지 못하는 것과 자소 대 음소의 대응 규칙을 배우지 못하는 것에서 문제가 시작된다. 경우에 따라 이러한 결함은 철자법과 글쓰기에서도 나타난다.

- 가장 널리 알려진 장애의 두 가지 형태는 음운론적 프로세스와 독서 유창성의 기초가 되는 프로세스에 관련된 것이다. 따라서 많은 언어에서 어휘력과 함께 음소 인지 프로세스와 네이밍 스피드 프로세스를 측정하는 것이 독서 장애를 예고해주는 두 가지 도구다. 음운론적 문제가 있는 아이들은 전형적으로 문자 대 음성의 대응 규칙과 해독 학습에 문제를 보인다. 유치원과 초등학교 1학년 때 음소 인지 측정을 통해 이런 아이들을 식별해낼 수 있다. 반면에 유창성 문제만 있는 아이들은 네이밍 스피드 장애를 보이는 경우가 많다. 이런 아이들은 비록 느리기는 해도 해독 능력이 일정 수준에

오르기 때문에 간과되는 일이 비일비재하다. 하지만 고학년에 올라가거나 어른이 되어 그들의 독서 속도를 초과하는 양의 독서를 해야 할 경우 어려움을 겪게 된다. 그들은 스페인어와 독일어처럼 비교적 규칙적인 언어권의 난독증 아이들과 흡사한 경우로 유창성과 독해력의 문제만 나타낸다. 유치원과 초등학교 1학년 때 RAN이나 RAS 등 빨리 이름 말하기 검사를 함으로써 이런 아이들을 미리 알 수 있다.[76] 음소 인지와 네이밍 스피드 장애를 동시에 가진 아이들은 처음부터 집중적인 치료가 필요하다. 소수이긴 하지만 독서 장애가 있음에도 네이밍 스피드와 음소 인지에 문제를 보이지 않는 아이도 있다. 이들에 대해서는 연구가 더 진행되어야 한다.

• 중증 독서 장애가 있는 유아들은 언어적으로 빈곤한 환경에서 자라기 때문에 어휘력이 결정적인 역할을 한다. 학교에 들어와서 영어를 배우는 아이 혹은 학교에서 배우는 영어와 다른 영어 방언(AAVE 또는 하와이 피진어)을 사용하는 일부 아이들은 제2언어 학습 또는 방언 학습에 기초한 독서 장애를 나타낼 수 있다. 그들은 영어 음소를 다른 사람들과 동일한 방법으로 처리하지 않는다. 표준 미국영어를 배우는 것 외에도 독서 장애를 갖고 있는지 혹은 독서를 못하는 것이 단지 제2언어나 방언 문제 때문인지 아는 것이 매우 중요하다.

• 난독증 아이에 대한 치료는 맞춤법, 음운론에서부터 어휘력, 형태론에 이르기까지 독서에 기여하는 구성요소 각각의 발

달과 그것들의 연결, 유창성 그리고 그들이 통합되어 독해력을 형성하는 것 모두를 다루어야 한다.

- 어떤 유형에 속하든 난독증을 겪는 아이들은 '멍청'하거나 '너무 고집 센' 것이 아니다. '충분히 노력하지 않는' 것도 아니다. 그 아이들은 대부분의 경우 이 세 마디를 귀에 못이 박이도록 듣는다. 그들 자신을 포함해 너무 많은 사람들이 이런 식으로 오해를 한다. 부모와 교사는 반드시 어떤 식으로든 독서에 문제가 있는 아이들이 즉각적이고 집중적인 치료를 받을 수 있도록 최선의 노력을 다해야 한다.

아이든 어른이든 독서에 문제가 있다고 해서 지능이 낮다고 생각해서는 절대로 안 된다. 처음 문제가 나타난 순간부터 그 아이가 자립적이고 유창한 독서가가 될 때까지 종합적인 지원 시스템이 가동되어야 한다. 그러지 않으면 독서 장애 때문에 겪은 좌절감으로 인해 학습 장애, 학업 중단, 청소년 범죄 등의 악순환이 일어날 수 있다. 가장 중요한 것은 그 아이들이 지닌 잠재력이 헛되이 낭비되어 그들에게나 사회에 큰 손실이 된다는 사실이다.

좋은 사례가 되는 것이 나의 맏아들 벤이다. 나의 고조할아버지가 글을 읽지 못해 고생하던 시절로부터 100년이 지난 후 벤도 (다른 많은 난독증 아이들처럼) 상당한 수준의 지능과 재능과 깊은 관심을 가진 부모를 가졌음에도 독서를 하는 데 어려움을 겪었다. 이 책을 쓰면서 가장 마음이 찡했던 순간은 새뮤얼 T. 오튼의 난

그림 7-9 벤 노암(Ben Noam)이 17세 때 그린 피사의 사탑

해한 대뇌 편측화 가설에 대해 설명하고 있을 때였다. 내가 식탁
에 앉아 당시 오튼의 생각이 틀린 것일지 모른다는 설명을 하는
동안 내 아들은 고등학교 시절에 종종 그랬던 것처럼 내 옆에 앉
아 그림을 그리고 있었다. 눈을 들어 쳐다보니 벤이 한쪽으로 기
울어진 피사의 사탑을 기가 막히도록 섬세하고 정밀하게 그리고
있었다.

　그런데 엉뚱하게도 그것을 거꾸로 놓고 그리는 것이 아닌가(그

림 7-9)! 이유를 묻는 나에게 벤은 그렇게 하는 것이 더 편하다고 대답했다. 연구를 하는 우리 중 그 누구도 현 수준의 지식 단계에서 그런 현상을 제대로 설명할 수 없다. 난독증의 역사와 신비 중에는 이미 알아낸 사실도 많이 있지만 앞으로 밝혀내야 할 것도 많다. 아직 완전하게 설명되지 않은 문제 중에는 우뇌 우월형 독서 회로의 가능성이라는 도발적인 문제도 있다. 어쩌면 그것이 남다른 벤의 공간 능력을 설명해줄 수 있을지 모른다.

작년에 벤이 18세가 되어 로드아일랜드 디자인스쿨에 입학하기 위해 집을 떠나기 전 나는 이러한 전반적인 내용에 대해 벤과 이야기를 나누기로 마음먹었다. 우선 일반적인 독서가들이 우뇌와 좌뇌를 어떻게, 어떤 다양한 목적으로 사용하는지 나타내는 흐름도와 도식을 그렸다. 그리고는 시간의 흐름에 따라 뇌 안의 경로들을 사용하면 할수록 점점 강화되고 자동화되는 방법을 표시했다. 마지막으로 난독증의 경우 그런 회로 경로들이 얼마나 판이하게 다른지 설명했다. 남편과 나는 벤 때문에 놀라는 데 이미 익숙했다. 그럼에도 설명을 전부 듣고 나서 벤이 던진 질문은 충격적이었다.

"그러니까 내가 다른 사람들보다 우뇌를 많이 사용하기 때문에 더 창조적인 것이고 내 우뇌의 경로들이 그런 식으로 강화될 거다, 이 말인가요? 아니면 난독증인 사람들은 아예 처음부터 남보다 더 창조적인 뇌를 갖고 태어났다는 말인가요?"

벤의 질문에 대한 답을 나는 알지 못한다. 내가 아는 것은 그 질문이 우뇌 독서 회로가 문자 이름을 말하지 못하거나 단어를 쉽게 읽지 못하는 것의 원인인지 결과인지를 다루는 많은 연구들이 반복적으로 제기하는 문제와 연계되어 있다는 사실뿐이다.

21세기를 사는 우리의 손가락 끝에서 끝없는 신비가 펼쳐지고 있다. 과거 난독증의 역사에서 얻어진, 잘 알려져 있지만 간과되었던 단서들과 최신 이미징 연구를 통해 얻은 정보를 함께 연계함으로써 뇌가 독서를 배우지 못하는 것이 도대체 어떻게 된 일인지 보다 종합적인 이해를 하기 시작한 것이다.

나는 새로운 난독증 연구가 써내려가는 이야기의 결말이 무엇이 될지 알지 못한다. 학자의 한 사람으로서 육감을 글로 옮긴다는 것이 그리 마음 편치만은 않다. 그렇지만 나의 시각이 정확하다면 난독증은 결국 모자란 것을 보완하기 위해 인간의 뇌가 사용하는 전략의 놀라운 사례로 판명될 것이다. 다시 말해 뇌가 어떤 기능을 하나의 방법으로 수행할 수 없는 경우 말 그대로 스스로를 재편성시켜 다른 방법을 모색한다는 뜻이다. '왜'라는 질문을 통해 우리는 피라미드 하단에 있는 두 개의 층과 인간의 유전자적 배합이라는 흥미로운 문제에 도달하게 된다.

8장

난독증과 창조성의 관계

~

"너, 책 읽을 때 글자들이 책장에서 둥둥 떠다니지?
그건 네 마음이 고대 그리스와 회로로 연결되어 있기 때문이야."
퍼시와 함께 여름캠프에 온 회색 눈의 애너베스가 이렇게 설명한다.
"그리고 ADHD(주의력결핍과잉행동장애) 때문이지.
너는 성격이 충동적이라서 교실에서도 가만히 앉아 있지 못하잖아.
그게 다 전투사 본능 때문이야.
여기가 진짜 전쟁터라면 그것 덕분에 살아남을 수 있었을 거야.
주의력 문제는 말이지, 보이는 게 너무 많아서 그런 거야, 퍼시.
보지 않아서가 아니란 말이야.
너는 평범한 인간들보다 훨씬 훌륭한 감각을 가졌거든⋯⋯.
명심해. 넌 반쪽짜리 신이야."

— 릭 라이어던

조각가처럼
나무에 팬 홈을 통해 날카로운 끌로
고갱이에 이르는 방법을 알 수만 있다면⋯⋯.[1]

— 데이비드 화이트

토머스 에디슨, 레오나르도 다빈치, 알베르트 아인슈타인은 난
독증을 겪었다고 전해지는 유명인들이다. 에디슨은 유년기에 글
을 세대로 읽지 못하는 데다가 몸까지 허약해 정규교육을 받지
못했다. 그럼에도 그는 미국 특허청으로부터 누구보다 많은 특허
권을 획득했으며 놀라운 발명품들을 창조해냈다. 그의 발명품 중

하나는 말 그대로 세상에 불을 밝혔다.

레오나르도 다빈치는 역사상 최고로 다재다능한 사람에 속하는 발명가이자 화가, 조각가, 음악가, 엔지니어, 과학자였다. 손대는 일마다 기상천외한 재능을 발휘한 다빈치였지만 난독증을 가지고 있었다고 전해진다. 이러한 진단은 주로 그가 남긴 기괴하고 방대한 자필 원고에 근거한 것이다. 반전된 '거울 글씨', 즉 오른쪽에서 왼쪽으로 쓰인 다빈치의 원고들에는 오자, 통사론적 실수, 이상한 언어적 오류들이 가득하다.

그의 전기 작가들 중에는 다빈치가 언어 문제로 곤란을 겪었다든가 독서 능력이 부족했다고 말하는 사람이 많다. 레오나르도 다빈치는 화가의 이상적인 삶을 구구절절 묘사하면서 옆에서 글을 읽어줄 사람이 반드시 필요하다고 썼다. 신경심리학자인 P. G. 아론은 레오나르도 다빈치의 읽기와 쓰기 곤란증이 '우뇌의 보상적 메커니즘'의 강력한 증거라는 설득력 있는 주장을 한다.[2]

알베르트 아인슈타인은 세 살이 될 때까지 말을 거의 하지 않았으며 외국어와 같이 단어 인출을 필요로 하는 과목에서 전부 낙제를 했다. 그는 언젠가 이렇게 말했다. "나의 가장 큰 약점은 기억력이다. 특히 단어와 텍스트에 대한 기억력이 아주 나쁘다."[3] 심지어 이론적인 사고를 할 때도 언어는 '아무 역할도 하지 못하며' 정도의 차이는 있지만 생각이 '선명한 이미지의 형태로' 떠오른다고 밝히기까지 했다.[4]

그 자신과 노먼 게슈윈드가 생각했던 것처럼 어떤 형태로든 아인슈타인의 경우가 난독증의 기준에 부합하는지는 확실하지 않다.[5] 하지만 시간과 공간에 대한 인간의 이해를 완전히 바꿔놓은 이론가가 정작 자신은 시간 조정 결함을 가지고 있었다니 참으로 기묘한 일이 아닐 수 없다. 이 신비를 풀 수 있는 단서가 되는 것이 바로 그의 뇌다. 캐나다의 신경과학자들이 아인슈타인의 뇌를 부검한 내용은 흥미진진하지만 아직까지도 논란의 대상이 되고 있다.[6] 그들은 아인슈타인의 뇌에서 일반인들에게서 볼 수 있는 비대칭적 패턴이 아니라 두정엽이 확대된 의외의 대칭적 패턴을 발견했다.[7]

난독증을 겪는 사람들 대부분이 에디슨이나 다빈치처럼 눈부시게 화려한 재능을 가지고 있는 것은 아니다. 하지만 난독증으로 고생하는 사람들 가운데 보통 이상의 재능을 가진 사람은 매우 많은 것으로 보인다. 예전에 나는 난독증이 있는 사람들 가운데 해당 분야에서 유명해진 이들에 대한 기록을 모은 적이 있다. 그 리스트가 점점 방대해짐에 따라 방법을 바꿔 분야를 기준으로 자료를 수집했다.

의학 분야에서는 패턴을 읽는 능력이 중요한 방사선 의학 분야에 난독증을 겪은 사람이 많았다. 엔지니어링과 컴퓨터공학에서는 디자인과 패턴 인지 쪽의 분포가 높았다. 비즈니스 분야에서는 폴 오팔라나 찰스 슈왑처럼 난독증인 사람들이 대형 금융 거래, 자금 관리 쪽에 집중되어 있는 경향이 나타났다. 이들 분야는 트렌드를 예측하고 거대한 데이터 패턴을 이용해 추론하는 능력이 매우 중요하다. 내 시동생은 건축가인데 예전에 그가 다니던 건축 회사에서는 건축가들이 쓴 서신의 철자를 두 번 확인한 뒤에야 비로소 발송을 허락했다고 한다. 난독증을 겪은 예술가로는 로댕 같은 조각가, 앤디 워홀, 피카소 같은 화가들이 있으며 배우로는 대니 글로버, 키이라 나이틀리, 우피 골드버그, 패트릭 뎀시, 조니 뎁 등이 있다.

또 다른 두 가지 사례는 내 주변에서 있었던 일이다. 임신 중에 나는 세계적으로 유명한 보스턴의 방사선과 의사에게 초음파 검사를 받았다. 차례를 기다리느라 누워 있는데 방사선 기사들이 이야기를 나누는 소리가 들렸다. 최고의 방사선과 전문의의 진찰을 받으려고 전 세계에서 환자들이 찾아온다는 것이었다. 귀가 솔깃해졌다. 나는 최대한 조심스럽게 도대체 무슨 비결이 있기에 그 의사가 그렇게 환자를 잘 보느냐고 물어보았다. 그랬더니 도무지 눈에 띄지 않는 패턴도 그 의사는 몇 초 만에 금방 집어낸다고 그들이 대답했다. 그 의사와 의사의 부친이 난독증이었다는 가족사를 나는 나중에야 전해 들었다.

최근에 바르셀로나 여행을 하면서 그와 비슷한 경험을 했다. 나는 스페인의 위대한 건축가 안토니오 가우디가 설계한 성당과 건물의 화려한 디자인, 기발한 창작물, 대담한 컬러의 사용에 매료된 채 닷새 동안 걸어 다녔다. 그리고는 가우디가 분명히 난독증이었을 것이라고 확신했다. 물론이었다. 가우디의 모든 전기에는 어렸을 때 학습과 독서 장애로 고생했다는 이야기가 상세히 적혀 있다. 학교를 나와서도 독서를 제대로 하지 못한 가우디였지만 일단 독서가 가능해지자 그는 세기말 스페인의 걸출한 예술가, 바르셀로나를 대표하는 건축가가 되었다.

난독증을 겪는 사람들에게서 나타나는 우수한 창의력과 '기존의 틀에서 벗어난 사고'를 어떻게 설명할 수 있을까? 내 아들 벤의 질문처럼 난독증인 사람의 뇌가 문제 있는 좌뇌 대신 억지로 우뇌를 사용하게 만들어 뇌 우반구 연결을 강화하고 어떤 일을 하든지 독특한 전략을 개발하도록 부추기는 것일까? 아니면 애초부터 우뇌의 연결이 더 우세하고 창조적이라서 독서 같은 활동까지 모두 떠맡는 것일까?

신경과 전문의인 앨 갈라버다Al Galaburda는 두 가지 시나리오 모두 일리가 있다고 생각한다.[8] "처음에는 좌뇌 유형의 회로가 만들어지지 않아 우뇌 유형의 회로들이 비어 있는 시냅스를 가득 채우게 된다. 나중에는 그 회로들이 독서를 하지 않으므로 다른 일에 더 탁월해진다. 더군다나 그들은 그런 일에 적합한 좋은 메커니즘까지 갖추고 있다."

서두에 열거한 사실들이 제기하는 문제에 대해 이렇다 할 결정적인 대답은 아직 없다. 그렇지만 행동, 인지, 신경 구조에 관한 정보를 통합하는 다차원적 접근과 난독증의 유전학이 좋은 출발점이 될 수 있다. 유전자적 기초가 중추적인 역할을 한다. 본래 독서만을 담당하는 고유의 '독서 유전자'는 존재하지 않는다. 그렇다고 해서 독서하는 뇌를 형성하는 기존의 뇌 부위들 중 일부에 약점이 있는데 거기에 유전자가 관련되어 있고 동시에 그 유전자들이 독서가 아닌 다른 일에 탁월해지게 하는 경우가 아예 없으리라는 법은 없다. 향후 난독증에 관한 연구 방향 중 하나는 인지 행태적 강점과 구조적 약점에 대한 기존 지식과 유전자 정보를 연결해 난독증 아이들의 우뇌가 대성당을 지을 수 있도록 애초부터 준비되어 있는지 알아보는 것이다.

80여 년 전 새뮤얼 오튼이 최초로 좌뇌와 우뇌가 저장된 이미지들을 통합하지 못하는 데 대해 매우 용의주도한 가설을 제시했다.[9] 그로부터 50년 이상 흐른 후 노먼 게슈윈드가 "오튼의 말이 맞는 이유"라는 명쾌한 제목의 논문을 발표했다.[10] 게슈윈드는 난독증에 관한 오튼의 가설 중 맞는다고 생각되는 결론 13개를 열거하고 그들 모두를 난독증의 설명에 포함해야 한다고 주장했다.

여기에는 난독증이 유전자에서 비롯되며 뇌 조직상 구조적 차이가 있을 수 있다는 내용을 비롯해 난독증 환자의 가족들은 난독증 증상이 있든 없든 모두 특출한 공간적 재능을 가지고 있다는 점, (내 아들도 그렇고 레오나르도 다빈치도 그러했다고 전해지듯이) 뒤집힌 글이나 거울에 비친 글도 얼마든지 잘 읽을 수 있는 의외의 능력, 난서증(쓰기 장애) 같은 예외적 특성, 모든 사례에 공통적인 증상은 아니지만 집중적 연구가 필요한 특이한 말버릇, 정서, 운동에 관련된 사실(예를 들어, 말더듬, 양손잡이, 굼뜬 행동, 정서적 문제 등), 학습과 말, 언어 체계 발달의 부진 등이 모두 들어 있다.

오튼의 학설이 옳은 이유를 논한 게슈윈드의 논문에는 난독증이라는 수수께끼가 속시원히 설명될 때까지 21세기 학자들이 다루어야 할 이슈들이 총망라되어 있다. 게슈윈드는 겸상적혈구 빈혈증(이 병을 일으키는 유전자는 말라리아 내성과도 관계가 있다) 같은 질병의 사례를 들어 언제 봐도 통찰력이 빛나는 소견을 밝혔다.

난독증을 겪는 이들은 여러 분야에서 뛰어난 재능을 타고난 경우가 많다. 나는 이것이 우연이 아니라고 주장하고 싶다. 왼쪽 뇌에 생긴 몇 가지 변화 때문에 다른 부위, 특히 오른쪽 뇌가 우세해질 경우 그런 변화를 겪은 사람이 문맹 사회에 살고 있었다면 불리할 것이 하나도 없었을 것이다. 오히려 그들의 재능으로 인해 사회 안에서 대단히 성공적인 시민이 되었을 것이다. 따라서 일부 문자를 읽고 쓸 수 있는 능력에 바탕을 둔 사회에서 난독증이라는 장애로 취급되는 좌뇌 기형이 오히려 그런 뇌의 우월성을 결정할 수도 있다는 역설적인 개념이 도출될 수 있다.[11]

전설적인 게슈윈드의 사상이 대부분 그러하듯 이러한 그의 소견은 이제야 비로소 연구가 진행되고 있는 난독증에 관한 경험적 연구의 예고편이었다. 게슈윈드는 때 이른 죽음으로 자신의 통찰 가운데 얼마나 많은 것이 이 분야를 발전시켰는지 보지 못했다. 하지만 그의 저술과 제자들의 연구 그리고 그에 의해 시작된 난독증 연구 프로그램을 통해 행태를 구조와 뉴런, 궁극적으로는 유전자에 연결하는 연구가 지금까지 계속 이어지고 있다.

게슈윈드에 의해 기획된 연구 프로그램은 20년 전 보스턴 시립 병원에서의 우연한 발견을 계기로 시작되었다. 그곳에 소중히 보관되어 있던 난독증 환자의 뇌를 어찌 해야 할지 아무도 모르던 차에 게슈윈드에게 그 뇌가 넘어온 것이다. 어떻게 해야 할지 정확하게 알고 있던 게슈윈드는 그것을 즉시 제자인 앨 갈라버다와 토머스 켐퍼Thomas Kemper에게 주었고 그들은 여러 해부학적 영역의 거시 구조와 독서에 중요한 역할을 하는 부위의 미시 구조에 대해 정밀 검사 연구를 진행했다.

이 일이 있은 지 얼마 되지 않아 또 하나의 중요한 사건이 일어났다. 게슈윈드와 갈라버다가 오튼 난독증 협회와 함께 브레인 뱅크를 만들고 얼마 후 베스 이스라엘 병원에 있던 난독증 환자들의 뇌를 모두 인수받은 것이다. 이로 인해 한 가지 발견에 이르게 되었고, 이 발견은 지금까지도 우뇌 이미징 연구에 커다란 의미를 던져주고 있다.

베르니케 영역이 포함된 측두엽의 삼각형 영역인 측두평면pla-num temporale, PT은 대부분 사람들의 언어 능력에 관여하며 우뇌보다 좌뇌에 더 넓게 분포한다.[12] 갈라버다와 켐퍼는 이러한 비대칭 양상이 난독증을 겪는 성인의 뇌에서 나타나지 않는다는 사실을 발견했다. 오히려 양쪽 반구가 대칭적이었다. 우뇌의 측두평면이 보통 사람들보다 크기 때문이었다.

이 사실에 대해 갈라버다와 그의 연구팀은 난독증의 경우 대뇌 편측화가 완성되지 않거나 혹은 동일한 방식으로 일어나지 않음을 의미하는 것이라고 해석했다. 이 해석은 다양한 언어 프로세스들의 발달에 중요한 의미를 갖는다. 그들은 우뇌의 측두평면이 비정형적으로 큰 것은 태아 시절 자연발생적으로 일어나는 세포 가지치기가 적게 일어난 데서 유래한다고 추정했다. 그로 인해 PT 뉴런의 수가 증가하고 뒤이어 우뇌에 새로운 연결이 만들어지면서 완전히 새로운 난독증의 피질 구조가 형성된 것일 수 있다. 그런데 잠재적으로 중요한 이 설명이 입지를 잃어버리게 되었다.[13] fMRI를 이용해 살아 있는 난독증 환자들에게서 유사한 대칭 구조를 찾아내려고 시도했지만 혼란스러운 결과밖에 얻지 못했기 때문이다.

구조적 수준에서 이렇다 할 결론이 나지 않자 이번에는 세포 수준의 연구가 시작되었다. 갈라버다와 동료 학자들은 심히 고생스러운 세포구축학적 방법을 이용해 난독증에서 이상 부위로 의심되는 곳에 존재하는 세포들의 미시 구조, 수량, 신경세포 이주 neuronal migration 패턴 등을 연구했다. 좌뇌 측두평면, 일부 시상 영역, 시각 피질 부위 등 언어 및 독서와 관련된 일부 영역에서 임신 초기 발달 시 이소성* 세포가 이주하는 것이 발견되었다. 이 영역들 가운데 어느 한곳에서라도 신경세포 이주에 변화가 생기면 독서 회로의 부품이 되는 부위들에서 뉴런의 정확하고 효율적인 커뮤니케이션에 영향을 미칠 수 있다.

---

* 정상 위치가 아닌 다른 곳에 위치하는 성질을 뜻한다.(편집자주)

예를 들어, 갈라버다 연구팀은 속도가 매우 빠르거나 순간적인 프로세싱을 담당하는 매그노 세포 체계magnocellular system가 뇌의 배전판 역할을 하는 시상 안의 적어도 두 개의 중심에서 항상 비정상적으로 나타나는 것을 발견했다.[14] 여기서 시상 내 두 개의 중심이란 독서에 결정적인 역할을 하는 것으로 시각 프로세싱의 중계를 돕는 외측 슬상핵LGN과 청각 프로세싱의 중계를 돕는 내측 슬상핵MGN을 가리킨다. 여기서도 좌뇌와 우뇌의 차이가 발견되었다. 우뇌의 신경세포가 좌뇌보다 훨씬 컸다. 갈라버다는 이러한 세포적 차이가 문자 언어를 처리하는 데 필요한 정보의 속도에 영향을 줄 수 있으며 난독증에서는 다른 독서 회로가 사용된다는 의미일지도 모른다고 주장했다.[15]

갈라버다가 조심스럽게 언급한 것처럼 이러한 차이점 가운데 일부가 독서 장애의 원인이나 결과인지 우리는 아직 알지 못한다. 현재 드러난 사실은 중요한 부위(독서에 필요한 기존 구조)에서 발견되는 각종 신경세포의 변화가 독서에 필요한 효율성을 교란시킬 수 있으며 따라서 완전히 다른 독서 회로의 형성을 촉진할 수 있다는 것이다. 그런 시각은 역사적으로 등장했던 구조, 프로세싱의 속도, 변화된 회로상의 결함에 근거한 난독증 가설의 많은 부분을 통합시킨다.

두 가지 특이한 유형의 연구가 이러한 결론을 분명하게 설명해 준다. 그중 하나는 농담조로 슈퍼 쥐라고 불리는 유전자 조작된 쥐를 대상으로 신경세포 수준의 기능 장애를 실험한 것이다. 베스 이스라엘 병원의 신경과학자 글렌 로젠Glenn Rosen이 쥐들의 청각 피질에 작은 손상을 입히자 예전에 난독증 뇌에서 발견된 것과 유사한 신경세포 기형이 시상에 형성되었다.[16] 중요한 점은 손상의 결과로 쥐들이 제시된 청각 정보를 빠른 속도로 처리하지 못하게 되었다는 사실이다.[17] 글렌의 동물 모델은 중요 부위에 고분고분하지 않은 세포가 생기면 정보를 효율적으로 처리하는 데 어떤 문제가 발생할 수 있는지 보여준다.

보스턴 대학교의 신경과 전문의들이 실시한 연구에서, 희귀한 유전적 발작 장애인 뇌실주위 결절성 이소증 환자에게도 유사한 원리가 적용되는 것을 알 수 있었다.[18] 이 장애는 출생 전 불량한 세포들이 뇌의 뇌실 옆 이상한 장소에 결절을 형성하는 것이다. 이 결절은 슈퍼 쥐의 피질에 일부러 낸 손상과 비슷하다. 그 손상은 거기 있으면 안 되는 것이기 때문에 일정한 시점이 되면 교란을 일으킨다. 이 경우 결절은 삶의 어느 순간이 되면 발작 혹은 기타 다른 증상을 일으키는 원인이 되었다.

이 연구를 주도했던 버나드 챙Bernard Chang이 모든 환자에게 나타나는 한 가지 행태적 특성에 당황해하며 나와 내 동료인 테이미 캐치어를 찾아왔다. 다름 아닌 독서 유창성이 지극히 저하되는 것이었다. 유년기에 난독증 진단을 받은 환자도 있었고 그렇지 않은 환자도 있었다. 어떤 환자들은 음소 인지가 약했고 어떤 이들은 그렇지 않았다. 어쨌든 모두 독서 속도가 예외적으로 느렸다. 테이미와 나는 성인과 아이를 막론하고 이 환자들이 독서 장애가 있는 사람들이 지닌 유창성 문제의 근본적 원인에 대한 의외의 증거를 제공해준다는 사실을 깨달았다.[19]

이 연구들을 한데 모으면 몇 가지 중요한 원리가 드러난다. 그들은 독서의 비능률성과 유창성 장애가 얼마나 다양한 경로를 통해 유발될 수 있는지, 발달성 난독증의 원인이 얼마나 다양할 수 있는지 보여준다. 발작 증상을 가진 환자들을 통해 독서 장애가 다양한 부위의 기능 장애에서 올 수 있다는 것을 알 수 있다.

예를 들어, 어떤 영역에 있는 결절은 시각적 효율성에 영향을 미치고 다른 영역에 있는 결절은 음운론적 프로세싱 능력을 감퇴시킨다. 두 경우 모두 겉으로 드러나는 결과는 비효율적 독서다. 이렇게 설명되지 않는 것은 일부 난독증 사례에서 나타나는 과도한 우뇌 의존성의 원인이다. 하지만 그들은 좌뇌에 있는 수없이 다양한 약점 때문에 뇌가 어쩔 수 없이 그와 유사한 우뇌 영역을 사용하게 되는 모습을 보여준다.

· · ·

이 책에서 도출된 가설 중 하나는 게슈윈드의 논리에 따른다. 우리 사회가 문맹 사회였다면 우뇌를 강화시키는 데 토대가 된 유전자들을 매우 생산적인 것으로 받아들였을 것이다. 그런데 같은 유전자들이 문자를 읽고 쓸 수 있는 능력에 바탕을 둔 사회 안에서 표출될 경우 정확한 시간에 기반을 두는 독서 기능을 우뇌의 구조가 떠맡을 수밖에 없다. 그러면 이 기능들은 정확하고 시간 능률적인 좌뇌의 방법이 아니라 우뇌만의 독특한 방법으로 수행될 것이다. 그러다 보니 어쩔 수 없이 독서의 어려움이나 장애가 발생한다.

한 저명한 유전학자의 소견대로 독서는 수많은 유전자의 영향을 받는다.[20] 그러한 유전자들의 존재로 인해 독서에 문제가 발생할 위험이 배가된다. 그렇지만 문제를 일으키는 방식은 하나의 유전자가 특정 질병을 일으키는 식이 아니다. 예를 들어, 낭포성 섬유증의 경우 단 하나의 유전자가 표현형 또는 유전적 결과를 결정한다. 반면에 독서의 근저에는 수많은 기존 프로세스가 관여하며 그것이 너무나 복잡하기 때문에 단 하나의 유전자가 모든 형태의 독서 기능의 고장을 결정할 수 없다. 하나 이상의 표현형이 있을 것이라는 뜻이다.

예일 대학교의 유전학자 엘레나 그리고렌코Elena Grigorenko도 이 점을 강조한다.[21] 난독증과 연계된 유전적 부위들에 대한 연구를 철저하게 분석한 그리고렌코는 그 연구들이 의미하는 내용이 개별적 유전자들이 아니라 다중적 유전자좌multiple loci와 연관된 것이라고 결론지었다. 독서가들의 여러 아형에 비추어 보면 이 결론에 수긍이 간다.

브루스 페닝턴과 콜로라도 내학교 연구팀은 이러한 (음운론적 결함, 유창성 결함, '이중 결함', 철자 결함 등의) 아형들이 궁극적으로 몇 가지 표현형의 행태적 발현behavioral manifestations일 것이라고 밝혔다.[22] 다양한 문자 언어들 각각의 요구가 서로 다르기 때문에 독일어처럼 철자가 규칙적인 언어에서는 일부 표현형이 대세를 이루고 영어처럼 투명하지 않은 언어나 중국어, 일본어 표의문자처럼 다른 문자 체계에서는 또 다른 표현형이 압도적으로 나타난다.

언어가 다르면 난독증에 작용하는 유전자도 다르다는 생각은 세계 각국에서 이루어진 연구를 통해 일단 기본적인 지지를 얻었다. 핀란드와 스웨덴 학자들은 염색체 6에서 발견된 DCDC2라 불리는 유전자 자리에 관한 데이터를 발표했다.[23] 이것은 유창성 결함이 대세인 독일어권 난독증 환자들의 특징을 결정짓는다. 영어 사용자들의 경우 예일 대학교와 콜로라도 대학교의 학자들이 이 유전자 자리를 뒷받침하는 데이터를 발견했으나 이는 영어권 난독증 환자 중 겨우 17퍼센트에 해당한다.[24] 흥미롭게도 아형에 대한 우리의 연구에서 유창성 관련 결함을 가진 사람은 연구 대상 중 17퍼센트에 불과했다.

앞에서 언급한 난독증이 정상과 다른 독서 회로를 사용한다는 개념과 관련해 DCDC2 이야기에 놀라운 반전이 하나 존재한다. 예일 대학교 학자들은 동물 실험을 통해 이 유전자좌가 표현되지 못하도록 막을 경우 어린 신경세포들이 우뇌 피질로 이주하지 않는다는 사실을 발견했다. 이 학자들의 가설에 따르면 난독증 아이들이 그와 유사한 유전자 변이를 가지고 있을 경우 '능률이 떨어지는 독서 회로'를 만들어 사용한다는 것이다.

또 다른 연구에서는 오랜 기간에 걸친 유전적 난독증 가계를 지닌 핀란드의 대가족에게서 ROBO1이라고 불리는 영역의 유전자 변이가 발견되었다.[25] 놀랍게도 과거에 오튼이 세운 가설에 비추어 볼 때 ROBO1은 '발달 과정에서 좌뇌와 우뇌 사이의 신경계 연결이 형성'되도록 도와주는데 '난독증에서 이것이 손상되는 것'이다. 또한 이 두 연구를 통해 규칙적인 두 언어의 확연히 다른 두 영역이 나타난다. 이는 난독증에 대한 다차원적 설명과 하나의 언어에서의 다양한 아형 연구에 버팀목이 되어주는 사실이다.

미국 내 최대 규모이자 권위 있는 유전자 프로그램 중 하나인 콜로라도 대학교 쌍둥이 연구를 통해서도 가설을 뒷받침하는 증거가 나타났다.[26] 이 연구에서 심리학자인 딕 올슨Dick Olson과 여러 연구원들은 300쌍 이상의 이란성쌍생아와 일란성쌍생아들을 유치원 시절부터 계속 관찰했다. 이 연구팀은 아이들의 독서, 음소 인지, 빨리 이름 말하기RAN 능력에 확실한 유전자적 영향과 약간의 환경적 영향이 나타난다는 사실을 발견했다. 난독증의 아형을 이해하는 데 가장 중요한 점은 음운론적 능력과 빨리 이름 말하기가 각기 다르지만 상당히 높은 유전율을 보였다는 사실이다.

이 결과들을 발전시켜보면 영어에서 흔히 볼 수 있는 독서 장애 아형의 특징을 결정하며 많은 언어에서 난독증을 예고하는 것으로 알려진 두 가지 프로세스에 각각 별개의 유전자가 관여한다는 의미가 된다. 앞으로 다양한 표현형들과 각각의 구조적·행태적 특성, 결함, 강점 등이 정확하게 밝혀지면 난독증의 역사에 빠져 있는 퍼즐조각을 여럿 메울 수 있을 것이다.

만약 표현형이 여러 개 존재한다면 어떤 아이들은 부모 양가로부터 난독증을 물려받을 수도 있을 것이다. 나의 아들 벤의 가계도상에서 경미하든 명시적이든 난독증 유전 내력을 생각해보면 벤과 동생인 데이비드는 오튼과 게슈윈드의 소견을 명확하게 보여주는 사례라고 할 수 있다. 데이비드는 글재주가 있고 축구에 열심이고 난독증이 없는 것으로 추측되지만 단어 인출과 난서증 문제는 아무리 교정을 받아도 고쳐지지 않는다. 데이비드의 이러한 면모와 벤의 이중 결함은 양쪽 부모의 혈통에서 물려받은 유전자의 조합에서 파생된 것일지도 모른다.

나의 시아버지 에른스트 노암은 독일법을 공부한 유럽의 지식인이었지만 히틀러 치하에서 변호사 개업은 하지 못했다. 나의 시누이는 아버지가 4개 국어를 읽을 수 있음에도 특정한 형태의 독서 장애를 가지고 있었던 것이 분명하다고 추측된다. 나의 고조부는 숫자와 문자를 너무나도 명백하게 뒤집어서 쓰는 버릇 때문에 인디애나주 역사책에까지 그 일화가 소개될 정도였다. 남편 길과 나의 형제자매, 사촌 및 조카들 모두 성공한 예술가, 엔지니어, 변호사, 사업가, 외과의사 등이지만 그 가운데는 경미하기도 하고 약간 심각하기도 한 학습 장애를 겪은 이들이 몇 명 있다.

게슈윈드는 '장애가 없는' 친척들의 개인사 이면에 묻혀 있는 유전학적 사연을 알아야 한다면서 상당히 자세한 이야기를 한 바 있다. 예를 들어, 그는 오튼의 '비상한 공간적 재능'에 주목했다. 나의 경우에는 멀리 갈 것도 없이 데이비드의 난서증과 단어 인출 문제를 보면 되었다. 그런데 이 글을 쓸 때까지 나는 나 자신의 학습사는 한 번도 살펴보지 않았다. 표면적으로 나의 독서 프로세스에는 유별난 점이 없었다. 하지만 단어 인출 프로세스에는 나도 적지 않은 노력이 든다. 단어에 대한 집착이 워낙 강하기 때문에 그것이 충분한 대안으로 작용해 눈에 띄지 않을 뿐이다.

이제까지 한 번도 연계해서 생각해보지 않은 사연이 또 하나 있다. 오래전에 나는 피아니스트가 되고 싶다는 비밀스러운 꿈을 가지고 있었다. 아주 짧은 환상이었다. 항상 친절하기만 하셨던 피아노 선생님이 내가 연주하는 모차르트, 쇼팽, 베토벤을 좋아하지만 그것은 작곡가들의 의도와 거리가 멀다고 말씀하셨다. 그 순간 나의 꿈이 와르르 무너져버렸다. 선생님은 내가 나만의 박자 개념을 가지고 있는데 그게 작곡가가 원하는 것과 많이 다르고 앞으로도 변할 것 같지 않다고 하셨다. 그 순간 나는 연주회 때 내가 피아노 반주를 맡았던 불쌍한 아이들 모두가 약간 엇박자로 연주할 수밖에 없었던 이유를 깨달았다. 문제는 그들이 아니라 나의 박자 감각이었던 것이다! 악보를 읽을 때 나타났던 나의 독특한 시간 패턴이 어쩌면 나의 유전자적 프로세싱 속도의 차이를 드러낸 것일지 모른다는 생각이 이제야 비로소 든다.

가족 중 한 사람이 난독증일 경우 '장애가 없는' 가족 구성원이란 존재하지 않는다. 난독증을 겪는 자식이나 손자 혹은 형제자매가 있는 사람들은 누구나 알고 있듯이 매일같이 우리 모두 다 장애를 겪고 있는 것이다. 하지만 장애를 겪는 방법은 우리가 알고 있는 것보다 훨씬 다양할 수 있다. 그런 여러 가지 방법이 수많은 개인적 특이성을 이해하는 단초가 될 수 있다. 그 개인적 특이성으로 인해 우리 모두는 유전적 난독증 가계에 속해 있으면서 이토록 다양한 그룹으로 나뉘게 된 것이다.

> 아인슈타인과 비슷한 재능을 가졌던 많은 사람들이 목화밭이나 쥐꼬리만 한 월급으로 착취를 일삼는 공장에서 살다가 죽어갔다는 거의 명백한 사실을 생각할 때 그의 뇌의 무게나 뇌회에 별로 관심이 가지 않는다.[27]
>
> — 스티븐 제이 굴드

마지막으로 난독증 연구의 가장 중요한 의미는 미래의 레오나르도 다빈치나 에디슨의 발달이 좌절되지 않도록 하는 것이 아니다. 진정한 의미는 어떤 아이든 잠재력이 헛되이 낭비되지 않도록 해주는 것이다. 난독증을 겪는 아이들이 전부 다 놀라운 재능을 가지고 있는 것은 아니다. 하지만 그들 모두는 나름의 독특한 잠재력을 가지고 있으며 그것을 일깨워주지 않아서 제대로 발휘되지 못하는 경우가 너무 많다.

그런 아이들을 연구하는 우리는 그 잠재력을 실현시켜줄 방법을 찾으려고 애쓰고 있다. 행동 연구에서부터 유전자 연구에 이르기까지 모든 난독증 연구는 궁극적으로 얻어진 지식에 무엇을 어떻게 가르칠 것인지, 특정한 아이에게 그것이 제대로 통하는지 아닌지의 문제를 연계시켜야 한다. 앞에서 검토된 수많은 이유 때문에 대부분의 학교에서 전형적으로 사용하는 천편일률적인 접근은 독서를 하기 위해 악전고투하는 아이들에게 도움이 되지 않는다. 다양한 유형의 아이들에게 적용될 수 있는 다양한 원칙들이 가득 든 연장통의 사용법을 아는 훈련된 교사들이 반드시 필요하다.

정책 입안자인 레이드 라이언Reid Lyon이 종종 말하는 것처럼 어떤 아이들을 위해 어떤 환경에서 어디에 중점을 두어야 좋은지 조사하고 이해하기 위해 노력하는 교육학적 연구가 필요하다.[28] 보편적으로 유효한 교육 프로그램이란 존재하지 않는다. 하지만 문자 언어를 가르치는 모든 교육 프로그램에 통합되어야 하는 알기 쉬운 방법론적 원칙은 몇 가지 존재한다.

가장 중요한 원리 중에는 문자 자체만큼이나 역사가 오래된 것도 있다. 나는 터프츠 대학교의 독서와 언어 연구 센터에서 일하는 동료들과 함께 단어나 책을 읽을 때 뇌에서 일어나는 일에 대한 지식을 활용해 독서가 힘든 아이들의 여러 가지 언어적 약점을 다룰 수 있도록 치료 프로그램RAVE-O을 설계하고 평가해왔다.[29] 우리가 역사상 최초의 독서 교수법인 수메르인의 교육법과 동일한 원칙으로 교육 프로그램을 재창조한다고 의식적으로 생각해본 적은 없었다.

우리의 교육 방법을 완전히 다른 식으로 포장할 수도 있겠지만 어쨌거나 우리는 항상 의미론적 깊이를 가르치고 단어 인출을 용이하게 하는 의미 계열, 단어에 들어 있는 음성의 인지, 음성과 문자적 표상의 연결, 철자법상의 문자 패턴에 대한 자동화 학습,

통사론적 지식, 형태론적 지식 등 뇌가 독서를 하기 위해 사용하는 주요한 언어적, 인지적 프로세스 모두에 중점을 둔다. 수메르인들과 다른 점은 유창성과 독해력을 향상시키기 위해 다중 전략을 사용한다는 점이다. 수메르인들처럼 우리는 고생하며 글을 읽는 아이들이 단어 하나에 대해 최대한 많은 것을 배우기 바란다. 단, 재미있게 배웠으면 한다는 점에서 수메르인들과 약간 다르다고 하겠다.

아이들과 함께하는 우리는 비록 배우는 방법은 달라도 누구든지 글을 읽을 수 있고 읽게 될 것임을 아이들이 깨닫기 바란다. 어떻게 해야 그들을 가장 잘 가르칠 수 있을지 방법을 찾는 것은 우리가 할 일이지 아이들의 일이 아니다. 나의 동료인 로빈 모리스와 모린 러벳과 함께해온 다양한 치료에 대한 10년간의 연구가 그런 노력을 뒷받침한다.

우리 연구소와 미국 전역에 있는 교육 센터에서 앞으로 기울이게 될 노력은 치료 교육의 결과로 얻어진 행동 변화는 물론 신경 세포의 변화까지를 치료 과정에 연계시키는 것이다. 예컨대 우리는 치료 교육을 받기 전후 난독증 독서가들의 뇌의 주요 영역에 변화가 일어났는지 보기 위해 MIT의 존 가브리엘리 연구팀과 협조하고 있다. 좋은 교사라면 구술 언어와 문자 언어의 다양한 측면이 중요하다는 것을 아는 데 군이 신경과학이 필요하지 않다. 하지만 신경과학적 정보를 교육학적 연구에 이용함으로써 각각의 아이에게 가장 적합한 것이 무엇인지 확인할 수 있다. 특정 과제를 수행할 때 아이의 뇌 중 어떤 구조적 부위가 참여하는지, 그들이 특정 요소에 주안점을 둔 치료를 받은 후 변화하는지 아닌지 보여주기 때문이다.

· · ·

이러한 새로운 방향성이 학자로서, 부모로서 나의 난독증에 대한 생각을 변화시키고 있다. 난독증의 우뇌 의존에 대한 새로운 이론들이 일부 또는 많은 아이들에게 사실로 밝혀진다면 일반적인 뇌와 다르게 조직되어 있기 때문에 나름의 독특한 강점과 약점을 지닌 뇌를 교육하는 데 새로운 길이 열릴 수 있을 것이다. 마지막으로, 남다른 방식으로 독서를 배우는 아이들을 연구하는 것은 우리 모두의 독서 학습 방법에 대해 지식을 넓힐 수 있는 길이다. 시간이 흘러 궁극적으로 그것이 어떻게 해석되든 이 연구 분야는 이제 지난 20년간 알아낸 것을 뛰어넘어 한 번도 탐구된 적 없는 새로운 세계로 들어가야 한다고 말해주고 있다. 때마침 이 책의 마지막 장에서 시도하려는 것이 바로 알고 있는 지식을 뛰어넘는 일이다.

9장

독서라는 기적과 그 너머

～

세상이 무감각하게 방향을 바꿀 때마다 폐적되는 아이들이 있으니
그들에게는 예전에 존재했던 것도, 앞으로 다가올 것도 속하지 못하리라.
다음에 올 것이란 인간에게 너무도 크고 먼 것이기 때문에.[1]

— 라이너 마리아 릴케

독서는 순전한 내면성의 행위다. 그 목표는 단순한 정보의 소비가 아니다…….
독서는 자아와의 만남의 기회다……. 책은 지금껏 인간이 만들어낸 것 중 최고의 것이다.[2]

— 제임스 캐럴

책과 스크린의 프로토콜이라는 두 개의 관습이 충돌하면 스크린이 승리할 것이다.
이제 지구상의 10억 인구가 보는 이 스크린 위에, 검색 기술이 고립된 책들을 변형시켜
모든 인간 지식의 보편적 도서관을 만들게 될 것이다.[3]

— 케빈 켈리

어떤 사회든 젊은 세대의 미래와 그들이 직면할 도전을 염려하기 마련이다. 인류 진화사에서 점차 속력을 높여 다가오고 있는 작금의 도전을 미래학자이자 발명가인 레이 커즈와일Ray Kurzweil보다 더 설득력 있게 묘사한 사람은 없다. 그는 우리가 발명한 테크놀로지적인 인공지능을 통해 인간의 뇌에 있는 100조 개의 신경계 연결이 급격하게 확장될 경우 일어날 수 있는 경이적인 변화에 대해 미래 비전이 담긴 저서에서 다음과 같이 설명하고 있다.

2020년이 되면 뇌 전체의 모형을 만들어 시뮬레이션하는 데 필요한 자료 수집과 연산의 도구가 나올 것이 확실하다. 그러면 지능에 의한 여러 가지 유형의 정보 처리에 인간 지능의 작동 원리들을 결합시킬 수 있을 것이다. 또한 엄청난 양의 정보를 저장·검색하고 빠른 속도로 공유하는 데 기계의 내재적 능력을 활용하게 될 것이다. 그렇게 되면 인간의 뇌라는 비교적 고정된 아키텍처의 용량을 훨씬 능가하는 컴퓨터 플랫폼 위에서 이 강력한 하이브리드 시스템을 실행시킬 수 있을 것이다…….

초당 10^{16} 내지 10^{19} 연산도 하지 못하는 제한된 용량을 가진 현재 인간의 뇌로 2099년의 초당 10^{60} 연산을 하는 뇌를 가진 미래의 문명이 무슨 생각을 하고 무슨 일을 할 것인지 어떻게 상상이나 할 수 있겠는가?[4]

그렇지만 선한 것과 파괴적인 것을 구분하는 인간의 역량 또한 기하급수적으로 증가하리라는 것 하나는 우리도 상상할 수 있다. 그런 미래에 대비하려면 지난 세대의 학습자들이 거의 한 번도 실행해보지 않은 엄정성의 척도로 진지한 선택을 할 수 있도록 능력을 연마해야 한다.

인류가 명실공히 진보하려면 그 준비 과정에 비범한 주의력과 의사결정 능력이 필요하며 거기에는 인류 전체의 이익을 바라는 열망이 포함되어야 한다. 다시 말해 독서하는 뇌가 이미 차세대적 변화의 초입에 들어서 있는 현 시점에 앞으로 다가올 것을 준비하려면 그동안 거듭된 적응을 통해 소유하게 된 것 가운데 절대적 최상이 필요하다는 뜻이다.

커즈와일은 사고 프로세스의 기하급수적 가속화가 전적으로 긍정적이라고 은연중에 가정하고 있다. 나의 생각은 다르다. 음악에서, 시에서 그리고 삶에서 전체를 이해하기 위해서는 휴식과 휴지, 느린 속도의 움직임이 반드시 필요하다. 실제로 우리의 뇌 안에는 '지연 뉴런'이라는 것이 있다. 그것이 하는 유일한 기능은 다른 뉴런들의 신경 회로 전달 속도를 몇 밀리세컨드라는 극히 짧은 시간 동안 지연시키는 것이다. 더없이 소중한 이 몇 밀리세 컨드 덕분에 순서와 질서에 맞춰 현상을 이해할 수 있으며 현란한 축구 동작과 교향악의 조화로운 움직임을 계획하고 동기화할 수 있다.

'더 많이'와 '더 빨리'가 반드시 좋은 것이라는 가정을 강력하게 의문에 부쳐볼 필요가 있다. 특히 음식 먹는 법, 학습하는 법을 포함해 미국 사회의 전 분야에 이미 걷잡을 수 없이 영향력을 뻗치고 있는 이 가정으로부터 얻을 수 있는 혜택이 무엇인지 의심스럽기 때문이다.

예를 들어, 우리 아이들이 이미 경험하고 있는 급속히 빨라진 변화의 속도로 말미암아 말을 생각으로 바꾸고 그 생각을 상상조차 하지 못했던 가능성의 세계로 바꿔놓는 주의력의 품질이 근본적으로 달라질까? 앞으로의 세대가 구술 언어와 문자 언어에서 통찰, 기쁨, 고통, 지혜를 발견하는 능력이 지금과 판이하게 달라질까? 그들과 언어의 관계가 본질적으로 바뀌게 될까? 현 세대가 스크린 위에 떠다니는 정보에 즉각적으로 접근하는 데 너무 익숙해져 현재의 독서하는 뇌가 가지고 있는 주의력, 통찰력, 사고력의 발달 범위가 오히려 축소될까?

최근 한국을 방문했을 때 나는 디지털 매체에 과도하게 집착하는 자녀들을 걱정하는 부모님들의 이야기에 거의 파묻히다시피 했다. 자녀들이 책을 덜 읽는 대신 틈만 나면 문자 메시지를 보내고 비디오게임을 하고 전화로 수다를 떨고 몇 시간이고 컴퓨터 모니터 앞에 앉아 있다고 말하는 분들이 정말 많았다. 아이들이 '유년'을 너무 빨리 상실한다고 느끼는 일부 부모님들은 여름방학이나 방과 후를 이용해 아이들에게 '해독detox'의 기회를 제공하는 경우도 있었다. 내가 판단하건대 미국 아이들은 한국 아이들보다 디지털 매체에 대한 집착에 있어 1년 내지 2년 정도 뒤져 있는 것으로 보인다. 이에 관련된 교육학적, 지적, 심리사회적 문제들을 조심스럽게 구분해야겠지만 양국의 아이들 모두 사회 전체의 관심과 성찰이 필요한 것만은 확실하다.

미래의 세대는 어떨까? 제대로 지도받지 않고 정보에 접근하는 것에 대해 소크라테스가 했던 염려와 관련하여 우리는 고대 그리스 시대보다 안전한 장치를 과연 마련해놓은 것일까? 멀티태스킹이나 막대한 양의 정보를 통합시켜 우선순위를 매기는 능력과 같이 정보 기술이 요구하는 새로운 조건들로 인해 예전보다 더는 아니더라도 동일한 수준의 가치 있는 새로운 능력이 발달되어 지적 능력과 삶의 질이 향상되고 종으로서 인간의 집단 지식이 오히려 증가하게 될까? 그러한 지능이 가속화되면 사색과 인류의 행복 추구에 더 많은 시간을 보낼 수 있을까?

만약 그렇다면 차세대적 지능이 요구하는 여러 가지 능력의 경우에도 현재의 난독증 독서가들처럼 남다른 회로를 가졌다는 이유 때문에 권리를 박탈당하는 새로운 그룹의 아이들을 양산해낼까? 아니면 아이들의 학습 장애를 뇌 조직의 차이, 즉 강점과 약점을 동시에 갖춘 유전자적 변이로 받아들이고 보다 준비된 자세로 그들을 바라볼 수 있을까?

난독증은 뇌가 본디 독서에 적합한 회로를 타고나지 않았음을 가장 확실하게 보여주는 최고의 증거다. 나는 난독증을 관찰하면서 뇌가 얼마든지 다른 방식으로 조직될 수도 있다는 진화론적 사실을 새록새록 상기한다. 어떤 조직들은 독서에는 적합하지 않아도 건축과 예술 그리고 먼 옛날 전쟁터 지형이나 조직검사 슬라이드상의 패턴을 인지하는 데는 반드시 필요한 아주 중요한 것이다. 이러한 변종적인 뇌 조직 가운데 일부는 임박해오는 새로운 커뮤니케이션 방식의 요건에 안성맞춤일 수도 있다.

21세기를 맞아 우리는 중대하고 급속한 변화를 준비하고 있다. 우리 중 대부분은 변화가 일어날 방식을 거의 예측하지도 완벽하게 이해하지도 못한다. 진화, 발달 그리고 독서하는 뇌의 약간 다른 조직 방법 등 이 책에서 다룬 주요 테마를 이렇듯 명백한 과도기적 배경 속에 놓고 다시 숙고해보려고 한다. 문자의 진화와 독서하는 뇌의 발달은 하나의 종이자 구술 언어와 문자 언어를 통해 수많은 문화를 만들어낸 창조자, 다양하고 확장적인 형태의 지능을 가진 개인으로서의 인간을 바라볼 수 있는 더없이 훌륭한 렌즈가 된다.

마지막인 이번 장에서 나는 독서라는 렌즈를 이용해 주요한 통찰 중 몇 가지를 되돌아보고 과감히 '텍스트 너머'의 세계로 들어가볼 것이다. 그곳, 미지의 세계에서 이 정보가 현재와 미래 세대의 아이들에게 갖는 의미를 숙고해보려는 것이다. 그리고 맨 나중에는 뇌의 새로운 재편성이 완료되기 전에 독서하는 뇌에서 기필코 지키고 보전해야 하는 것이 무엇인지 생각해보려고 한다.

독서하는 뇌의 진화에 대한 숙고

독서하는 뇌의 진화를 접하면서 내가 주로 느끼는 감정은 놀라움이다. 몇 개 안 되는 토큰 상징에서 시작해 비교적 짧은 시간에 만개한 문자 체계의 꽃을 피운 것이 도대체 어떻게 이루어진 일일까? 발명된 지 6000년도 채 안 된 하나의 문화적 산물이 대체 어떻게 해서 뇌의 연결 방법과 인간이라는 종의 지적 가능성을 완전히 바꿔놓은 것일까?

그보다 더 놀라운 점이 있다. 뇌가 자체의 한계를 뛰어넘고 그 과정에서 뇌의 기능과 인간의 지적 역량 모두를 확장시킬 수 있다니 이것이 기적이 아니고 무엇이겠는가. 독서는 뇌가 새로운 능력을 학습해 지능을 확장해나가는 방법을 명확하게 보여준다. 독서는 기존 구조 사이에서 회로와 연결을 재편성한다. 독서는 특히 패턴 인지와 같이 각 영역의 특화 능력을 최대한 활용한다. 독서는 또한 새로운 회로들이 극도로 자동화되어 점점 더 많은 피질의 시간과 공간이 다른 프로세스, 즉 훨씬 더 복잡한 사고 프로세스에 할당되는 방법을 보여준다. 한마디로 독서는 뇌 조직상 가장 기본적인 설계 원리들이 끊임없이 진화해나가는 인간의 인지 발달을 뒷받침하고 형성시키는 방법을 보여준다.

뇌의 설계는 독서를 가능하게 했다. 그리고 독서의 설계는 뇌를 다양하게, 결정적으로 그리고 계속 진화해나가도록 변화시켰다. 이러한 상호 역학은 인류 역사상 문자의 탄생과 아이의 독서 학습을 통해 빛을 발한다. 인간은 독서를 배움으로써 과거에 경험했던 기억의 한계에서 해방되었다. 인류의 조상이 어느 날 갑자기 지식에 접근하기 위해 그것을 끊임없이 반복할 필요가 없어졌다. 그 결과 지식이 어마어마하게 확장되었다. 문자를 읽고 쓰는 능력을 통해 바퀴를 매번 다시 발명할 필요가 없어지자 점점 더 복잡하고 정교한 발명을 할 수 있게 되었다. 급기야 독서할 수 없는 사람에게 독서를 대신해주는 레이 커즈와일의 기계 발명품까지 등장했다.[5]

그와 동시에 속사포처럼 발화할 수 있는 문자를 읽고 쓰는 역량은 독서가 개인을 기억의 한계뿐만 아니라 시간의 한계에서도 해방시켰다. 실제로 그 능력은 자동화 능력을 통해 초기 해독에 드는 시간을 줄여주는 대신 독서가가 문자화된 생각을 보다 깊이 분석하도록 인지적 시간과 궁극적으로는 피질 공간을 더 많이 할당했다. 초보적으로 해독하는 뇌와 완전히 자동화된 독해하는 뇌 사이에 존재하는 회로 시스템의 발달상 차이는 좌뇌와 우뇌의 길이와 너비에 관련된 문제다. 특화와 자동성을 통해 시스템이 능률화되면 사색에 보다 많은 시간이 할애된다. 이것이 바로 독서하는 뇌의 기적적인 선물이다.

종의 진보를 위해 뇌를 준비시키고 종이 대비하도록 만드는 데 이보다 더 훌륭한 발명품은 여태껏 없었다. 문화 안에 문자를 읽고 쓰는 능력이 널리 보급되면서 독서라는 행위는 독서가 한 사람 한 사람이 텍스트를 뛰어넘도록 조용히 이끌어주었고 한 걸음 더 나아가 독서가 개인과 문화의 지적 발달에 박차를 가했다. 이것이 바로 생물학적으로 주어지고 지적 능력으로 학습된 독서의 생산성이며 뇌가 준 시간이라는 선물이 만들어낸 더없이 소중한 결과물이다.

이상의 관점을 증명하는 첫 번째 생물학적 증거는 4만 년 전 문맹 인간의 뇌와 오늘날 우리의 뇌가 구조적으로 크게 다르지 않다는 사실이다. 우리는 수메르인이나 이집트인 조상들과 동일한 뇌 구조를 공유하고 있다. 다만 신성문자와 알파벳이라는 서로 다른 문자 체계의 독서를 비교해 알 수 있듯이 이 구조들을 사용하고 연결하는 방법에 차이가 있을 뿐이다.

찰스 퍼페티와 리 하이 탄의 연구팀이 수행한 선구적 연구를 보면 고대의 것이든 현대의 것이든 모든 문자 체계들은 서로 비슷하면서도 각자 독특한 다수의 구조적 연결을 사용하고 있음을 알 수 있다.[6] 고대 이집트어의 신성문자나 중국어의 한자를 읽도록 회로화된 뇌는 고대 그리스어나 영어 알파벳을 읽을 때 전혀 사용하지 않는 일부 영역을 활성화시키며 그 반대의 경우도 마찬가지다. 이 같은 적응의 다양성은 곧 뇌가 새로운 기능을 수행하기 위해 스스로를 재편성하는 천부적인 능력을 가졌다는 생생한 증거다.

문자 체계의 탄생으로 단순히 뇌의 회로만 바뀐 것이 아니다. 고전학자인 에릭 해블록이 주장하는 것처럼 고대 그리스어 알파벳은 곧 인류 역사상 심리학적, 교육학적 혁명을 의미한다.[7] 문자 사용 프로세스로 인해 참신한 사고를 완수하는 전례 없는 능력이 펼쳐지기 시작한 것이다. 현재 최고의 인지신경과학자 몇 명이 알파벳뿐만 아니라 모든 종류의 포괄적 문자 체계들을 대상으로 이러한 새로운 능력의 신경의학적 기초를 연구하고 있다.[8] 그들은 독서를 학습할 때 뇌에서 일어나는 기초적 연산 능력의 재배열이 새로운 사고의 신경세포적 기초가 되는 방식을 설명해준다. 다시 말해 독서를 하기 위해 뇌가 만들어내는 새로운 회로와 경로들이 남디르고 혁신적인 사고 능력의 토대가 된다는 것이다.

따라서 독서 혁명은 신경세포와 문화 둘 다에 기초한 것으로 최초의 알파벳이 아니라 최초의 포괄적 문자 체계의 출현과 함께 시작되었다. 문자와 문자로 인해 자유로워진 기억의 증가된 효율이 새로운 형태의 사고에 기여했고 그럼으로써 신경세포 체계가 독서를 시작했다. 독서를 하기 위해 스스로를 재편성하는 방법을 학습한 뇌에는 새로운 사고가 훨씬 쉽게 출현했다. 읽기와 쓰기를 통해 촉진된 나날이 정교해지는 지적 능력이 우리의 지적 레퍼토리 안에 추가되었고 그 레퍼토리는 현재도 계속해서 늘어나고 있다.

이 점을 이해하기 위해 우리는 하나의 문제에 대해서 곰곰이 생각해봐야 한다. 문자를 읽고 쓰는 능력으로 촉진된 능력 가운데 구전 문화에서는 찾아볼 수 없는 것이 과연 무엇인가? 고대의 토큰 상징이 창조되면서 역사상 최초의 회계 시스템이 만들어졌고 그와 더불어 향상된 의사결정 능력이 등장했다. 의사결정 능력이란 정보의 양과 질이 높아질수록 강화된다. 따라서 역사상 최초의(동굴벽화가 아니라) 상징은 경제와 경제학적 목적을 위해 사용된 것으로 보인다.

최초의 포괄적 문자 체계인 수메르어의 쐐기문자와 이집트어의 신성문자의 등장으로 단순한 회계가 체계적인 문서화로 변했고 그것이 다시 조직적 시스템과 체계화로 이어지면서 중요한 지적 능력의 진보를 촉진했다. 기원전 2000년에 이르러 아카드인들의 저작을 통해 사람들에게 알려진 세상의 지식이 분류되기 시작했다. 그 예가 바로 백과사전적인《우주에 대해 알려진 모든 것》, 고대 성문법의 걸작인《함무라비 법전》그리고 다양하고 놀라운 의학 지식이 담긴 텍스트들이다. 과학적 방법론이라는 것도 우리 조상들의 기록하고 체계화하고 분류하는 능력의 발달에서 비롯된 것이다.

수메르인들의 독서 교수법을 필두로 언어학적 지식이 증가했다는 증거도 여기저기서 분명하게 나타나기 시작한다. 수메르인들이 에둡바('서판의 집')에서 사용한 교수법은 단어들 간의 다중적 의미 관계, 다양한 문법적 기능, 기존의 어간과 형태소를 가지고 새 단어를 만드는 단어 결합 능력, 방언과 언어에 따라 달라지는 발음 등 단어의 다양한 속성에 대한 이해를 제고하는 데 기여했다.

수메르 아이들은 선생님이 주신 서판 뒷면에 단어의 글자를 베껴 쓰면서 고생스럽게 글을 배웠다. 하지만 그 과정에서 서판에 새기는 글자에 대해 생각할 시간을 가질 수 있었다. 이것은 점진적인 언어 인지 발달뿐 아니라 신중한 숙고의 프로세스에도 기여했다. 《길가메시》, 《염세주의에 관한 대화》 등 아카드어 문학 작품들과 대대로 전해 내려오는 수많은 우가리트어 문서들이 이렇게 자라난 학생들의 감정과 생각, 고뇌와 기쁨을 수세기가 지난 후에도 생생하게 엿볼 수 있게 해주었고 그들의 내면적 삶을 드러내주었다. 이들의 고대 저술은 흔히 현대적 의식이라 생각되는 것의 출현을 직접적으로 보여주는 시간을 초월한 증인이다.

고대 세계의 문자를 쓰고 읽는 능력이 의식의 출현에 기여한 바에 대해 예수회 신부이자 문화역사학자인 월터 옹보다 더 설득력 있게 이야기한 학자가 없다.[9] 평생을 바쳐 완성한 구술 언어와 문자 언어의 관계에 대한 연구에서 월터 옹은 독서의 독특한 공헌이라는 문제를 재조명했다. 그의 사상은 커뮤니케이션의 디지털 모드로의 전환을 이해하는 데도 도움이 된다. 20년 전 옹은 인간의 지적 진화의 진정한 이슈가 하나의 문화적인 커뮤니케이션 모드가 다른 모드로 변화함에 따라 진보하는 여러 가지 기능의 집합이 아니라 그 두 가지 커뮤니케이션 양식 모두에 몰입한 인간이 겪게 되는 변형적 변화라고 주장했다. 옹은 선견지명이 돋보이는 저서의 한 대목에 다음과 같이 썼다.

모든 인간이 선천적으로 타고난 구술성orality과 아무도 태생적으로 부여받지 못한 문자라는 기술의 상호작용은 정신psyche의 깊이에 관련된다. 명료한 언어를 통해 최초로 의식을 밝혀주는 것은 구어다. 그것은 우선 주어와 술어를 나누고 그들을 다른 것과 관련지으며 사회 안의 모든 인간을 묶어주는 역할을 한다. 문자는 분열과 단절을 초래하지만 그와 동시에 통일성을 높여준다. 자아 의식을 강화하고 사람 간의 보다 의식적인 상호작용을 촉진한다. 문자는 곧 의식의 고양이다.

옹의 이론에서 인간의 의식에 대한 새로운 이해란 구술 언어와 문자 언어가 융합되었을 때 나타나는 진정한 변화였다. 다시 말해 인간이 생각에 대해 생각할 수 있는 방식을 독서가 바꿔놓았다는 말이다. 《안나 카레니나》에 나오는 레빈의 고백에서부터 《샬롯의 거미줄》의 거미가 처한 어려운 상황에 이르기까지 다른 사람의 생각을 보는 능력이 우리의 의식을 배가시킨다. 스스로의 의식은 물론 타인의 의식까지도 자신의 것으로 만들 수 있다.

3000년의 세월에 걸쳐 형성된 인간의 사고 프로세스를 탐구하는 능력을 통해 우리는 독서를 통해서가 아니고서는 상상조차 하지 못했던 사람들의 의식을 내면화할 수 있다. 거기에는 구전 전통의 열렬한 옹호자였던 소크라테스의 의식도 포함된다. 플라톤의 모호한 입장이 낳은 결과물을 읽을 수 있기에 비로소 우리는 소크라테스와 그의 우려가 보편적인 것임을 이해할 수 있다.

물론 소크라테스의 우려는 결론적으로 말해 문자를 읽고 쓰는 능력 그 자체가 아니라 젊은이들이 아무런 지도나 비판 없이 정보에 접근했을 때 지식이 어떻게 될 것인가를 걱정한 것이었다. 소크라테스가 말하는 진정한 지식의 추구란 정보를 뒤쫓는 것이 아니라 인생의 본질과 목적을 발견하는 것이었다. 그런 지식을 추구하기 위해서는 심오한 비판과 분석 기술을 개발하고 경이적인 기억력과 오랜 노력을 통해 각자가 가진 지식을 내면화하는 데 평생을 바쳐야 했다. 그래야만 제자는 스승과의 대화를 통해 지식의 탐구를 초월해 실천과 미덕 그리고 궁극적으로는 '신과의 우정'에 도달하는 원리의 길에 섭어들 수 있다고 소크라테스는 확신했다.[10] 소크라테스에게 지식이란 보다 숭고한 선善을 이룰 수 있는 힘이었다. 예컨대 문자를 읽고 쓰는 능력과 같이 그것을 위태롭게 하는 것은 무엇이든 저주였다.

지식과 문자를 읽고 쓰는 능력이 어떤 불가분의 관계로 엮여 있는지, 그 두 가지의 것이 젊은이들의 발달에 얼마나 중요한 역할을 하는지 좀 더 세심하게 이해했더라면 소크라테스의 걱정 중 일부는 해결되었을 것이다. 아이러니하게도 오늘날 컴퓨터 기반으로 이루어지는 독서의 형태에서 하이퍼텍스트와 온라인 텍스트는 가상적 대화의 차원을 제공해준다.

우리와 동시대인인 학자 존 매키니니John McEneaney는 "온라인으로 문자를 읽고 쓰는 능력의 역동적 작용으로 인해 텍스트의 권위는 물론 독자와 작가의 전통적 역할이 위협받고 있다"라고 주장한다.[11] 그런 종류의 독서에는 소크라테스도 현대의 교사들도 완벽하게 이해하지 못한 새로운 인지적 능력이 필요하다. 예를 들어 웹 브라우저의 '뒤로' 버튼, URL 구문, '쿠키' 및 이해와 기억을 강화하는 '교육학적 태그pedagogical tags' 등을 사용하는 것이 인지적으로 어떤 의미를 갖는지, 그에 대한 분석이 이제 겨우 시작되었을 뿐이다.

이러한 도구들은 사용자, 특히 개별적인 영역의 약점을 가진 사용자들의 지적 발달에 지극히 희망적인 의미를 갖는다. 응용 학습 테크놀로지가 이들을 직접적으로 그리고 제대로 다룰 수 있기 때문이다. 응용 테크놀로지 전문가인 데이비드 로즈와 그의 연구팀은 '외관, 지원의 수준, 지원의 유형, 응답 방법상의 선택권…… 모두가 참여를 유도하는 열쇠'라고 말하면서 디지털 텍스트가 교사와 학습자에게 선택권을 제공할 수 있음을 설득력 있게 보여준다.[12] 학습자들의 참여는 아테네의 안마당에서와 마찬가지로 오늘날에도 매우 중요하다.

그런데 소크라테스의 우려에는 보다 심오한 의미가 포함되어 있다. 에덴동산에서부터 인터넷이 제공하는 보편적 정보 접근에 이르기까지 인간사를 통틀어 누가 무엇을 언제 어떻게 알아야 하느냐는 문제는 여전히 미결 상태로 남아 있다. 수십억이 넘는 인구가 그동안 축적된 방대한 양의 정보에 접근하고 있는 이 시점에 우리는 지식의 전달에서 사회가 맡은 책임을 분석해볼 필요가 있다. 소크라테스가 아테네 청년들에 대해 제기한 여러 가지 문제는 우리의 젊은이들에게도 결국 똑같이 적용된다.

적절한 지도가 동반되지 않은 정보가 과연 지식에 대한 환상을 불러일으키고 결국 진정한 지식에 이르는 보다 힘들고 시간이 많이 드는 중요한 사고의 프로세스를 축소시키게 될 것인가? 검색 엔진을 통해 단 몇 초 만에 얻어지는 정보의 즉시성과 사용 가능한 정보의 풍부한 양으로 인해 복잡한 개념과 다른 사람의 내면적 생각의 프로세스와 우리 자신의 의식에 대한 이해를 심화시켜주는 프로세스, 속도도 느리고 훨씬 더 신중한 숙고를 요하는 그 프로세스들이 망가져버릴 것인가?

이 책의 서두에서 나는 테크놀로지 전문가인 에드워드 테너의 말을 인용한 바 있다.[13] 그는 우리의 새로운 정보 기술이 '그것을 창조해낸 지성을 위협'하고 있지 않은지 묻고 있었다. 이 책을 통해 제기하려는 문제는 테크놀로지의 전파를 막자는 식의 돈키호 테적 발상이나 노력이 아니다. 테크놀로지가 논란의 여지가 없는 가치를 전달하고 우리의 삶을 변화시킨다는 사실을 얼마든지 인 정한다. 테너가 걱정한 것은 소크라테스의 우려와 더불어 독서하 는 뇌가 인간 전체와 아이의 지적 능력의 형성에 기여하는 바에 대해 아래에서 논의할 이슈를 테크놀로지 분야에 적용한 것이다.

따라서 여기서 대두되는 문제는 이런 것이다. 독서하는 뇌를 통해 연마된 능력이 모니터 앞에 꼼짝 않고 앉아 글을 읽는 신세 대 '디지털 네이티브' 안에 형성되고 있는 능력으로 대치될 경우 우리가 상실할 수 있는 것은 무엇인가?

문자의 진화는 인간의 지적 능력의 역사 첫 장을 장식하는 어 마어마하게 중요한 능력, 즉 문서화, 체계화, 분류, 조직화, 언어 의 내면화, 자신과 타인에 대한 의식, 의식 자체에 대한 의식 등 이 발현할 수 있는 인지적 발판을 제공했다. 이 모든 능력이 충분 히 발휘되도록 만들어준 직접적 요인은 독서가 아니다. 이 모든 능력의 발달에 전무후무한 촉진제 역할을 한 것은 독서하는 뇌의 설계의 핵심적 위치에 있는 '사고할 수 있는 시간'이라는 비밀스 러운 선물이다. '독서의 자연사'를 통해 이 모든 능력이 발달하는 모습을 살펴보면 문자를 읽고 쓰는 능력이 발현한 지 6000년 만 에 인간이라는 종이 출발점으로부터 얼마나 멀리 와 있는지가 슬 로모션으로 보이는 동시에 이제 무엇을 잃어버릴 수 있는 상황에 처해 있는지 확실히 알 수 있다.

독서의 역사에 대한 숙고

고대 독서가들의 뇌는 상징 문자를 읽기 위해 저마다 다양한 부위를 연결하는 법을 배워야 했다. 오늘날 아이들도 똑같은 일을 해야 한다. 지구상의 모든 초보 독서가 아이들은 글을 읽는 데 필요한 지각, 인지, 언어, 운동 체계의 연계 방법을 모두 학습해야 한다. 이 체계들은 뇌 안에 이미 형성되어 있는 기존 구조들의 사용에 의존하며 그 구조들 안에서 특화된 부위들은 자동화가 이루어질 때까지 적응하고, 역할의 수행을 위해 억지로 사용되고 숙련되어야 한다.

독서에 고유한 유전자가 부재한 가운데 이 모든 일이 제대로 이루어지려면 명시적인 학습과 교육이 비교적 짧은 시간 내에 이루어져야 한다. 우리의 조상들이 알파벳 코드를 개발하는 데는 약 2000년의 세월이 걸렸지만 우리 사회는 아이들이 일반적으로 약 2000일 만에 (즉 6세 또는 7세가 될 때까지) 이 코드를 해독할 것으로 기대한다. 정해진 시간 내에 코드 해독을 하지 못하는 아이들은 교사, 학교장, 가족, 또래 친구 등 교육 시스템 전체와 충돌하게 된다. 사회가 정한 스케줄에 맞춰 독서를 배우지 못함으로써 갑작스럽게 권리를 박탈당하는 이 모든 아이들은 모든 것이 달라졌다고 느낄 것이다. 자기들이 다르다는 사실을 알게 될 것이다. 하지만 그런 일이 생긴 데에는 진화론적으로 충분히 그럴 만한 이유가 있다고 설명해주는 사람은 아무도 없을 것이다.

아이의 뇌가 독서를 배우기 위해 완수해야 하는 뉴런의 아슬아슬한 곡예 같은 활동을 인지하게 되면 사회는 각각의 아이에게 교육을 시작할 수 있다. 어떤 아이들은 독서를 구성하는 하나 또는 여러 부분에서 다른 아이들보다 많은 도움을 필요로 한다. 그러한 부분들을 많이 알수록 모든 아이들을 제대로 가르칠 수 있다. 그런 시각에서 보면 누구에게나 적용할 수 있는 획일적인 교육이란 있을 수 없다. 독서 발달에 대한 지식이 증가하면 다음의 두 가지 중요한 목표에 기여할 수 있다. 첫째는 독서하는 뇌가 이룩한 업적의 위대함을 이해하는 것이고 둘째는 미래 아이들의 독서 학습 기회를 개선하는 것이다.

독서에 필요한 전문적 능력이 서서히 갖춰지는 발달상 변화는 학교가 아니라 요람에서 시작된다. 부모나 그 밖의 사랑하는 사람들이 읽어주는 책의 이야기를 들으면서 보낸 시간의 양이 성장 후 독서 능력을 예언해주는 가장 좋은 도구 중 하나다. 코끼리왕 바바, 두꺼비 토드, 호기심 많은 조지 이야기를 듣고 매일 저녁 "잘 자요, 달님"이라고 인사하면서 아이들은 서서히 책장에 있는 신기한 기호들이 단어가 되고 단어가 모여 이야기가 되고 그 이야기들이 세상 만물에 대해 가르쳐준다는 사실을 배운다.

이야기와 단어와 마법 같은 문자의 세계는 독서를 준비하는 아이의 뇌 발달에 직접 관여하는 수천의 단어와 개념과 지각의 소우주다. 유아들은 대화에 많이 참여할수록 보다 많은 단어와 개념을 습득한다. 유아에게 책을 많이 읽어줄수록 책의 언어를 이해하는 능력이 커지고 어휘력과 문법에 대한 지식이 늘어나며 단어 안에 들어 있는 작지만 아주 중요한 음성에 대한 인지가 향상된다.[14] 〈히커리 디커리 덕〉에 들어 있는 비슷비슷한 음성, 'bear'라는 단어의 다중적인 의미, 아기 돼지 윌버의 무서운 생각 등 무언의 지식들이 모두 힘을 합해 시각적 상징들과 저장된 지식을 연결할 수 있도록 유아의 뇌를 준비시키는 것이다.

그러므로 독서의 발달은 두 부분으로 이루어진다. 첫째, 이상적인 독서 학습은 음운론적, 의미론적, 통사론적, 형태론적, 화용론적, 개념적, 사회적, 정서적 시스템과 조음·운동 시스템이라는 놀랍도록 다양한 측면의 발달과 이들 시스템이 통합되고 동기화되어 점점 더 유창한 독해력으로 발전할 수 있는 능력에 기초를 둔다. 둘째, 독서가 발달함에 따라 각각의 능력이 더욱 촉진된다. '단어에 무엇이 들어 있는지' 알면 단어를 더 잘 읽을 수 있다. 단어를 읽으면 그것이 지식의 연속체 안에서 어느 자리를 차지하는지 이해가 깊어진다.

이것이 바로 독서에 대한 뇌의 기여와 뇌의 인지적 역량에 대한 독서의 기여 사이의 역동적 관계다. 아이들의 음운론적 체계는 단어 안에 들어 있는 음성의 인지를 발달시키는 데 도움이 된다. 음성 인지는 문자와 음성 간 대응 규칙을 배우는 데 도움이 된다. 그 규칙은 독서를 보다 쉽게 배우는 데 도움이 된다. 그런 다음 아이의 독서량이 점점 늘어나면 단어 안에 들어 있는 음소의 여러 가지 특징에 보다 정밀하게 조율이 이루어지고 그로 인해 독서가 쉬워진다.

마찬가지로 의미론적 체계가 잘 발달된 아이들은 훨씬 많은 단어의 의미를 알고 있으며 따라서 그들은 이미 알고 있는 단어들을 보다 빨리 해독할 수 있다. 이 단어들은 아이들이 가지고 있는 문자 단어의 레퍼토리에 추가되고 그로 인해 아이들은 구어 어휘력이 증진되며 훨씬 더 복잡한 동화책도 읽을 수 있다. 또한 복잡한 동화책은 아이들의 문법, 형태론 및 단어들의 관계에 대해 지식을 늘려준다. '빈익빈 부익부'인 것이다.[15] 이러한 발달과 환경 사이의 역동적 관계는 '독서의 학습'에서 진정한 독서로 넘어가는 위대한 전환의 기초가 되거나 그러지 못하거나 둘 중 하나가 된다.

독서 발달 단계의 후반부에 나타나는 유창하고 말없는 독해는 소크라테스의 관점에서 볼 때 문자를 읽고 쓰는 능력에서 가장 위험한 단계를 상징한다. 이때부터는 독서가가 자율적이 된다. 그로 인해 글을 갓 터득한 독서가들에게 예측을 하고 새로운 생각을 형성하고 텍스트를 초월해 독립적인 학습자가 될 수 있는 시간이 주어진다. 유창하게 독서하는 뇌는 추리, 분석, 평가와 같은 독해 프로세스가 일어나는 동안 좌뇌와 우뇌의 전두엽, 두정엽, 측두엽에 새로 확장된 피질 부위들을 활성화시킨다는 사실이 이미징 연구에서 확인되고 있다.[16] 소크라테스가 문자를 읽고 쓰는 능력이 널리 보급될 경우 잃어버릴까 봐 우려했던 지적 능력에 속하는 것이 바로 이 부분이다.

소크라테스의 또 다른 염려는 '숙련된 독서'로 전환하는 발달 과정에서 제대로 해결되지 않는 것이다. 첫째, 어린 독서가들이 실제로 그들의 상상력을 충분히 사용하거나 자립적인 탐구·분석 프로세스를 사용하도록 훈련되고 있을까? 아니면 시간을 많이 요하는 이러한 능력이 현재 모니터 위에서 얻어지는 무한해 보이는 정보에 의해 점점 망가지고 있을까? 책장을 넘기기보다는 모니터 앞 독서에 할애되는 시간이 지나치게 많은 어린 독서가들은 제인 에어, 애티커스 핀치, 쎌리 등과 감정이입하는 능력이 다른 식으로 발달할까?

디지털 세계가 다른 사람들이나 다른 문화의 현실과 시각을 경이로울 정도로 생생하게 전달해주는 것을 문제 삼으려는 것이 아니다. 나는 일반적인 어린 독서가들이 모니터 위에 뜨는 정보의 즉시성과 외관상으로만 그럴듯한 종합성에 너무 익숙해져서, 그리고 그 모든 것을 특별한 노력 없이, 주어진 정보를 뛰어넘어야 할 절박한 필요 없이 얼마든지 거저 얻을 수 있기 때문에 텍스트를 분석하거나 깊이 있게 의미를 추구하는 일이 시대착오적이라고 생각하는 것은 아닌지 궁금한 것이다. 한마디로 말해서 우리 아이들이 독서 과정의 핵심인 텍스트의 범주 뛰어넘기를 학습하고 있는지 묻는 것이다.

최근에 나는 〈월스트리트저널〉에 실린 "추락의 끝은 어디인가?"라는 제목의 평론을 읽었다.[17] 최근 SAT(미국 대학수능시험) 언어영역의 점수가 떨어지는 현실을 논한 글이었다. 글쓴이는 어휘력보다 독서 능력에 초점을 두고, 정교한 분석 능력을 가진 학생들에게 높은 점수를 주고, 텍스트에 함축된 의미를 구분하고 평가하지 못하는 학생들에게는 낮은 점수를 주는 최근 SAT의 평가 방법 변화에 대해 설명했다. 그는 이런 유형의 시험에서 40년 전의 학생들이 현재의 학생들보다 높은 점수를 얻을 것이며 요즘 학생들은 비판적인 독서 능력이 훨씬 뒤떨어진다고 썼다. 그러고는 그런 현실에 대해 시험이 아니라 학교를 비난했다.

욕을 먹는 사람은 항상 따로 있기 마련인 것 같다. 그의 말이 맞을 수도 있다. 하지만 점수가 떨어지는 데는 여러 가지 이유가 있다. 사회학적인 이유도 있고 정치적 이유도 있으며 인지적인 이유도 있다. 비교적 힘들이지 않고 인터넷 접속을 통해 학습 연륜을 쌓은 많은 학생들은 스스로의 힘으로 생각하는 방법을 아직 모를 것이다. 그들의 시야는 빠르고 쉽게 보고 들은 것에 국한되어 있으며 그들이 소유한 최고 사양의 최신형 연산 상자에서 벗어나 생각을 할 이유가 거의 없다.

그 학생들은 문맹은 아니지만 숙련된 독서가는 결코 되지 못할 것이다. 독서 발달에 절대적으로 중요한 능력을 지도받고 형성하고 연습하고 연마해야 하는 시기에 그들은 충분히 발달된 독서하는 뇌가 가질 수 있는 최고의 자원을 활용하도록 요구받거나 독려되지 못하고 있다. 다시 말해 혼자 힘으로 생각해보라는 요구나 자극을 받지 못하고 있는 것이다.

부모, 교사, 학자, 정책 입안자 등 젊은이들의 교육에 관여하는 사람이라면 누구나 출생 순간부터 성인이 될 때까지 독서 프로세스의 각 구성요소를 현명하게, 주의 깊게, 확실하게 준비 또는 교육할 수 있도록 만전을 기해야 한다. 그 기간 동안 유치원에서 배우는 단어의 최소 음성 단위에 대한 지식에서부터 T. S. 엘리엇의 〈리틀 기딩〉 안에 함축되어 있는 지극히 섬세한 의미를 해석하는 능력에 이르기까지 무엇 하나 당연하게 받아들여서는 안 된다.

또한 아이들이 특별히 취약할 수 있는 유창하게 독해하는 독서가로 넘어가는 단계에서는 모든 형태의 정보의 기저에 숨겨진 것을 평가하고 분석하고 우선순위를 매기고 탐구하는 능력이 디지털 리소스에의 몰입으로 인해 저해되지 않도록 최대한의 노력을 기울여야 한다. 발달의 각 단계에서는 텍스트의 추론적 측면, 사고를 요하는 측면을 의도적으로 강조하는 교수법을 통해 텍스트를 다양한 방법으로 유연하게 읽고 분석할 수 있는 '이중 텍스트 이해자bitextual' 또는 '다중 텍스트 이해자multitextual'가 되도록 가르쳐야 한다. 우리 사회의 시민들에게 완전하고 숙련된 독서 능력을 길러주는 프로세스를 촉진하려면 문자 언어 속에 들어 있는 보이지 않는 세계를 파헤치도록 아이들을 격려해주는 교육이 명시적으로, 학습자와 교사 간의 대화를 통해 이루어져야 한다.

독서가의 발달을 검토한 뒤 내가 내린 주요 결론은 경계해야 한다는 것이다. 나는 소크라테스가 조심하라고 경고했던 것이 많은 아이들에게 현실이 되어버릴까 봐 두렵다. 다시 말해 그들이 지식을 그릇되게 이해하고 지적 잠재력을 심도 있게 개발하지 않는 정보 해독자 집단으로 전락할까 봐 걱정된다. 우리가 그들을 잘 가르치면 그런 일은 일어나지 않을 것이다. 이러한 임무는 난독증 아이들에게도 똑같이 적용된다.

난독증과 창조적 사고에 대한 숙고

독서하는 뇌를 이야기하는 책에서 독서에 적합하지 않은 뇌가 들려주는 내용은 얼마든지 무시하고 넘어갈 수도 있다. 하지만 빠른 속도로 헤엄치지 못하는 오징어에게도 그 약점을 보완하는 방법에 대해 가르쳐줄 수 있는 것이 많다. 물론 이 비유는 적합하지 않다. 오징어가 헤엄치는 능력은 유전적인 것이고 헤엄을 치지 못하는 오징어는 얼마 못 가 죽을 것이기 때문이다.

하지만 만에 하나, 헤엄에 서투른 오징어가 죽지 않고 살아남아 수적으로 전체 오징어의 5~10퍼센트 정도를 차지하게 된다면 사람들은 '아니, 저 오징어들은 역량이 모자람에도 어떻게 저렇게 잘 살아나갈까'라는 의문을 가질 것이다. 독서는 유전자에 기반을 둔 능력이 아니고 독서를 못한다고 죽는 아이도 없다. 더욱 의미심장한 사실은 난독증에 연계된 유전자들이 꿋꿋하게 잘 살아남았다는 점이다.

로댕이나 찰스 슈왑처럼 난독증임에도 다재다능했던 수많은 인물들이 하나의 이유가 될 수 있을 것이다. 또 하나의 이유는 인간의 다양성과 밀접하게 관련되어 있다. 노먼 게슈윈드가 주장한 것처럼 인간에게 유전적으로 부여된 여러 가지 강점과 약점으로 인해 우리는 사회 안에서 다양한 필요를 충족하며 살아간다.[18] 유전적 재능과 문화적 약점이 어지럽게 뒤섞여 있는 것처럼 보이는 난독증은 인간 다양성의 한 예이며 그 다양성이 인류의 문화에 수많은 중요한 선물을 선사해준다.

피카소의 〈게르니카〉, 로댕의 〈생각하는 사람〉, 가우디의 '라 페드레라', 레오나르도 다빈치의 〈최후의 만찬〉 등은 문자로 쓰인 텍스트와 다를 바 없이 생생하고 의미심장한 아이콘이다. 이 모든 것이 난독증이 거의 확실한 사람들에 의해 창조되었다는 것은 우연이 아니다.

난독증의 진정한 비극은 독서를 제대로 하지 못해 공개적으로 수치를 당하며 수많은 세월을 보내는 아이들이 실제로는 놀라운 지적 능력을 가졌고 그들이 소유한 지적 능력의 유형이 인류에게 매우 중요한 것임에도 그들에게 그런 이야기를 들려주는 사람이 아무도 없다는 것이다. 그 아이들의 친구들에게 그런 이야기를 해주는 사람도 없다. 이 이야기는 모든 난독증 아이들이 학습을 할 때 부딪치게 되는 난관을 과소평가하고 축소하려는 관점이 아니다. 오히려 그 반대다. 그 아이들에게 그들 모두가 우리에게 아주 중요한 사람들이라는 것 그리고 일반인과 다르게 조직된 뇌에게 독서를 가르칠 방법을 찾는 것이 우리의 임무임을 말해주려는 것이다.

신경과학을 가장 희망적으로 응용하는 방법 중 하나가 바로 이런 것이다.[19] 독서하는 뇌와 난독증 뇌의 발달에 대해 많이 알면 알수록 일부 아이들 안에서 발달되지 못하는 특정 부분이나 연결을 보다 정확하게 목표 대상으로 삼아 치료 교육을 행할 수 있다. 정상적인 발달에 대한 독서 교육과 다름없이 난독증의 치료 교육은 집중적이고 창조적인 방법으로 독서 체계의 모든 구성요소들을 명시적으로 다루어야 하며 일정 수준의 자동성과 독해력에 도달하도록 만들어주어야 한다. 비효율적인 회로화로 인해 문자 언어 프로세스의 많은 부분을 처리할 수 없고 독서를 위해 약간 다른 방법으로 적응한 뇌의 경우 이것은 훨씬 더 어렵고 훨씬 더 많은 노력을 요한다.

우리 사회에서 난독증 아이들의 잠재적 기여를 보호하는 것은 중대한 사회적 이익을 도모하는 일이다. 하버드 대학교의 학자 길 노엄Gil Noam의 설명대로 차세대 전구를 발명할 준비가 될 때까지 그들이 난관을 이겨내고 회복탄력성을 기를 수 있도록 도와주어야 한다.[20] 난독증을 비롯한 많은 형태의 학습 장애가 오랫동안 방치됨으로써 야기된 재능의 낭비에 대해서는 길게 설명하지 않겠다. 우리들 가운데 일부는 독서를 배우고 또 다른 일부는 경이로운 것들을 만들고 창조하면서 다른 사람과 다른 방식으로 생각하며 살아가는 것이 한 편의 대하소설이라면, 낭비된 재능에 대한 이야기는 서글픈 에피소드에 속한다. 다행히도 독서하는 뇌의 이야기와 난독증 뇌의 이야기는 인류라는 위대한 가족의 대하소설 속에서 똑같은 비중을 가지며 밀접하게 연관된 이야기로 부상하고 있다.

머지않은 미래로 전환해가는 과도기를 맞아 인간의 지적 특성과 능력상 갖가지 차이를 유발하는 유전적 다양성을 올바르게 인식하는 것이 특별히 중요하다. 모순적인 태도를 견지했던 플라톤과 달리 이 책의 관점은 두 가지다. 첫째, 나는 독서하는 뇌가 우리의 지적 능력의 레퍼토리에 공헌하는 것을 열정적으로 변호한다. 둘째, 앞으로 등장할 재구성된 뇌의 형성에는 테크놀로지의 변화가 일조하게 될 것이다. 나는 그 변화에 기여하는 참여자인 동시에 그것을 주의 깊게 감시하는 관찰자다.

오늘날 인간은 이분법적인 사고를 할 필요가 없다. 미래의 세대들도 분명히 마찬가지일 것이다. 이런 경우에 아주 적절하게 적용되는 오스트리아 빈의 격언이 있다. "양자택일이 필요한 경우 제3안도 항상 존재하기 마련이다."

지식의 전수에 있어서 미래의 아이와 교사들이 책과 스크린, 신문과 인터넷 요약 뉴스, 심지어 인쇄매체와 기타 미디어 사이에서 선택해야 하는 상황에 직면하게 해서는 안 된다. 과도기를 살아가는 우리 세대에게는 시간을 내서 우리가 가진 최상의 사고력을 사용할 수 있는 기회, 가능한 모든 것을 총동원해서 다음에 올 것을 준비할 수 있는 기회가 충분히 있다. 물론 우리가 그 기회를 거머쥔다는 전제하에서만 그렇다.

인간의 의식에 필요한 모든 역량을 갖춘 분석적이고 추론적이고 타인의 관점을 수용하는 독서하는 뇌와 디지털 마인드셋의 민첩하고 다기능적이고 복합적이고 정보 통합적인 역량은 절대로 상호 배타적인 나홀로 왕국에 갇혀 있을 필요가 없다. 우리 사회의 아이들 대다수가 둘 이상의 구술 언어들 사이에서 코드 변환을 배우고 있다. 따라서 문자 언어의 다양한 표현 형태와 다양한 분석 방법 간의 변환도 얼마든지 가르칠 수 있다. 아카드인 서기 옆에서 끈기 있게 쐐기문자를 바꿔 쓰던 수메르인 서기의 모습을 담은 기원전 600년경의 인상적인 그림처럼 우리도 아마 두 가지 시스템의 역량을 모두 유지한 채 둘 다 소중한 이유를 올바르게 인식할 수 있을 것이다.

· · ·

요컨대, 독서 발달의 자연사는 독서가 가장 고차원적이고 가장 심오한 수준에 이르는 과정을 그린 지극히 희망적이고 교훈적인 이야기다. 그것은 수천 년 전 인간의 조상 중 몇몇이 신경세포의 대담한 적응 능력을 이용해 점토판과 파피루스 두루마리에 금전적인 빚과 갈망하는 바를 적어 보전했기에 비로소 우리에게까지 알려지게 된 문화 속에서 시작된 이야기이며 장엄한 동시에 때에 따라서는 가슴 찡하고 적지 않게 머리가 숙여지는 이야기다.

그에 못지않게 용감했던 소크라테스는 이 문자 언어의 외관상 영속성이 전달하는 '허울뿐인 진리'로 인해 진정한 지식 추구가 종식되고 그러한 상실로 인해 인간의 덕이 사라지게 될 것을 그 무엇보다 크게 염려했다. 그렇지만 소크라테스는 독서의 가장 중요한 비밀을 알지 못했다. 그것은 바로 기존의 생각보다 더 심오한 사고를 할 수 있도록 뇌를 자유롭게 해방시켜주는 시간이다. 프루스트는 이 비밀을 알고 있었다. 우리도 알고 있다.

'초월적 사고를 하는 시간'이라는 이 신비한 무형적 선물이 바로 독서하는 뇌가 이룩한 가장 큰 업적이다. 몇 밀리세컨드에 불과한 이 내재적 시간이 지식을 발전시키고 덕에 대해 사색하고 단 한 번도 표현되지 않았던 것을 분명하게 말할 수 있는 인간 능력의 발판이 되는 것이다. 그렇게 표현된 말은 다시 새로운 도약대를 만든다. 그러면 인간은 그것을 딛고 심연으로 돌진해 들어갈 수도, 창공으로 날아오를 수도 있다.

독자에게,
마지막으로 떠오르는 생각

인류가 텍스트를 넘어 도약하게 된 사연을 들려주는 책이라면 마지막 문장이 있어서는 안 될 것 같다. 따라서 친애하는 독자 여러분, 마무리는 여러분의 몫이다.

감사의 말

이 책을 완성하는 데 7년의 세월과 100명의 친구와 동료가 필요했다. 이 기간 중에 독서와 언어 연구 센터 관련자들에게 12명 이상의 아기가 태어나(곧 태어날 아기도 있다) 크나큰 기쁨을 안겨주었다. 그런가 하면 저명한 인지과학자이자 나의 평생 친구인 데이비드 스위니, 열정적인 심리학자이자 인문주의자이자 교육가인 마이클 프레슬리Michael Pressley와 스티브 스탈Steve Stahl, 학습장애인들을 대변하고자 혼신의 힘을 다했던 아름다운 제인 존슨Jane Johnson, 젊고 재능 있는 신경과학자 레베카 샌닥, 보스턴 최고의 독서 교사 메릴 피샤Merryl Pisha, 20세기 최고의 신경심리학자 중 한 사람인 해럴드 굿글래스, 명석한 경제학자이자 나의 사랑하는 친구인 켄 소콜로프Ken Sokoloff 등 여덟 명의 친구가 우리 곁을 떠났다. 그들 모두가 여러모로 이 책에 기여했다. 그들의 분야와 나에게 기여한 바를 여기에 밝혀두고 싶다.

제일 먼저 개인적인 감사의 마음을 전하는 곳은 내가 10여 년

넘게 책임을 맡고 있는 터프츠 대학교의 독서와 언어 연구 센터다. 그동안 1000명이 넘는 아이들을 가르치고 훈련시키고 검사했으며 뇌 영상에서부터 문자 이름 말하기에 이르기까지 난독증 아이들을 위한 치료 교육의 일체를 연구하는 산실이자 믿을 수 없으리만큼 헌신적인 나의 동료들에게 변화무쌍하나마 따뜻한 보금자리 역할을 한 곳이다. 그곳에서 일하는 분들은 내가 지금까지 함께 일한 이들 가운데 최고의 실력을 갖추고 있다.

다음과 같은 분들이 다양한 시기에 우리 센터를 거쳐 갔다. 캐서린 도넬리 애덤스Katherine Donnelly Adams, 마야 앨리바사토스Maya Alivasatos, 미리트 바르질라이Mirit Barzillai, 수리나 바쇼Surina Basho, 테리 조프 베나리예Terry Joffe Benaryeh, 알렉시스 베리Alexis Berry, 캐슬린 비들Kathleen Biddle, 킴 보글락시Kim Boglarksi, 엘렌 브아젤Ellen Boiselle, 조앤나 크리스토둘루Joanna Christodoulou, 콜린 커닝햄Colleen Cunningham, 테리 디니Terry Deeney, 캐롤라인 도넬란Caroline Donelan, 웬디 갈란티Wendy Galante, 이본느 질Yvonne Gill, 스테파니 고트월드(연구 코디네이터), 앨라나 해리슨Alana Harrison, 제인 힐Jane Hill, 줄리 제프리Julie Jeffery, 마논 존스Manon Jones, 테이미 캐치어, 레베카 케네디Rebecca Kennedy, 앤 나이트Anne Knight, 커스틴 코츠Kirsten Kortz, 신시아 크룩Cynthia Krug, 질 루드마Jill Ludmar, 에밀리 맥나마라Emily McNamara, 라리나 메타Larina Mehta, 마야 미스리Maya Misra, 린 토머 밀러Lynne Tomer Miller(소장 보좌역), 키란 몬타규Kiran Montague, 케서린 모리츠, 엘리자베스 노튼Elizabeth Norton, 베스 오브라이언Beth O'Brien, 알리

사 오루크Alyssa O'Rourke, 마거릿 피어스Margaret Pierce, 코니 스캔론 Connie Scanlon, 에리카 시몬즈Erika Simmons, 캐서린 스투들리, 로라 밴더버그Laura Vanderberg, 킴 월즈Kim Walls, 사샤 얌폴스키.

패트리샤 바우어즈, 우리와 함께 안식 휴가를 보낸 즈비아 브 레즈니츠Zvia Breznitz, 진저 버닝저Ginger Berninger는 우리 센터의 명예 회원이자 인생의 오랜 친구들이다. 센터의 많은 분들이 이 책에 관련된 여러 가지 일을 맡아서 해주었으며 그들에게 무한한 감사 의 뜻을 전한다.

각종 허가를 맡아준 분은 파스칼 부시코Pascale Boucicaut와 안드레 아 마르캉Andrea Marquant, 참고문헌을 맡아준 분은 (뛰어난 능력을 가 진) 커스틴 코츠와 캐서린 도넬리 애덤스, 교정을 맡아준 분은 나 의 지도 학생인 미리트 바르질라이, 케이시 모리츠, 엘리자베스 노튼이다. 한때 나의 제자였으며 지금은 하이파 대학교에서 교편 을 잡고 있는 존경하는 동료 교수 테이미 캐치어가 개념적 통찰 을 제공해주었으며 놀랍도록 탁월한 언어의 마법사 스테파니 고 트월드가 기술적 자문을 해주었다.

독특한 뇌 일러스트레이션은 한때 나의 제자였고 이제는 옥스 퍼드 대학교에 재직하고 있는 천부적인 신경과학자 겸 재능 있는 예술가 캐서린 스투들리의 작품이다. 무엇보다 이 원고를 쓰는 데 지원과 도움을 아끼지 않은 우리 센터의 교육 프로그램 코디 네이터인 웬디 갈란티에게 감사하고 싶다. 그녀가 없었더라면 이 책을 쓸 수 없었을 것이다.

다음으로는 다양한 능력과 자격으로 15년 이상 나와 협력해온 두 그룹의 동료들에게 감사하고 싶다. 패트리샤 바우어즈는 그녀의 이중 결함 가설과 수많은 통찰 그리고 그녀 특유의 친절함으로 내가 학문을 하는 데 헤아릴 수 없이 많은 영향을 주었다. 또한 나는 소중한 나의 동료 모린 러벳Maureen Lovett과 로빈 모리스 Robin Morris 덕분에 10년간 난독증 아동 치료 분야에서 일할 수 있었다. 이 프로젝트에 대해 지속적으로 나눈 높은 수준의 지적 교류와 그들이 보여준 동료애에 세 연구 센터에서 일하는 모든 분들께 한없는 감사를 느낀다. 그들이 나의 학문적 진로를 완전히 바꿔놓았다.

이 책에 언급된 수많은 통찰을 할 수 있도록 지난 몇 년간 다양한 측면에 연구비를 제공해준 여러 재단과 정부 기관이 있다. 전미 아동건강 및 인간 발달 연구소National Institute for Child Health and Human Development, 교육학 학회Institute for Education Sciences, 한 아이 재단Haan Foundation for Children, 난독증 연구 재단The Dyslexia Research Foundation, 버지니아 파이퍼 재단Virginia Piper Foundation, 시력장애인과 난독증을 위한 기록 협회Recording for the Blind and Dyslexic, 알덴 신탁 기금Alden Trust Fund, 스트래트퍼드 재단Stratford Foundation, 터프츠 대학교 연구 보조금Tufts Faculty Research grants, 티쉬 시민 양성 및 공공 서비스 대학Tisch College for Citizenship and Public Service에 감사드린다.

또한 내가 속해 있는 엘리엇-피어슨 아동발달학과Eliot-Pearson Department of Child Development와 과거와 현재의 터프츠 대학교 총장님들, 그중에서도 특히 로렌스 바코우Lawrence Bacow, 솔 기틀먼Sol Gittleman, 존 디바지오John DiBiaggio, 로버트 스턴버그Robert Sternberg, 롭 홀리스터Rob Hollister 그리고 웨인 부차드Wayne Bouchard에게 우리 센터의 연구에 아낌없는 후원을 보낸 데 감사드린다. 내가 속한 대학교와 앞에 언급한 정부 기관 및 재단의 후원 덕분에 우리 센터는 지역사회의 학부모, 가족, 학교가 일상적으로 상호작용하며 연구를 추진하고 수행하는 곳으로 변모할 수 있었다. 이런 맥락에서 앤 마커스Anne Marcus와 폴 마커스Paul Marcus 그리고 그들의 재단에 감사드린다. 그들의 놀랍도록 창의적인 지원 덕에 우리 연구소가 발전한 것은 물론이거니와 아이들과 학부모 그리고 학자들을 모두 반갑게 맞이할 수 있는 장소가 되었다.

전직 교사이며 엘리엇-피어슨 아동발달학과 대학원생인 바버라 에반스Barbara Evans만큼 우리 센터의 사명과 연구에 아낌없는 지지를 보내준 분도 없다. 그녀와 그녀의 남편인 브래드 에반스Brad Evans는 에반스 리터러시 펠로우즈Evans Literacy Fellows를 발족했다. 독서와 언어 연구를 계속해나가는 우리 학과 대학원생들이 조직한 이 단체의 연구 활동으로 우리가 연구 방향을 잡고 지역 사회에 이론을 적용함과 동시에 학문적 연구가 병행되는 데 큰 도움을 받고 있다. 바버라 에반스와 그 가족의 개인적인 지원과 우정이 없었다면 이 책은 올해 완성되지 못했을 것이다.

그에 못지않게 아낌없는 도움을 준 분이 나의 저작권 에이전트인 앤 에델스타인Anne Edelstein이다. 이 프로젝트에 보여준 그녀의 폭넓은 시각으로 우리는 단순한 업무상 관계를 뛰어넘을 수 있었다. 지난 7년 동안 일에 있어서나 정신적, 개인적인 차원에 있어서나 누구보다 든든한 지원군이 되어주었다. 그녀가 나와 이 책의 잠재적 기여도를 끝없이 믿어주었기에 초고를 쓰는 몇 해 동안 나는 용기백배하며 사기를 유지할 수 있었다.

이 책을 출판해준 피터 구자르디Peter Guzzardi에게도 감사를 보낸다. 책과 인생의 중요한 것에 대한 그의 지혜와 지식 덕분에 나는 과학과 연구의 정신을 잃지 않고 이 책을 낼 수 있었다. 이 프로젝트에서 피터가 현대판 베르길리우스라면 하퍼콜린스HarperCollins의 게일 윈스턴Gail Winston은 지적인 베아트리체가 되어 문장 하나하나에서부터 책의 전반적인 구조에 이르기까지 자상한 조언을 해주었다. 그녀의 시각은 언제나 정확했으며 다른 사람 모두가 만족해도 그녀만은 대충 넘기는 것이 하나도 없었다. 멋지고 박학다식한 편집을 해준 수잔 게이머Susan Gamer, 데이비드 코랄David Koral 및 하퍼콜린스 제작부서 모든 분들에게도 진심으로 감사드린다.

이 책에 포함된 각 장의 내용은 다양한 학자들이 읽고 검토해주었다. 모두에게 감사의 뜻을 전한다. 그렇다고 해서 내용에 대한 책임이 그분들에게 있다는 것은 결코 아니다. 각 장별로 내가 감사하고 싶은 분은 다음과 같다.

언어학자인 레이 자켄도프Ray Jackendoff. 1장에 대해 꼼꼼하게 도움을 주었다(또한 언어학에 관련된 다른 장에서도 도움을 주었으나 이번 책에서는 삭제되었다. 다른 책에 들어가게 될 것이다).

데이비드와 에이미 에이브람스Amy Abrams와 두 분의 아들인 대니얼과 마이클. 내가 읽어주는 1장의 내용을 듣고 피니어스 게이지Phineas Gage의 이야기를 잘라버릴 수 있도록 도와주었다.

바버라 에반스. 1장에서 다른 분들이 발견하지 못했던 점에 통찰을 제공해주었다.

터프스 대학교의 동료이자 고전문학 전문가인 스티브 허쉬Steve Hirsch. 고대 역사에 대해 한 학기 분량은 족히 되는 지도를 해주었으며 2장과 3장을 통찰력 있게 수정해주었다.

텔아비브 대학교의 아시리아 학자인 요리 코헨. 수많은 내용을 수정해주었고 수메르인의 교수법을 이해할 수 있게 도와주었다.

스위스 학자인 한스 단Hans Dahn. 독일에서 이루어진 여러 가지 알파벳에 대한 연구에 도움을 주었다.

패트리샤 바우어즈와 테이미 캐치어. 전반적인 내용과 특히 난독증 및 발달에 관한 장에 대해 유익한 코멘트를 해주었다.

신경과 전문의인 앨 갈라버다Al Galaburda와 수잔나 캄파사노Susana Campasano. 1장과 8장의 신경학적, 유전자적 연구에 대해 중요한 수정을 해주었다. 그리고 유전학자인 엘레나 그리고렌코Elena Grigorenko. 8장에 대해 코멘트를 해주었다.

이 책의 처음부터 끝까지 나에게 무한한 영향을 끼치고 있는 나의 스승과 가족들이 빛을 발하고 있다. 내가 다닌 작은 초등학교의 샐리시아 수녀님, 존 빈센트 수녀님, 로즈 마거릿 수녀님, 그리고 존경하는 이그네이셔스 수녀님 등 헌신적인 수녀님들부터 고등학교 시절 도리스 캠프Doris Camp 선생님, 세인트 메리스와 노트르담 대학교의 존 던John Dunne 신부님, 엘리자베스 노엘Elizabeth Noel 수녀님, 프란지타 케인Franzita Kane 수녀님, 하버드 대학교의 캐럴 촘스키Carol Chomsky, 헬렌 팝Helen Popp, 커트니 카즈덴Courtney Cazden, 진 챌, 노먼 게슈윈드, 마사 덴클라Martha Denckla에 이르기까지.

특히 진 챌 교수님께 크게 감사해야 할 일이 있다. 이제는 고인이 되었지만 하버드 대학교 독서 연구소Harvard Reading Laboratory의 소장이자 나의 정신적 스승이었던 그녀는 프루스트의 《독서에 관하여》라는 책을 내게 처음 소개해준 분이다. 그로 인해 이 책에 대한 생각이 싹튼 것이다.

이 책에는 각 페이지마다 나의 많은 스승들이 보이게 또는 보이지 않게 등장한다. 그분들 모두 인생에서 만날 수 있는 최고의 스승들이었다. 그리고 그 가운데서도 최고의 스승은 나의 부모님 프랭크와 메리 울프다. 확고한 미덕과 말없는 관대함으로 하루하루를 살아오신 그분들의 삶의 방식이 나와 나의 사랑하는 형제자매, 카렌, 조, 그렉의 인생의 주춧돌이 되었다. 부모님에 대한 감사는 평생을 해도 다하지 못할 것이다.

마지막으로, 나의 친구들, 나의 아이들 그리고 나의 남편에게 감사하고 싶다. 지난 1년 반은 여러모로 나의 인생에서 커다란 시련과 같은 시간이었다. 친구들과 가족이 있었기에 나는 건강을 회복하고 이 책으로 다시 돌아올 수 있었다. 특히 여동생인 카렌 울프-스미스Karen Wolf-Smith, 하이디 발리Heidi Bally, 신시아 콜레티 한Cinthia Coletti Haan, 린 토머 밀러Lynne Tomer Miller, 이렇게 네 친구들이 천사처럼 나를 보호하고 보살피고 내가 건강한 삶으로 돌아올 수 있게 인도해주었다. 여기 이름이 언급된 친구들, 그렇지 않은 친구들 모두에게 진심 어린 감사를 보낸다.

남편 길과 아들 벤, 데이비드에게 깊은 감사의 마음을 전한다. 내가 이 책을 쓰는 동안 벤과 데이비드는 매일같이 생생한 일화와 함께 그들의 엄마이자 선생님인 내가 이 책을 써야 하는 이유를 이야기해줌으로써 영감을 제공해주었다. 어떤 점으로 보나 그 아이들이 내 인생 최고의 등불이다. 그리고 히브리어로 '기쁨'을 의미하는 이름을 가진 길, 이 책을 쓰는 동안 당신이 내게 준 기쁨만큼 이 책의 탈고가 당신에게 기쁨(과 위안)이 되기를! 당신에게 항상 감사하고 있어요!

옮긴이의 말

 인류 역사상 문자가 태동한 시기부터 고대 그리스 알파벳 체계가 등장하기까지 걸린 시간이 약 2000년, 오늘날 대부분의 사회에서 새로 태어난 아기가 독서를 배우는 데 걸리는 시간이 약 2000일이다. 문자를 매개로 혁신적 사고가 기록, 축적된 것이 지식 또는 지성의 역사이고 문자 없이 문명과 문화를 이어나가는 것이 힘들다는 점을 감안할 때, 시간의 종단과 횡단을 통틀어 문해력literacy이 어떻게 나타났으며 무슨 일이 일어난 것인지 한 번쯤 의문을 가져봄직하다. 독서의 여명기, 인간의 뇌에서는 과연 어떤 변화가 일어난 것일까? 이 책의 저자인 울프 교수는 문해력의 발현이란 사람이 선천적으로 타고난 뇌 자원을 재활용, 재정렬, 재배치시켜 독서라는 생경한 일을 수행할 수 있도록 새로운 구조를 만들어 내는 것이라고 설명한다.

 갓난아기를 키우다 보면 말문이 트이지 않은 아기와 본격적으로 교감이 시작된다고 느껴지는 시기가 있다. 아기의 '사회화'가 시작되는 시점이다. 아기는 의미 있는 커뮤니케이션을 통해 말을 배운다. 아기에게 노출되는 언어 환경이 풍부하고 다채로울수록 유창하고 강력한 언어 구사 능력을 갖게 된다고 한다. 그런데 말과 달리 글은 사람의 타고난 능력이 결코 아니다. 그것은 학습이 필요한 힘든 일이며 필연적으로 문제가 생길 소지가 다분하다. 인류의 문자 사용이라는 놀라운 인지 혁명의 역사, 사람이 태어나 글을 배우고 책을 읽게 되기까지 뇌에서 일어나는 숨 가쁜 혁신의 사연을 다룬 이 책이 보통 사람과 약간 다른 방식으로 독서 회로가 형성되는 난독증과 그것을 바라보는 독특한 시각으로 마무리되는 것도 이상한 일이 아니다.

뇌 과학에 관심이 있는 독자, 어린 자녀를 둔 부모, 난독증에 대해 알고 싶은 사람이라면 그냥 지나칠 수 없는 책이 틀림없다. 저자의 전문 분야인 독서와 아동 발달, 뇌의 메커니즘을 설명하는 신경과학적 지식과 관점을 비롯해 사회학, 언어학, 철학, 문학, 그리고 임상이나 교육 현장에서 목격한 생생한 일화와 개인적 체험에 이르기까지 읽을거리가 풍부하다.

하지만 교양이나 실용의 목적 이외에 이 책에 진정으로 가치를 더해주는 매력이 또 하나 있다. 시종일관 느껴지는 저자의 열정이 바로 그것이다. 매뉴얼을 기대한 독자라면 실망하겠지만 울프 교수가 이 책에서 들려주려는 이야기는 독서하는 기계로서 뇌의 작동법이 아니다. 저자의 독서 예찬은 궁극적으로 세상을 바꾸는 사고와 그 창의적인 힘에 대한 찬양이다. 저자가 언급한 수많은 책과 연구, 작가들, 학자들은 그런 위대한 인간 잠재력의 면면을 대표한다. 이 책은 울프 교수가 엮어놓은 지적 패치워크이고 그것을 전체적으로 조망해야 독서하는 뇌의 진면목을 발견할 수 있다. 그럼 아마 아인슈타인의 말에 새삼 공감이 갈 것이다.

"세상을 바라보는 방법은 두 가지다. 첫째, 세상에 기적이란 없다. 둘째, 세상 모든 것이 기적이다."

출판물 형태의 책 외에 오디오북 형태의 텍스트를 여러 차례 반복해 들으면서 이 책을 번역하는 동안, 어렵고 복잡해 보이지만 길을 걸으면서 들어도 큰 무리가 없을 정도로 부드럽고 재치 있고 지적이고 열정적이고 감동적인 원문의 느낌을 최대한 살려 전달하고 싶었다. 아쉬운 점은 많이 있지만 어떤 식으로든 이 책을 읽는 독자께 작으나마 도움이 되었으면 하는 바람이다. 번역과 교정 과정에서 도움을 준 엔터스코리아 여러분에게도 깊이 감사드린다.

이희수

주

독서 자체가 그러하듯 이 책의 기저에도 보이지 않는 수백 개의 원천이 존재한다. 이 책은 보편적인 독자들을 겨냥한 일반서이기 때문에 논문을 쓸 때처럼 그때그때 참고문헌을 밝히거나 각주로 출처를 처리하지 않았다. 또한 이 추가 설명 섹션에서 배경 정보를 밝힐 때도 번호를 사용하지 않고 본문의 문구를 그대로 옮겨왔다.* 출처를 알고 개념과 논리적 주장에 대해 보다 심층적으로 탐구하고자 하는 의욕적인 독자들은 본문과 함께 이 페이지를 이용하기 바란다. 참고문헌과 자료를 여기에 전부 모아놓았다. 다양한 관점이 공존하는 경우 추가로 읽어볼 만한 자료나 도서명을 밝혀둔 곳도 있다.

---

* 독자들의 편의를 위해 한국어판에서는 분문에 주 번호를 달았다.(편집자주)

서문

1 E. Huey (1968). *The Psychology and Pedagogy of Reading*. Cambridge, Mass.: MIT Press, p. 6.

2 M. Robinson (2004). *Gilead*. New York: Farrar, Straus, and Giroux, p. 19.

1장 프루스트와 오징어의 독서 강의

1 M. Proust (1906). *On Reading*, ed. J. Autret and W. Burford (trans. 1971). New York: Macmillan, p. 31.

2 J. LeDoux (2002), *Synapic Self*. New York: Viking Penguin, p. 9.

3 H. J. Neville and D. Bavelier (2000). "Specifi city and Plasticity in Neurocognitive Development in Humans." In M. Gazzaniga, ed., *The New Cognitive Neurosciences*. Cambridge, Mass.: MIT Press.

4 L. H. Tan, J. Spinks, J. Feng, W. Siok, C. Perfetti, J. Xiong, P. Fox, and J. Gao (2003). "Neural Systems of Second Language Reading Are Shaped by Native Language." *Human Brain Mapping*, 18, pp. 158–166.

5 J. Epstein (1985). "The Noblest Distraction." In J. Epstein, *Plausible Prejudices: Essays on American Writing*. London: Norton.

6 Proust, *on Reading*.

7 오늘날의 신경과학자들은 오징어의 단계를 이미 뛰어넘었다. 현대의 과학자들은 군소라는 바다달팽이, 초파리, 예쁜꼬마선충이라는 작은 벌레 또는 기타 생물을 이용해 신경세포, 분자, 유전자 등이 학습을 위해 적응하는 방법을 연구한다. 이러한 학습 프로세스의 적응이 바로 독서를 할 때 우리 뇌 안에서 일어나는 일이다.
A. L. Hodgkin and A. F. Huxley (1952). "A Quantitative Description of Membrane Current and Its Application to Conduction and Excitation in Nerve." *Journal of Physiology*, 117, pp. 500–544.

8 Proust, *On Reading*, p.3

9 1513년 12월 10일 마키아벨리가 프란세스코 베토리에게 보낸 편지. J. Atkinson and D. Sices, eds. (1996). *Machiavelli and His Friends: Their Personal Correspondence*. Dekalb: Northern Illinois University Press.

10 Proust, *On Reading*.

11 J. Dunne (1973). *Time and Myth*. New York: Doubleday. J. Dunne (1993). *Love's Mind: An Essay on Contemplative Life*. Notre Dame, Ind.: University of Notre Dame Press.

12 D. A. Swinney (1979). "Lexical Access during Sentence Comprehension: (Re)considerations of Context Effects." *Journal of Verbal Learning and Verbal Behavior*, 18, pp. 645–659.

13 A. Baddeley (1986). *Working Memory*. Oxford: Oxford University Press.

14 S. Dehaene. In K. Fischer and T. Katzir eds. (in press). *Creating Usable Knowledge in Mind, Brain, and Education.* Cambridge: Cambridge University Press.

15 S. Dehaene (1997). *The Number Sense.* New York: Oxford University Press. S. Dehaene, J. R. Duhamd, M. Aarber, and G. Rozzolatti (2003). *From Monkey Brain to Human Brain.* Cambridge, Mass.: MIT Press.

16 S. Dehaene, H. G. LeClec, J. Poline, D. LeBihan, and L. Cohen (2002). "The Visual Word Form Area: A Prelexical Representation of Visual Words in the Fusiform Gyrus." *Neuroreport*, 13(3), pp. 321–325.

17 T. A. Polk and M. J. Farah (1997). "A Simple Common Contexts Explanation for the Development of Abstract Letter Identities." *Neural Computation*, 9(6), pp. 1277–1289.

18 C. Shatz (2003). "Emergence of Order in Visual System Development." In M. Johnson and Y. Munakata, eds., *Brain Development and Cognition: A Reader*, 2nd ed. Malden, Mass.: Blackwell. C. J. Shatz (1992). "The Developing Brain." *Scientific American*, 267(3), pp. 60–67.

19 D. Hebb (1949). *The Organization of Behavior.* New York: Wiley.

20 Ibid. 심성 표상(mental representalions)에 대해서는 다음의 논의를 참고하라. S. Pinker (1997). *How the Mind Works.* New York: Norton.

21 S. M. Kosslyn, N. M. Alpert, W. L. Thompson, Maljkovie, V. Weise, C. F. Chabris, S. E. Hamilton, S. L. Rauch, and F. S. Buonanno (1993). "Visual Mental Imagery Activates Topographically Organized Visual Cortex: PET Investigations." *Journal of Cognitive Neuroscience*, 5(3), pp. 263–287.

22 J. Rewald (1973). *The History of Impressionism.* New York: Museum of Modern Art.

23 E. Dickinson (1961). *The Complete Poems of Emily Dickinson*, ed. T. J. Johnson. Boston, Mass.: Little, Brown.

24 이 책은 독서에 관해 특정한 하나의 관점을 제시한다. 다양한 유형의 문해력을 다룬 문헌들이 점점 많이 쏟아져 나오고 있으며 그 안에는 기술적 형식에서 독서에 관한 다양하고 폭넓은 시각들이 포함되어 있다. 예를 들어 다음과 같은 저술들을 참고하라. G. Kress (2003). *Literacy in the New Media Age.* New York: Routledge. C. Lewis and B. Fabos (2005). "Instant Messaging, Literacies, and Social Identities." *Reading Research Quarterly*, 40, pp. 470–501. D. J. Leu (2000). "Literacy and Technology: Deictic Consequences for Literacy Education in Our Information Age." In M. Kamil, P. B. Mosenthal, P. D. Pearson, and R. Barr, eds. *Handbook of Reading Research.* Mahwah, N.J.: Erlbaum, Vol. 3, pp. 743–770. D. Reinking, M. McKenna, L. Labbo, and R. D. Kieffer (1998). *Handbook of Literacy and Technology: Transformations in a Post-Typographic World.* Mahwah, N.J.: Erlbaum.

25 다윈이 지은 《종의 기원》(1859)의 마지막 문장을 훌륭하게 논한 책으로 다음의 저서가 있다. Sean Carroll (2005) *Endless Forms Most Beautiful.* New York: Norton, pp.

281-283.

26 J. S. Bruner (1973). *Beyond the Information Given*. New York: Norton.

27 Robert Darnton (1986). "A History of Reading." *Australian Journal of French Studies*, 23, pp. 5-30.

28 오늘날 이 책 외에도 문해력과 문해력의 진화의 다양한 문화적 측면을 다룬 문헌들은 매우 많다. 다음 저서들과 그들이 제시하는 참고문헌을 활용하라. D. Brandt (2000). *Literacies in American Lives*. Cambridge: Cambridge University Press. J. Gee (1996). *Sociolinguistics and Literacies: Ideology in Discourses*. New York: Falmer. D. Lemonnier-Shallert, and S. Wade (2005). "The Literacies of the Twentieth Century: Stories of Power and the Power of Stories in a Hypertextual World." *Reading Research Quarterly*, 40, pp. 520-529. C. Selfe and G. Hawisher (2004). *Literate Lives in the Information Age: Narratives of Literacy from the United States*. Mahwah, N.J.: Erlbaum.

29 Proust, *On Reading*, P. 35.

30 S. Pinker (1997). "Foreword." In D. McGuinness, *Why Our Children Can't Read—And What We Can Do about It: A Scientific Revolution in Reading*. New York: Simon and Schuster.

31 C. Chomsky (1972). "Stages in Language Development and Reading Exposure." *Harvard Educational Review* 42, pp. 1-33. Whitehurst, G. J. Whitehurst, and C. J. Lonigan (2001). "Emergent Literacy: Development from Prereaders to Readers." In S. B. Neuman and D. K. Dickinson, eds., *Handbook of Early Literacy Research*. New York: Guilford, pp. 11-29.

32 B. Hart and T. Risley (1995). *Meaningful Differences in the Everyday Experience of Young American Children*. Baltimore, Md.: Brookes.

33 D. Dickinson, M. Wolf, and S. Stotsky (1993). "Words Move: The Interwoven Development of Oral and Written Language in the School Years." In J. Berko-Gleason, ed., *Language Development*, 3rd ed. Columbus, Ohio: Merrill, pp. 369-420.

34 J. Gee (2003). *What Video Games Have to Teach Us about Learning and Literacy*. New York: Palgrave Macmillan. L. A. Henry (2006). "SEARCHing for an Answer: The Critical Role of New Literacies While Reading on the Internet." *Reading Teacher*, 59(7), pp. 614-627. Lewis and Fabos, "Instant Messaging, Literacies, and Social Identities."

35 E. Tenner (2006). "Searching for Dummies." *New York Times*, March 26, p. 12.

2장 뇌가 독서에 적응한 방법

1 A. Manguel (1996). *A History of Reading*. New York: Penguin, p. 22.

2 'O. Tzeng and W. Wang (1983). "The First Two R's." *American Scientist*, 71(3), pp.

238-243.

3 돈 해밀(Don Hammill)이 나에게 다음의 기사를 소개해줬다. M. Balter (2002). "Oldest Art: From a Modern Human's Brow—or Doodling?" Science, 295(5553), pp. 247-249.

4 T. Deacon (2002). *The Symbolic Species*. New York: Norton. p. 23.

5 N. Ostler (2005). *Empires of the Word*. New York: Harper, p. 129. V. Fromkin and R. Rodman (1978). *An Introduction to Language*. New York: Holt, Rinehart, and Winston, pp. 20-21.

6 H. Vanstiphout (1996). "Memory and Literacy in Ancient Western Asia." In J. Sasson, ed., *Civilizations of the Ancient Near East*. New York: Simon and Schuster, Vol. 4.

7 Manguel, *A History of Reading*, pp.27-28.

8 D. Schmandt-Besserat, "The Earliest Precursor of Writing." *Scientific American*, 1986, pp. 31-40. (Special Issue: Language, Writing, and the Computer.)

9 S. E. Petersen, P. Fox, M. Posner, M. Minton, and M. Raichle (1989). "Positronemission Tomographic Studies of the Processing of Single Words." *Journal of Cognitive Neuroscience*, 1, pp. 153-170. M. Posner and M. Raichle (1994). *Images of Mind*. New York: Scientific American Library.

10 S. Pinker (1997). *How the Mind Works*. New York: Norton. (핑커는 표상화를 매우 훌륭하게 설명하고 있다.)

11 N. Geschwind (1977). Lecture, Harvard Medical School.

12 N. Geschwind (1974). *Selected Papers on Language and the Brain*. Dordrecht, Netherlands: D. Reidel.

13 J. Demb, R. Poldrack, and J. Gabrieli (1999). "Functional Neuroimaging of Word Processing in Normal and Dyslexic Readers." In R. Klein and P. McMullen, eds., *Converging Methods for Understanding Reading and Dyslexia*. Cambridge, Mass.: MIT Press.

14 V. Hugo (1910). *France et Belgique. Alpes et Pyrénées. Voyages et Excursions*.

15 P. Michalowski (1996). "Mesopotamia Cuneiform: Origin." In P. Daniels and W. Bright, eds., *The World's Writing Systems*. New York: Oxford University Press, pp. 33-36.

16 피토르 미칼롭스키(Pitor Michalowski)라는 학자는 수메르어의 쐐기문자가 '전례도 없이…… 단숨에' 만들어졌다고 주장한다. Michalowski, "Mesopotamian Cuneiform: Origin."

17 J. DeFrancis (1989). *Visible Speech: The Diverse Oneness of Writing Systems*. Honolulu: University of Hawaii Press, p. 69.

18 Michalowski, "Mesopotamian Cuneiform: Origin."

19 S. Dehaene (2004). Presentation at the 400th Anniversary of the Vatican Academy of Science, Vatican City, Italy.

20 M. Posner and M. Raichle (1994).

21 J. DeFrancis (1989). *Visible Speech: The Diverse Oneness of Writing Systems*. Honolulu: University of Hawaii Press.

22 S. Dehaene et al. (2002). "The Visual Word Form Area: A Prelexical Representation of Visual Words in the Fusiform Gyrus." B. McCandliss, L. Cohen, and S. Dehaene (2003). "The Visual Word Form Area: Expertise for Reading in the Fusiform Gyrus." *Trends in Cognitive Sciences*, 7, pp. 293–299.

23 L-H. Tan, J. Spinks, G. Eden, C. Perfetti, and W. Siok. (2005). "Reading Depends on Writing in Chinese." *PNAS*, 102, pp. 8781–8785.

24 Y. Cohen (2003). "The Transmission and Reception of Mesopotamian Scholarly Texts at the City of Emar." Harvard University (unpublished dissertation.)

25 현대 교수법에 사용되는 메타인지 전략에 대해서는 린 멜처(Lynne Meltzer), 베타니 로디티(Bethani Roditi), 모린 리벳(Maureen Lovett)의 해박한 연구를 참조하라. L. Meltzer, L. Pollica, and M. Barzillai (2007). "Creating Strategic Classrooms: Embedding Strategy Instruction in the Classroom Curriculum to Enhance Executive Processes." In L. Meltzer, ed., *Understanding Executive Functioning*. New York: Guilford. L. J. Meltzer, T. Katzir, L. Miller, R. Roddy, and B. Roditi (2004). "Academic Self-Perceptions, Effort, and Strategy Use in Students with Learning Disabilities: Changes over Time." *Learning Disabilities Research and Practice*, 19(2), pp. 99–108. M. Lovett, S. Borden, T. DeLuca, L. Lacerenza, N. Benson, and D. Brackstone (1994). "Training the Core Deficits of Developmental Dyslexia: Evidence of Transfer of Learning after Phonologically and Strategy-based Reading Training Programs." *Developmental Psychology*, 30 (6), pp. 805–822.

26 스티븐 핑커는 언어와 사고에 필수적인 이 기능과 또 하나의 중요한 복합 기능인 순환에 대해서 다음과 같이 논하고 있다. "인간의 사고가 조합될 수 있고(단순한 부분들이 합성되고) 순환하기 때문에(부분들을 다른 부분 안에 끼워 넣을 수 있기 때문에) 지식의 혁신적 확장이 한정된 정신적 도구(mental tools)로 탐구될 수 있다." S. Pinker (1994). *The Language Instinct*. New York: Morrow, p. 360.

27 K. Arnold and K. Zuberbuhler (2006). "Language Evolution: Semantic Combinations in Primate Calls." *Nature*, 441(7091), pp. 303–305.

28 M. Wolf, L. Miller, and K. Donnelly (2000). "RAVE-O: A Comprehensive Fluency-Based Reading Intervention Program." *Journal of Reading Disabilities*, 33, pp. 375–386. (Special Issue: The Double-Deficit Hypothesis)

29 N. Ostler (2005). *Empires of the Word: A Language History of the World*. New York: HarperCollins.

30 Ibid., pp. 51–52.

31 J. Pritchard (1969). *Ancient Near East Texts Relating to the Old Testament*. Princeton,

N.J.: Princeton University Press.

32 Ostler, *Empires of the Word*.

33 J. Maier and J. Gardner, trans. (1981). *Gilgamesh*. New York: Vintage, Book 11.

34 G. T. M. Altmann and A. Enzinger (1997). *The Ascent of Babel: An Exploration of Language, Mind, and Understanding*. New York: Oxford University Press.

35 N. Chomsky and M. Halle (1968). *The Sound Pattern of English*. New York: Harper and Row. C. Chomsky (1972). "Stages in Language Development and Reading Exposure." *Harvard Educational Review*, 42, pp. 1–33.

36 K. Rayner, B. R. Foorman, C. A. Perfetti, D. Pesetsky, and M. S. Seidenberg (2001). "How Psychological Science Informs the Teaching of Reading." *Psychological Science in the Public Interest*, 2, pp. 31–74.

37 K. T. Zauzich (2001). "Wir alle schreiben Hieroglyphen: Neue Überlegungen zur Herkunft des Alphabets." *Antike Welt*, pp. 167–170.

38 문자를 신성시하는 것은 이집트, 수메르, 중국의 오랜 전통일 뿐만 아니라 유대교의 카발리스트적 전통이나 이슬람교 문헌에서도 찾아볼 수 있다.

39 P. Daniels and W. Bright, eds. (1996). *The World's Writing Systems*. New York: Oxford University Press.

40 Y. Cohen (2003). Personal correspondence.

41 H. Vanstiphout (1996). "Memory and Literacy in Ancient Western Asia." In J. Sasson, ed., *Civilizations of the Ancient Near East*. New York: Simon and Schuster Macmillan, Vol. 4.

42 A. Parpola (1994). *Deciphering the Indus Script*. New York: Cambridge University Press.

43 E. Bennett (1996). "Aegean Scripts." In P. Daniels and W. Bright, eds., *The World's Writing Systems*. New York: Oxford University Press, pp. 125–133.

44 M. Coe (1992). *Breaking the Mayan Code*. New York: Thames and Hudson.

45 J. Quilter and G. Urton (2002). *Narrative Threads: Accounting and Recounting in Andean Khipu*. Austin: University of Texas Press.

46 DeFrancis. *Visible Speech*, p. 93.

47 Gish Jen Personal correspondence (March 2004).

48 L. See (2005). *Snow Fower and the Secret Fan*. New York: Random House.

49 C. Simon (2005). "Novel's Powerful Prose Brings History to Life." *Boston Globe*, July 27.

3장 알파벳의 탄생과 소크라테스의 반대

1 Homer, *Odyssey*, Book 19. R. Eagles (trans. 1990). New York: Renguin, lines 194–199.

2 J. Darnell and D. Darnell (2002). *Theban Desert Road Survey in the Egyptian Western Desert*. Chicago, Ill.: Oriental Institute of the University of Chicago. J. N. Wilford (1999). "Finds in Egypt Date Alphabet in Earlier Era." *New York Times*, November 14, Section 1, p. 1.

3 Wilford, "Finds in Egypt."

4 W. Whitt (1996). "The Story of the Semitic Alphabet." In J. Sasson, ed., *Civilizations of the Ancient Near East*. New York: Simon and Schuster, Vol. 4.

5 A. Robinson (1995). *The Story of Writing*. London: Thames and Hudson.

6 P. Daniels and W. Bright, eds. (1996). *The World's Writing Systems*. New York: Oxford University Press.

7 반면에 에릭 해블록 등 일부 고전학자들은 음절문자로 본다. 우가리트어 문자가 이렇게 두 개의 서로 다른 체계로 분류되는 것으로 보아 이전 시대의 와디엘-홀 문자와 마찬가지로 두 유형 모두와 관련이 있음을 알 수 있다.

8 Yori Cohen (2000). Personal correspondence, January 9.

9 J. Kugel (2003). *The God of Old: Inside the Lost World of the Bible*. New York: Free Press.

10 T. Mann, Das Gesetz, *Collected Stories of Thomas Mann* (1943/1966). Katia Mann, ed. (Sämmtliche Erzählungen, Band I). Frankfurt, Germany: S. Fischer Verlag, pp. 329–395.

11 E. Havelock (1976). *Origins of Western Literacy*. Ontario, Canada: Ontario Institute for Studies in Education.

12 I. Gelb (1963). *A Study of Writing*, 2nd ed. Chicago, Ill.: University of Chicago Press.

13 Y. Cohen (2000). Personal correspondence, January 9.

14 Steve Hirsh (2004). Personal correspondence. 다음을 참고하라. J. Chadwick (1958). *The Decipherment of Linear B*. Cambridge: Cambridge University Press.

15 W. Ong (1982). *Orality and Literacy*. London: Methuen. R. Scott (2003). *The Gothic Enterprise*. Berkeley: University of California Press.

16 W. Ong, *Orality and Literacy*.

17 Scott, *The Gothic Enterprise*.

18 L. Hirschfeld and S. Gelman (1994). *Mapping the Mind: Domain Specificity in Cognition and Culture*. New York: Cambridge University Press.

19 B. Powell (1991). *Homer and the Origin of the Greek Alphabet*. Cambridge: Cambridge University Press.

20 G. Sampson (1985). *Writing Systems*. London: Hutchinson.

21 Ibid.

22 K. T. Zauzich (2001). "Wir alle schreiben Hieroglyphen: Neue Uberlegungen zur Herkunft des Alphabets." *Antike Welt*, pp. 167–170.

23 J. Tropper (2001). "Entstehung und Fruhgeschichte des Alphabets." *Antike Welt*, 32(44), pp. 353–358.

24 Zauzich, "Wir alle schreiben Hieroglyphen," p. 167.

25 R. Graves (1955). *Greek Myths*. New York: George Braziller.

26 Kim, J. & C. Davis (2004). Characteristics of poor readers of Korean hangul: Auditory, visual and phonological processing. *Reading and Writing*, 17, pp. 153–185.

27 Havelock, *Origins of Western Literacy*.

28 Daniels and Bright, *The World's Writing Systems*.

29 Havelock, *Origins of Western Literacy*.

30 D. Bolger, C. Perfetti, and W. Schneider (2005). "Cross-Cultural Effect on the Brain Revisited: Universal Structures Plus Writing System Variation." *Human Brain Mapping*, 25, pp. 92–104.

31 R. S. Lyman, S. T. Kwan, and W. H. Chao (1938). "Left Occipito–Parietal Brain Tumor with Observations on Alexia and Agraphia in Chinese and in English." *Chinese Medical Journal*, 54, pp. 491–515.

32 그림 3-1은 일본어의 두 문자 체계를 모두 유창하게 사용하는 일본인 독서가의 뇌를 보여준다. 음절문자를 읽는 뇌와 알파벳을 읽는 뇌가 비슷하다는 것이 전두엽과 측두엽의 이산적 부분에서 특히 명확하게 나타난다. 이곳은 'Spaghetti' 같은 단어의 음성 식별부터 'despot' 같은 단어의 강세 패턴 이해까지 음운론적 프로세스에 사용되는 부분이다. 음절문자를 읽는 사람과 알파벳을 읽는 사람 모두 이들 부위가 두드러지게 활성화되는 이유는 두 문자 체계 모두 단어에 든 작은 음소와 그보다 약간 큰 단위인 음절을 처리하는 데 필요한 '선행투자' 시간이 많이 필요하기 때문이다. 그림 3-1에서 볼 수 있는 것처럼 전두엽의 상당히 넓은 부분(브로카 영역)에는 뇌의 효율에 기여하는 특정한 특화 영역이 있다. 일부는 단어에 든 음소에 관여하고 일부는 의미에 관여한다. 상위 측두엽과 하위 인접 두정엽에 있는 그와 유사하게 여러 기능을 수행하는 부위도 단어의 음성 및 의미 분석에 관여하는 것으로 보인다. 음성과 의미 분석에 사용되는 이 두 부위 역시 중국어 독서가보다 음절문자와 알파벳을 읽는 뇌에서 훨씬 넓게 활성화된다.

33 K. Nakamura et al. (2002). "Modulation of the Visual Word Retrieval System in Writing: A Functional MRI Study on the Japanese Orthographies." *Journal of Cognitive Neuroscience*, 14, pp. 104–115.

34 L. B. Fektmain and M. T. Turey (1980). "Words Written in Kana are Named Faster Than the Same Words Written in Kanji," *Language and Speech*, 23, pp. 141–147.

35 D. Bolger, C. Perfetti, and W. Schneider (2005). "Cross-Cultural Effect on the Brain Revisited: Universal Structures Plus Writing System Variation." *Human Brain Mapping*, 25, pp. 92–104.

36 Ibid.

37 표의음절문자인 중국어를 읽는 뇌에서 보았듯이 고대 수메르인과 현대 중국인 학생들

이 문자를 익히기 위해 각 글자를 그리는 데 소요하는 시간의 양이 뇌 활성화 패턴에 가시적으로 반영된다. 중국어 독서가들의 경우 글을 읽을 때 항상 전두엽의 운동근육기억 영역이 활성화된다.

38 워프에 따르면 단어가 사고방식에 매우 강력한 영향을 주며 따라서 외국어로는 이해되지 않는 단어가 각 언어마다 존재한다고 한다. 그 예로는 알류트어에서 다양한 형태의 눈(snow)을 지칭하는 단어들이 있다. 관련된 논의를 보려면 다음을 참고하라. R. Jackendoff (2002). *Foundations of Language*. Oxford: Oxford University Press, pp. 292-293.

20세기 초 독일의 철학자인 발터 베냐민은 언어의 차이가 의미하는 바에 대해 다음과 같이 서정적인 사색을 전개했다. "길을 따라 걸어가느냐 아니면 비행기를 타고 날아가느냐에 따라 시골 길의 힘이 완전히 달라진다. 그와 마찬가지로 텍스트도 그것을 읽을 때와 베껴 쓸 때 발휘하는 힘이 다르다. 비행기를 타고 지나가는 사람은 길이 풍경 속에 뻗어 있는 모양밖에 보지 못하며 그의 눈에는 길이 오직 주위를 둘러싼 지세와 동일한 법칙에 따라 펼쳐져 있는 것처럼 보인다. 직접 길 위를 걷는 사람만이 마치 전장에서 사령관이 병사들을 전선에 배치하듯 길이 사령하는 힘을 감지한다. 또 길모퉁이를 돌 때마다 상공에서 내려다보면 밋밋하게 펼쳐진 평야에 불과한 풍경으로부터 원경과 조망대, 정지 작업된 공터, 전망 등을 호출해내는 방식을 느낄 수 있다. 단순한 독자는 텍스트가 열어주는 내면적 자아의 새로운 풍경, 텍스트를 열고 들어갔을 때 그 뒤에 끝없이 펼쳐지는 내면의 정글 속에 나 있는 길을 결코 발견하지 못한다. 베껴 쓴 텍스트만이 그에 열중한 사람의 영혼을 좌지우지할 수 있다. 독자는 백일몽의 자유로운 비행을 하며 자기 마음의 움직임을 따르지만 글을 베껴 적는 이는 마음을 명령에 복종시키기 때문이다. 따라서 중국인들이 책을 필사한 것은 그 무엇에도 비교할 수 없는 문예 문화를 보장해주는 전통이었다. W. Benjamin (1978). *Reflections*. New York: Harcourt Brace Jovanovich, p. 66.

39 G. Eden (2000). Presentation at Fluency Conference, Dyslexia Research Foundation, Crete.

40 Lee, Kyoung Min (2004). Functional MRI comparison between reading ideographic and phonographic scripts of one language, *Brain and Language*, 91, pp. 245-251.

41 해블록에게 구전 문화는 "지금까지 할 말이나 생각을 언어로 배열하는 데 심각한 장애가 되었다. 뿐만 아니라 기억해야 하는 필요성 때문에 일정 정도의 정신적 에너지라는 뇌의 힘(brain-power of psychic energy)이 소진되었다. 이제 그럴 필요가 없어졌다. 따라서 해방된 정신적 에너지가 이러한 기억의 경제에 의해 확대되었고 그럼으로써 인간이 사용할 수 있는 지식의 무한 확장에 공헌하게 될 것이다." *Origins of Western Literacy* P. 49. D. Olson (1977). "From Utterances to Text: The Bias of Language in Speech and Writing." *Harvard Educational Review*, 47(3), pp. 257-281.

42 L. Vigostky (1962), *Thought and Language*. Cambridge, Mass: MIT Press.

43 G. Yeni-Komshian and H. Bunnell (1998). "Perceptual Evaluations of Spectral and

Temporal Modifications of Deaf Speech." *Journal of the Acoustical Society of America*, 104(2), pp. 637–647. G. Yeni-Komshian (1998). "Speech Perception." In J. B. Gleason and N. Ratner, eds., *Psycholinguistics*. New York: Harcourt.

44 D. Shankweiler and I. Liberman (1972). "Misreading: Searching for Causes." In J. Kavanagh and I. Mattingly, eds., *Language by Ear and by Eye*. Cambridge, Mass.: MIT Press, pp. 293–329.

45 Yeni-Komshian, "Speech Perception."

46 P. Swiggers (1996). *Ancient Grammar: Content and Context*. Leuven, Belgium: Peeters.

47 L. Threatte (1996). "The Greek Alphabet." In P. Daniels and W. Bright, eds., *The World's Writing Systems*. New York: Oxford University Press, pp. 271–280.

48 "이러한 구조적 혁신은 문자의 역사에서 매우 중요한 단계였다. 메시지를 구성하는 일련의 연속된 분절음을 모두 표상하는 것이 가능해졌고 따라서 독서가가 문법적 정보 없이도 어떤 텍스트든 직접적, 연속적으로 읽을 수 있게 된 것이다." Swiggers, *Ancient Grammar: Content and Context*, p. 265.

49 Havelock, *Origins of Western Literacy*.

50 M. Nussbaum (1997). *Cultivating Humanity: A Classical Defense of Reform in Liberal Education*. Cambridge, Mass.: Harvard University Press, p. 34.

51 F. G. Kenyon (1932). *Books and Readers in Ancient Greece and Rome*. Oxford: Clarendon Press, p. 25.

52 Plato, "Apology." In E. Hamilton and H. Cairns, eds. (1961). *The Collected Dialogues*. Princeton, N.J.: Princeton University Press, pp. 30E–31A.

53 W. Ong, *Orality and Literacy*. Kenyon, *Books and Readers in Ancient Greece and Rome*, p. 25.

54 전통적인 고정관념을 의문에 부치는 방법은 소크라테스와 소피스트 사상가들 이전 시대에도 찾아볼 수 있었다. 기원전 5세기 후반 그리스의 교육자들은 부유층 시민들에게 보편적 가치와 문화적으로 창출된 믿음을 구분하는 사고방식과 더불어 웅변술과 논리학을 가르쳤다. 아리스토파네스(Aristophanes)의 희극《구름(The Clouds)》에서 소크라테스는 통제 불능의 소피스트로 매우 냉소적으로 묘사된다. 소크라테스와 플라톤은 이러한 풍자를 터무니없는 것으로 무시해버렸다.

55 A. Rich (1978). *The Dream of a Common Language*. New York: Norton.

56 Plato, "Apology," p. 38A.

57 J. Dunne (1993). *Love's Mind: An Essay on Contemplative Life*. Notre Dame, Ind.: University of Notre Dame Press, p. 31.

58 The Paper Chase (1973). Directed by James Bridges, Twentieth Century Fox.

59 Plato, "Phaedrus," P. 274.

60 Vygosky, *Thought and Language*.

61 Plato, "Phaedrus." In E. Hamilton and H. Cairns, eds. (1961). *The Collected Dialogues*.

Princeton, N.J.: Princeton University Press, p. 275d.

62 N. Ostler (2005). *Empires of the Word: A Language History of the World*. New York: HarperCollins, p. 85.

63 Plato, "Phaedrus," pp. 274d, e. 이 인용문은 궁극적으로 개인의 기억으로 기억할 수 있는 것을 보전해야 한다는 관점을 설명한 멋진 우화의 끝에 나온다. 이 대목에서 소크라테스가 교육의 도구로서 암기의 역할, 개인의 장기 기억 능력의 수호, 각 개인이 가지고 있는 집단 기억 또는 문화 기억의 보전 등 현대 학자들이 세심하게 구분하는 여러 기억의 측면들을 모두 뭉뚱그렸다는 점에 주목하라. 우화의 전체 내용은 매우 교훈적이다. 이집트의 나우크라티스라는 지역에 토착신 하나가 살고 있었다. 이비스라고 불리는 새가 모시는 이 신의 이름은 테우트였다. 이 신은 수와 계산, 기하학과 천문학을 발명했으며 아울러 장기와 주사위는 물론이고 특히 문자를 창안한 존재였다. 당시에 이집트를 다스리던 왕은 타무스였다. 테우트는 그 왕을 찾아가서 그가 가진 학술을 가르쳐준 뒤 모든 이집트인들에게 전파하라고 말했다. 타무스는 그런 학술이 무슨 쓸모가 있느냐고 물으면서 나쁘다고 생각되는 점을 비판하고 좋다고 생각되는 점을 칭찬했다. 각각의 학술에 대해 타무스는 여러 가지 찬성과 반대 의견을 제시했다고 한다. 마침내 문자에 대한 이야기에 이르자 테우트가 이렇게 말했다. "왕이여, 이것은 이집트인들을 보다 현명하게 만들고 그들의 기억을 증진시킬 학문의 분야입니다. 내가 발명한 것은 기억과 지혜의 비법을 주는 것입니다."

그에 대한 대답으로 왕은 이렇게 말했다. "학술에 뛰어난 자여, 어떤 이는 학술적인 것들을 창조하는 데 그것을 사용하지만 다른 이는 그것을 사용하는 것으로 인해 어떤 해악과 이득을 얻을 수 있을지 측정하는 데 사용한다. 너는 너의 자식인 문자에 대해 사랑하는 관점을 가지고 있으므로 문자의 진정한 효과와는 정반대되는 이야기를 하는 것이다. 인간이 그것을 배우게 되면 그 영혼 속에 망각이 이식될 것이다. 글로 쓰인 것에 의존해 더 이상 기억을 사용하지 않을 것이고 자기 내부에 있는 것이 아니라 외적인 표지를 이용해 사람을 기억 속으로 불러들일 것이다. 네가 발견한 것은 기억이 아니라 상기의 비법이다."

64 Plato, "Protagoras," p.329a.

65 Ibid.

66 내가 여기 사용한 여러 문장 속에서 유머 감각을 볼 수 있도록 도와준 스티브 허쉬(Steve Hirsh)에게 감사의 뜻을 전한다.

67 Rich, *The Dream of a Common Language*.

68 '인류라는 종의 최연소 구성원들'이라는 말은 터프츠 대학교의 아동언어학자였던 고(故) 마틸드 홀츠만(Mathilde Holzman)이 즐겨 하던 말이다.

4장 독서 발달, 제대로 시작되려면

1 J. M. Barrie (1904). *Peter Pan*. New York: Scribner, p. 36.

2 K. Chukovsky and M. Morton (1963). *From Two to Five*. Berkeley: University of Califomia Press, p. 7.

3 C. Chomsky (1972). "Stages in Language Development and Reading Exposure." *Harvard Educational Review*, 42, pp. 1–33. C. Snow, P. Griffen, and M. S. Burns, eds. (2005). *Knowledge to Support the Teaching of Reading: Preparing Teachers for a Changing World*. San Francisco, Calif.: Jossey-Bass. G. J. Whitehurst, and C. J. Lonigan (2001). "Emergent Literacy: Development from Prereaders to Readers." In S. B. Neuman and D. K. Dickinson, eds., Handbook of Early Literacy Research. New York: Guilford, pp. 11–29.

4 P. McCardle, J. Cooper, G. Houle, N. Karp, and D. Paul Brown (2001). "Emergent and Early Literacy: Current Status and Research Directions." *Learning Disabilities Research and Practice*, 16(4). (Special issue.) 다음도 보라. E. D. Hirsch (2003). "Reading Comprehension Requires Knowledge of the Words and the World." *American Educator*, 27(10,12), pp. 1316–1322, 1328–1329, 1348. S. Neuman (2001). "The Role of Knowledge in Early Literacy." *Reading Research Quarterly*, 36, pp. 468–475.

5 T. Field (2000). *Touch Therapy*. New York: Churchill Livingstone.

6 *Three Men and a Baby*. Leonard Nimoy, director, Touchstone Pictures.

7 M. W. Brown (1947). *Goodnight Moon*. New York: Harper and Row.

8 D. Dickinson, M. Wolf, and S. Stotsky (1992). "Words Move: The Interwoven Development of Oral and Written Language in the School Years." In J. B. Gleason, ed., *The Development of Language*, 3rd ed. New York: Macmillan. R. New (2001). "Early Literacy and Developmentally Appropriate Practice: Rethinking the Paradigm." In S. B. Neuman and D. P. Dickinson, *Handbook of Early Literacy*. New York: Guilford, pp. 245–263. P. McCardle and V. Chhabra (2004). *The Voice of Evidence in Reading Research*. Baltimore, Md.: Brookes.

9 N. Ostler (2005). *Empires of the Word: A Language History of the World*. New York: HarperCollins.

10 D. M. Pease, J. B. Gleason, and B. A. Pan (1993). "Learning the Meaning of Words: Semantic Development and Beyond." In J. B. Gleason (ed.), *The Development of Language*, 3rd ed. New York: Macmillan.

11 J. Frijters, R. Barron, and M. Brunello (2000). "Child Interest and Home Literacy as Sources of Literacy Experience: Direct and Mediated Influences on Letter Name and Sounds Knowledge and Oral Vocabulary." *Journal of Educational Psychology*, 92(3), pp. 466–477. G. J. Whitehurst and C. J. Lonigan (1998). "Child Development and Emergent Literacy." *Child Development*, 69(3), pp. 848–872.

12 S. Carey (2004). "Bootstrapping and the Origin of Concepts." Daedalus, 133, pp. 59–68.

13 K. Chukovsky and M. Morton (1963). *From Two to Five*. Berkeley: University of California Press.

14 S. Brady (1991). "The Role of Working Memory in Reading Disability." In S. Brady and D. Shankweiler, eds., *Phonological Processes in Literacy: A Tribute to Isabelle Liberman*. Hillsdale, N.J.: Lawrence Erlbaum, pp. 129–152.

15 J. Anglin (1993). "Vocabulary Development: A morphological analysis." *Monographs of the Society for Research in Child Development*, 58(10), pp. 1–166.

16 A. Charity, H. Scarborough, and P. Griffin (2003). "Familiarity with School English in African-American Children and Its Relation to Reading Achievement." *Child Development*, 75, pp. 1340–1356.

17 J. Berko (1958). "The Child's Learning of English Morphology." *Word*, 14, pp. 150–177. R. Brown (1973). *A First Language: The Early Stages*. Cambridge, Mass.: Harvard University Press. J. G. Devilliers and P. A. Devilliers (1973). "A Cross-Sectional Study of the Acquisition of Grammatical Morphemes in Child Speech." *Journal of Psycholinguistic Research*, 2, pp. 267–278.

18 C. Gidney (2002). "The Child as Communicator." In Tufts Faculty of the Eliot Pearson Department of Child Development, *Pro-Active Parenting*. New York: Berkley, pp. 241–265. A. S. Ninio and C. E. Snow (1996). *Pragmatic Development*. Boulder, Colo.: Westview.

19 J. Piaget (1926). *The Language and Thought of the Child*. London: Routledge and Kegan Paul.

20 아이들의 마음 이론에 대해 참고할 만한 연구는 다음과 같다. P. C. Fletcher, F. Happe, U. Frith, S. C. Baker, R. J. Dolan, R. S. Frackowiak, and C. D. Frith (1995, Nov.). "Other Minds in the Brain: A Functional Imaging Study of 'Theory of Mind' in Story Comprehension." *Cognition*, 57(2), pp. 109–128. M. D. Hauser, and E. Spelke (2004). "Evolutionary and Developmental Foundations of Human Knowledge." In M. Gazzaniga, ed., *The Cognitive Neurosciences*. Cambridge, Mass.: MIT Press, Vol. 3. S. Baron-Cohen, H. Tager-Flusberg, and D. Cohen, eds. (2000). *Understanding Other Minds*, 2nd ed. Oxford: Oxford University Press.

21 A. Lobel (1970). *Frog and Toad Are Friends*. New York: HarperCollins.

22 J. Marshall (1972). *George and Martha*. New York: Houghton Mifflin.

23 C. Pappas and E. Brown (1987). "Learning to Read by Reading: Learning How to Extend the Functional Potential of Language." *Research on the Teaching of English*, 21(2), pp. 160–177. V. Purcell-Gates, E. McIntyre, and P. Freppon (1995). "Learning Written Storybook Language in School: A Comparison of Low-SES Children in Skills-Based and Whole-Language Classrooms." *American Educational Research Journal*, 32(3), pp. 659–685.

24 A. Biemiller (1977). "Relationship between Oral Reading Rate for Letters, Words, and Simple Text in the Development of Reading Achievement." *Reading Research Quarterly*, 13, pp. 223–253. A. Biemiller (1999). *Language and Reading Success.* Cambridge, Mass.: Brookline. J. B. Gleason, ed. (1993). *The Development of Language*, 3rd ed. New York: Macmillan.

25 Anglin, "Vocabulary Development: A Morphological Analysis."

26 C. Peterson and A. McCabe (1991). "On the Threshold of the Story Realm: Semantic versus Pragmatic Use of Connectives in Narratives." *Merrill-Palmer Quarterly*, 37(3), pp. 445–464.

27 V. Purcell-Gates (1986). "Three Levels of Understanding about Written Language Acquired by Young Children Prior to Formal Instruction." In J. Niles and R. Lalik, eds., *Solving Problems in Literacy.* Rochester, N.Y.: National Reading Conference. V. Purcell-Gates (1988). "Lexical and Syntactic Knowledge of Written Narrative Held by Well-Read-To Kindergartners and Second-Graders." *Research in the Teaching of English*, 22(2), pp. 128–160.

28 A. Charity, H. Scarborough, and Griffin, P. (2003). "Familiarity with School English in African-American Children and Its Relation to Reading Achievement." H. Scarborough, W. Dobrich, and M. Hager (1991). "Preschool Literacy Experiences and Later Reading Achievement." *Journal of Learning Disabilities*, 24(8), pp. 508–511.

29 D. Gentner and M. Rattermann (1991). "Language and the Career of Similarity." In A. Gelman and J. P. Byrnes, eds., *Perspectives on Language and Thought: Interrelations in Development.* Cambridge: Cambridge University Press, pp. 225–277.

30 H. A. Rey (1941). *Curious George.* New York: Houghton Mifflin.

31 W. Kintsch and E. Greene (1978). "The Role of Culture-Specific Schemata in the Comprehension and Recall of Stories." *Discourse Processes*, 1(1), pp. 1–13.

32 Biemiller, *Language and Reading Success.* Scarborough et al., "Preschool Literacy Experiences and Later Reading Achievement." J. Frijters, R. Barron, and M. Brunello (2000). "Child Interest and Home Literacy as Sources of Literacy Experience: Direct and Mediated Influences on Letter Name and Sounds Knowledge and Oral Vocabulary." *Journal of Educational Psychology*, 92(3), pp. 466–477.

33 그렇다, 그들은 같은 글자다.

34 S. Carey(2004). "Bootstrapping."

35 북하이머와 동료 학자들은 물체 이름 말하기가 독서 프로세스의 하위 분야에 속한다는 것을 보여준다. 이는 분명히 일리가 있는 말이지만 물체 이름 말하기와 문자 이름 말하기 사이에는 차이점도 많다. 7장의 논의를 참고하라. S. Y. Bookheimer, T. A. Zeffiro, T. Blaxton, W. Gaillard, W. Theodore (2004). "Regional Cerebral Blood Flow during Object Naming and Word Reading." *Human Brain Mapping*, 3(2), pp. 93–106.

36 W. Benjamin (1978). *Reflections*, trans. Edmund Jepheott, ed. P. Demetz. New York: Harcourt and Brace.

37 D. Dickinson, M. Wolf, and S. Stotsky (1993). "Words Move: The Interwoven Development of Oral and Written Language in the School Years." In J. Berko-Gleason, ed., *Language Development*, 3rd ed. Columbus, Ohio: Merrill, pp. 369–420.

38 L. C. Ehri (1997). "Sight Word Learning in Normal Readers and Dyslexic." In B. A. Blachman, ed., *Foundations of Reading Acquisition and Dyslexia: Implications for Early Intervention*. Mahwah, N.J.: Lawrence Erlbaum, pp. 163–189.

39 D. Elkind (1981). *The Hurried Child*. Boston, Mass.: Addison-Wesley.

40 P. Yakovlev and A. Lecours (1967). "The Myelogenetic Cycles of Regional Maturation of the Brain." In A. Minkowski, ed., *Regional Development of the Brain in Early Life*. Oxford: Blackwell Scientific. C. A. Nelson and M. Luciana, eds. (2001). *Handbook of Developmental Cognitive Neuroscience*. Cambridge, Mass.: MIT Press.

41 N. Geschwind (1965). "Disconnexion Syndrome in Animals and Man (Parts 1 and 2)." *Brain*, 88, pp. 237–294.

42 M. Wolf and D. Gow (1985). "A Longitudinal Investigation of Gender Differences in Language and Reading Development." *First Language*, 6, pp. 81–110.

43 U. Goswami (2004). *Comments at Mind, Brain, and Education Conference*. Harvard University.

44 Elkind, *Hurried Child*.

45 H. Lee, (1960), *To Kill a Mockingbird*. New York, pp. 17–18.

46 P. Fitzgerald (2004). "Schooldays." In T. Dooley, ed., *Afterlife*. New York: Counterpoint. Quoted in Katharine Powers (2003). "A Reading Life." *Boston Globe*, November 16, p. H9.

47 G. L. Bissex (1980). *Gnys at Work: A Child Learns to Write and Read*. Cambridge, Mass.: Harvard University Press.

48 Dickinson et al., "Words Move: The Interwoven Development of Oral and Written Language in the School Years," pp. 369–420.

49 Chomsky, "Stages in Language Development and Reading Exposure." C. Read (1971). "Preschool Children's Knowledge of English Phonology." *Harvard Educational Review*, 41, pp. 1–54.

50 Dickinson et al., "Words Move."

51 M. Pressley (1998). *Reading Instruction That Works: The Case for Balanced Teaching*. New York: Guilford.

52 M. Adams (1990). *Beginning to Read*. Cambridge, Mass.: MIT Press.

53 A. Burhanpurkar and R. Barron (1997). "Origins of Phonological Awareness Skill in Pre-Readers: Roles of Language, Memory, and Proto-Literacy." Paper presented

at Society for Research in Child Development meeting, Washington, D.C., April. A. Bus and M. Ijzendoorn (1999). "Phonological Awareness and Early Reading: A Meta-Analysis of Experimental Training Studies." *Journal of Educational Psychology*, 91(3), pp. 403–414. L. C. Moats (2000). *Speech to Print: Language Essentials for Teachers*. Baltimore, Md.: Brookes. Scarborough et al., "Preschool Literacy Experiences and Later Reading Achievement."

54 L. Bradley and P. E. Bryant (1983). "Categorizing Sounds and Learning to Read— A Causal Connection." *Nature*, 301, pp. 419–421. L. Bradley and P. E. Bryant (1985). *Rhyme and Reason in Spelling*. Ann Arbor: University of Michigan Press. P. E. Bryant, M. MacLean, and L. Bradley (1990). "Rhyme, Language, and Children's Reading." *Applied Psycholinguistics*, 11(3), pp. 237–252.

55 Brady, "The Role of Working Memory in Reading Disability." R. Stacey (2003). *Thinking About Language: Helping Students Say What They Mean and Mean What They Say*. Cambridge, Mass.: Landmark School.

56 K. Overy (2003). "Dyslexia and Music: From Timing Deficits to Musical Intervention." *Annals of the National Academy of Science*, 999, pp. 497–505. K. Overy, A. C. Norton (2004). K. T. Cronm, N. Gaab, D. C. Alsop, E. Winner, and G. Schlaug (August 2004). "Imaging Melody and Rhythm Processing in Young Children: Auditory and Vestibular Systems." *NeuroReport*, 15(11), pp. 1723–1726. C. Moritz (2007). "Relationships between Phonological Awareness and Musical Rhythm Subskills in Kindergarten Children." Master's thesis, Tufts Universtiy.

57 매릴린 제이거 애덤스(Marilyn Jager Adams), 수잔 브래디(Susan Brady), 베니타 블랙만(Benita Blachman), 루이사 쿡 모츠(Louisa Cook Moats)는 주요 연구의 적용 시 유용하게 사용할 수 있는 지침과 세심한 주의사항을 제공한다. 애덤스는《독서 입문(Beginning to Read)》이라는 종합적인 저서에서 모든 유치원생들에게 음소 인지 테스트를 실시하는 현재의 추세에 지침을 제공했다. 단, 이 과제를 통과하지 못했다고 해서 초등학교 1학년에 올려 보내지 않는 것은 잘못이라고 주의를 주고 있다. 음소 인지 능력을 갖는 데는 시간이 걸리며 독서 교육을 통해 보완되어야 하므로 음소 인지 테스트를 이유로 낙제를 시킨다는 것은 언어도단이다. 베니타 블랙만, 에드 카므뉘(Ed Kame'enui), 데보라 시몬즈(Deborah Simmons)의 연구와 샐리 셰이위츠(Sally Shaywiz)의《난독증을 극복하는 법(Overcoming Dyslexia)》에 나와 있는 교육 프로그램 평가도 참고하라. 풍부한 자료를 얻을 수 있는 또 다른 책으로는 로비 스테이시(Robbie Stacy)의 언어 게임에 대한 저서《언어에 대한 성찰(Thinking About language)》이 있다.

58 B. Blachman, E. Ball, R. Black, and D. Tangel (2000). *Road to the Code*. Baltimore, Md.: Brookes. B. Foorman, D. Francis, D. Winikates, P. Mehta, C. Schatschneider, and J. Fletcher (1997). "Early Intervention for Children with Reading Disabilities." *Scientific*

Studies of Reading, 1(3), pp. 255–276.

59 Moats, *Speech to Print: Language Essentials for Teachers*. L. Moats (2003). *LETRS. Language Essentials for Teachers of Reading and Spelling, Preliminary Version, Book 3, Modules 7, 8, 9: Foundations for Reading Instruction*. Longmont, Cdo.: Sopris West Educational Services.

60 B. Hart and T. Risley (2003). "The Early Catastrophe." *American Educator*, 27(4), pp. 6–9. T. Risley and B. Hart (1995). *Meaningful Differences in the Everyday Experiences of Young American Children*. Baltimore, Md.: Brookes.

61 L. C. Moats (2001). "Overcoming the Language Gap." *American Educator*, 25(5), pp. 8–9.

62 C. Smith, R. Constantino, and S. Krashen (1997). "Differences in Print Environment for Children in Beverly Hills, Compton, and Watts." *Emergency Librarian*, 24(4), pp. 8–9.

63 Biemiller, *Language and Reading Success*.

64 K. Stanovich (1986). "Matthew Effects in Reading: Some Consequences of Individual Differences in the Acquisition of Literacy." *Reading Research Quarterly*, 21(4), pp. 360–407. A. Cunningham and K. Stanovich (1993). "Children's Literacy Environments and Early Word Recognition Subskills." *Reading and Writing: An Interdisciplinary Journal*, 5, pp. 193–204. A. Cunningham and K. Stanovich (1998). "What Reading Does for the Mind." *American Educator*, 22, pp. 8–15.

65 C. Snow (1996). Quoted in Kate Zernike (1996). "Declining Art of Table Talk a Key to Child's Literacy." *Boston Globe*, pp. 1, 30, January 15.

66 D. August and K. Hakuta (1997). *Improving Schooling for Language-Minority Children*. Washington, D.C.: National Academies Press. Center for Applied Linguistics (2003). "Development of English Literacy in Spanish-Speaking Children: A Biliteracy Research Initiative Sponsored by the National Institute of Child Health and Human Development and the Institute of Education Sciences of the Department of Education." From www.cal.org/delss. B. R. Foorman, C. Goldenberg, C. D. Carlson, W. Saunders, and S. D. Pollard-Durodola (2004). "How Teachers Allocate Time During Literacy Instruction in Primary-Grade English Language Learner Classrooms." In P. McCardle and V. Chhabra, eds., *The Voice of Evidence in Reading Research*. Baltimore, Md.: Brookes, pp. 289–328.

67 J. Chall (1983). *Stages of Reading Development*. New York: McGraw-Hill. August et al., *Improving Schooling for Language-Minority Children*.

68 M. Colins (2005). "ESL Preschoolers' English Vocabulary Acquisition from Storybook Reading." *Reading Research Quarterly*, 40(4), pp. 406–408.

69 C. Juel (2005). "The Impact of Early School Experiences on Initial Reading." In D.

Dickinson and S. Neuman, eds., *Handbook of Early Literacy Research*. New York: Guilford, Vol. 2.

70 Ibid., p. 19.

71 L-A. Petitto and K. Dunbar (in press). "New Findings from Educational Neuroscience on Bilingual Brains, Scientific Brains, and the Educated Mind." In K. Fischer and T. Katzir, eds., *Building Usable Knowledge in Mind, Brain, and Education*. Cambridge University Press.

72 Collins, "ESL Preschoolers' Vocabulary Acquisition from Storybook Reading."

5장 독서를 시작한 아이의 뇌 들여다보기

1 Adrienne Rich (1978). "Transcendental Etude." In *The Dream of a Common Language*. New York: Norton, pp. 43–50.

2 J. Chall (1983). *Stages of Reading Development*. New York: McGraw-Hill, p. 16.

3 M. Proust (1981). *Remembrance of Things Past*. C. K. Scott Moncrieff, Terence Kilmartin, and Andreas Mayor. New York: Random House, Vol. 1.

4 A. Bashir and A. Strominger (1996). "Children with Developmental Language Disorders: Outcomes, Persistence, and Change." In M. Smith and J. Damico, eds., *Childhood Language Disorders*. New York: Thieme, pp. 119–140.

5 C. Moorehead (2000). *Iris Origo: Marchesa of Val d'Orcia*. Boston, Mass.: Godine.

6 A. Quindlen (1998). *How Reading Changed My Life*. New York: Ballantine, p. 6.

7 J. Kincaid (1996). *The Autobiography of My Mother*. New York: Farrar, Straus and Giroux. p. 12.

8 S. Brady (1991). "The Role of Working Memory in Reading Disability." In S. Brady and D. Shankweiler, eds., *Phonological Processes in Literacy: A Tribute to Isabelle Liberman*. Hillsdale, N.J.: Lawrence Erlbaum, pp. 129–152.

9 J. F. Carslisle and C. A. Stone (2005). "Exploring the Role of Morphemes in Word Reading." *Reading Research Quarterly*, 40(4), pp. 428–449. 다음도 보라. P. Bowers (2006). "Gaining Meaning from Print: Making Sense of English Spelling." Unpublished manuscript.

10 Rich, "Trancendental Etude", p.43

11 J.-P. Sartre (1981). *The Words*. New York: Vintage, p. 48.

12 내가 이렇게 각 단계를 개념화할 수 있었던 것은 여러 이론가들 덕분이다. 특히 진 챌의 《독서 발달의 단계(The Stages of Reading Development)》에 제시된 틀 구조에 많이 의존했다. 독서의 역동적 프로세스에 대한 커트 피셔(Kurt Fischer)의 연구와 우타 프리스(Uta Frith)와 리니어 에리(Linnea Ehri)가 세운 약간 상이한 틀 구조도 참고했다. 마지막으로 내가 발달 단계를 공식화하지 않은 점은 퍼페티의 입장과 매우

유사하다. 퍼페티의 무단계 틀 구조(nonstage framework)에서는 '여러 유형의 지식이 여러 가지 경험에 기반을 두고 서서히 학습된다.' 참고자료는 다음과 같다. Chall, *Stages of Reading Development*. L. C. Ehri (1998). "Grapheme-Phoneme Knowledge Is Essential for Learning to Read Words in English." In I. L. Metsala and L. C. Ehri, eds., *Word Recognition in Beginning Literacy*. Mahwah, N. J.: Lawrence Erlbaum, pp. 3–40. U. Frith (1985). "Beneath the Surface of Dyslexia." In K. Patterson, J. Marshall, and M. Coltheart, eds., *Surface Dyslexia*. London: Erlbaum, pp. 301–330. K. Fischer and L. T. Rose (2001). "Webs of Skill: How Students Learn." *Educational Leadership*, 59(3), pp. 6–12. K. Fischer and S. P. Rose (1998). "Growth Cycles of Brain and Mind." *Educational Leadership*, 56(3), pp. 56–60. K. Rayner, B. Foorman, C. Perfetti, D. Pesetsky, and M. Seidenberg (2001). "How Psychological Science Informs the Teacher of Reading." *Psychological Science in the Public Interest*, 2, pp. 31–74.

13 M. Levine (1993). *All Kinds of Minds*. Cambridge, Mass.: Educators Publishing Services. M. Levine (2002). *A Mind at a Time*. New York: Simon and Schuster.

14 P. Fitzgerald (2004). "Schooldays." In T. Dooley, ed. *Afterlife*. New York: Counterpoint.

15 B. Collins (2002). "First Reader." In *Sailing Alone around the Room*. New York: Random House, p. 39.

16 Meryl Pischa, (2001). Personal correspondence, May.

17 J. Downing (1979). *Reading and Reasoning*. New York: Springer Verlag.

18 U. Goswami and P. Bryant (1990). *Phonological Skills and Learning to Read*. Hillsdale, N.J.: Lawrence Erlbaum. K. Stanovich (1986). "Matthew Effects in Reading: Some Consequences of Individual Differences in the Acquisition of Literacy." *Reading Research Quarterly*, 21(4), pp. 360–407.

19 아이의 독서에 음운론이 기여하는 바의 중요성과 한계를 다룬 최신 이론과 비평 중 참고할 만한 것은 다음과 같다. A. Castles and M. Coltheart (2004). "Is There a Causal Link from Phonological Awareness to Success in Learning to Read?" *Cognition*, 91, pp. 77–111. C. Hulme, M. Snowling, M. Caravolas, and J. Carroll (2005). "Phonological Skills Are (Probably) One Cause of Success in Learning to Read: A Comment on Castles and Coltheart." *Scientific Studies of Reading*, 9(4) pp. 351–365.

20 K. Rayner et al. (2001). "How Psychological Science Informs the Teaching of Reading." J. Torgesen, R. Wagner, and C. Rashotte (1994). "Longitudinal Studies of Phonological Processing and Reading." *Journal of Learning Disabilities*, 27(10), pp. 276–286.

21 C. Juel (2005). "The Impact of Early School Experiences on Initial Reading." In D. Dickinson and S. Neuman, eds., *Handbook of Early Literacy Research*. New York: Guilford, Vol, 2, pp. 410–426.

22 G. Cureton (1973). *Action-Reading*. Boston: Allyn and Bacon.

23 P. E. Bryant, M. MacLean, and L. Bradley (1990). "Rhyme, Language, and Children's

reading." *Applied Psycholinguistics*, 11(3), pp. 237–252.

24 Ehri, "Grapheme–Phoneme Knowledge Is Essential for Learning to Read Words in English."

25 하이파 대학교의 심리학자 데이비드 셰어(David Share)가 상세히 설명했듯이 큰 소리 내서 읽기에 개입되는 자가 학습법은 다음과 같은 몇 가지 이유에서 독서 발달을 촉진한다. 아이가 그것을 통해 단어에 대해 양질의 표상을 빨리 그리고 올바르게 만든다. 따라서 점점 늘어나는 책의 단어를 이해하는 데 기여할 수 있고 그렇게 이해한 단어들은 아이의 머릿속에 든 친근한 단어 창고에 저장된다. 아이들이 아주 어렸을 때는 시각 기반의 독서(STOP 같은 단어의 시각적 형태를 암기하는 것)를 하다가 차츰 문자와 발음을 연결해 글을 읽는 독서의 형태로 이전해간다. 지난 20년간 그 정확한 프로세스를 밝혀내려는 연구가 무수하게 이루어졌다. 리니어 에리(Linnea Ehri)는 그것을 여러 단계로 나누어 설명한다. 문자 인식 전 단계에서는 독서가들이 시각적 단서로 단어를 식별한다(우타 프리스는 이 시기를 아이의 그림 지각 단계(logographic phase)라고 부른다). 에리의 부분적 문자 인식(partial alphabetic) 단계가 되면 아이들이 단어의 문자와 발음 간 '부분적 연결'을 만들 수 있다. 이러한 부분적 연결을 강화하는 것이 초보 독서가들이 주요하게 해야 하는 일이며 이는 아이마다 다르게 나타난다. 다음의 연구를 참고하라. D. Share (1995). "Phonological Recording and Self-Teaching: Sine Qua Non of Reading Acquisition." *Cognition*, 55(2), pp. 151–218. D. Share (1999). "Phonological Recording and Orthographic Learning: A Direct Test of the Self-Teaching Hypothesis." *Journal of Experimental Child Psychology*, 72(2), pp. 95–129.

26 M. Clay (1975). *What Did l Wite?* Portsmouth, N.H.: Heinemann. M. Clay (1991a). *Becoming Literate: The Construction of Inner Control*. Portsmouth, N.H.: Heinemann M. Clay (1991b). "Introducing a New Storybook to Young Readers." *Reading Teacher*, 45, pp. 264f–273. M. Clay (1993). *Reading Recovery: A Guidebook for Teachers in Training*. Portsmouth, N. H.: Heinemann. G. Pinnell and I. Fountas (1998). *Word Matters*. Portsmouth, N. H.: Heinemann. I. C. Fountas and G. Pinnell (1996). *Guided Reading*. Portsmouth, N. H.: Heinemann.

27 A. Biemiller (1970). "The Development of the Use of Graphic and Contextual Information as Children Learn to Read." *Reading Research Quarterly*, 6, pp. 75–96.

28 D. McGuiness (1997). *Why Our Children Can't Read and What We Can Do about It*. New York: Simon and Schuster.

29 V. Berninger (1994). *Reading and Writing Acquisition*. Madison, Wis.: Brown and Benchmark.

30 L. C. Moats (2000). *Speech to Print: Language Essentials for Teachers*. Baltimore, Md. Brookes.

31 "The Impact of Early School Experiences on Initial Reading."

32 G. P. Ouellette (2006). "What's Meaning Got to Do with It? The Role of Vocabulary

in Word Reading and Reading Comprehension." *Journal of Educational Psychology*, 98(3), pp. 554–566.

33 M. Wolf and R. Kennedy (2003). "How the Origins of Written Language Instruct Us to Teach: A Response to Steven Strauss." *Educational Researcher*, 32, pp. 26–30.

34 W. E. Nagy and R. C. Anderson (1984). "How Many Words Are There in Printed School English?" *Reading Research Quarterly*, 19(3), pp. 304–330.

35 초등학교에 입학할 때 사회경제적 지위(SES)가 높은 1학년생들은 수준이 낮은 아이들에 비해 평균 2배에서 4배의 단어를 더 알고 있다. L. C. Mcals (2001). "Overcoming the Language Gap." *American Educator*, 25(5), pp. 8–9.

36 R. Graves and W. Slater (1987). "Development of Reading Vocabularies in Rural Disadvantaged Students, Intercity Disadvantaged Students, and Middle Class Suburban Students." Paper Presented at the Annual Meeting of the American Educational Research Association, New York. E. J. Kame'enui, R. C. Dixon, and D. W. Carnine (1987). "Issues in the Design of Vocabulary Instruction." In M. G. McKeown, and M. E. Curtis, eds., *The Nature of Vocabulary Acquisition*, Hillsdale, N.J.: Erlbaum, pp. 129–145.

37 이는 특히 독서하는 뇌의 연령에 따른 차이를 다룬 여러 가지 연구의 결과를 조합한 개괄적인 그림이다. 이 연구들의 상세 내용을 보려면 다음을 참고하라. V. Berninger and T. L. Richards (2002). *Brain Literacy for Educators and Psychologists.* San Diego, Calif.: Academic. J. R. Booth, D. D. Burman, J. R. Meyer, Z. Lei, B. L. Trommer, N. D. Davenport (2003). "Neural Development of Selective Attention and Response Inhibition." *NeuroImage*, 20, pp. 737–751. E. D. Palmer, T. T. Brown, S. E. Petersen, and B. L. Schlaggar (2004). "Investigation of the Functional Neuroanatomy of Single Word Reading and Its Development." *Scientific Studies of Reading*, 8(3), pp. 203–223. K. R. Pugh, W. E. Mencl, A. R. Jenner, L. Katz, S. J. Frost, J. R. Lee (2001). "Neurobiological Studies of Reading and Reading Disability." *Journal of Communication Disorders*, 34, pp. 479–492. K. R. Pugh, B. A. Shaywitz, S. E. Shaywitz, R. T. Constable, P. Skudlarski, and R. K. Fulbright (1996). "Cerebral Organization of Component Processes in Reading." *Brain*, 119, pp. 1221–1238. R. Sandak, W. E. Mencl, S. J. Frost, and K. R. Pugh (2004). "The Neurobiological Basis of Skilled and Impaired Reading: Recent Findings and New Directions." *Scientific Studies of Reading*, 8(3), pp. 273–292. B. L. Schlaggar, T. T. Brown, H. M. Lugar, K. M. Visscher, F. M. Meizin, and S. E. Petersen (2002). "Functional Neuroanatomical Differences between Adults and School-Age Children in the Processing of Single Words." *Science*, 296, pp. 1476–1479. B. L. Schlaggar, H. M. Lugar, T. T. Brown, R. S. Coalson, and S. E. Petersen (2003). "fMRI Reveals Age-Related Differences in the Development of Single Word Reading." Society for Neuroscience Abstracts. B. A. Shaywitz, S. E. Shaywitz, K. R. Pugh, W. E.

Mencl, R. K. Fulbright, P. Sjudlarski (2002). "Disruption of Posterior Brain Systems for Reading in Children with Developmental Dyslexia." *Biological Psychiatry*, 52, pp. 101–110. P. Simos, J. Breier, J. Fletcher, B. Foorman, A. Mouzaki, and A. Papanicolaou (2001). "Age-Related Change in Regional Brain Activation during Phonological Decoding and Printed Word Recognition." *Developmental Neuropsychology*, 19(2), pp. 191–210. P. E. Turkeltaub, L. Gareau, D. L. Flowers, T. A. Zeffiro, and G. F. Eden (2003). "Developmental of Neural Mechanisms for Reading." *Nature Neuroscience*, 6, pp. 767–773.

38 J. A. Church, S. E. Petersen, and B. L. Schlagger (2006). "Regions Showing Developmental Effects in Reading Studies Show Length and Lexicality Effects in Adults." Poster Presented at Society for Neurosciences.

39 Palmer et al., "Investigation of the Functional Neuranatomy of Single Word Reading and Its Development."

40 R. B. Ivry, T. C. Justus, and C. Middleton (2001). "The Cerebellum, Timing, and Language: Implications for the Study of Dyslexia." In M. Wolf, ed., *Dyslexia, Fluency, and the Brain*. Timonium, Md.: York, pp. 189–211. R. B. Scott, C. J. Stoodley, P. Anslow, C. Paul, J. F. Stein, E. M. Sugden, and C. D. Mitchell (2001). "Lateralized Cognitive Deficits in Children Following Cerebellar Lesions." *Developmental Medicine and Child Neurology*, 43, pp. 685–691.

41 Nagy and Anderson, "How Many Words Are There in Printed School English?"

42 K. Stanovich (1986). "Matthew Effects in Reading: Some Consequences of Individual Differences in the Acquisition of Literacy." *Reading Research Quarterly*, 21(4), pp. 360–407.

43 Kame'enui et al., "Issues in the Design of Vocabulary Instruction."

44 Moats, "Overcoming the Language Gap."

45 I. Beck, M. McKeown, and L. Kucan (2002). *Bringing Words to Life: Robust Vocabulary Instruction*. New York: Guildford.

46 Carlisle and Stone, "Exploring the Role of Morphemes in Word Reading."

47 M. Henry (2003). *Unlocking Literacy: Effective Decoding and Spelling Instruction*. Baltimore, Md.: Brookes.

48 V. Mann and M. Singson (2003). "Linking Morphological Knowledge to English Decoding Ability: Large Effects of Little Suffixes." In E. M. H. Assink and D. Sandra, eds., *Reading Complex Words: Cross-Language Studies*. New York: Kluwer, pp. 1–25. E. D. Reichle and C. A. Perfetti (2003). "Morphology in Word Identification: A Word Experience Model That Accounts for Morpheme Frequency Effects." *Scientific Studies of Reading*, 7, pp. 219–237.

49 G. Greene (1969). *The Lost Childhood and Other Essays*. New York: Viking, p. 13.

50 M. Wolf and T. Katzir-Cohen (2001). "Reading Fluency and Its Intervention." *Scientific Studies of Reading*, 5, pp. 211–238. (Special Issue.) 특히 한때 나의 제자였고 현재 하이파 대학교에 재직 중인 동료 교수 테이미 캐치어(Tami Katzir)와 나는 유창성을 다음과 같이 정의한다. 이는 유년기 독서에서 반드시 해야 할 일을 요약한 것이라고도 할 수 있다. 우선 독서 유창성은 단어와 그에 연결된 문맥을 정확하게 읽어내는 초창기 정확도 발달과 그 이후에 일어나는 하위 어휘 프로세스, 어휘 프로세스 그리고 그들을 모두 통합하는 자동성이 발달하면서 얻어지는 결과물이다. 여기에는 문자·문자 패턴·단어 수준의 지각, 음운론적·철자적·형태론적 프로세스와 단어 수준 및 그에 연관된 텍스트 수준에서의 의미론적·통사론적 프로세스가 포함된다. 발달이 완성된 후의 독서 유창성은 비교적 힘들이지 않고 해독을 하는 데 드는 시간과 정확도를 가리킨다. 매끄럽고 정확한 운율로 크게 소리 내서 읽기를 할 수 있고 독해에 주의력이 할당된다.

51 M. Meyer and R. Felton (1999). "Repeated Reading to Enhance Fluency: Old Approaches and New Directions." *Annals of Dyslexia*, 49, pp. 83–306. R. Allington (1982). "Fluency: The Neglected Reading Goal." *Reading Teacher*, 36(6), pp. 556–561.

52 L. Cutting and H. Scarborough (2005). "Prediction of Reading Comprehension: Relative Contribution of Word Recognition, Language Proficiency, and Other Cognitive Skills Can Depend on How Comprehension Is Measured." *Scientific Studies of Reading*, 10(3), pp. 277–299.

53 A. Baddeley (1986). *Working Memory*, Oxford: Clarendon.

54 이들의 관련성은 독해에 문제가 있는 아이들을 연구하는 과정에서 알려졌다. 다음의 연구를 참고하라. K. Nation and M. Snowling (1998). "Semantic processing and the development of word recognition skills: Evidence from children with reading comprehension difficulties." *Journal of Memory and Language* 39, 85–101. J. Oakhill and N. Yuill (1996). "Higher Order Factors in Comprehension Disability: Processes and Remediation." In C. Cornaldi and J. Oakhill, eds., *Reading Comprehension Difficulties: Processes and Intervention*. Mahwah, N.J.: Erlbaum. D. Shankweiler and S. Crain (1986). "Language Mechanisms and Reading Disorder: A Modular Approach." *Cognition*, 24(1–2), 139–168. L. Swanson and J. Alexander (1997). "Cognitive Processes as Predictors of Word Recognition and Reading Comprehension in Learning–disabled and Skilled Readers: Revisiting the Specificity Hypothesis." *Journal of Educational Psychology* 89(1), pp. 128–158.

55 J. Bruner (1973). *Beyond the Information Given*. New York: Norton.

56 M. Lovett, S. Borden, T. DeLuca, L. Lacerenza, N. Benson, and D. Brackstone (1994). "Treating the Core Deficits of Developmental Dyslexia: Evidence of Transfer of–Learning Following Phonologically–and Strategy Based Reading Training Programs." *Developmental Psychology*, 30(6), pp. 805–822. M. Lovett (2000). "Remediating the Core Deficits of Developmental Reading Disability: A Double Deficit Perspective."

Journal of Learning Disabilities, 33(4), pp. 334–358.

57 E. Bowen (1950). "Out of a Book." In Collected Impressions. New York: Knopf, p. 267.

6장 독서 발달, 그 끝없는 이야기

1 E. Bowen (1950). "Out of a Book." In Collected Impressions. New York: Knopf, p. 267.

2 T. Deeney, M. Wolf, and A. O'Rourke (1999). "I Like To Take My Own Sweet Time: Case Study of a Child with Naming–Speed Deficits and Reading Disabilities." Journal of Special Education, 35(3), pp. 145–155.

3 Ibid.

4 P. McCardle (2001). "Emergent and Early Literacy: Current Status and Research Directions." Learning Disabilities Research and Practice 16(4). (Special Issue.) National Center for Education Statistics, NCES. The Nation's Report Card: National Assessment of Educational Progress. Washington, D.C.: U.S. Department of Education, various years. National Institute of Child Health and Human Development, NICHD. (2000). Report of the National Reading Panel. Teaching Children to Read: An Evidence-Based Assessment of the Scientific Research Literature on Reading and Its Implications for Reading Instruction. Reports of the Subgroups. (NIH Publication No.00–4754.) Washington, D.C.: U.S. Government Printing Office.

5 L. S. Schwartz (1992). "The Confessions of a Reader." In S. Gilbar, Reading in Bed. Jaffrey, N.H.: Godine, p. 61.

6 E. Winner (1988). The Point of Words: Children's Understanding of Metaphor and Irony. Cambridge, Mass.: Harvard University Press.

7 M. Twain (1965). The Adventures of Huckleberry Finn. New York: Harper and Row, pp. 81–82.

8 R. Vacca (2002). "From Efficient Decoders to Strategic Readers." Reading and Writing in the Content Area, 60(3), pp. 6–11.

9 M. Pressley (2002). Reading Instruction That Works: The Case for Balanced Teaching. New York: Guilford.

10 다음의 추천 도서를 참고하라. A. S. Palincsar and A. L. Brown (1984). "Reciprocal Teaching" of Comprehension–Fostering and Comprehension–Monitoring Activities. Cognition and Instruction 1, pp. 117–175. A. S. Palincsar and L. R. Herrenkohl (2002). "Designing Collaborative Learning Contexts." Theory into Practice, 41(1), pp. 26–32. National Reading Council (2003). Strategic Education Research Partnership. Washington, D.C.: National Academies Press.

11 C. R. Zaton (2001). Shadow of the Wind. trans. Lucia Graves. New York: Penguin pp. 5–6.

12 D. Rose (in press). "Teaming in a Digital Age." In K. Fischer and T. Katri, *Lisable Knowledge*, Cambridge: Cambridge University Press.

13 R. Sandak et al. (2004). "The Neurobiological Basis of Skilled and Impaired Reading: Recent Findings and New Directions." *Scientific Studies of Reading*, 8(3), pp. 273–292. B. A. Shaywitz et al. (2002). "Disruption of Posterior Brain Systems for Reading in Children with Developmental Dyslexia." *Biological Psychiatry*, 52, pp. 101–110. P. E. Turkeltaub, L. Gareau, D. L. Flowers, T. A. Zettiro, and G. F. Eden (2003). "Development of Neural Mechanisms for reading." *Nature Neuroscience*, 6, pp. 767–773.

14 E. B. Huey (1908). *The Psychology and Pedagogy of Reading*. Cambridge, Mass.: MIT Press, p. 6.

15 M. I. Posner and B. D. McCandliss (1999). "Brain Circuitry during Reading." In R. M. Klein and P. A. McMullen, eds., *Converging Methods for Understanding Reading and Dyslexia*. Cambridge, Mass.: MIT Press, pp. 305–337; see p. 316. M. I. Posner and A. Pavese (1998). "Anatomy of Word and Sentence Meaning." *Proceedings of the National Academy of Sciences*, 95, pp. 899–905.

16 M. Posner and M. Raichle (1994). *Images of Mind*. New York: Scientific American Library. 비전문가를 위한 읽기의 인지 및 신경해부학적 기초뿐만 아니라 집행기능 네트워크에 대한 가장 좋은 설명들은 다음을 참고하라. V. Berninger and T. Richards (2002). *Brain Literacy for Educators and Psychologists*. San Diego, Calif.: Academic Press. V. Berninger (1994). *Reading and Writing Acquisition*. Madison, Wisc.: Brown & Benchmark.

17 A. Baddeley (1986). *Working Memory*. Oxford: Oxford University Press. P. A. Carpenter, M. A. Just, and E. D. Reichle (2000). "Working Memory and Executive Function: Evidence from Neuroimaging." *Current Opinion in Neurobiology*, 102, pp. 195–199. G. R. Lyon and N. A. Krasnegor, eds. (1996). *Attention, Memory, and Executive Function*. Baltimore, Md.: Brookes. D. L. Schacter (1993). "Understanding Implicit Memory: A Cognitive Neuroscience Approach." In A. F. Collins, eds., Collins, S. E. Gathercole, M. A. Conway, and P. E. Morris, eds. *Theories of Memory*. Hillsdale, N.J.: Lawrence Erlbaum. D. Schacter (1996). *Searching for Memory: The Brain, the Mind, and the Past*. New York: Basic Books. D. Schacter (2001). *The Seven Sins of Memory: How the Mind Forgets and Remembers*. Boston, Mass.: Houghton Mifflin.

18 E. Tulving (1986). "Episodic and Semantic Memory: Where Should We Go from Here?" *Behavioral and Brain Sciences*, 9(3), pp. 573–577.

19 L. R. Squire (1994). "Declarative and Nondeclarative Memory: Multiple Brain Systems Supporting Learning and Memory." In D. L. Schacter and E. Tulving, eds. *Memory Systems*. Cambridge, Mass.: MIT Press, pp. 203–231.

20 Baddeley, *Working Memory*.

21 T. H. Carr (1999). "Trying to Understand Reading and Dyslexia: Mental Chronometry, Individual Differences, Cognitive Neuroscience, and the Impact of Instruction as Converging Sources of Evidence." In R. M. Klein and P. A. McMullen, eds. *Converging Methods for Understanding Reading and Dyslexia*. Cambridge, Mass.: MIT Press, pp. 459–491.

22 D. Hebb (1949). *The Organization of Behavior*. New York: Wiley.

23 K. Rayner (1999). "What Have We Learned about Eye Movements during Reading?" In R. Klein and P. A. McMullen, eds., *Converging Methods for Understanding Reading and Dyslexia*. Cambridge, Mass.: MIT Press.

24 Ibid.

25 Posner and McCandliss, "Brain Circuitry during Reading."

26 B. McCandliss, L. Cohen, and S. Dehaene (2003). "The Visual Word Form Area: Expertise for Reading in the Fusiform Gyrus." *Trends in Cognitive Science*, 7, pp. 293–299.

27 Carr, "Trying to Understand Reading and Dyslexia."

28 K. Pammer, P. Hansen, M. I. Kringelbach, I. Holliday, G. Barnes, A. Hillebrand, K. D. Singh, and P. I. Cornelissen (2004). "Visual Word Recognition: The First Half Second." *Neuroimage*, 22, pp. 1819–1825.

29 J. Morais et al. (1979). "Does Awareness of Speech as a Sequence of Phones Arise Spontaneously?" *Cognition*, 7, pp. 323–331.

30 K. M. Peterson, A. Reis, and M. Ingvar (2001). "Cognitive Processing in Literate and Illiterate Subjects: A Review of Some Recent Behavioral and Functional Neuroimaging Data." *Scandinavian Journal of Psychology*, 42(3), pp. 251–267.

31 음운론적 프로세스는 다른 어떤 프로세스보다 이미징 연구가 많이 이루어졌다. 활성화가 다양한 요인과 언어 체계에 따라 어떻게 달라지는지 전반적인 개관과 다양한 시각을 보려면 다음을 참고하라. Z. Breznitz (2006). *Fluency in Reading*. Mahwah, N.J.: Erlbaum. M. Coltheart, B. Curtis, P. Atkins, and M. Haller (1993). "Models of Reading Aloud: Dual Route and Parallel–Distributed Processing Approach." *Psychological Review*, 100(4), pp. 589–608. J. A. Fiez, D. A. Balota, M. E. Raichle, and S. E. Petersen (1999). "Effects of Lexicality, Frequency, and Spelling-to-Sound Consistency on the Functional Anatomy of Reading." *Neuron*, 24, pp. 205–218. C. A. Perfetti and D. J. Bolger (2004). "The Brain Might Read That Way." *Scientific Studies of Reading*, 8(4), pp. 293–304. Sandak et al., "The Neurobiological Basis of Skilled and Impaired Reading: Recent Findings and New Directions." K. R. Pugh et al. (1997). "Predicting Reading Performance from Neuroimaging Profiles: The Cerebral Basis of Phonological Effects in Printed Word Identification." *Journal of Experimental Psychology: Human*

Perception and Performance, 2, pp. 1–20. L. H. Tan et al. (2005). "Reading Depends on Writing, in Chinese." *Proceedings of the National Academy of Sciences*, 102(24), pp. 8781–8785, R. A. Poldrack, A. D. Wagner, M. W. Prull, J. E. Desmond, G. H. Glover, and J. D. Gabrieli (1999). "Functional Specialization for Semantic and Phonological Processing in the Left Inferior Prefrontal Cortex." *NeuroImage*, 10, pp. 15–35.

32 H. Wimmer and U. Goswami (1994). "The Influence of Orthographic Consistency on Reading Development: Word Recognition in English and German Children." *Cognition*, 51(1), pp. 91–103.

33 E. Paulesu, J. F. Demonet, F. Fazio, F. McCrory, V. Chanoine, N. Brunswick (2001). "Dyslexia: Cultural Diversity and Biological Unity." *Science*, 291, pp. 2165–2167, March 16. E. Paulesu, E. McCrory, F. Fazio, L. Menoncello, N. Brunswick, S. F. Cappa, M. Cotelli, G. Cossu, F. Corte, M. Lorusso, S. Pesenti, A. Gallagher, D. Perani, C. Price, C. Frith, and U. Frith (2000). "A Cultural Effect on Brain Function." *Nature Neuroscience*, 3, pp. 91–96.

34 Tan et al. "Reading depends on Writing, in Chinese." M. S. Kobayashi, C. W. Hayes, P. Macaruso, P. E. Hook, and J. Kato (2005). "Effects of Mora Deletion, Nonword Repetition, Rapid Naming, and Visual Search Performance on Beginning Reading in Japanese." *Annals of Dyslexia*, 55(1), pp. 105–125.

35 P. Holcomb (1993). "Semantic Priming and Stimulus Degradation: Implications for the Role of the N400 in Language Processing." *Psychophysiology*, 30, pp. 47–61. P. Holcomb (1988). "Automatic and Attentional Processing: An Event Related Brain Potential Analysis of Semantic Priming." *Brain and Language*, 35, pp. 66–85. T. Ditman, P. J. Holcomb, and G. R. Kuperberg (in press). "The Contributions of Lexico-Semantic and Discourse Information to the Resolution of Ambiguous Categorical Anaphors." *Language and Cognition Processes*.

36 C. A. Perfetti (1985). *Reading Ability*. New York: Oxford University Press. I. L. Beck, C. A. Perfetti, and M. G. McKeown (1982). "Effects of Long–Term Vocabulary Instruction on Lexical Access and Reading Comprehension." *Journal of Educational Psychology*, 74(4), pp. 506–521.

37 A, Fadiman (1998). *Confesions of a Common Reader*. New York: Farrar, Straus, and Giroux.

38 R. Salmelin and P. Helenius (2004). "Functional Neuro–Anatomy of Impaired Reading in Dyslexia." *Scientific Studies of Reading*, 8(4), pp. 257–272.

39 L. Locker, Jr., G. B. Şimpson, and M. Yates (2003). "Semantic Neighborhood Effects on the Recognition of Ambiguous Words." *Memory and Cognition*, 31(4), pp. 505–515.

40 L. Osterhout and P. Holcomb (1992). "Event–Related Brain Potentials Elicited by Syntactic Anomalies." *Journal of Memory and Language*, 31, pp. 285–806.

41 통사론과 의미론적 프로세스의 관계를 논한 참고서적은 다음과 같다. R. Jackendoff (2002). *Foundations of Language*. Oxford: Oxford University Press.

42 이 그림도 타임라인과 마찬가지로 특히 다음에 열거된 여러 연구팀의 연구 결과를 조합한 것이다. J. B. Demb, R. A. Poldrack, and J. D. Gabrieli (1999). "Functional Neuroimaging of Word Processing in Normal and Dyslexic Readers." In R. M. Klein and P. A. McMullen (eds.), *Converging Methods for Understanding Reading and Dyslexia*. Cambridge, Mass.: MIT Press. P. G. Simos, J. M. Fletcher, B. R. Foorman, D. J. Francis, E. M. Castillo, R. N. Davis, M. Fitzgerald, P. G. Mathes, C. Denton, and A. C. Papanicolaou (in press). "Brain Activation Profiles During the Early States of Reading Acquisition." E. D. Palmer, T. T. Brown, S. E. Petersen, and B. L. Schlaggar (2004). "Investigation of the Functional Neuroanatomy of Single Word Reading and Its Development." *Scientific Studies of Reading* 8(3) pp. 203–223. P. Simos, J. Breier, J. Fletcher, B. Foorman, A. Mouzaki, and A. Papanicolaou (2001). "Age–Related Change in Regional Brain Activation during Phonological Decoding and Printed Word Recognition." *Developmental Neuropsychology* 19(2), pp. 191–210. K. Pammer, P. C. Hansen, M. L. Kringelbach, I. Holliday, G. Barnes, A. Hillebrand, K. D. Singh, and P. L. Cornelissen, (2004). "Visual Word Recognition: The First Half Second." *NeuroImage*, 22, pp. 1819–1825.

43 S. Hawking (1988). *A Brief History of Time*. New York: Bantom. S. Carroll (2005). *Endless Forms Most Beautful*. New York: W. W. Norton.

44 J. Epstein (1985). "The Noblest Distraction." In *Plausible Prejudices: Essays on American Writing*. London: Norton, p. 395.

45 H. Hesse, "The Magic of the Book." trans. D. Lindley (1974). Quoted in S. Gilbar, ed., *Reading in Bed*. Jaffrey, N.H.: Godine, p. 53.

46 Eliot (1871, 2000). *Middlemarch*. New York: Penguin, p. 51.

47 Ibid.

48 F. Dostoyevsky (1994). *The Brothers Karamazov*, trans. Ignat Avsey. Oxford: Oxford University Press, pp. 318–319.

49 R. Mason and M. Just (2004). "How the Brain Processes Causal Inferences in Text: A Theoretical Account of Generation and Integration Component Processes Utilizing Both Cerebral Hemispheres." *Psychological Science*, 15(1), pp. 1–7. T. Keller, P. Carpenter, and M. Just (2001). "The Neural Bases of Sentence Comprehension: A fMRI Examination of Syntactic and Lexical Processes." *Cerebral Cortex*, 11(3), pp. 223–237.

50 D. Caplan (2004). "Functional Neuroimaging Studies of Written Sentence Comprehension." *Scientific Studies of Reading*, 8(3), pp.225–240.

51 P. Helenius, R. Salmolin, E. Service, and J. F. Connolly (1998). "Distinct Time Course of Word and Sentence Comprehension in the Left Temporal Cortex." *Brain* 121, pp. 1133-1142.

52 A. Rich (1977). "Cartographies of Silence." In *The Dream of a Common Language.* New York: Norton, p. 20.

7장 난독증이라는 수수께끼

1 J. Steinbeck (1952). *East of Eden.* New York: Putnam Penguin, pp. 270-271.

2 M. J. Adams (1990). *Beginning to Read: Thinking and Learning about Print.* Cambridge, Mass.: MIT Press, p. 5. Quoted in C. Juel (1988). "Learning to Read and Write: a Longitudinal Study of 54 Children from First through Fourth Grade." *Journal of Educational Psychology,* 80, pp. 437-447. "Teaming to Read and Write: A Longitudinal Study of 54 Children from First through Fourth Grade." *Journal of Educational Psychology,* 80, pp. 437-447.

3 J. Stewart (2001). Presentation to British Dyslexia Associations, Sheffield, England.

4 제일 먼저 영국 심리학회(Brtish Psychological Society)는 난독증을 다음과 같이 정의한다. "정확하고 유창한 단어 읽기 그리고/또는 스펠링이 매우 불완전하게 또는 매우 어렵게 발달하는 경우를 난독증이라 할 수 있다." British Psychological Society (1999). *Dyslexia, Literacy, and Psychological Assessment.* Leicester: BPS, p. 18.

국제 난독증 협회(International Dyslexia Associaton)의 정의는 좀 더 구체적이다. "난독증은 신경학적인 원인에서 비롯된 특정한 형태의 학습 장애다. 그 특징으로는 단어 인지상의 정확성 그리고/또는 유창성의 문제와 낮은 수준의 철자 및 해독 능력 등이 나타난다. 이러한 문제들은 전형적으로 언어의 음운론적 구성요소에 대한 결함에서 비롯되는 것이며 의외로 여타의 인지 능력이나 효과적인 학교 교육과 무관하게 나타나는 경우가 많다. 부차적인 결과로는 독해 능력상의 문제와 어휘력 및 배경 지식의 발달을 방해하는 독서 경험의 결핍 등이 있을 수 있다."

무엇이 난독증이고 그것이 무슨 이유로 발생하느냐는 아직 해결된 문제가 아니다. 다음을 참고하라. R. Lyon, S. Shaywitz, and B. Shaywitz (2003). "A Definition of Dyslexia." *Annals of Dyslexia,* 52, pp. 1-14 난독증을 정의할 때 논란이 되는 것 중 하나는 아이의 독서 수준이 IQ와 일치하느냐 아니냐다. 과거의 정의 가운데 독서 문제는 불우한 환경, 감정적·신경학적 조건 또는 지적 수준의 결과가 아니라고 명백하게 밝힌 것들이 있었다. 이들을 배제적 기준이라고 부른다. 한동안 이러한 기준들로 설명되지 않으면서 독서 수준과 IQ 사이에 면밀하게 정의된 편차가 나타나는 경우에 한해 난독증 진단이 내려지던 시절이 있었다. 오랫동안 많은 유명한 독서 연구가들이 난독증의 정의와 진단에 'IQ 편차(IQ discrepancy)'를 사용하는 데 반대 입장을 밝히며 다음과 같은 다양한 문제를 제기했다. 언어적으로 빈곤한 환경에서 자란 아이들의 언어 능력을 IQ 테스트가 얼마나 정확하게 측정할 수 있는가? 독서와 IQ 사이의 편차가 가치 있는 정보라면 (난독증의 영향이 포함된) IQ 총점에 근거해야 하는가? 특정한 비언어적 개별 IQ 점수에 근거해야 하는가? 아니면 언어와 퍼포먼스 점수의 편차에 근거해야 하는가? 난독증 아이들에게 사용되는 교수법이 편차에 근거하지 않은 다른 독서 문제를 보이는 아이들에게 사용되는 교수법과 동일한 상황에서 편차를 주요 기준으로 삼는 것은 무슨 이유 때문인가? 편차에 근거하지 않은 독서 문제를 보이는 아이들은 독서 치료와 함께 어휘력 증진을 위한 집중 언어 치료를 받아야 하는가? 만약 'IQ 편차'를 사용하지 않는다면 '고전적 편차' 사례들은 어떻게 해야 하는가? 실제 잠재력에 비해 2년 이상 뒤져 있는 이 아이들은 보통 (눈에 보이지는 않지만 피나는 노력의 결과로) 그럭저럭 학령에 적합한 독서를 하고 있으므로 '공식적인(documentable)' 치료를 받을 필요가 없다. 난독증 정의에서 편차를 포기한다면 '고전적 난독증' 편차를 가진 아이들에게 해가 될 것인가? 이상의 문제 제기를 통해 결국 독서에 문제가 있는 아이들의 다양한 유형을 정의할 수 있는 좀 더 나은 방법을 찾도록 협력이 이루어졌다. 하지만 그것으로 만사가 해결된 것은 아니다. 또 하나의 문제는 독서 장애 아이들이 치료에 대해 보이는 반응이다. 일부 학파에서는 적절한 치료에 대해 반응을 보이지 않는 데 의거해 진단을 하기도 한다. 다음을 참고하라. L. Fuchs and D. Fuchs (1998). "Treatment Validity: A Simplifying Concept for Reconceptualizing the Identification." *Learning Disabilities Research and Practice*, 4, pp. 204–219.

이 책에서 강조된 또 하나의 문제는 신경학적 원인이다. 다음을 참고하라. B. McCandliss and K. Noble (2003). "The Development of Reading Impairment." *Mental Retardation and Developmental Disabilities*, 9, pp. 196–203.

5 A. Ellis (1987). "On Problems in Developing Culturally Transmitted Cognitive Modules." *Mind and Language*, 2(3), pp. 242–251.

6 다음에 포함되어 있는 리뷰를 참고하라. M. Habib (2000). "The Neurological Basis of Developmental Dyslexia: An Overview and Working Hypothesis." *Brain*, 123, pp. 2373–2399. S. Heim and A. Keil (2004). "Large–Scale Neural Correlates of Developmental Dyslexia." *European Child and Adolescent Psychiatry*, 13, pp. 125–140. McCandliss and Noble, "The Development of Reading Impairment." 다음의 저서들도 유용할 것이다. V. Berninger and T. Richards (2002). *Brain Literacy for Educators and Psychologists*. New York: Academic Press. S. A. Shaywitz (2003). *Overcoming Dyslexia*. New York: Knopf. M. J. Snowling (2002). "Reading Development and Dyslexia." In U. C. Goswami, ed., *Handbook of Cognitive Development*. Oxford: Blackwell, pp. 394–411.

7 A. Kussmaul (1877). *Die Störungen der Sprache: Versuch einer Pathologie der Sprache*. Leipzig: F. C. W. Vogel.

8 J. Déjerine (1892). "Contribution à l'étude anatomo–pathologique et clinique des différentes variétés de cécité verbalè." *Mém. Soc. Biol.*, 4, p. 61. 이 논문을 주요 주제로 다룬 저서는 다음과 같다. N. Geschwind (1962–1974). "The Anatomy of Acquired

Disorders of Reading." In *Selected Papers*, Dordrecht–Holland: Reidel pp. 4–19.

9   N. Geschwind (1965). "Disconnexion Syndromes in Animals and Man." *Brain*, 27, pp. 237–294, 585–644.

10   L. Fildes (1921). "A Psychological Inquiry into the Nature of the Condition known as Congenital Word–Blindness." *Brain*, 44, pp. 286–307.

11   P. Schilder (1944). "Congenital Alexia and Its relation to Optic Perception." *Journal of Genetic Psychology*, 65, pp. 67–88.

12   1960년대에 제롬 로스너(Jerome Rosner)와 도로시아 사이먼(Dorothea Simon)이 이러한 일련의 능력을 '청각 분석'이라 칭하고 청각 분석 검사를 만들어냈다.

13   J. Kavanagh and I. Mattingly, eds. (1972). *Language by Ear and by Eye: The Relationship between Speech and Reading*. Cambridge, Mass.: MIT Press. 특히 다음을 참고하라. D. Shankweiler and I. Liberman, "Misreading: A Search for Causes," pp. 293–317. M. Posner, J. Lewis, and C. Conrad, "Component Processes in Reading: A Performance Analysis," pp. 159–204. P. Gough, "One Second of Reading," pp. 331–358.

14   V. Hanson, I. Liberman, and D. Shankweiler (1983). "Linguistic Coding by Deaf Children in Relation to Beginning Reading Success." *Haskins Laboratories Status Report on Speech Research* 73.

15   I. Y. Liberman et al. (1977). "Phonetic Segmentation and Recoding in the Beginning Reader." In A. S. Reber and D. L. Scarborough, eds., *Toward a Theory of Reading: The Proceedings of the CUNY Conference*. Hillsdale, N.J.: Erlbaum. K. A. Hirsh-Pasek (1981). "Phonics without Sounds: Reading Acquisition in the Congenitally Deaf." Unpublished doctoral dissertations, University of Pennsylvania. R. B. Katz, D. Shankweiler, and I. Y. Liberman (1981). "Memory for Item Order and Phonetic Recording in the Beginning Reader." *Journal of Experimental Child Psychology*, 32, pp. 474–484.

16   F. R. Vellutino (1979). *Dyslexia: Theory and Research*. Cambridge, Mass.: MIT Press. F. R. Vellutino (1980). "Alternative Conceptualizations of Dyslexia: Evidence in Support of a Verbal Deficit Hypothesis." In M. Wolf, M. K. McQuillan, and E. Radwin, eds., *Thought and Language/Language and Reading*. Cambridge, Mass.: *Harvard Educational Review*, pp. 567–587. F. Vellutino and D. Scanlon (1987). "Phonological Coding, Phonological Awareness, and Reading Ability: Evidence from a Longitudinal and Experimental Study." *Merrill Palmer Quarterly*, 33, pp. 321–363.

17   예를 들어 다음의 연구가 그 중 하나다. U. Goswami et al. (2002). "Amplitude Envelope Onsets and Developmental Dyslexia: A New Hypothesis." *Proceedings of the National Academy of Science*, 99, pp. 10911–10916.

18   Shaywitz, *Overcoming Dyslexia*.

19 J. K. Torgesen (1999). "Phonologically Based Reading Disabilities: Toward a Coherent Theory of One Kind of Learning Disability." In R. J. Sternberg and L. Spear Swerling, eds., *Perspectives on Learning Disabilities*. New Haven, Conn.: Westview, pp. 231–262. J. K. Torgesen, C. A. Rashotte, and A. Alexander (2001). "Principles of Fluency Instruction in Reading: Relationships with Established Empirical Outcomes." In M. Wolf, ed., *Dyslexia, Fluency, and the Brain*. Timonium, Md.: York, pp. 333–355. J. K. Torgesen et al. (1999). "Preventing Reading Failure in Young Children with Phonological Disabilities: Group and Individual Responses to Instruction." *Journal of Educational Psychology*, 91, pp. 579–593. J. K. Torgesen (2004). "Lessons Learned from Research on Interventions for Students who Have Difficulty Learning to Read." In P. McCardle and V. Chabra, eds., *The Voice of Evidence in Reading Research*. Baltimore, Md.: Brookes, pp. 355–384.

20 M. W. Lovett, L. Lacerenza, S. L. Borden, J. C. Frijters, K. A. Steinbach, and M. DePalma (2000). "Components of Effective Remediation for Developmental Reading Disabilities: Combining Phonologically and Strategy Based Instruction to Improve Outcomes." *Journal of Educational Psychology*, 92, pp. 263–283. National Institute of Child Health and Human Developments, NICHD (2000). *Report of the National Reading Panel. Teaching Children to Read: An Evidence Based Assessment of the Scientific Research Literature on Reading and Its Implications for Reading Instruction— Reports of the Subgroups*. (NIH Publication No.00–4754.) Washington, D.C.: U.S. Government Printing Office. R. K. Olson, B. Wise, M. Johnson, and J. Ring (1997). "The Etiology and Remediation of Phonologically Based Word Recognition and Spelling Disabilities: Are Phonological Deficits the 'whole' story?" In B. Blachman, ed., *Foundations of Reading Acquisition and Dyslexia: Implications for Early Intervention*. Mahwah, N.J.: Lawrence Erlbaum. F. Ramus (2001). "Outstanding Questions about Phonological Processing in Dyslexia." *Dyslexia*, 7, pp. 197–216. Shaywitz, *Overcoming Dyslexia*. P. Simos, J. Breier, J. Fletcher, B. Foorman, A. Mouzaki, and A. Papanicolaou (2001). "Age Related Changes in Regional Brain Activation during Phonological Decoding and Printed Word Recognition." *Developmental Neuropsychology*, 19(2), pp. 191–210. P. G. Simos, J. Breier, J. Fletcher, B. Foorman, E. Bergman, K. Fishbeck, and A. Papanicolaou (2000). "Brain Activation Profiles in Dyslexic Children during Non Word Reading: A Magnetic Source Imagery Study." *Neuroscience Letters*, 290, pp. 61–65. Snowling, "Reading Development and Dyslexia." B. W. Wise, J. Ring, and R. K. Olson (1999). "Training Phonological Awareness with and without Explicit Attention to Articulation." *Journal of Experimental Child Psychology*, 72, pp. 271–304.

21 H. L. Swanson (2000). "Working Memory, Short Term Memory, Speech Rate, Word Recognition, and Reading Comprehension in Learning Disabled Readers: Does the

Executive System Have a Role?" *Intelligence*, 28, pp. 1–30. T. Gunter, S. Wagner, and A. Friederici (2003). "Working Memory and Lexical Ambiguity Resolution as Revealed by ERPS: A Difficult Case for Activation Theories." *Journal of Cognitive Neuroscience*, 15, pp. 43–65.

22 V. Berninger and T. Richards (2002). *Brain Literacy for Educators and Psychologists*. New York: Academic Press. V. Berninger, R. Abbott, J. Thomason, R. Wagner, H. L. Swanson, E. Wijsman, and W. Raskind (2006). "Modeling Developmental Phonological Core Deficits within a Working Memory Architecture in Children and Adults with Developmental Dyslexia." *Scientific Studies in Reading*, 10, pp. 165–198.

23 D. Bolger, C. Perfetti, and W. Schneider (2005). "Cross Cultural Effect on the Brain Revisited: Universal Structures Plus Writing System Variation." *Human Brain Mapping*, 25, pp. 92–104.

24 보다 상세한 논의를 보려면 다음을 참고하라. D. LaBerge and J. Samuels (1974). "Toward a Theory of Automatic Information Processing in Reading." *Cognitive Psychology*, 6, pp. 293–323. C. Perfetti (1985). *Reading Ability*. New York: Oxford University Press. M. Wolf and T. Katzir Cohen (2001). "Reading Fluency and Its Interventions." *Scientific Studies of Reading*, 5, pp. 211–238. (Special Issue).

25 B. G. Breitmeyer (1980). "Unmasking Visual Masking: A Look at the 'Why' Behind the Veil of 'How.'" *Psychological Review*, 87(1), pp. 52–69. W. J. Lovegrove and M. C. Williams (1993). *Visual Processes in Reading and Reading Disabilities*. Hillsdale, N.J.: Lawrence Erlbaum.

26 P. Tallal and M. Piercy (1973). "Developmental Aphasia: Impaired Rate of Nonverbal Processing as a Function of Sensory Modality." *Neuropsychologia*, 11, pp. 389–398.

27 예를 들어 다음을 참고하라. C. Stoodley, P. Hill, J. Stein, and D. Bishop (2006). "Do Auditory Event Related Potentials Differ in Dyslexics Even When Auditory Discrimination Is Normal?" Poster presentation at society of Neurosciences.

28 U. Goswami (2003). "How to Beat Dyslexia." *Psychologist*, 16(9), pp. 462–465.

29 P. H. Wolff (2002). "Timing Precision and Rhythm in Developmental Dyslexia." *Humanities, Social Sciences, and Law*, 15 (1–2), pp. 179–206. P. Wolff (1993). "Impaired Temporal Resolution in Developmental Dyslexia." In P. Tallal, A. M. Galaburda, R. R. Llinas, and C. von Euler, eds. "Temporal Information Processing in the Neurons System: Special References to Dyslexia and Dysphasia." *Annals of the New York Academy of Sciences*, 682, p. 101.

30 다음 지시에 브레스니츠의 수많은 연구의 내용이 거의 모두 요약되어 있다. Z. Breznitz (2006). *Fluency in Reading*. Mahwah, N.J.: Lawrence Erlbaum.

31 이것이 바로 찰스 퍼페티가 '비동시적 단어 프로세싱(asynchronous word processing), 이벤트의 결과를 뒤이어 일어나는 이벤트가 사용할 수 있도록 제 시간 내에 완벽하게

처리하지 못하는 것'이라고 설명한 내용이다. 다시 말해 시각적 정보가 음운론적 표상과 통합될 때 비동시성, 즉 시간상 부정확성이 발생하면 알파벳 원리의 핵심인 자동적 자소 대 음소의 통합이 이루어지지 못한다는 뜻이다. 이를테면 야구 경기에서 1루수가 투수와 타이밍을 맞추지 못하는 것과 비슷하다. 몇몇 연구에서 밝혀진 것처럼 그로 인해 발생할 수 있는 심리학적 결과 중 하나는 좌뇌 각회의 저활성화다.

32 M. B. Denckla and G. Rudel (1976). "Rapid Automatized Naming (RAN): Dyslexia Differentiated from Other Leaning Disabilities." *Neuropsychologia*, 14(4), pp. 471–479. M. B. Denckla (1972). "Color Naming Defects in Dyslexic Boys." *Cortex*, 8, pp. 164–176. M. B. Denckla and R. Rudel (1976). "Naming of Object Drawings by Dyslexia and Other Learning Disabled Children." *Brain and Language*, 3, pp. 1–16.

33 D. Amtmann, R. D. Abbott, and V. W. Berninger (in press). "Mixture Growth Models of RAN and RAS Row by Row: Insight into the Reading System at Work across Time." *Reading and Writing, an Interdisciplinary Journal*. L. Cutting, and M. B. Denckla (2001). "The Relationship of Rapid Serial Naming and Word Reading in Normally Developing Readers: An Exploratory Model." *Reading and Writing*, 14, 673–705. M. A. Eckert, C. M. Leonard, T. L. Richard, E. H. Aylward, J. Thomas, and V. W. Berninger (2003). "Anatomical Correlates of Dyslexia: Frontal and Cerebellar Findings." *Brain*, 126 (2), pp. 482–494. K. Hempenstall (2004). "Beyond Phonemic Awareness." *Australian Journal of Learning Disabilities*, 9, pp. 3–12. C. Ho, D. W. Chan, S. Lee, S. Tsang, and V. Luan (2004). "Cognitive Profiling and Preliminary Subtyping in Chinese Developmental Dyslexia." *Cognition*, 91, 43–75. G. W. Hynd, S. R. Hooper, and T. Takahashi (1998). "Dyslexia and Language Based Disabilities." In C. E. Coffey and R. A. Brumback, eds. *Textbook of Pediatric Neuropsychiatrists*. Washington, D.C.: American Psychiatric Press, pp. 691–718. M. Kobayashi, C. Haynes, P. Macaruso, P. Hook, and J. Kato (2005). "Effects of Mora Deletion, Nonword Repetition, Rapid Naming, and Visual Search Performance on Beginning Reading in Japanese." *Annals of Dyslexia*, 55, pp. 105–128. T. Korhonen (1995). "The Persistence of Rapid Naming Problems in Children with Reading Disabilities: A Nine Year Follow Up." *Journal of Learning Disabilities*, 28, pp. 232–239. H. Lyytinen (2003). Presentation of Finnish Longitudinal Study Data, International Dyslexia Association, Philadelphia, Pa., October. F. R. Manis, M. S. Seidenberg, and L. M. Doi (1999). "See Dick RAN: Rapid Naming and the Longitudinal Prediction of Reading Subskills in First and Second Graders." *Scientific Studies of Reading*, 3, pp. 129–157. C. McBride Chang and F. Manis (1996). "Structural Invariance in the Associations of Naming Speed, Phonological Awareness, and Verbal Reasoning in Good and Poor Readers: A Test of the Double Deficit Hypothesis." *Reading and Writing*, 8, pp. 323–339. R. I. Nicolson, A. J. Fawcett, and P. Dean (1995). "Time Estimation Deficits in Developmental Dyslexia: Evidence

of Cerebellar Involvement." *Proceedings: Biological Sciences*, 259 (1354), pp. 43–47. R. I. Nicolson and A. J. Fawcett (1990). "Automaticity: A New Framework for Dyslexia Research?" *Cognition*, 35 (2), pp. 159–182. H. Swanson, G. Trainen, D. Necoechea, and D. Hammill (2003). "Rapid Naming, Phonological Awareness, and Reading: A Meta analysis of the Correlation Literature." *Review of Educational Research*, 73, pp. 407–440. L-H. Tan, J. Spinks, G. Eden, C. Perfetti, and W. T. Siok (2005) "Reading Depends on Writing in Chinese." *PNAS*, 102, pp. 8781–8785. K. P. Van den Bos, B. J. H. Zijlstra, and H. C. Lutje Spelberg (2002). "Life Span Data on Continuous Naming Speeds, of Numbers, Letters, Colors, and Pictures Objects, and Word Reading Speed." *Scientific Studies of Reading*, 6, pp. 25–49. P. F. De Jong and A. van der Leij (1999). "Specific Contributions of Phonological Abilities to Early Reading Acquisition: Results from a Dutch Latent Variable Longitudinal Study." *Journal of Educational Psychology*, 91, pp. 450–476. D. Waber (2001). "Aberrations in Timing in Children with Impaired Reading: Cause, Effect, or Correlate?" In M. Wolf, ed. *Dyslexia, Fluency, and the Brain*. Extraordinary Brain Series. Baltimore, Md.: York Press, p. 103. H. Wimmer and H. Mayringer (2002). "Dysfluent Reading in the Absence of Spelling Difficulties: A Specific Disability in Regular Orthographies." *Journal of Educational Psychology*, 94, pp. 272–277. M. Wolf and P. Bowers (1999). "The 'Double Deficit Hypothesis' for the Developmental Dyslexias." *Journal of Educational Psychology*, 91, pp. 1–24. M. Wolf, P. G. Bowers, and K. Biddle (2000). "Naming Speed Processes, Timing, and Reading: A Conceptual Review." *Journal of Learning Disabilities*, 3, pp. 387–407 (Special issue).

몇 년 전 나는 조지아 주립대학교의 동료인 로빈 모리스(Robin Morris)와 스위스인 교사 하이디 발리(Heidi Bally)와 함께 발달성 난독증 아이들과 그렇지 않은 아이들을 대상으로 5년에 걸친 장기적 네이밍 스피드 발달 연구를 시작했다. 이 아이들이 4학년이 될 때까지 연구를 진행하며 난독증 아이들에게 무슨 일이 일어나는지 살펴보았을 때 몇 가지 놀라운 사실을 발견했다. 훗날 독서 장애가 있을 것으로 보이는 아이들의 경우 유치원 입학 시부터 네이밍 스피드의 차이가 아주 뚜렷하게 눈에 들어왔다. 그들은 모든 상징의 이름을 빨리 대지 못했다. 그중에서도 문자가 특히 더 심했다. 중증 독서 장애 아이들 대부분은 학교에 들어갈 때 (구어에서는 보통 탐지되지 않는) 인출 스피드 문제와 더불어 문자를 처리하는 속도와 세트 교환(set switching)이 포함된 네이밍 스피드 과제(RAS) 등 인지적으로 난이도가 높은 과제에서 특히 어려움을 많이 겪었다. 문자와 숫자의 이름을 따로따로 말할 수는 있지만 RAS 검사의 세트 교환 과제를 해결하지 못하는 장애를 가진 아이들의 경우 RAS 검사를 통해 유치원 때 그들을 예측할 수 있었다. 많은 연구를 통해 이제는 네이밍 또는 인출 속도상의 이러한 차이가 유년 시절 내내 발견되고 어른이 되어서까지 계속된다는 것이 주지의 사실이다. 3세 정도의 유아 시절의 일반적 네이밍 능력이 나중의 독서 장애와 주의력결핍장애 등 학습 장애 중 일부를 예측해준다는 사실도 알려져 있다. 예를 들어, 로

즈메리 태넉(Rosemary Tannock)의 뛰어난 연구를 통해 주의력 문제만 있는 아이들에게서 나타나는 색깔 이름 말하기와 물체 이름 말하기의 흥미로운 차이를 볼 수 있다. R. Tannock, R. Martinussen, and J. Frijters (2000). "Naming Speed Performance and Stimulant Effects Indicate Effortful, Semantic Processing, Deficits in Attention Deficit/Hyperactivity Disorder." *Journal of the American Academy of child and Adolescent Psychiatry*, 28, pp. 237–252. M. Wolf (1986). "Rapid Alternating Stimulus (R.A.S.) Naming: A Longitudinal Study in Average and Impaired Readers." *Brain and Language*, 27, pp. 360–379. M. Wolf and M. Denckla (2005). RAN/RAS Tests (Rapid Automatized Naming and Rapid Alternating Stimulus Test). Austin, Tex.: Pro-Ed.

34　N. Geschwind (1965). "Disconnexion Syndromes in Animals and Man."

35　M. Misra, T. Katzir, M. Wolf, R. and A. Poldrack (2004). "Neural Systems for Rapid Automatized Naming in Skilled Readers: Unraveling the RAN Reading Relationship." *Scientific Studies in Reading*, 8(3), pp. 241–256.

36　B. McCandliss, L. Cohen, and S. Dehaene (2003). "Visual word form area: Expertise for reading in the fusiform gyrus." *Trends in Cognitive Science*, 7, pp. 293–299.

37　G. DiFilippo, D. Brizzolara, A. Chilosi, M. DeLuca, A. Judica, C. Pecini, D. Spinell, and P. Zoccolotti (in press). "Naming Speed and Visual Search Deficits in Disabled Readers: Evidence from an Orthographically Regular Language." V. Närhi, T. Ahonen, M. Aro, T. Leppäsaari, T. Korhonen, A. Tolvanen, and H. Lyytinen (2005). "Rapid Serial Naming: Relations between Different Stimuli and Neuropsychological Factors." *Brain and Language*, 92, pp. 45–57.

38　P. T. Ackerman, R. A. Dykman, and M. Y. Gardner (1990). "Counting Rate, Naming Speed, Phonological Sensitivity, and Memory Span: Major Factors in Dyslexia." *Journal of Learning Disabilities*, 23, pp. 325–337. D. Amtmann, R. Abbott, and V. Berninger (in press). "Mixture Growth Models of RAN and RAS Row by Row: Insight into the Reading System at Work across Time." *Reading and Writing*. N. Badian (1995). "Predicting Reading Ability over the Long Term: The Changing Roles of Letter Naming, Phonological Awareness, and Orthographic Knowledge." *Annals of Dyslexia*, 45, pp. 79–86. D. Compton (2000). "Modeling the Relationship between Growth in Rapid Naming Speed and Growth in Decoding Skill in First Grade Children." *Journal of Educational Psychology*, 95, pp. 225–239. DiFilippo et al. "Naming Speed and Visual Search Deficits in Disabled Readers." U. Goswami et al. (2002). "Amplitude Envelope Onsets and Developmental Dyslexia: A New Hypothesis." *PNAS*, 99, pp. 10911–10916. J. Kirby, R. Parilla, and S. Pfeiffer (2003). "Naming Speed and Phonological Awareness as Predictors of Reading Development." *Journal of Educational Psychology*, 95(3), pp. 453–464. K. Pammer, P. Hanson, M. Kringlebach, I. Holliday, G. Barnes, A. Hillebrand, K. Singh, and P. Cornelissen (2004). "Visual Word Recognition: The

First Half Second." *Neuroimaging*, 22, pp. 1819–1825. H. Swanson, G. Trainen, D. Necoechea, and D. Hammill (2003). "Rapid Naming, Phonological Awareness, and Reading: A Meta Analysis of the Correlation Literature." *Review of Educational Research*, 73, pp. 407–440. M. Wolf, H. Bally, and R. Morris (1986). "Automaticity, Retrieval Processes, and Reading: A Longitudinal Study in Average and Impaired Readers." *Child Development*, 57, pp. 988–1000.

39 Geschwind. "Disconnexion Syndromes in Animals and Man."

40 M. Blank and W. H. Bridger (1964). "Cross Modal Transfer in Nursery School Children." *Journal of Comparative and Physiological Psychology*, 58, pp. 277–282. H. Birch and L. Belmont (1964). "Auditory Visual Integration in Normal and Retarded Readers." *American Journal of Orthopsychiatry*, 34, pp. 852–861.

41 예를 들어 다음을 참고하라. K. Pugh et al. (2000). "The Angular Gyrus in Developmental Dyslexia: Task Specific Differences in Functional Connectivity in Posterior Cortex." *Psychological Science*, 11, pp. 51–59.

42 E. Paulesu, U. Frith, M. Snowling, A. Gallagher, J. Morton, and R. S. J. Frackowiak (1996). "Is Developmental Dyslexia a Disconnection Syndrome? Evidence from PET Scanning." *Brain*, 119, pp. 143–157. E. Paulesu, J. Demonet, F. Fazio, E. McCrory, V. Chanoine, N. Brunswick, S. Cappa, G. Cossu, M. Habib, C. Frith, and U. Frith (2001). "Dyslexia: Cultural Diversity and Biological Unity." *Science*, 291, pp. 2165–2167.

43 E. Paulesu et al., "Is Developmental Dyslexia a Disconnection Syndrome?"

44 S. Shaywitz, B. Shaywitz, W. E. Mencl, R. K. Fulbright, P. Skudlarski, R. T. Constable, K. Pugh, J. Holahan, K. Marchione, J. Fletcher, G. R. Lyone, and J. Gore (2003). "Disruption of Posterior Brain Systems for Reading in Children with Developmental Dyslexia." *Biological Psychiatry*, 52, pp. 101–110.

45 기능적 연결성(functional connectivity)에 대한 연구로는 다음을 참고하라. R. Sandak, W. E. Mencl, S. J. Frost, and K. R. Pugh (2004). "The Neurological Basis of Skilled and Impaired Reading: Recent Findings and New Directions." *Scientific Studies of Reading*, 8(3), pp. 273–292.

46 B. Horwitz, J. Rumsey, and B. Donohue (1998). "Functional Connectivity of the Angular Gyrus in Normal Reading and Dyslexia." *Proceedings of the National Academy of Sciences*, 95, pp. 8939–8944.

47 P. G. Simos, J. Breier, J. Fletcher, B. Foorman, E. Bergman, K. Fishbeck, and A. Papanicolaou (2000). "Brain Activation Profiles in Dyslexic Children during Non Word Reading. A Magnetic Source Imagery Study." *Neuroscience Letters*, 290, pp. 61–65.

48 J. D. E. Gabrieli, R. A. Poldrack, and J. E. Desmond (1998). "The Role of Left Prefrontal Cortex in Language and Memory." *Proceedings of National Academy of*

Sciences, 95(3), pp. 906–913.

49 S. Orton (1928). "Specific Reading Disability—Strephosymbolia." *Journal of the American Medical Association*, 90, pp. 1095–1099.

50 M. P. Bryden (1970). "Laterality Effects in Dichotic Listening: Relations with Handedness and Reading Ability in Children." *Neuropsychologia*, 8, pp. 443–450.

51 E. B. Zurif and G. Carson (1970). "Dyslexia in Relation to Cerebral Dominance and Temporal Analysis." *Neuropsychologia*, 8, pp. 351–361.

52 K. Rayner and F. Pirozzolo (1977). "Hemisphere Specialization in Reading and Word Recognition." *Brain and Language*, 4(2), pp. 248–261. K. Rayner and F. Pirozzolo (1979). "Cerebral Organization and Reading Disability." *Neuropsychologia*, 17(5), pp. 485–491.

53 G. Yeni-Komshian, D. Isenberg, and H. Goldberg (1975). "Cerebral Dominance and Reading Disability: Lateral Visual Field Deficit in Poor Readers." *Neuropsychologia*, 13, pp. 83–94.

54 P. Turkeltaub, L. Gareau, L. Flowers, T. Zeffiro and G. Eden (2003). "Development of Neural Mechanisms for Reading." *Nature Neuroscience*, 6, pp. 767–773.

55 K. Pugh, W. Mencl et al. (1998). "Functional disruption in the organization of the brain for reading in dyslexia." *Proceedings of the National Academy of Sciences*, USA, 95, pp. 2636–2641. S. Shaywitz (2003). *Overcoming Dyslexia*.

56 S. Shaywitz, B. Shaywitz, W. E. Mencl, R. K. Fulbright, P. Skudlarski, R. T. Constable, K. Pugh, J. Holahan, K. Marchione, J. Fletcher, G. R. Lyon, and J. Gore (2003). "Disruption of Posterior Brain Systems for Reading in Children with Developmental Dyslexia." *Biological Psychiatry*, 52, pp. 101–110.

57 J. B. Demb, R. A. Poldrack, and J. D. E. Gabrieli (1999). "Functional Neuroimaging of Word Processing in Normal and Dyslexic Readers." In R. M. Klein and P. A. McMullen eds., *Converging Methods for Understanding Reading and Dyslexia*. Cambridge, Mass.: MIT Press. Habib, "The Neurological Basis of Developmental Dyslexia." P. H. T. Leppanen and H. Lyytinen (1997). "Auditory Event Related Potentials in the Study of Developmental Language-Related Disorders." *Auditory and Neuro Otology*, 2, pp. 308–340. H. Lyytinen (2003). Presentation of Finnish Longitudinal Study Data, International Dyslexia Association: Philadelphia, Pa., October. Pammer et al., "Visual Word Recognition: The First Half Second." J. M. Rumsey (1997). "Orthographic Components of Word Recognition: A PET rCBF Study." *Brain*, 120, pp. 739–759. R. Salmelin and P. Helenius (2004). "Functional Neuro Anatomy of Impaired Reading in Dyslexia." *Scientific Studies of Reading*, 8(4), pp. 257–272. Sandak et al., "The Neurobiological Basis of Skilled and Impaired Reading: Recent Findings and New Directions." Simos et al., "Age Related Changes in Regional Brain Activation during Phonological Decoding and Printed Word Recognition." Turkeltaub et al., "Developmental of Neural Mechanisms for Reading."

58 O. Tzeng and W. S-Y. Wang (1982). "Search for a Common Neurocognitive Mechanism for Language and Movements." *American Journal of Physiology*, 246, pp. 904-911. O. Tzeng and W. SY. Wang (1983). "The First Two R's." *American Scientist*, 71, pp. 238-243.

59 기네비어 이든과 그녀의 연구팀은 난독증에서 나타나는 음운론적 문제의 원인을 다음과 같은 몇 가지의 비배타적 가설로 간단히 설명했다. 그들이 주장한 가설은 전두부와 후두부 사이 좌반구 회로의 단절, 좌뇌 전두부에 발생한 문제, 좌뇌 측두 두정 부위, 특히 각회 주변 영역의 발달상 차이와 약점, 좌뇌의 약점을 보완하기 위한 우뇌의 재조직 등이다. 후두부에 약점이 있는 난독증 아이들은 좌뇌 후두부 구조가 쉽게 또는 빨리 하지 못하는 일을 보완하고자 좌뇌와 우뇌의 전두 영역에 과도하게 의존하는 것이 확실하다. 좌뇌 후두부상의 약점은 또한 초기에 우뇌 부위들이 더 많이 관여하는 이유를 설명하는 데도 도움이 된다. 일반적인 독서에서 시각 정보는 우선 양쪽 뇌의 후두 영역으로 보내진다. 그런 다음에 우뇌 시각 영역의 정보가 뇌량을 거쳐 좌뇌 시각 영역으로 이동해 좌뇌 편측화된 철자 및 언어 작용에 통합된다. 난독증에서는 좌뇌 후두부의 약점 때문에 이러한 투입 방향이 재배열될 가능성이 있다. 셰이위츠 연구팀이 강조하는 것처럼 그러한 후두부 저활성화 때문에 결과적으로 비효율적이고 기억 집약적인 독서 전략이 나올 수 있다.

60 Pammer et al., "Visual Word Recognition: The First Second Half."

61 D. Doehring, I. M. Hoshko, and M. Bryans (1979). "Statistical Classification of Children with Reading Problems." *Journal of Clinical Neuropsychology*, 1, pp. 5-16. R. Morris (1982). "The Developmental Classification of Leaning Disabled Children Using Cluster Analysis." Dissertation, University of Florida.

62 M. Wolf and P. Bowers (2000). "The Question of Naming Speed Deficits in Developmental Reading Disability: An Introduction to the Double Deficit Hypothesis." *Journal of Learning Disabilities*, 33, pp. 322-324. (Special Issue.) Wolf and Bowers, "The 'Double Deficit Hypothesis' for the Developmental Dyslexias." P. G. Bowers and M. Wolf (1993). "Theoretical Links among Naming Speed, Precise Timing Mechanisms, and Orthographic Skill in Dyslexia." *Reading and Writing*, 5, pp. 69-85.

63 M. Wolf and P. G. Bowers (1999). "The Double Deficit Hypothesis for the Developmental Dyslexias." *Journal of Educational Psychology*, 91, pp. 415-438.

64 H. Wimmer, H. Mayringer, and K. Landerl (2000). "The Double-Deficit Hypothesis and Difficulties in Learning to Read Regular Orthography." *Journal of Educational Psychology*, 92, pp. 668-680. C. Escribano (in press). "The Double-Deficit Hypothesis: Comparing the Subtypes of Children in a Regular Orthography."

65 덴버 대학교의 인지 및 유전 심리학자인 브루스 페닝턴의 연구를 참고하라. 이 책에서 설명하는 독서 발달 및 장애에 대한 발달상 다중 프로세스적 시각에 가장 근접한 학자다. 그의 '다중 인지 장애' 관점에는 독서 장애에 대한 여러 가지 원천과 견해가 포함되어 있으나 시기와 경우에 따라 약간씩 차이가 있을 수 있다. B. F. Pennington (2006). "From Single to Multiple Deficit Models of Developmental Disorders." Cognition, 101(2), pp. 385-413.

66 R. Morris, K. Stuebing, J. Fletcher, S. Shaywitz, G. R. Lyon, D. Shankweiler et al. (1998). "Subtypes of Reading Disability: Variability around a Phonological Core." Journal of Educational Psychology, 90, pp. 347-373.

67 Theresa Deeney, Calvin Gidney, Maryanne Wolf, and Robin Morris (1998). "Phonological Skills of African-American Reading Disabled Children." Paper presented at Society for the Scientific Studies of Reading.

68 K. Landerl, H. Wimmer, and U. Frith (1997). "The Impact of Orthographic Consistency on Dyslexia: A German English Comparison." Cognition, 63(3), pp. 315-334.

69 K. Pugh, R. Sandak, S. Frost, D. Moore, and E. Mencl. (2005). "Examining Reading Development and Reading Disability in English Language Learners: Potential Contributions from Functional Neuroimaging." Learning Disabilities Research and Practice, 20, pp. 24-30. L. H. Tan, J. Spinks, G. Eden, D. Perfetti, and W. Sick (2005). "Reading Depends on Writing in Chinese." Proceedings of National Academy of Sciences, 102, pp. 8781-8785.

70 Kim J & C. Davis (2004). "Cahracteristics of poor readers of Korean hangul: Auditory, visual and phonological processing." Reading and Writing, 17, pp. 153-185.

71 C. Ho, D. W. Ghen, S. Lee, S. Taang, and Luan (2004). "Cognitive Profiling and Preliminary Subtyping in Chinese Developmental Dyslexia." Cognition, 91, pp. 43-75.

72 Escribano, "The Double Deficit Hypothesis."

73 T. Katzir, S. Shaul, Z. Breznitz, and M. Wolf (2004). "Universal and Unique Characteristics of Dyslexia: A Cross-Linguistic Comparison of English- and Hebrew-Speaking Children." (Unpublished research.)

74 Escribano, "The Double Deficit Hypothesis." Katzir et al. "Universal and Unique characteristics of Dyslexia." Landerl et al., "The Impact of Orthographic Consistency on dyslexia." Paulesu et al., "Dyslexia: Cultural Diversity and Biological unity."

75 Albert Kleber, OSB, STD (1940). Ferdinand, Indiana, 1840-1940: A Bit of Cultural History. Saint Meinrad, Ind., p. 67.

76 437쪽에 있는 33번 추가 설명을 참고하라.

8장 난독증과 창조성의 관계

1 D. Whyte (1990). "The Faces at Braga." In *Where Many Rivers Meet*. Langley, Wash.: Many Rivers.

2 P. G. Aaron and R. G. Clouse (1982). "Freud's Psychohistory of Leonardo da Vinci: A Matter of Being Right or Left." *Journal of Interdisciplinary History*, 13(1), pp. 1–16.

3 A. Einstein (1954). Letter to Sybille Bintoff, May 21. Cited in A. Folsing (1997). *Albert Einstein*. New York: Penguin.

4 S. F. Witelson, D. L. Kigar, and T. Harvey (1999). "The Exceptional Brain of Albert Einstein." *Lancet*, 353, pp. 2149–2153.

5 Ibid.

6 이의를 제기하는 시각을 보려면 다음을 참고하라. A. Galaburda (1999). "Albert Einstein's Brain." *Lancet*, 354, p. 1821.

7 Witelson et al., "The Exceptional Brain of Albert Einstein."

8 A. M. Galaburda (2005). Personal correspondence, November 27.

9 S. Orton (1928). "Specific Reading Disability—Strephosymbolia." *Journal of the American Medical Association*, 90, pp. 1095–1099.

10 N. Geschwind (1982). "Why Orton Was Right." *Annals of Dyslexia*, 32, pp. 13–28.

11 Ibid., pp. 21–22.

12 A. Galaburda (1993). "Neuroanatomical Basis of Developmental Dyslexia." *Neurological Clinical*, 11, pp. 161–173. A. Galaburda, J. Cosiglia, G. Rosen, and G. Sherman (1987). "Planum Temporale Asymmetry: Reappraisal since Geschwind and Levitsky." *Neuropsychologia*, 25, 853–868.

13 조지 하인드(George Hynd), 린 플라워즈(Lynn Flowers) 및 그들의 연구팀은 난독증 환자 그룹의 뇌의 RH 평면이 더 넓다는 결과를 재확인했으나 스탠퍼드 대학교의 존 가브리엘리와 그의 연구팀은 그렇지 않았다. 존 가브리엘리 팀은 이러한 독특한 RH가 난독증의 일부 하위 집단에만 나타나는 것으로 추측했으며 추가적인 난독증 연구의 실마리가 될 수 있으리라 생각했다. 폴린 필리펙(Pauline Filipek)은 비대칭성에 대한 다양한 연구들을 검토하고 나서 연구들 간의 매핑 편차(한 부위가 시작되고 다른 부위가 끝나는 지점에 대한 차이) 때문에 이를 뒷받침하는 증거로 빈약하다는 결론을 내렸다. 스탠퍼드 대학교 연구팀도 동일한 결론을 내렸다. P. A. Filipek (1995). "Neurobiologic Correlates of Developmental Dyslexia: How do Dyslexics' Brains Differ from Those of Normal Readers?" *Journal of Child Neurology*, 10(1), pp. 62–69. Galaburda, "Neuroanatomical Basis of Developmental Dyslexia." G. W. Hynd, M. Semrud-Clikeman, A. R. Lerys, E. S. Novey, and D. Eliopulos (1990). "Brain Morphology in Developmental Dyslexia and Attention Deficit Disorder/Hyperactivity." *Archives of Neurology*, 47, pp. 919–926.

14 A. Galaburda (2006). "Dyslexia: Advances in Cross-Level Research." In G. Rosen, ed., *The Dyslexic Brain*. Mahwah, N.J.: Erlbaum. A. R. Jenner, G. D. Rosen, and A. M. Galaburda (1999). "Neuronal Asymmetries in Primary Visual Cortex of Dyslexic and Nondyslexic Brains." *Annals of Neurology*, 46, pp. 189–196.

15 Jenner et al., "Neuronal Asymmetries in Primary Visual Cortex of Dyslexic and Nondyslexic Brains." J. C. Greatrex and N. Drasdo (1995). "The Magnocellular Deficit Hypothesis in Dyslexia: A Review of Reported Evidence." *Opthalmic and Physiological Optics*, 15(5), pp. 501–506.

16 G. Rosen, ed. (2005). *The Dyslexic Brain: New Pathways in Neuroscience Discovery*. Mahwah, N.J.: Lawrence Erlbaum. G. D. Rosen et al. (2001). "Animal Models of Developmental Dyslexia: Is There a Link between Neocortical Malformations and Defects in Fast Auditory Processing?" In M. Wolf, ed., *Dyslexia, Fluency, and the Brain*. Timonium, Md.: York, pp. 129–157.

17 글렌의 쥐들이 당한 손상과 비슷한 유전자적 기형을 가진 사람들은 말소리와 같이 빠른 속도로 제시되는 청각적 정보와 음소 수준의 정보를 처리할 때마다 어려움을 겪는 것으로 보인다. 만약 그런 기형이 시각 영역에 관여하게 된다면 활자와 같이 빠른 속도로 제시되는 시각 정보를 처리하는 데 장애가 나타날 것이다.

18 B. Chang, T. Katzir, C. Walsh, et al. (in press). "A Structural Basis for Reading Fluency: Cortico-Cortical Fiber Tract Disruptions Are Associated with Reading Impairment in a Neuronal Migration Disorder."

19 M. Wolf and T. Katzir-Cohen (2001). "Reading Fluency and Its Intervention." *Scientific Studies of Reading*, 5, pp. 211–238. (Special Issue)

20 S. Petrill (2005). "Introduction to This Special Issue: Genes, Environment, and the Development of Reading Skills." *Scientific Studies of Reading*, 9, pp. 189–196.

21 E. Grigorenko (2005). "A Conservative Meta-Analysis of Linkage and Linkage-Association Studies of Developmental Dyslexia." *Scientific Studies of Reading*, 9(3), pp. 285–316.

22 B. F. Pennington (2006). "From Single to Multiple Deficit Models of Developmental Disorders." *Cognition*, 101(2), pp. 385–413.

23 K. Hannula-Jouppi, N. Kaminen-Ahola, M. Taipale, P. Eklund, J. Nopola- Hommi, H. Kaariainen, and J. Kere (2005). "The Axon Guidance Receptor Gene ROBO1 Is a Candidate Gene for Developmental Dyslexia." *PLOS Genetics*, 1(4), pp. 467–474.

24 H. Meng, S. D. Smith, K. Hager, M. Held, L. Liu, R. K. Olson, B. F. Pennington, J. C. DeFries, Gelernter, T. O'Reilly-Pol, S. Semlo, Skudlarski, S. E. Shaywitz, B. A. Shaywitz, K. Marchiene, Y. Wang, M. Paramasivam, J. J. LeTuree, G. P. Page, and Gruen (2005). "DCDC2 Is Associated with Reading Disability and Modulates Neuronal Development in the Brain." *Proceedings of National Academy of Sciences*,

102(47), pp. 17053–17058.

25 K. Hannula–Jouppi, N. Kaminon–Ahola, M. Taipale, R. Eklund, J. Nopola-Hemmi, H. Kaariainen, and J. Kere (2005). "The Axon Guidance Receptor Gene ROBO1 Is a Candidate Gene for Developmental Dyslexia." J. Nopola-Hemmi, B. Myllyluema, A. Voutilainen, S. Leinonen, and J. Kere (2002). "Familial Dyslexia: Neurocognitive and Genetic Correlation in a Large Finnish Family." *Developmental and Medical Child Neurology*, 44, pp. 580–586.

26 R. K. Olson (2004). "SSSR, Environment, and Genes." *Scientific Studies of Reading*, 8(2), pp. 111–124. B. Byrne, C. Delaland, R. Fielding-Barnsley, P. Quain, S. Sumelsson, and T. Hoien (2002). "Longitudinal Twin Study of Early Reading Developmental in Three Countries: Preliminary Results." *Annals of Dyslexia*, 52, pp. 49–74.

27 Stephen Jay Gould (1980). *The Panda's Thumb: More Reflections in Natural History*. New York: Norton.

28 R. Lyon (2001). "Measuring Success: Using Assessment and Accountability to Raise Student Achievement." Statement to the Subcommittee on Education Reform, U.S. House of Representatives.

29 M. Wolf, L. Miller, and K. Donnelly (2000). "RAVE–O: A Comprehensive Fluency-Based Reading Intervention Program." *Journal of Learning Disabilities*, 33, pp. 375–386 (special issue). R. Morris, M. Lovett, M. Wolf (submitted 2006). "The Case for Multiple-Component Remediation of Reading Disabilities: A Controlled Factorial Evaluation of the Influence of IQ, Socioeconomic Status, and Race on Outcomes" (submitted for publication).

9장 독서라는 기적의 그 너머

1 R. M. Rilke (1939). "The Seventh Elegy." In *Duino Elegies*. New York: Norton, p. 63.

2 J. Carroll (2001). "America's Bookstores: Shrines to the Truth." *Boston Globe*, p. A11, January 30.

3 K. Kelly (2006). "Scan This Book!" *New York Times Magazine*, Section 6, p. 43, May 14.

4 R. Kurzweil (2006). *The Singular Is Near*. New York: Penguin, pp. 197–198. "How can we." p. 487.

5 Ibid., p. 589. Kurzweil 3000 Reading System. Kurzweil Educatitonal Systems.

6 L–H Tan et al. (2000). "Brain Activation in the Processing of Chinese Characters and Words: A Functional MRI Study." *Human Brain Mapping*, 10(1), pp. 16–27. LH Tan et al. (2003). "Neural Systems of Second Language Reading Are Shaped by Native Language." *Human Brain Mapping*, 18(3), pp. 158–166.

7   E. Havelock (1976). *Origins of Western Literacy*. Ontario, Canada: Ontario Institute for Studies in Education.

8   M. I. Posner and B. D. McCandliss (1999). "Brain Circuitry during Reading." In R. Klein and P. McMullen, eds., *Converging Methods for Understanding Reading and Dyslexia*. Cambridge, Mass.: MIT Press.

9   W. Ong (1982). *Orality and Literacy*. London: Methuen, p. 178.

10 Plato, *Phaedrus*. In E. Hamilton and H. Cairns, eds. (1961). *The Collected Dialogues*. Princeton, N.J.: Princeton University Press, p. 276.

11 J. McEneaney (2006). "Agent–Based Literacy Theory." *Reading Research Quarterly*, 41, pp. 352–371.

12 D. Rose (in press). "Learning in a Digital Age." In K. Fischer and T. Katzir, eds., *Usable Knowledge*. Cambridge: Cambridge University Press.

13 E. Tenner (2006). "Searching for Dummies." *New York Times*, Section 4, p. 12, March 26.

14 G. J. Whitehurst and C. J. Lonigan (1998). "Child Development and Emergent Literacy." *Child Development*, 69(3), pp. 848–872. G. J. Whitehurst et al. (1994). "A Picture Book Reading Intervention in Day Care and Home for Children from Low–Income Families." *Developmental Psychology*, 30, pp. 679–689. G. J. Whitehurst and C. J. Lonigan (2001). "Emergent Literacy: Development from Prereaders to Readers." In S. B. Neuman and D. K. Dickinson, eds., *Handbook of Early Literacy Research*. New York: Guilford, pp. 11–29.

15 K. Stanovich (1986). "Matthew Effects in Reading: Some consequences of Individual Differences in the Acquisition of Literacy." *Reading Research Quarterly*, 21(4), pp. 360–407.

16 M. A. Just, P. A., Carpenter, T. A., Keller, W. F., Eddy, and K. R. Thulborn (1996). "Brain Activation Modulated by Sentence Comprehension." *Science*, 274(5284), pp. 912–913.

17 David S. Kahn (2006). "How Low Can They Go?" *Wall Street Journal*, p. W11, May 26.

18 N. Geschwind (1982). "Why Orton Was Right." *Annals of Dyslexia*, 32, pp. 13–28.

19 우리 연구소의 RAVE–O 프로그램, 러벳의 PHAST 프로그램, 로즈의 생각하는 독서가(Thinking Reader) 프로그램, 브레즈니츠의 가속화 프로그램 등 이러한 지식에 기반을 둔 치료 교육은 미래의 치료 교육 형태로 발전해나가는 소박하지만 고무적인 출발점이라고 하겠다. RAVE–O와 PHAST 프로그램에 대한 상세한 내용은 다음을 참고하라. M. Wolf, L. Miller, and K. Donnelly (2000). "RAVE–O: A Comprehensive Fluency–Based Reading Intervention Program." *Journal of Learning Disabilities*, 33, pp. 375–386 (special issue). R. Morris et al. (submitted). "The Case for Multiple-Component Remediation of Reading Disabilities: A Controlled Factorial Evaluation

of the Influence of IQ, Socioeconomic Status, and Race on Outcomes." Rose, "Learning in a Digital Age." Z. Breznitz (1997). "The Effect of Accelerated Reading Rate on Memory for Text among Dyslexic Readers." *Journal of Educational Psychology*, 89, pp. 287–299.

20 G. Noam and C. Herman (2002). "Where Education and Mental Health Meet: Developmental Prevention and Early Intervention in Schools." *Development and Psychopathology*, 14, pp. 861–875. C. Recklitis and G. Noam (1999). "Clinical and Developmental Perspectives on Adolescent Coping." *Child Psychiatry and Human Development*, 30, pp. 87–101.

찾아보기

프루스트와 오징어

초판 1쇄 발행 2024년 6월 20일
초판 2쇄 발행 2024년 8월 30일

지은이 매리언 울프
옮긴이 이희수
발행인 김형보
편집 최윤경, 강태영, 임재희, 홍민기, 강민영, 송현주, 박지연
마케팅 이연실, 이다영, 송신아 **디자인** 송은비 **경영지원** 최윤영

발행처 어크로스출판그룹(주)
출판신고 2018년 12월 20일 제 2018-000339호
주소 서울시 마포구 동교로 109-6
전화 070-5080-4038(편집) 070-8724-5877(영업) **팩스** 02-6085-7676
이메일 across@acrossbook.com **홈페이지** www.acrossbook.com

한국어판 출판권 ⓒ 어크로스출판그룹(주) 2024

ISBN 979-11-6774-154-7 03020

만든 사람들
편집 강민영 **교정** 윤정숙 **디자인** 송은비 **조판** 박은진